परकाला प्रभाकर

परकाला प्रभाकर राजनीतिक अर्थशास्त्री, लेखक और सामाजिक टिप्पणीकार हैं। उन्होंने जवाहरलाल नेहरू विश्वविद्यालय और लंदन स्कूल ऑफ़ इकोनॉमिक्स में अध्ययन किया है। 2014 से 2018 के बीच आन्ध्र प्रदेश सरकार के संचार-सलाहकार रहे, उनका दर्जा कैबिनेट मंत्री का था। फ़िलहाल हैदराबाद में राइटफोलियो नामक एक ज्ञान उद्यम (थिंक टैंक या नॉलेज एंटरप्राइज) के प्रबन्ध निदेशक हैं। ताज़ातरीन मामलों पर स्तम्भ भी लिखते हैं। 'मिडवीक मैटर्स' उनका लोकप्रिय यूट्यूब चैनल है, जहाँ वह भारत की राजनीति, अर्थशास्त्र और वर्तमान समाज से जुड़े मसलों पर चर्चा करते हैं। भारत की वर्तमान वित्तमंत्री निर्मला सीतारमण उनकी पत्नी हैं। उनकी बेटी हैं परकाला वाङमयी, जो पत्रकार हैं।

व्यालोक पाठक

व्यालोक ने जवाहरलाल नेहरू विश्वविद्यालय और भारतीय जनसंचार संस्थान से पढ़ाई की है। दो दशकों के पत्रकारीय जीवन में उन्होंने देश की बड़ी और श्रेष्ठ मीडिया कम्पनियों के साथ काम किया है। वह जनसम्पर्क और सोशल मीडिया के भी विद्यार्थी हैं। घुमक्कड़ हैं, पढ़ने और लिखने के शौकीन हैं। उनकी अब तक दो किताबें 'वे 47 दिन' और 'बोहेमियन' प्रकाशित हो चुकी हैं। कई अन्तरराष्ट्रीय संस्थानों और एनजीओ के लिए अनुवाद भी किया है। फ़िलहाल एक मीडिया कम्पनी के लिए पॉडकास्ट करते हैं, फ्रीलांस पत्रकारिता और अनुवाद करते हैं।

नये भारत की दीमक लगी शहतीरें

संकटग्रस्त गणराज्य पर आलेख

परकाला प्रभाकर

अनुवाद

व्यालोक पाठक

राजकमल पेपरबैक्स

SPEAKING TIGER

पहली बार अंग्रेज़ी में Speaking Tiger Books द्वारा *The Crooked Timber of New India : Essays on a Republic in Crisis* का अनुवाद

राजकमल पेपरबैक्स में
पहला संस्करण : 2024

राजकमल पेपरबैक्स : उत्कृष्ट साहित्य के जनसुलभ संस्करण

राजकमल प्रकाशन प्रा. लि.
1-बी, नेताजी सुभाष मार्ग, दरियागंज
नई दिल्ली-110 002
द्वारा प्रकाशित

शाखाएँ : अशोक राजपथ, साइंस कॉलेज के सामने, पटना-800 006
पहली मंजिल, दरबारी बिल्डिंग, महात्मा गांधी मार्ग, प्रयागराज-211 001
1, अनमोल सोराबजी सन्तुक लेन, मरीन लाइंस, मुम्बई-400002

वेबसाइट : www.rajkamalprakashan.com
ई-मेल : info@rajkamalprakashan.com

विकास कंप्यूटर एंड प्रिंटर्स
ट्रॉनिका सिटी-201 102
द्वारा मुद्रित

मूल्य : ₹399

NAYE BHARAT KEE DEEMAK LAGI SHAHTEEREN
Sankatgrast Ganrajya Par Aalekh
by Parakala Prabhakar
Translated by Vyalok Pathak

ISBN : 978-93-6086-858-1

क्रम

मानवता की सड़ी हुई शहतीरों से, कोई भी सीधी वस्तु कभी नहीं बनी।

—इमैन्युअल कांट

प्रस्तावना

परकाला प्रभाकर एक प्रबुद्ध और नवचेतना सम्पन्न व्यक्ति हैं। एक अर्थशास्त्री, सार्वजनिक नीति (पब्लिक पॉलिसी) के पेशेवर, कॉरपोरेट सलाहकार, सर्वेक्षणकर्ता, राजनीतिक कार्यकर्ता और विश्लेषक, लेखक, तेलुगु साहित्यकार, विद्वान! *पथना कुटुहलम* की लगभग 70 कड़ियों में उन्होंने जिस तरह दुनिया-भर के तेलुगु नागरिकों को गुरजादा और जोशुआ, श्री श्री और दाशरथी की कविता और कहानी से परिचित करवाया, वह तेलुगु साहित्य, संस्कृति और सामाजिक संरचना के उनके ज्ञान की गहराई का पता देता है। उनके राजनीतिक मंच *मिडवीक मैटर्स* के अनेक एपिसोड सामयिक राष्ट्रीय राजनीतिक आर्थिक मसलों पर संजीदा जानकारी और भारत के विकास, प्रजातंत्र और नागरिकों के कल्याण को लेकर उनकी प्रतिबद्धता को दिखाते हैं।

कई भूमिकाओं वाले प्रभाकर मेरे दोस्त भी हैं। दुर्भाग्य से, हमारी दोस्ती केवल एक दशक पुरानी है। एक दशक का अन्तर हमारे उन वर्षों में भी है, जो हमने जवाहरलाल नेहरू विश्वविद्यालय में बिताए। मैं वहाँ 1970 के शुरुआती दशक में था और वह शुरुआती 1980 वाले दशक में। जब हम आख़िरकार मिले, तो हम जल्द ही दोस्त और सहयात्री बन गए, कई बार तो बिसरा दिये गए मुद्दों के पक्षधर भी! संक्षेप में, यही चीज़ प्रभाकर और मुझे वर्णित करती है। बिसरा दिये गए मुद्दों के अधिवक्ता, योद्धा या कार्यकर्ता, कुछ भी कह लीजिए। प्रभाकर कहते हैं, 'टेढ़ी-मेढ़ी लकड़ियों से कुछ भी सीधा नहीं बन सकता है।' फिर भी, हम कोशिश करते हैं। यह आलेखों का संग्रह भी इसी आशा के साथ लिखा गया है। प्रभाकर उसको, टेढ़ी लकड़ी को, ठीक करने, सीधा करने की अभिलाषा रखते हैं।

प्रभाकर इस किताब में लिखते हैं, 'मेरी आवाज़ बिना किसी झिझक के एक आलोचक की आवाज़ है। यह बिना किसी पछतावे के विरोध दर्ज कराना है... मेरा काम सीधा है, सीमित और केन्द्रित भी। यह तब उँगली दिखाने का काम है, जब हमारी सरकार, हमारी सार्वजनिक संस्थाएँ और हमारे नेता, गणराज्य के हमारे आदर्शों से दूर जाते हैं, अपने कहे हुए उद्देश्यों और लोगों से किये वादों से भटकते हैं। यह एक साधारण प्रयास है कि सत्ता तक सच पहुँचे। हरेक समय, हर वक़्त।'

यह हमारे वर्तमान पर एक टिप्पणी है कि जो सत्ता के नज़दीक हैं, वे भी उससे सच बोलने से डरते हैं। निर्वाचित राजनेता प्रशासन के हरेक स्तर पर गर्वीले तानाशाहों में बदल गए हैं। प्रभाकर सत्ता से सच बोलते हैं, हालाँकि इसके केन्द्र में रहनेवाले मर्दों और औरतों की आलोचना के प्रति असहिष्णुता लगातार बढ़ रही है। यह इस बात की गवाही है कि प्रभाकर संविधान में निहित मूल्यों की रक्षा के लिए प्रतिबद्ध हैं।

उन्होंने पिछले दशक में हैदराबाद में रहना चुना, हालाँकि वह बड़ी आसानी से राष्ट्रीय राजनीतिक मंच पर आ सकते थे। लेकिन इससे वह राष्ट्र की राजनीतिक और आर्थिक सच्चाई के प्रति कम जागरूक नहीं हो जाते हैं, बल्कि उनकी रचनाओं में हम वह नज़रिया देख पाते हैं जो राष्ट्रीय मुद्दों को लेकर भी सचेत हैं और स्थानीय भी।

तेलुगु भूमि—जो अब दो राज्यों में विभाजित है—की संस्कृति और राजनीति में डूबे होने के बाद भी प्रभाकर ने राष्ट्रीय राजनीति और अर्थशास्त्र की नब्ज़ पकड़ रखी है, वे उनके बदलाव को बाक़ायदा समझते और उनका बदलाव निरूपित करते हैं। उनके व्यक्तित्व और मेधा का यह आयाम—जो उनकी जन्मभूमि में गहरे धँसा है, और जिसकी बड़ी और ऊँची शाखाएँ वैश्विक और राष्ट्रीय राजनीति और विकास तक जाती हैं—ही प्रभाकर को एक प्रबुद्ध व्यक्ति बनाता है।

प्रभाकर के आलेखों में एक जो महत्त्वपूर्ण चिन्ता झलकती है, वह राजनेताओं के वादों और कामों में बढ़ती खाई के बारे में है। इसका सबसे प्रमुख उदाहरण प्रधानमंत्री नरेन्द्र मोदी हैं। उनके वायदों के दो आयाम हैं। पहला, यह तथ्य कि वह विकास का प्रतिनिधित्व करने आए थे, क्योंकि वे देश के सबसे विकसित राज्यों में एक के सबसे अधिक समय तक रहे मुख्यमंत्रियों में से एक थे। गुजरात के मुख्यमंत्री के तौर पर हालाँकि अन्तर-धार्मिक रिश्तों और साम्प्रदायिक हिंसा से

निबटने में लगा कलंक एक बदनुमा दाग़ है, लेकिन उन्होंने लगातार विकास पर ज़ोर दिया और 2014 के चुनाव में पूरे देश में उनको भरपूर जनसमर्थन मिला।

उनका दूसरा वादा सुशासन का था। आख़िरकार, वह 'इंडिया अगेंस्ट करप्शन' वाले आन्दोलन की पीठ पर चढ़कर, भ्रष्टाचार-विरोधी अभियान पर सवार होकर सत्ता में आए थे। राष्ट्रीय मतदाताओं को आशा थी कि वह अपनी हिन्दुत्व की राजनीति को सुशासन और विकास के साथ जोड़कर चलेंगे। यही वादा भी था। दुखद है और कई आलोचकों के मुताबिक़ प्रत्याशित भी कि मोदी का प्रदर्शन उनके वायदे के अनुरूप नहीं रहा। न तो अर्थव्यवस्था की हालत और न ही सुशासन का वादा बहुत विश्वास जगाता है। नोटबन्दी ने अर्थव्यवस्था को हिलाकर रख दिया। रक्षा-उपकरणों की ख़रीद में भ्रष्टाचार के आरोप ने उनकी छवि पर दाग़ लगाया।

इस तरह, जब मोदी का पहला कार्यकाल ख़त्म होनेवाला था, तो उनका फिर से चुना जाना सन्दिग्ध लगने लगा। तब, मोदी ने विकास और सुशासन के हरेक दावे को छोड़कर राष्ट्रवादी बाना पहन लिया, पाकिस्तान पर हमलावर हो गए और एक कट्टर लामबन्दी की लहर पर सवार, जिसका निशाना मुस्लिम अल्पसंख्यक थे। प्रभाकर के आलेख वायदे और प्रदर्शन के बीच की खाई को और राजनीति पर उसके प्रभाव को बेपर्दा करते हैं।

प्रभाकर किसी शीशमहल से या उच्चासन पर बैठ गवाक्ष से उपदेश नहीं दे रहे हैं, यह उनके आलेखों से स्पष्ट है, कि वह ज़मीनी वास्तविकता से सुपरिचित हैं। वह उन पहले राजनीतिक विश्लेषकों में से थे, जिन्होंने पंजाब के पिछले विधानसभा चुनाव के दौरान वहाँ के नागरिकों की अलगाव (एलियनेशन) और बेजारी की तरफ़ ध्यान खींचा। आम आदमी पार्टी ने इसी भावना का फ़ायदा उठाया और सभी बड़ी पार्टियों को पछाड़कर आसानी से जीत हासिल कर ली।

प्रभाकर की क़लम की ताक़त यह है कि वे अपने विचारों को तथ्यों से पुष्ट करते हैं। वे केवल विवादित बयान नहीं देते, न ही अन्य राजनीतिक विश्लेषकों और टिप्पणीकारों की तरह अनुमान लगाते हैं। भारतीय मीडिया का अधिकांश राजनीतिक विश्लेषण अन्दाज़े लगाने और गप्प हाँकने के अलावा कुछ नहीं है। प्रभाकर का अर्थशास्त्र में प्रशिक्षण उनको मज़बूत तथ्यों के आधार पर अपने विचार रखने की सलाहियत देता है। ये आलेख दिखाते हैं कि वे एक शानदार शोधार्थी हैं जो अपने तर्कों को मज़बूत बनाने के लिए लगातार और बिना थके सबूत जुटाते रहते हैं।

उनकी राजनीतिक आलोचना के पीछे का यह तथ्यगत आधार ही उनके विचारों को अकाट्य बनाता है। भारत जैसे-जैसे आगामी आम चुनाव के नज़दीक पहुँच रहा है, मोदी सरकार को ऐसे ही तथ्यों का सामना करना पड़ेगा जो उसके विकास और सुशासन के दावों को खोखला साबित करेंगे। इसीलिए, हमें यह उम्मीद करनी चाहिए कि सत्ताधारी दल तथ्यों के आधार पर अभियान न चलाकर 'अमृत काल' जैसे भ्रामक प्रचार करेगा। अगला चुनाव एक शानदार भविष्य के वायदे पर लड़ा जाएगा, न कि दीमक खाई शहतीरों के प्रदर्शन के आधार पर।

प्रभाकर का लेखन हैदराबाद से निकला है। इसे पूरे देश और पूरी दुनिया के लोगों को पढ़ना चाहिए, जो भारत के वर्तमान के बारे में चिन्तित हैं और उसके भविष्य को लेकर गम्भीर हैं।

—संजय बारू

आमुख और आभार

इस किताब के आलेखों का रचनाकाल 2020 से लेकर 2022 के उत्तरार्द्ध तक है। इस संग्रह के लिए इन्हें थोड़ा-बहुत सम्पादित किया गया है। इनमें से अधिकांश मेरे वीडियो ब्लॉग 'मिडवीक मैटर्स' की कड़ियों के तौर पर प्रस्तुत किये गए। कुछ मेरे पास अप्रकाशित रह गए और पहली बार लोगों के सामने आ रहे हैं। कुछ ख़ास तौर पर इस संग्रह के लिए लिखे गए।

हालाँकि, इनमें से अधिकांश के सन्दर्भ और प्रस्थान-बिन्दु अलग हैं, लेकिन ये सभी एक साझा बिन्दु से जुड़े हैं, जैसा पाठक देखेंगे भी : वह बिन्दु है—भारत का वह विनाशकारी झुकाव जो इसे बेहद कम धर्मनिरपेक्ष, कम उदारवादी, कम बहुलतावादी, कम प्रजातांत्रिक गणराज्य बनाने पर आमादा है। यह प्रक्रिया तब अपरिवर्तनीय गति को प्राप्त होती दीखती है, जब से भाजपा की नरेन्द्र मोदी और अमित शाह के नेतृत्व वाली सरकार 2014 में आई है।

मोदी-शाह के नेतृत्व वाली भाजपा के पास दो फ़ायदे हैं। मैं उन्हें दो वरदान कहूँगा।

पहला, एक थका हुआ विपक्ष। दूसरे, दशकों तक हिन्दू आधिपत्य की सोच से लैस राष्ट्रीय स्वयंसेवक संघ और इसके कई पारिवारिक संगठनों द्वारा किये गए ज़मीनी काम जिन्होंने हमारे संविधान को कभी भी दिल से स्वीकार नहीं किया।

दूसरा काम सम्भव भी हुआ और उसे किसी ने चुनौती भी नहीं दी। मोटे तौर पर इसलिए क्योंकि जो राजनीतिक ताक़तें हमारे गणराज्य के आधारभूत मूल्यों से बँधी थीं, उन्होंने चुनावी तौर पर ग़ैर-पुरस्कृत, उस शान्त और श्रमसाध्य काम के ख़तरे को महसूस नहीं किया, जो संघ परिवार के घटक उन मूल्यों को पहुँचाने वाले थे और ख़बरों से दूर रहकर अंजाम दे रहे थे।

उदारवादी, बहुलतावादी और प्रजातांत्रिक मूल्यों से जुड़े (भले ही बहुत ढीले-ढाले ढंग से) राजनीतिक दलों की लगातार चुनावी जीत ने, उन्हें यह यक़ीन दिलाया कि वे मूल्य अविजित रहने वाले हैं, कि उन मूल्यों की पुरज़ोर तरीक़े से सुरक्षा करने और उनका बार-बार प्रचार करने की ज़रूरत नहीं है। वे आलसी, ढीले और स्वार्थी हो गए। और, संघ परिवार द्वारा इन मूल्यों पर लगातार आघात—पहले चुपचाप और 1990 के बाद खुलेआम—ने हमें आज के हालात में पहुँचा दिया है, जहाँ हमारे असाधारण गणराज्य के आधारभूत मूल्य ख़तरे में हैं। यह इन आलेखों का प्राथमिक विषय है।

पाठक इन आलेखों में एक और चिन्ता पाएँगे। वह ये कि यह संकट मोदी-शाह की भाजपा के हारने से ही हमारे गणराज्य से दूर नहीं हो जाएगा। इसलिए, यह चीज़ भले ही आज कितनी भी ताक़तवर दिख रही हो, वह इस संकट का स्रोत नहीं है। संकट और भी गहरा है और गणराज्य को मोदी-शाह की भाजपा से मिल रही चुनौती से कहीं अधिक विकट है। आज की झुके घुटनों वाली विपक्षी पार्टियाँ भी खड़ी हो सकती हैं और ठीक काम कर सकती हैं। शायद निकट भविष्य में चुनावी जीत भी हासिल कर लें, हालाँकि वे अभी तक तो यह बहुत ही दूर की कौड़ी दिखती है, जब यह किताब छपने जा रही है।

निकट भविष्य में एक चुनावी जीत ज़ाहिर तौर पर गणराज्य को उस संकट से उभरने में मदद देगी, जो किसी और तरीक़े से सम्भव नहीं है। मेरे लिए, लेकिन वृहत्तर चुनौती यह है : हमारे समाज के एक तुलनात्मक तौर पर बड़े, मुखर और प्रभावी समूह के दिमाग़ से यह जहरीला और बेबुनियाद विचार निकाला जाए कि भारत केवल एक धर्म के लोगों का है और दूसरों को दोयम दर्जे के नागरिक बनकर सन्तोष करना चाहिए। चुनौती यह है कि उस समूह को यह दिखाया जा सके कि एक ऐसे राजनीतिक दल के प्रति उनका बेशर्त समर्थन और समर्पण आगे चलकर कितना घातक—ख़ुद उनके लिए भी—साबित होगा, जो हमारी राष्ट्रीय प्रजाति के लिए इस तरह की जहरीली और संकीर्ण सोच रखता है।

नये भारत की इन घुन लगी शहतीरों को हमारे गणराज्य के जीवन से साफ़ तौर पर पकड़ना और निकालना होगा। मैं महसूस करता हूँ कि हमारे गणराज्य के आधारभूत मूल्यों से जुड़े राजनीतिक दल इस बात को नहीं समझते। उनके पास वह विचारधारात्मक संघटन और ज़रूरी अध्यवसाय भी नहीं है जिसे वर्षों

तक, प्रचार-प्रसार और तात्कालिक नफ़े-नुक़सान के चुनावी-राजनीतिक खेल से दूर रहकर, करना होगा। यह एक मुख्य कारण है कि हमारा गणराज्य आज एक मौलिक संकट से जूझ रहा है।

कोई भी राजनीतिक लामबन्दी जो इस कुरूप वास्तविकता को अपना मुख्य मुद्दा नहीं बनाती, हमारे गणराज्य की सेवा नहीं कर सकती है। बदतरीन यह होगा कि वह मोदी-शाह की भाजपा से किसी तरह का शैतानी समझौता कर ले और भारत को एक भाषा, एक धर्म और एक राजनीतिक दल का गणराज्य बनाने में लग जाए। निस्सन्देह कुछ राजनीतिक दल यह कर भी चुके हैं। मेरे लिए, यह वास्तविक और गम्भीर ख़तरा है। यही कारण है कि कुछ दूसरे गण्यमान्य नागरिकों की तरह, जिनकी मैं प्रशंसा करता हूँ, मैं लिखता, बोलता और चेतावनी देता हूँ। मैं नहीं मानता कि मौन एक विकल्प है। इसलिए, यह किताब। हर गिलहरी की कोशिश काम आएगी।

मैं बहुत सारे लोगों का कृतज्ञ हूँ लेकिन मैं उनमें से कुछ का ही उल्लेख यहाँ कर पाऊँगा।

मेरी सहकर्मी सुश्री उमा देवी कोटा इस सूची में शीर्ष पर हैं। उन्होंने 'राइटफोलियो' में उन ज़िम्मेदारियों को अपने कन्धे पर लिया, जो मूलतः मेरी थीं, ताकि मेरे पास सोचने-विचारने और उन्हें काग़ज़ पर उतारने का पर्याप्त समय हो। कई बार उनको ब्लॉग पोस्ट की तरह प्रस्तुत करना, टॉक देने के लिए घूमना, दूसरों के साथ मेरे विचार बाँटना ताकि स्पष्टता और दृष्टि मिल सके, यह भी उन्होंने किया।

मैं डॉ. संजय बारू का तहेदिल से शुक्रगुज़ार हूँ, जिन्होंने मुझे इन आलेखों को प्रकाशित करने के लिए प्रोत्साहित किया और भूमिका लिखी। उनकी भूमिका ने मुझे अभिभूत भी किया और विनयशील भी बनाया।

मैं अपने पाठकों को बताना चाहता हूँ कि मैं एक मित्र का बहुत अधिक कृतज्ञ हूँ जिन्होंने मेरे आलेखों की पांडुलिपि पढ़ी और काफ़ी गूढ़ टिप्पणियाँ कीं। मैंने उनसे बहुत लाभ उठाया। अहा, क्या ही दुर्भाग्य है कि मेरे और उनके बीच की सहमति की वजह से मैं उनका नाम नहीं लिख सकता, मैं केवल अपनी कृतज्ञता ज्ञापित कर सकता हूँ।

मैं श्री नजीर चिन्ना और श्री देवासनी शिवकृष्ण के सहयोग का उल्लेख किये बिना अपना धन्यवाद ज्ञापन पूरा नहीं कर सकता। दोनों ने मेरा काम बहुत आसान

किया और इसीलिए मैं अपने विचारों को स्वरूप देने में व्यस्त रहा, बाक़ी इधर-उधर की चीज़ों में नहीं।

अन्त में लेकिन उतने ही महत्त्व के साथ, मैं 'स्पीकिंग टाइगर बुक्स' की टीम को धन्यवाद देता हूँ, ख़ासकर प्रकाशक रवि सिंह को, जो लगातार मेरे साथ लगे रहे और बहुत सज्जनता के साथ मुझे अपना लिखा फिर से लिखने और जो ज़रूरी है और मैंने नहीं लिखा है, वह लिखने के लिए राजी किया।

जब कई प्रकाशन केन्द्र नये भारत में—अमृत काल और अच्छे दिनों के दौरान—नये भारत की कटु आलोचना वाले विषय को छापने का साहस नहीं कर पा रहे, तब रवि आगे आए। ऐसे लोग मुझे आशा देते हैं कि नये भारत के दावानल ने अभी सब कुछ नहीं लील लिया है।

अप्रैल, 2023

—परकाला प्रभाकर

नये भारत की
दीमक लगी शहतीरें

भूमिका

नये भारत की दीमक लगी शहतीरें

जब मैं आलेखों के इस संग्रह की प्रस्तावना लिख रहा हूँ, तो नरेन्द्र मोदी-नीत भारतीय जनता पार्टी सरकार को सत्ता में आए लगभग 9 वर्ष हो चुके हैं। मई 2014 में एक नये युग का सूत्रपात हुआ, या कम से कम हमें ऐसा बताया गया। वडोदरा में अपना विजय-भाषण देते हुए श्री मोदी ने घोषित किया कि 'अच्छे दिन' बस आ ही गए और उन्होंने चमकते भारत का वादा किया। लोकसभा के अपने सम्बोधन में अपनी पार्टी की जीत को उन्होंने 'नई उम्मीद' बताया और इसे ग़रीबों और वंचितों को समर्पित किया; तीन महीने बाद ही स्वतंत्रता दिवस के मौक़े पर लाल क़िले से अपने सम्बोधन में उन्होंने सर्व-सहमति और कठोर परिश्रम के ज़रिये सबको साथ ले चलने और सुशासन देने का भी संकल्प लिया। तब से अब तक, इन 8 वर्षों में हरेक वादे के साथ धोखा हुआ। नरेन्द्र मोदी को दो बार अभूतपूर्व जन-समर्थन और कई राज्यों में जनता का भरपूर साथ मिला, लेकिन सत्ताधारी दल लगातार नकारात्मक रहा, यह दरअसल युद्ध के लिए सज्ज दिखा। भाजपा के समर्थक इस बात से सहमत हैं ही कि उनका दल, जो सरकार वह चला रहा है और उसके सर्वोच्च नेता की वजह से देश एक नये युग में प्रवेश कर गया है। उनके लिए यह नया भारत 'विश्वगुरु' है। लेकिन, भारत एक संकट से गुज़र रहा है। हमारी राजनीति, समाज और अर्थव्यवस्था टूटे पड़े हैं। इसके संकेत हमारे चारों ओर बिखरे हैं।

यह आवश्यक है कि तमाम अलग-अलग तत्त्वों को साथ लाया जाए, ताकि पूरी तस्वीर और उसके गम्भीर निहितार्थ समझ आ सकें। साथ ही, यह भी महत्त्वपूर्ण है कि इस दौर की तमाम अहम बातों को सामने लाया जाए, ताकि चौबीसों घंटे और

365 दिन चलनेवाले ख़बरिया चक्र से झड़ रही कु-सूचनाओं के ढेर में वो दब न जाएँ। मेरे कभी-कभार नियमित लेकिन सामान्यतः अनियतकालीन इन आलेखों को इस संग्रह में लाने की मुख्य और शायद एकमात्र वजह भी यही है कि जो बिन्दु हैं, उन्हें जोड़ा जाए और ख़बरों के कबाड़ से महत्त्वपूर्ण तथ्यों को बचाया जाए, ताकि हम हाल ही में बने नये भारत की उभरती तस्वीर को साफ़ तौर पर देख सकें। जो भी लोग हमारी राजनीति, समाज और अर्थव्यवस्था में हो रही चीज़ों को सन्देह और विवेक से देखते हैं, वे मेरे निरीक्षणों से सहमत होंगे, भले ही वे मेरी व्याख्या से असहमत हों। दूसरी तरफ़, जो अपनी रोज़मर्रा की कठिन ज़िन्दगी में व्यस्त हैं और वर्तमान घटनाओं से अछूते, मैं आशा करता हूँ कि इन आलेखों को पढ़ने के बाद उनकी भी उदासीनता थोड़ी छँटेगी। ये दोनों ही तरह के जो नागरिक हैं, सजग भी और उदासीन भी, दोनों को ही आज लगातार निर्मित हो रहे उस नये भारत के साथ वाबस्ता होना होगा, जिसकी शहतीरों में दीमक लगी हुई है और उन्हें इसकी दीमक लगी शहतीरों को पहचानना पड़ेगा।

इसीलिए, आइए, कुछ तथ्यों को देखते हैं।

1990 के बाद पहली बार, भारत में ग़रीबी रेखा के नीचे रहनेवाले लोगों की संख्या बढ़ी है। देश ने केवल 2021 में ही साढ़े सात करोड़ (75 मिलियन) ग़रीब लोगों को दुनिया की निर्धन जनसंख्या में जोड़ा और हम दुनिया के 191 देशों में 132वें स्थान पर आ गए। यह यूएनडीपी (संयुक्त राष्ट्र विकास कार्यक्रम) के वैश्विक मानव विकास सूचकांक का 2021-22 का आँकड़ा है। भारत के पड़ोसियों में, श्रीलंका का स्थान 73वाँ, चीन का 79वाँ, भूटान का 127वाँ और बांग्लादेश का 129वाँ था। केवल पाकिस्तान (161), म्यांमार (149) और नेपाल (143) ही हमसे बुरी हालत में थे (यह भी ध्यान देने की बात है कि ये तीनों ही अपने आधुनिक इतिहास में अधिकांशतः बहुसंख्यकवादी धार्मिक राष्ट्र रहे हैं)। भारत 2022 में वैश्विक भूख सूचकांक (ग्लोबल हंगर इंडेक्स) में 121 देशों में 107वें स्थान पर था, जबकि इसके ठीक पिछले साल वह 101वें स्थान पर था।

देश में रोज़गार तेज़ी से घटते हुए रुझान को दिखा रहा है। मोदी सरकार ने 2016 से रोज़गार सम्बन्धी कोई आँकड़ा जारी नहीं किया है, शायद इसलिए कि पिछली बार जब श्रम विभाग ने ये आँकड़े जारी किये थे, तो पता चला कि बेरोज़गारी 2015-16 में पाँच वर्षों की अधिकतम दर यानी पाँच प्रतिशत की दर से बढ़ी थी।

2019 की जनवरी में, *बिज़नेस स्टैंडर्ड* ने एक ख़बर राष्ट्रीय नमूना सर्वेक्षण कार्यालय (NSSO) के 2017-18 के लीक हुए आवधिक श्रम सर्वेक्षण के आधार पर की थी। यह नवम्बर 2016 में बड़े नोटों के तबाहकारी विमुद्रीकरण (डी-मोनेटाइजेशन) के बाद पहला पूर्ण वित्तीय वर्ष था। उस ख़बर में एनएसएसओ की रिपोर्ट का हवाला दिया गया था, जिसके मुताबिक़ भारत में 2017-18 में बेरोज़गारी 45 वर्षों के उच्चतम स्तर पर यानी 6.1 प्रतिशत थी। सरकार ने तुरन्त ही यह कहते हुए प्रतिक्रिया दी कि यह रिपोर्ट अन्तिम नहीं है, क्योंकि 'कार्यप्रणाली' में कुछ गड़बड़ थी और आँकड़ों को पुनरीक्षित किया जा रहा है। सर्वेक्षण की रपट को दबा दिया गया और आज तक सार्वजनिक नहीं किया गया है।

सरकार ने बेरोज़गारी के आँकड़े भले जारी नहीं किये हों, सीएमआईई (सेंटर फ़ॉर मॉनिटरिंग इंडियन इकोनॉमी) की रिपोर्ट के मुताबिक़ अगस्त 2022 में, जब भारत और पूरा विश्व कोविड-19 की महामारी के बदतरीन प्रभावों से उबर रहा था, देश में बेरोज़गारी की दर 8.3 प्रतिशत तक बढ़ गई थी और श्रमिक बाज़ार ने 20 लाख 10 हज़ार नौकरियाँ गँवा दी थीं। मार्च 2023 के अन्त में, जब मैं यह प्रस्तावना लिख रहा था, बेरोज़गारी की दर 7.76 प्रतिशत थी। लघु और मध्यम आकार के उद्योग अब तक नोटबन्दी के चक्र से उबरने की कोशिश में हैं, ग्रामीण इलाक़े लगातार कष्ट में हैं।

सत्ताधारी दल और उसके समर्थक 2022-23 की दूसरी तिमाही में 13.5 प्रतिशत विकास दर की बाँसुरी बजा रहे हैं, लेकिन वह इसकी अनदेखी कर देते हैं कि यह आँकड़ा इतना आकर्षक इसलिए लगता है क्योंकि अर्थव्यवस्था उसके पिछले दो वर्षों में निराशाजनक तौर पर बिलकुल ही रसातल में चली गई थी। वे नहीं चाहते कि देश इस बात को जाने कि अर्थव्यवस्था को अभी भी महामारी से पहले वाले स्तर को छूना बाक़ी है। वे चाहते हैं कि हम भूल जाएँ कि महामारी आने के पहले ही हमारी अर्थव्यवस्था मन्दी का शिकार हो चुकी थी। भारतीय उद्यमी देश में निवेश करने से हिचक रहे थे। पूँजी देश के बाहर जा रही है और किसी को इस पर कोई पछतावा नहीं है।

देश की त्रासद अर्थव्यवस्था की वजह मोदी सरकार की घनघोर नाकाबिलियत है। यह सरकार अभी तक एक समन्वित आर्थिक दर्शन तैयार नहीं कर सकी है। यह सुधार के नाम पर सार्वजनिक क्षेत्र की सम्पत्ति को बेचने के आसान रास्ते पर

चल रही है और सार्वजनिक क्षेत्र में वास्तविक सुधारों के कठिन काम से बच रही है। नया भारत एक तरफ़ पूर्णकालिक नव-उदारवादी बाज़ार की विचारधारा को तोते की तरह रट रहा है और दूसरी तरफ़ देश की सम्पत्ति में छोटे बदलाव लाए जा रहे हैं, ताकि सत्ताधारी दल के चुनिन्दा लोगों को फ़ायदा मिल सके। हाल ही में आई हिंडनबर्ग रिपोर्ट ने गौतम अडाणी के मोदी सरकार से नज़दीकी सम्बन्धों पर गहरे और गम्भीर सवाल उठाए हैं। देश अब तक सरकार के जवाब का इन्तज़ार कर रहा है।

संगठित आर्थिक विचार और योग्य आर्थिक सलाहकारों के अभाव में, नया भारत अर्थशास्त्र के नाम पर जादूगरों के शिकंजे में फँसता जा रहा है। वे आराम से एक दिशाहीन सरकार को नोटबन्दी जैसे तबाही वाले उपाय सुझा सकते हैं, जिसने अर्थव्यवस्था की कमर ही तोड़ दी। महामारी के दौरान—एक छोटे उत्प्रेरक पैकेज के ज़रिये वितरण की ज़रूरतों को पूरा करने का दिखावा किया गया, जबकि ज़रूरत थी कि माँग के पक्ष को मज़बूत किया जाता। इन आधे-अधूरे, लापरवाह उपायों का नतीजा सबके सामने है। अर्थव्यवस्था अभी भी महामारी से पहले के स्तर को छूने के लिए संघर्ष कर रही है, हालाँकि वह स्तर भी नीचा ही था।

अर्थव्यवस्था को भले ही सत्ताधारी दल ने बर्बाद कर दिया हो, राजनीतिक भ्रमजाल फैलाने में वह किसी जीनियस की तरह काम करता है। इसका सबसे बड़ा उदाहरण हम एक के बाद एक राज्य सरकारों को गिराए जाने में देख सकते हैं। 2022 के सितम्बर में गोवा के आठ कांग्रेसी विधायक दल-बदल कर भाजपा में शामिल हो गए। आरोप लगे थे कि दल-बदल के लिए 40 से 50 करोड़ रुपये प्रति विधायक दिये गए थे। यह घटना पड़ोसी राज्य महाराष्ट्र के महाविकास अघाड़ी गठबन्धन सरकार में शामिल एक दल शिवसेना में हुई नाटकीय टूट-फूट के कुछ हफ़्तों के भीतर हुई। यह भी भाजपा की ही करतूत थी। शिवसेना से टूटे हुए विधायक असम और दूसरे भाजपा-शासित प्रदेशों के शानदार पाँच सितारा होटलों में आराम फ़रमाते रहे। उसके बाद वे मुम्बई लौटे और भाजपा से हाथ मिलाकर नई सरकार बना ली। भाजपा के लिए यह अब एक सामान्य प्रक्रिया है कि जहाँ भी जनता ने उन्हें सरकार बनाने लायक जनादेश नहीं दिया, वहाँ वे तोड़-फोड़ के ज़रिये बना लेते हैं। मध्य प्रदेश और कर्नाटक में (2018 के चुनाव के बाद) कांग्रेस की सरकारों को भाजपा ने विधायक दल में तोड़-फोड़ के ज़रिये गिरा दिया। हरियाणा

में चुनाव-पूर्व गठबन्धन के साझीदारों को पक्ष बदलने और भाजपा के साथ मिलने के लिए साधा गया। मतदाताओं का नकार अब भाजपा को सरकार बनाने से रोकने का ज़रिया नहीं रह गया है।

मोदी सरकार निरंकुश सत्ता के प्रति व्यामोह से ग्रस्त है, ताकि वह मनचाहा कर सके। प्रजातंत्र उसके लिए बकवास है। हमारी संसद आज एक ऐसा संस्थान है, जो सरकार द्वारा प्रस्तावित हरेक विधेयक और प्रस्ताव पर मुहर लगाने मात्र के लिए रह गई है। अब वहाँ जनता के मसलों पर बहस नहीं होती, कई बार बहसों को संसद के दोनों सदनों के सभापति रोक देते हैं। हमारे सर्वोच्च विधायी संस्थान के इस पतन के लिए पूर्ण बहुमतधारी सत्तासीन भाजपा को ही ज़िम्मेदार ठहराना होगा।

सर्वोच्च और निरंकुश सत्ता की खोज में विपक्षी नेताओं और उनके साथियों पर कर-अधिकारियों के छापे पड़ रहे हैं, प्रवर्तन निदेशालय समन भेजता है, अपमानजनक तरीक़े से घंटों पूछताछ होती है और बिना किसी मुक़दमे के जेल भी भेज दिया जाता है। सत्ताधारी दल में शामिल होते ही ये छापे और जाँच एकाएक बन्द हो जाते हैं। मीडिया संस्थानों के जो मालिक सरकारी विचारों का अनुकरण नहीं करते, उन्हें करवंचना के नोटिस दिये जाते हैं, कथित वित्तीय अनियमितता की जाँच की जाती है। वे तभी छोड़े जाते हैं, जब उनके संस्थान सरकार की आलोचना में कमी करते हैं। प्रतिष्ठित बुद्धिजीवियों पर भी कर-अधिकारी छापा मारते हैं, ताकि उन पर नकेल कसी जा सके। 'जी-जी' करनेवाले अधिकारी ही जाँचकर्ता एजेंसियों में नियुक्ति पाते हैं। जो भी स्वतंत्र होकर काम करने का रुझान रखते हैं, उनको पद से हटा दिया जाता है। नये भारत में हमने देखा कि केन्द्रीय अन्वेषण ब्यूरो (सीबीआई) के एक असुविधा पैदा करनेवाले प्रमुख को आधी रात हटा दिया गया। जाँच एजेंसियों के दुरुपयोग की घटनाएँ आज अभूतपूर्व स्तर पर पहुँच गई हैं। प्रवर्तन निदेशालय तो ख़ास तौर पर विपक्ष को आतंकित और चुप कराने का औज़ार बन गया है।

पुलिस बल भी ऐसा ही एक औज़ार बन गया है। उन नागरिकों पर राजद्रोह के आरोप लगा दिये जा रहे हैं, जो सरकार और उसकी बहुसंख्यकवादी विचारधारा की आलोचना करने वाली टिप्पणियाँ पोस्ट करते हैं। जो भी पत्रकार भाजपा-शासित राज्यों में अपराध या अत्याचार की जाँच करते हैं, उनको जेल में ठूँस दिया जाता है। कई बार उन्हें महीनों और वर्षों तक जमानत नहीं मिलती। आरोप ही जैसे फ़ैसला बन जाता है। सरकार में राष्ट्रीय सुरक्षा देखनेवाले एक प्रभावी व्यक्ति ने 2021 के

नवम्बर में राष्ट्रीय पुलिस अकादमी की पासिंग आउट परेड में एक अजीब और ख़तरनाक सिद्धान्त दिया कि नागरिक समाज ही अब युद्ध का नया मोर्चा है। शायद उन्हें अहसास नहीं था कि वह 1960 के तिरस्कृत सैन्य तानाशाही वाले सुरक्षा सिद्धान्त को ही उगल रहे थे, या शायद उन्हें इसका अहसास बहुत अच्छी तरह से था।

न्यायालय भी, जिनमें सर्वोच्च न्यायालय भी शामिल है, शायद नागरिक अधिकारों को सीमित करने के कार्यपालिका के आक्रामक प्रयासों में शामिल हो गए हैं। न्यायालय की सुनवाई के दौरान माननीयों के उच्च उद्गार या कोर्ट रूम के बाहर के उनके व्याख्यान बहुत कम ही उनके फ़ैसलों और आदेशों में परिलक्षित होते हैं। सर्वोच्च न्यायालय ने सरकार द्वारा पेगासस स्पाईवेयर के इस्तेमाल के आरोपों की जाँच के लिए समिति गठित करते वक़्त जो सख़्ती दिखाई थी, वह तब तक पूरी तरह उड़ चुकी थी, जब अन्तिम फ़ैसला सुनाया गया। न तो कोर्ट और न ही समिति नरेन्द्र मोदी-अमित शाह की सरकार से इसका एक स्पष्ट जवाब ले पाई थी कि सैन्य स्तर के स्पाईवेयर (जासूसी उपकरण) का इस्तेमाल विपक्षी नेताओं, पत्रकारों और नागरिक समाज के कार्यकर्ताओं के ख़िलाफ़ किया गया था या नहीं? समिति ने मूक होकर जाँच पर पर्दा डाल दिया और यह कहकर छुट्टी पा ली कि सरकार ने चूँकि सहयोग नहीं किया इसलिए पेगासस के इस्तेमाल का कोई सबूत नहीं मिला।

इन सबके बीच, अतिशय कट्टरता को क़ानूनी जामा पहना दिया गया। गुजरात में 2002 के दंगों के दौरान बिलकिस बानो के गैंगरेप के सज़ायाफ़्ता अपराधियों को राज्य सरकार ने छोड़ दिया—केन्द्रीय गृह मंत्रालय की सहमति से—जब पूरा देश भारत की आज़ादी के 75वें वर्ष का अमृत महोत्सव मनाने और हर घर तिरंगा अभियान में हिस्सा लेने में व्यस्त था। उत्तर प्रदेश, जो हमारे देश का सबसे बड़ा राज्य है, के मुख्यमंत्री ने खुलेआम कहा कि उनके राज्य में 2022 की चुनावी जंग 80 प्रतिशत बनाम 20 प्रतिशत के बीच है। इस तरह उन्होंने चुनाव को हिन्दू बहुसंख्यकों और मुसलमान अल्पसंख्यकों के बीच की जंग बना दिया। एक हिन्दू 'धर्म संसद' पड़ोसी राज्य उत्तराखंड में हुई, जिसमें चुनाव के ठीक पहले मुसलमानों के नरसंहार का फ़रमान जारी किया गया। एक वक्ता ने म्यांमार में रोहिंग्या की तर्ज पर भारत को भी मुस्लिमों से 'साफ़' करने का आह्वान किया। दूसरे ने घोषणा की, 'अगर हममें से 100 लोग उनके 20 लाख को मारने को तैयार हैं, तो हम

जीतेंगे और भारत को हिन्दू राष्ट्र बनाएँगे।' न तो राज्य और न ही केन्द्र सरकार ने इन बयानों की निन्दा की।

राष्ट्रीय राजधानी की गलियों में—जहाँ पुलिस केन्द्रीय गृह मंत्रालय के अधीन है, उग्र हिन्दुत्ववादी संगठनों ने जुलूस निकाले और 'इस देश में रहना होगा, तो जय श्रीराम कहना होगा' और 'जब मुल्ले काटे जाएँगे, जय श्रीराम चिल्लाएँगे' के नारे लगाए। इन सम्भावित आतंकियों में से कोई भी जेल में नहीं है, वे खुलेआम सड़कों पर बुलन्द होकर घूम रहे हैं। पूरे देश, ख़ासकर उत्तर भारत में, गो-तस्करी या घरों में गोमांस रखने के शक पर भीड़ ने मुसलमानों की हत्या कर दी। खोमचे वाले, चूड़ी बेचनेवाले और छोटे दुकानदारों की जब-तब पिटाई हो रही है। हिन्दू स्कूली बच्चों को इकट्ठा कर भाजपा शासित कर्नाटक की गलियों में भगवा गमछा गले में डालकर गलियों में घुमाया गया और वे हिजाब पहनी मुस्लिम बच्चियों को तंग करते रहे।

इसी बीच, हमारे सार्वजनिक विश्वविद्यालय जो सार्वजनिक वाद-विवाद और वैचारिक संघर्ष के जीते-जागते स्थल थे, हमले का शिकार हुए और उन्हें बाधित किया गया। परिसरों में पुलिस और नकाबपोश लोग लाठियों और सरियों के साथ दाख़िल हुए, ताकि विद्रोही दिमाग़ों को काबू किया जा सके। सफल व्यापारियों द्वारा स्थापित निजी विश्वविद्यालयों को उन अकादमिकों और विचारकों को निकालने पर मजबूर किया गया, जो सरकार के आलोचक थे। विज्ञान और तकनीक के प्रमुख संस्थान वह सामग्री प्रकाशित करने लगे, जो सरकार के प्रिय मिथकों का प्रचार करती थी। 'साइंस कांग्रेस' की प्रक्रिया भी सत्ता के दकियानूसी विचारों को प्रतिबिम्बित करने लगी है। कोविड-19 की सबसे कारगर दवा गोमूत्र और गोबर है, ऐसा कहनेवाले अब हमारे समाज का छोटा हिस्सा नहीं हैं, उनके कारगर दवा होने का दावा अब सत्ताधारी दल के विधायक और महत्त्वपूर्ण पदाधिकारी भी कर रहे हैं।

कुछ आदरणीय लेकिन लगातार कम होते अपवादों को छोड़ दें तो हमारा प्रिंट और टीवी मीडिया भी सत्ताधारी दल के सामने पूरी तरह दंडवत कर उनके राजनीतिक और विचारधारात्मक हितों को साधने का काम कर रहा है। अपने मालिकाना प्रारूप और ऊँची लागत की वजह से मीडिया को सरकार की प्रवर्तन एजेंसियों और सत्ता समर्थक कॉरपोरेट विज्ञापनदाताओं के वित्तीय दबाव का शिकार बनना होता है। हमारे मुख्यधारा के मीडिया के प्रभावी खिलाड़ी सत्ता के सामने नतमस्तक हैं और सरकार के चीयरलीडर बने हुए हैं। टीवी की बहसें सत्ताधारी दल के एजेंडे को ध्यान में

रखकर तय की जाती हैं। बमुश्किल कोई खोजी रपट गाँवों या खेती की समस्याओं के बारे में होती है, वंचितों की आवाज़ शायद ही कहीं जगह पाती हो, सत्ताधारी दल को मुश्किल में डालनेवाले मुद्दे ख़बरों के चक्र से बाहर कर दिये जाते हैं।

डिजिटल मंचों को अलग तरीक़े से नियंत्रित किया जा रहा है। उनको फ़ेक न्यूज़ और मिथ्या नैरेटिव से भर दिया गया है। सत्तासीन दल इस खेल का सबसे बड़ा खिलाड़ी है। इसकी विशाल डिजिटल सेना कई टन ग़लत और अप्रासंगिक सूचनाओं से साइबर स्पेस को भर दे रही है और नागरिक समाज भ्रमित रहता है, क्योंकि विश्वसनीय सूचनाओं तक पहुँच मुश्किल होती जा रही है। यह नये भारत की स्मार्ट सेंसरशिप है। जिन डिजिटल न्यूज़ आउटलेट्स और मंचों ने अभी भी मोर्चा सँभाला हुआ है, वे नये ढंग के दबाव में हैं। उनकी ऊर्जा मानहानि के मुक़दमों और कोर्ट के चक्कर लगाने में ज़ाया हो रही है। 2021 के शुरू में लाए गए नये आईटी अधिनियम की वजह से इनके लिए सरकारी दबाव और सज़ा से बचना मुश्किल हो गया है। ये नियम सरकार को पूर्ण अधिकार देते हैं कि कोई भी ख़बर या विवेचना 'राष्ट्रीय हित' के ख़िलाफ़ है या नहीं, वही तय करेगी। 2014 के बाद से इंटरनेट बन्दी देश में काफ़ी तेज़ी से बढ़ी है। इसी तरह सोशल मीडिया प्लेटफ़ॉर्म जैसे फेसबुक, ट्विटर और यूट्यूब को भी सरकार ने आलोचना करने वाले पोस्ट हटाने के निर्देश कई बार दिये हैं। यहाँ तक कि जब यह किताब प्रेस में जा रही है, तो सरकार ने एक नया नियम प्रस्तावित किया है, जिसके मुताबिक़ पीआईबी या सरकार द्वारा फ़ैक्ट-चेक के लिए अधिकृत कोई भी एजेंसी अगर किसी ख़बर को 'फ़ेक' कह देती है, तो उसे सभी प्लेटफ़ॉर्म्स से उतारना होगा, जिसमें सोशल मीडिया भी शामिल है।

भारतीय सरकार जहाँ अपने ही नागरिकों के ख़िलाफ़ युद्ध में मुब्तिला है, चीन अपनी हालिया घुसपैठों का फ़ायदा उठाकर हमारे क्षेत्र के बड़े हिस्से में बिना किसी चुनौती के घुस आया है और प्रधानमंत्री देश को बता रहे हैं कि किसी भी तरह की घुसपैठ नहीं हुई है। शायद ही कोई उन्हें कुछ कह रहा है।

प्रधानमंत्री और उनकी सरकार (कु)सूचना, दोहरे बयानों और सफ़ेद झूठ बोलकर भी बच जाते हैं, क्योंकि हम, जनता के स्तर पर न तो सूचना और न ही ज़िम्मेदारी की माँग करते हैं। शायद पारदर्शिता के प्रति सरकार की अरुचि का सबसे बड़ा उदाहरण 2017 में पारित विवादित इलेक्टोरल बांड योजना है। भाजपा

आज देश में सबसे धनी राजनीतिक पार्टी है और इसके धन का बड़ा हिस्सा इन्हीं बांड्स से आया है। ये बांड्स कम्पनियों द्वारा राजनीतिक दलों को बिना नाम बताए असीमित मात्रा में चन्दा दिये जाने को क़ानूनन जायज़ बना देते हैं। लेकिन, दान बेनामी नहीं है—ये बांड केवल भारतीय स्टेट बैंक जारी कर सकता है, जो सरकार के मालिकाने में है। 2018 से 2022 के दौरान भाजपा को 5,270 करोड़ रुपये इन बांड्स के ज़रिये मिले, जो बिके हुए कुल इलेक्टोरल बांड्स का 57 प्रतिशत है। मुख्य विपक्षी पार्टी कांग्रेस को दूसरे स्थान से सन्तोष करना पड़ा, हालाँकि दोनों में बहुत बड़ा फ़र्क़ है। कांग्रेस को कुल बांड्स का 10 फ़ीसदी यानी 964 करोड़ रुपये चन्दे में मिले। बाक़ी 33 फ़ीसदी बांड्स देश के बाक़ी सब राजनीतिक दलों को मिलाकर चन्दे में मिले।

हम नहीं जानते कि सत्ताधारी दल को किसने इतनी रकम दी और उसके बदले में क्या पाया? पाँच साल पहले इन बांड्स की अपारदर्शिता के ख़िलाफ़ जो याचिकाएँ दायर हुई थीं, उन पर सुप्रीम कोर्ट अभी तक फ़ैसला नहीं कर पाया है। न ही, कोर्ट ने इन बांड्स की बिक्री पर ही तब तक रोक लगाई, जब तक सुनवाई चल रही है। सत्ताधारी दल भाजपा, सर्वोच्च न्यायालय की विस्मयकारी अकर्मण्यता की वजह से लगातार और धनी होती गई है। अपार वित्तीय संसाधनों की बदौलत यह दल एक चुनावी 'महाशक्ति' में बदल गया है। आज देश में कोई भी दूसरा दल इसकी वित्तीय ताक़त के बराबर नहीं है।

सत्ताधारी दल को चुनावी चन्दा देने के बारे में सूचना न देना अब कम से कम क़ानूनन स्वीकृत है, भले ही वह क़ानून कितना भी विवादित हो। अर्थव्यवस्था और प्रशासन के महत्त्वपूर्ण पैमानों के बारे में सूचनाएँ छुपाने का काम हालाँकि केवल नकार और मुँह फेर लेने के ज़रिये किया जा रहा है। सरकार किसानों की आत्महत्या या कोविड के दौरान या उस समय लागू किये गए क्रूर लॉकडाउन से प्रवासी मज़दूरों की मौतों, या महामारी की वजह से गई नौकरियों और अस्पताल में बिस्तरों या ऑक्सीजन की कमी से गई जानों, या देश में बेरोज़गारी के स्तर पर कोई सूचना साझा नहीं करती। वह सीधा कह देती है कि आँकड़े नहीं हैं। जब ये आँकड़े जारी किये जाते हैं, तो ज़ाहिर तौर पर उनको सजा-सँवार दिया जाता है। आज दुनिया-भर में भारत की सांख्यिकीय सत्यता पर प्रश्नचिह्न लग रहे हैं। सरकारी स्रोतों से प्राप्त आँकड़ों पर अब किसी को भरोसा नहीं है।

2014 में मोदी-नीत भाजपा सरकार के सत्ता में आते ही योजना आयोग को ख़त्म कर दिया गया था। एक चतुराई भरे आदिवर्णिक (एक्रोनिम) और शानदार नाम—नेशनल इंस्टीट्यूशन फ़ॉर ट्रांसफ़ॉर्मिंग इंडिया—यानी 'नीति' आयोग की स्थापना पूरे शोरशराबे के साथ की गई। हम लोगों को अभी तक इस संस्थान से कोई एक, केवल एक रूपान्तकारी विचार के आने की प्रतीक्षा ही है।

सूचना और ज़िम्मेदारी की जगह हमारे पास शोर है—प्रोपेगैंडा और 'जुमलों' का विशुद्ध शोर, लुभावने नारे जो उतने ही खोखले हैं, जितने चमकदार। नवोन्मेषी योजनाओं, शुरुआतों और कार्यक्रमों की घोषणा में नया भारत कभी नहीं दिखा। योजनाओं के नाम बहुत आसानी से जीभ पर चढ़ते हैं, जिन्हें किशोर वय के चतुर कॉपीराइटर लिखते हैं—स्किल इंडिया, मेक इन इंडिया, स्टैंड अप इंडिया, स्टार्टअप इंडिया, डिजिटल इंडिया, स्वच्छ भारत, स्मार्ट सिटीज, बुलेट ट्रेन, खेलो इंडिया, जन-धन योजना, आत्मनिर्भर भारत, प्रसाद (PRASAD), बेटी पढ़ाओ-बेटी बचाओ, नमामि गंगे, किसानों की दुगनी आय, सबका साथ, सबका विकास, सबका प्रयास, सबका विश्वास, हर घर तिरंगा, अमृत काल...यह एक लम्बी और लगातार वर्द्धमान सूची है। योजनाएँ पूरे धूम-धड़ाके से शुरू होती हैं। हरेक शुरुआत को आतिशबाज़ी और रंगारंग कार्यक्रम में बदल दिया जाता है।

जब शुरुआत हो जाती है—यानी जब वे शानदार मुहावरों से लैस लच्छेदार भाषणों और पुरानी सरकारों पर विषैले व्यंग्य बाण साधने का मतलब पूरा कर देती हैं—और अगले दिन की अख़बारी सुर्ख़ियों में आ जाती हैं, सारी योजनाएँ किनारे कर दी जाती हैं। यहाँ तक कि सम्बन्धित मंत्रालयों की वार्षिक रिपोर्ट में भी उन योजनाओं का कोई विवरण नहीं मिलता। एक बार जमकर प्रचार हो गया, उसके बाद उन पर ध्यान भी नहीं दिया जाता है। बेटी बचाओ-बेटी पढ़ाओ योजना प्रधानमंत्री मोदी ने 2015 में लांच की थी और यह प्रचार की बेशर्म भूख का एक शानदार नमूना है। संसद की एक स्थायी समिति की रिपोर्ट बताती है कि 2016 से 2019 के बीच इस कोष का 79 प्रतिशत हिस्सा केवल मीडिया-प्रचार में गया है। मात्र 21 प्रतिशत ही लड़कियों की शिक्षा, स्वास्थ्य और कल्याण के किसी आधारभूत ठोस काम में लगा।

इससे किसी को आश्चर्य नहीं होना चाहिए। आख़िरकार नये भारत की घुन लगी शहतीरों से कुछ सीधा तो नहीं ही बन सकता है। ये बहुप्रचारित कार्यक्रम एक

बहुसंख्यकवादी राजनीतिक भीड़ को कक्षा में स्थापित करने वाले रॉकेट को चलाने के लिए ज़रूरी ईंधन भर हैं। जब वास्तविक हिस्सा उड़ जाता है, तो बाक़ी कूड़े की तरह गिर जाता है। जो राजनीतिक कुनबा कक्षा में स्थापित है, वह विभेदकारी और घृणा से भरा हुआ है। यह नागरिकता को धार्मिक पहचान और 'दूसरे' अल्पसंख्यकों—ख़ासकर धार्मिक अल्पसंख्यकों और विशेषकर भारत के मुसलमानों—के आधार पर परिभाषित करता है। वह तानाशाह हिन्दुत्ववादी सरकार सामाजिक-सांस्कृतिक असुरक्षाओं और आधारभूत प्रवृत्तियों को चतुराई से अपने हित में साधकर फल-फूल रही है, और यह चीज़ देश की ऊपरी राजनीतिक मिट्टी के तले बहुत मुश्किल से बस छिपी हुई है। हमारे देश के विविध तत्त्वों में सौमनस्य-सामंजस्य लाने की जगह वर्तमान सरकार और इसके वैचारिक सहयोगी सड़कों पर भीड़ उतारते हैं, विभेदों को तीखा करते हैं और सन्देह व घृणा को अल्पसंख्यक समुदायों की तरफ़ मोड़ते हैं ताकि राजनीतिक शक्ति को हथिया सकें, उसे दृढ़ कर सकें।

यह सरकार जान-बूझकर युवा दिमाग़ों को हिंसक पूर्वग्रहों से भरकर हमारे जनांकिकीय लाभांश को ज़ाया कर रही है। आज हमारे लाखों युवा नागरिक अन्ध अतीत-भक्ति, सैन्यवाद, आक्रामक धार्मिक पहचान और सत्ताधारी पार्टी व उसके चीख़ते-गरजते नेताओं के लिए बेशर्त समर्थन को ही देशप्रेम भ्रमित हो रहे हैं। वे हिंसक हिन्दुत्व के हरावल दस्ते के सिपाही बन जाते हैं। उनमें स्वाधीन चिन्तन की शक्ति नहीं होती। दुखद है कि बिना स्वाभिमान के वह अपने व्यक्तित्व को भी राज्य और प्रधान नेता में विलीन कर बैठते हैं। वे कुछ बना नहीं सकते हैं, केवल तोड़-फोड़ कर सकते हैं।

एक बहुसंख्यकवादी सत्ता सामाजिक सौहार्द के ख़िलाफ़ होती है और इसलिए राष्ट्र को भी बाधित करती है, लोगों तक आर्थिक विकास नहीं पहुँचने देती है। नये भारत की घुन लगी शहतीरें समन्वय, विविधता और मज़बूत राष्ट्रीय एकता को पनपने नहीं देतीं, जो किसी भी प्रगतिशील और समृद्ध राष्ट्र के लिए ज़रूरी हैं।

आख़िरकार, हमें यानी नागरिकों को ही इसका दोष अपने सिर लेना होगा। प्रजातंत्र को तानाशाह राजनीतिकों और दलों ने अपहृत किया है, क्योंकि हम ही उन्हें ऐसा करने की शक्ति देते हैं, या तो उनके एजेंडे में सक्रिय प्रतिभागी बनकर या निष्क्रिय शिकार होकर, या उदासीन दर्शक मात्र रहकर। जब आर्थिक कुप्रबन्धन स्पष्ट है, राजनीतिक द्वेष सतह पर है, सांस्थानिक क्षरण खुलेआम है और नागरिक

अधिकारों का दमन लगातार हो रहा है, नये भारत की सरकार और सत्ताधारी दल को प्रभावी तौर पर चुनौती नहीं मिल रही है। मतदाता उनको सज़ा नहीं दे रहे हैं। कोई भी सरकार, जो इस तरह की आर्थिक तबाही और राजनीतिक बर्बादी की गुनहगार हो, अभी तक उसको दरवाज़ा दिखा दिया जाता। यह सरकार फिर भी बच गई है। इसका शाही शासन कहें तो बिना किसी चुनौती के है, जिसे लोकसभा में बड़े बहुमत से और ताक़त मिलती है, यह हमारी संसद का उच्च सदन है, जहाँ भाजपा की अकेले 303 सीटें हैं, यानी कुल सीटों का 56 फ़ीसदी से अधिक। हमारा मतदान का 'फ़र्स्ट-पास्ट-द-पोस्ट' तरीक़ा ऐसा है कि 2019 के आम चुनाव में कुल मतदान का मात्र 38 फ़ीसदी वोट पाकर भी इस दल को इतनी अधिक सीटें मिलीं।

मुख्यधारा की मीडिया, सम्भ्रान्त समूहों और मध्यवर्ग के ड्राइंग रूम्स में सत्ताधारी दल के प्रति शोर इतना अधिक है कि हम अक्सरहाँ भूल जाते हैं कि 2019 में 62 फ़ीसदी से अधिक लोगों ने भाजपा के लिए वोट नहीं किया था। मध्यवर्ग का एक बड़ा तबक़ा अभी भी नेतृत्व के तानाशाही रवैये और झूठे वादों में फँस जाता है, समाज में विभेदकारी अँधेरे को बुलावा देने और नवउदारवादी विचारधारा के कुछ व्यापारियों को बढ़ावा देने का विरोध नहीं करता। सच पूछें तो इस वर्ग का एक बड़ा हिस्सा सरकार का सक्रिय चीयरलीडर और हरावल दस्ता बना हुआ है। शोषित हमेशा की तरह प्रभावी विचारधारा से असहमत होने से डरते हैं—इस समय तो और अधिक, क्योंकि उनको न केवल अप्रासंगिक बना दिया गया है, बल्कि उन्हें देशद्रोही का ठप्पा लगने का भी डर है अगर उन्होंने प्रधानमंत्री और सत्ताधारी दल की प्रशंसा के गीत नहीं गाए।

इसे देखते हुए नये भारत की राजनीतिक ताक़त के स्रोत और सरकार की लोकप्रिय अपील के बारे में गहराई से सोचना चाहिए।

भय आज की एक कठोर और दृश्यमान वास्तविकता है—1975-77 के आपातकाल के बाद से ऐसा भय समाज में कभी नहीं व्यापा था। सरकार या भाजपा की आलोचना मोदी-विरोध है और इसीलिए देशद्रोह भी। इसलिए कई लोग सत्ता के लिए समर्थन जताना या फिर मौन रहना ही सुरक्षित मानते हैं। इससे इनकार नहीं किया जा सकता कि बहुतेरे लोग हैं जो मोदी सरकार के आख्यान में बाक़ायदा यक़ीन करते हैं। वे इसका प्रचार भी करते हैं। उनको दोष नहीं दिया जा सकता है। वे जादू के प्रभाव में हैं। वे या तो सत्ताधारी दल के सदस्य हैं या फिर इसके सक्रिय

और वाचाल समर्थक। इस तरह के लोग अकादमिक जगत, उद्योग, सिविल सेवा, मीडिया या फिर अन्य पेशों में भी हैं। वे यह सोचते हैं कि सचमुच अच्छी चीज़ें हो रही हैं। उनके लिए महँगाई, बेरोज़गारी, हमारे संवैधानिक संस्थानों का विनाश, हमारी प्रजातांत्रिक प्रक्रिया की तोड़-फोड़, मौलिक अधिकारों और निजता का हनन, लगातार विवाद इत्यादि बहुत छोटी क़ीमत है, एक महान सभ्यतागत मिशन के सामने जिस पर यह सरकार आमादा है—वह मिशन है भारत को हिन्दू राष्ट्र बनाने का।

हालाँकि, दूसरे लोग भी हैं। वे सरकारी आख्यान में भरोसा नहीं रखते और वे अपने बच्चों के लिए हिन्दू राष्ट्र भी नहीं चाहते, जो एक प्रतिगामी और ग़ैर-लोकतांत्रिक देश होगा। फिर भी, वे इसका नारा बुलन्द करते हैं, क्योंकि वे तात्कालिक फ़ायदे के लिए सत्ता से चिपके हुए हैं। यह हमारे गणराज्य के लिए दुखद है। ये लोग उस नुक़सान से वाक़िफ़ हैं, जो वे कर रहे हैं लेकिन उनकी अन्तरात्मा लोभ और अतिशय स्वार्थ के यहाँ गिरवी है। उनके जीवन का एकमात्र मकसद व्यक्तिगत लाभ है। कुछ दूसरे लोग सरकारी नैरेटिव को इसलिए मानते हैं क्योंकि वे जीतने वाले पक्ष की तरफ़ दिखना चाहते हैं—किसी ख़ास फ़ायदे के लिए नहीं, बस सुरक्षा और सुविधा के लिए। वे भी हमारे देश के ताने-बाने को नुक़सान पहुँचा रहे हैं। फिर, वे हैं जो सरकार की ताक़त के आगे खड़े नहीं हो सकते, उनके व्यापारिक हित ऐसा नहीं होने देते। ये सभी लोग एक जैसे नहीं हैं, उनकी प्रेरणाएँ अलग हैं, लेकिन एक साथ मिलकर वे सत्ताधारी कुनबे के एजेंडे को बढ़ा रहे हैं।

डर और दहशत के औज़ारों को इस्तेमाल करने का एजेंडा, ताकि लोग और संस्थान भय के मारे चुप्पी और सहमति के विकल्प चुन लें।

ध्यान भटकाने और प्रचार का एजेंडा—काशी, केदारनाथ और अयोध्या के जगमगाते कार्यक्रम एक तरफ़ और 'एक अरब कोविड टीके' या फिर विदेशी ज़मीन पर एनआरआई भक्तों की नारे लगाती भीड़ दूसरी तरफ़—लगातार चलता है, ताकि लोग चौंधिया जाएँ और चकराकर सरकार द्वारा हमारे गणराज्य पर किये जा रहे हमलों को भूल जाएँ।

*

कुछ लोग मेरे ऊपर लगातार नकारात्मक होने के आरोप लगाते हैं। वे पूछते हैं कि मैं

सरकार के किसी सकारात्मक काम को क्यों नहीं देख पाता हूँ? वे कहते हैं—क्या आप नहीं देखते कि विकल्प कितने ख़राब हैं? क्या आप फलाना अ, ब या स को हमारे अगले प्रधानमंत्री के तौर पर देखते हैं, क्या आप नहीं जानते हैं कि अ, ब या स एक तबाही की तरह होगा या होगी? कुछ और लोग कहते हैं—परकाला, आप केवल समस्याओं को दिखाते हैं, अपने एसी कमरे में बैठकर, आप केवल बात न करें, हमें समाधान दें।

यह एक जाल है, जिसमें मैं नहीं फँसूँगा। यह सेंसरशिप का ही एक और रूप है। मेरे लिखने और बोलने का प्राथमिक मक़सद है कि कुछ भी ग़लत होने पर मैं लाल झंडी दिखा दूँ; हमारे देश के प्रजातांत्रिक, बहुलतावादी, उदारवादी और धर्मनिरपेक्ष विचारों और क्रियाओं के ख़िलाफ़ जाते अपने देश के झुकाव की प्रक्रिया को बताऊँ; लगातार और स्पष्टता के साथ, सरकार की विफलता, झूठ, अक्षमता और ग़लत सोच की तरफ़ ध्यान खींचूँ।

सरकार के अच्छे कामों को बताने के लिए देश में अनेक प्लेटफ़ॉर्म हैं। दरअसल, ऐसे मीडिया घरानों और समूहों की भीड़ है। सत्ताधारी दल की अपनी विशाल विज्ञापन मशीनरी और सर्वसाधन-सम्पन्न डिजिटल सेना भी अहर्निश अपना काम कर रहे हैं। सत्ता के पक्षधर एजेंडे को ख़बरों और विशेषज्ञों के विचारों की शक्ल में पेश करके वे हमारे सार्वजनिक विमर्श को भटका देते हैं। इसलिए मेरी जो आवाज़ है वह बिना किसी संकोच के एक आलोचक की आवाज़ है। यह बिना किसी पछतावे के एक विद्रोही धुन है।

मेरा लेखन और मेरी आवाज़ किसी व्यक्ति या वस्तु के ख़िलाफ़ नहीं है। मेरा लेखन और मेरी आवाज़ हमारे प्रजातांत्रिक, बहुलतावादी गणराज्य के आधारभूत सिद्धान्तों और आदर्शों से जुड़ी है। मैं किसी व्यक्तिगत या राजनीतिक मंच के लिए काम नहीं करता हूँ। लोग अपना नेता और सरकार चुनेंगे। मुझे किसी तरह की ग़लतफ़हमी नहीं है कि मेरा अनियमित लेखन और बोलना किसी भी तरह से उनके चयन को प्रभावित करेगा। सरकारें तो लोग ही बदलेंगे। मेरा काम साधारण, सीमित और बहुत संकेन्द्रित है। यह उन बातों को इंगित करना है, जब हमारी सरकार, हमारे सार्वजनिक संस्थान या हमारे नेता हमारे गणराज्य के आदर्शों से विचलित होते हैं या फिर अपने आदर्शों और वायदों से भटकते हैं। यह एक साधारण सा प्रयास है कि सत्ता से हमेशा सच बोला जाए, हरेक समय।

मुझे विकल्पों की परवाह नहीं है। यह काम मैंने ख़ुद को नहीं दिया है। मैं सत्ता की मुख़ालफ़त कर रहे लोगों की बेहतरी चाहता हूँ। उनके प्रण को पूरा करना चाहता हूँ। प्रजातांत्रिक मूल्यों को उठाना चाहता हूँ। अगर वे नहीं उठाएँगे, तो मैं उठाता हूँ। नागरिकता का यह सामान्य कर्म है।

एक नागरिक के तौर पर, किसी मुद्दे को उठाने के लिए, मैं नहीं सोचता कि पहले मुझे समाधान से लैस होना चाहिए। मेरा भरोसा है कि एक परिपक्व प्रजातंत्र में समाधान एक खुली और सूचना-समृद्ध बहस से पैदा होते हैं, जिसमें जनसामान्य और विशेषज्ञ हिस्सा लेते हैं। मुझे आलोचक बनने का अधिकार पाने के लिए कभी-कभार सरकार और उसके नेताओं की बड़ाई करनी हो, यह ज़रूरी नहीं है। मैं सरकार की बड़ाई किये बिना आलोचना कर सकता हूँ। यह मुझे कम वस्तुनिष्ठ नहीं बनाता, न ही किसी का पक्षकार बनाता है। मुझे नकली निष्पक्षता और वस्तुनिष्ठता नहीं दिखानी है। मैं यह कहने को बाध्य नहीं हूँ कि देखो मैंने सत्ता को यहाँ बधाई दी है, इसलिए यहाँ मैं उसकी आलोचना करूँगा, मैं सन्तुलित हूँ। नहीं, यह मेरा रास्ता नहीं है। मैं अपना सम्पूर्ण, बेहिचक, बेधड़क प्रजातांत्रिक अधिकार इस्तेमाल कर इन ताक़तों से अपने मन की बात कहूँगा। उनको चाबुक लगाऊँगा और तथ्यों से खिलवाड़ नहीं करूँगा। मैं विषैले ट्रोल्स से नहीं डरूँगा, हतोत्साहित नहीं होऊँगा। न ही मैं लगातार प्रोपेगैंडा और बड़े कार्यक्रमों के झाँसे में आऊँगा, न उनसे डरूँगा।

मुझे *ग्लैडिएटर* फ़िल्म का एक संवाद याद आता है। यह नये बादशाह कॉमोडस के बारे में दो सीनेटरों की बातचीत है, जिसने रोम के लोगों से शानदार धूमधड़ाके का वादा किया है—पूरे 150 दिनों के खेलों या मनोरंजन का। शहर की दीवारें ग्लैडिएटर्स की आदमकद तस्वीरों और जंगली जानवरों से पटी जा रही हैं, कॉलोसियम का बालू रक्तस्नात है।

पहला सीनेटर : डेढ़ सौ दिनों का खेल-उत्सव!

दूसरा सीनेटर : वह मेरी सोच से कहीं अधिक चालाक है।

पहला सीनेटर : चालाक? पूरा रोम उस पर हँसता, अगर लोग उसके अंगरक्षकों से भयभीत न होते।

दूसरा सीनेटर : डर और विस्मय। कमाल का युग्म।

पहला सीनेटर : तुम सचमुच सोचते हो कि लोग इससे आकर्षित होंगे?

दूसरा सीनेटर : मैं सोचता हूँ कि वह जानता है कि रोम क्या है...रोम एक भीड़ है। उनके लिए जादू जुटाओ और उनका ध्यान भटक जाएगा। उनकी स्वतंत्रता छीन लो, फिर भी वे गरजेंगे। रोम का धड़कता हृदय केवल सीनेट का संगमरमर नहीं है। यह तो कॉलोसियम की बालू है। वह उन तक मौत लेकर आएगा और वे उसे इसके लिए ही प्यार करेंगे।

जब हम आज़ादी का 75वाँ साल पूरा कर रहे हैं और आज़ादी का अमृत महोत्सव मना रहे हैं, हमारे देश की हालत इससे कुछ विशेष अलग नहीं है। हममें से कई ने उनको प्यार करना सीख लिया है, जो हमारे गणराज्य के संस्थापक आदर्शों के हत्यारे हैं। जो इसके बहुलतावादी, उदार और धर्मनिरपेक्ष मूल्यों को नष्ट कर रहे हैं। जो इसकी क्षेत्रीय, धार्मिक, सांस्कृतिक और भाषायी विविधता को चोट पहुँचा रहे हैं। प्रक्रिया धीमी है, लेकिन लगातार जारी है। धीमापन प्रक्रिया को धार देता है। पृष्ठभूमि में बजता प्रोपेगैंडा का ढोल देश को आतंक और तबाही के लगातार उभार के प्रति उदासीन बना रहा है। इसके साथ ही धमाकेदार कार्यक्रमों की झड़ी लगी हुई है ताकि हम भारत के विचार की हत्या होते देखकर भी मूकदर्शक बने रहें, हमारा मनोरंजन होता रहे, हम उन विचारों की हत्या को बर्दाश्त करते रहें जो हमारे संविधान में लिखित हैं, जो हमारे स्वाधीनता संघर्ष के दौरान फले-फूले हैं।

हमारा प्रजातंत्र संकट में है, हमारा सामाजिक ताना-बाना बिखरा हुआ है और हमारी अर्थव्यवस्था तबाह है, हमें अँधेरे युग में धकेला जा रहा है। यह हरेक नागरिक का सबसे बड़ा कर्तव्य है कि वह इसे लगातार और ज़ोर से दिखाए, दुहराए और चेतावनी की घंटी बजाए। मेरे आलेखों और भाषणों और इस किताब के ज़रिये मैं एक नागरिक के तौर पर अपना यही कर्तव्य निभा रहा हूँ।

मार्च, 2023

—परकाला प्रभाकर

मोदी बनाम मोदी

क्या वास्तविक प्रधानमंत्री के दर्शन होंगे?

[यह आलेख 2021 के अगस्त में 'मिडवीक मैटर्स' के लिए लिखा गया था, इसे आवश्यक सन्दर्भों और सम्पादन के साथ पश्चलेख द्वारा अद्यतन कर दिया गया है।]

***अगस्त* 2021**

मैं कभी भी लाल क़िले से दिये गए प्रधानमंत्रियों के सम्बोधन को सुनना नहीं भूलता हूँ। जब मैं इंटरनेट-पूर्व के समय में विदेशों में भी रहता था, तो वहाँ गए हमारे देश के राजनयिक मिशन को जाकर सुनता था। 15 अगस्त, 2021 को हमारे वर्तमान प्रधानमंत्री नरेन्द्र मोदी ने राष्ट्र के नाम अपना आठवाँ सम्बोधन लाल क़िले की प्राचीर से दिया। वह कमाल का संवाद स्थापित करते हैं। उनके साथियों में शायद ही आज कोई वाक्-कौशल में उनके बराबर हो। वह अपने भाषणों में ठीक वही सन्देश देते हैं, जो वह जनता को देना चाहते हैं और इसके लिए वह प्रभावी वाक्-चातुर्य का पूरा-पूरा इस्तेमाल करते हैं। जो भी वह कहते हैं, काफ़ी पहले से नियोजित होता है और बिलकुल स्पष्ट उद्देश्य के साथ। कुछ भी अनायास या अचानक नहीं होता है। इसलिए, यह महत्त्वपूर्ण है कि प्रधानमंत्री साल-भर के इस सबसे अहम भाषण में क्या कहते हैं, उसकी सावधानी से जाँच की जाए, ताकि हम समझ सकें कि देश के लिए उनकी सरकार क्या सोच रही है? यह महत्त्वपूर्ण है कि हम उनकी ज़ोर देकर या वैसे ही रौ में कह दी गई बातों पर विचार करें, लेकिन उससे भी अहम

ये है कि हम उस पर विचार करें, जिस पर वह नहीं बोलते हैं।

जरा 2014 से 2020 तक के उनके भाषणों को देखें और फिर 2021 के उनके भाषण को उन सात भाषणों में इस्तेमाल किये गए शब्दों के सामने रहकर देखें और यह समझें कि प्रधानमंत्री में इन सात वर्षों में किस तरह का परिवर्तन आया है।

2021 में मुझे थोड़ी देर हो गई थी। जब उनका भाषण मैंने सुनना शुरू किया—भाषण शुरू करने के सात मिनट बाद—तो मैंने जो सुना, मैं उससे स्तब्ध रह गया। वे बोल रहे थे : '...अमानवीय हालात से गुज़रे, अत्याचार सहे, जिन्हें सम्मान के साथ अन्तिम संस्कार तक नसीब नहीं हुआ, उन लोगों का हमारी स्मृति में जीवित रखना उतना ही ज़रूरी है।'

एक पल के लिए मैंने सोचा कि वह उन हज़ारों लोगों के बारे में बोल रहे हैं, जो उन गर्मियों में कोविड-19 की दूसरी लहर में मारे गए थे—जिनको अस्पतालों में जगह नहीं मिली, जो ऑक्सीजन के लिए संघर्षरत रहे, वेंटिलेटर के लिए दौड़ते रहे, जिनको सम्मानजनक अन्तिम संस्कार तक नसीब नहीं हुआ, जिनकी लाशें गंगा में तैरती रहीं। क्या प्रधानमंत्री में तीन महीनों के पूर्ण मौन के बाद आख़िरकार वह मानवता और हिम्मत जाग गई कि वह अपनी सरकार की आपराधिक असफलता को स्वीकारें और माफ़ी माँगें? यह अवास्तविक-सा प्रतीत हुआ। उनके अगले ही वाक्य से मैं वास्तविकता के धरातल पर लौट आया। हमारे प्रधानमंत्री कोविड के शिकारों के बारे में नहीं बोल रहे थे। वह अपनी सरकार के उस 'भावाकुल' फ़ैसले के बारे में बता रहे थे, जिसके अनुसार अब से हरेक वर्ष 14 अगस्त को 'विभाजन विभीषिका स्मृति दिवस' मनाया जाने वाला था।

वह इस बारे में स्पष्ट नहीं थे कि हमें उस हर एक व्यक्ति को याद करना है, जिसकी ज़िन्दगी विभाजन के समय हुई साम्प्रदायिक हिंसा में ख़त्म हो गई। प्रधानमंत्री जब चाहते हैं कि उन्हें समझा जाए, तो वे कभी अस्पष्ट नहीं होते। अगर उनका आशय सभी समुदायों—हिन्दू, मुस्लिम और सिख—के एक-दूसरे के प्रति किये अत्याचारों से था, मजहब के आधार पर बाँटे गए संयुक्त भारत के दोनों तरफ़ की हिंसा से था, तो वह ऐसा साफ़-साफ़ कहते। अगर उनका आशय यह होता कि हमें याद रखना चाहिए कि अपने देश में ऐसी घृणा और हिंसा फिर कभी न हो, तो वह ऐसा कई तरह से और बार-बार कहते। उन्होंने ऐसा नहीं किया। यह मेरे ख़याल से, उनके भाषण का कोई कम अहम सन्देश नहीं था। उन्होंने अपने

श्रोताओं को अपना निष्कर्ष निकालने के लिए छोड़ दिया। अगले 25 वर्षों—जब हमारी स्वाधीनता के 100 वर्ष पूरे होंगे, जिसे वह 'अमृतकाल' कहते हैं—के लिए उन्होंने जो ढेरों घोषणाएँ कीं, उनमें साम्प्रदायिक घृणा का वह विष भी स्मृतियों में रखने की ताकीद थी, जिसने 75 साल पहले हमें निगल लिया था और हमारे दिमाग़ और दिल में उस दर्द को 2047 तक जगाए रखने का निर्देश था।

अगर आप एक पल के लिए 'विभाजन विभीषिका स्मृति दिवस' को भूल जाएँ तो 2021 का भाषण अग्रगामी, प्रेरणादायी और संकल्पों से भरा था। इसने लोगों से श्रेष्ठ भारत का निर्माण करने में अपना बेहतरीन देने का संकल्प लेने को कहा। इसने समृद्ध भारत का सपना साकार करने के लिए काम करने को प्रेरित किया। इसलिए, अगर इन सब आह्वानों से पहले प्रधानमंत्री ने हिंसा और घृणा से सना वह काला, रक्तस्नात अध्याय राष्ट्र की चेतना में डाला, तो उसका कोई निहित उद्देश्य ज़रूर होगा। विभाजन विभीषिका स्मृति दिवस में अन्तर्निहित कोई सन्देश तो ज़रूर होगा। पाकिस्तान के स्वाधीनता दिवस यानी 14 अगस्त पर उनके लोगों और सरकार को बधाई भेजने में प्रधानमंत्री मोदी का संकोच इस घोषणा के उप-कथन को और गहराता है। यह ठीक उसी तरह है, जैसे उनका 'शताब्दियों' की 'ग़ुलामी' वाला कथन है—'भारत ने सदियों से मातृभूमि, संस्कृति और आज़ादी के लिए संघर्ष किया है। ग़ुलामी की कसक, आज़ादी की ललक इस देश ने सदियों तक कभी छोड़ी नहीं।' वह डेढ़ सौ वर्षों की औपनिवेशक सत्ता की बात नहीं कर रहे थे। वह उस महान स्वाधीनता-संग्राम की भी बात नहीं कर रहे थे, जिसकी वजह से हमें वह स्वाधीन भारत मिला, जिसमें हम आज रहते हैं। यह देखने की बात है कि 'मातृभूमि' और 'संस्कृति' ने उनके कथन में 'स्वाधीनता' से पहले जगह पाई। जिस तरह वह अपने वाक्य बना रहे थे, उनका इशारा एक लगातार चल रहे संघर्ष की तरफ़ था। 'विभाजन विभीषिका' को हर साल याद करने के आह्वान को इसी सन्दर्भ में देखना और समझना चाहिए।

लेकिन, नई दिल्ली में उनकी पारी की शुरुआत अच्छी थी। देश का प्रधानमंत्री बनने के बाद कुछेक शुरुआती महीने हमने नरेन्द्र मोदी का एक अलग अवतार देखा था। मुझे नहीं पता कि आप में से कितनों को 2014 में दिया गया उनका पहला भाषण याद होगा। वह गुजरात से 'मियाँ मुशर्रफ़' या 'जेम्स माइकल लिंगदोह' वाली भाषा को लेकर दिल्ली नहीं आए थे।

उनका 2014 का चुनावी प्रचार लगभग पूरी तरह विकास और भ्रष्टाचार के मुद्दों पर था। 15 अगस्त, 2015 को उन्होंने ख़ुद को प्रधानमंत्री के बजाय प्रधानसेवक कहा था। उन्होंने अपने पूर्ववर्तियों में शत्रु और क़ुर्बानी के बकरे नहीं तलाशे थे। उन्होंने हरेक को श्रेय दिया, सच पूछें तो हरेक राज्य और नेतृत्व को भी, भारत की प्रगति के लिए सबको बराबरी का सर्जक बताया था। मुझे उस भाषण का आपके लिए अनुवाद प्रस्तुत करने दीजिए—'अगर हम स्वाधीनता के बाद आज तक यहाँ पहुँचे हैं, तो यह सभी प्रधानमंत्रियों, सभी केन्द्रीय और राज्य सरकारों की बदौलत है। मैं सभी पूर्ववर्ती सरकारों और प्रधानमंत्रियों के प्रति सम्मान और आभार प्रकट करता हूँ जो भारत को इन ऊँचाइयों तक ले गए और देश को इतना समृद्ध किया।' 2014 में प्रधानमंत्री ने यह भी कहा—'हम केवल बहुमत के आधार पर आगे नहीं बढ़ना चाहते हैं। हम मज़बूत सर्वसम्मति से आगे बढ़ना चाहते हैं।' उन्होंने सर्वसम्मति की ख़ासियतों को विस्तार से बताया, जिसे उनके मुताबिक़ उनकी सरकार पहले ही व्यवहार में ला चुकी थी—'देश ने संसद का पूरा सत्र देखा है। सभी दलों और विपक्ष को साथ लेकर, कन्धे से कन्धा मिलाकर हमने अभूतपूर्व सफलता पाई है और इसका श्रेय केवल प्रधानमंत्री को नहीं जाता, सरकार में बैठे लोगों को भी इसका श्रेय नहीं जाता, बल्कि इसका श्रेय विपक्ष को, तमाम विपक्षी नेताओं को भी जाता है, सभी सांसदों को जाता है। मैं सभी राजनीतिक दलों को भी प्रणाम करता हूँ...'

जी हाँ, मेरा यक़ीन कीजिए। यह हमारे प्रधानमंत्री श्री नरेन्द्र मोदी थे।

वह मोदी जो अब विलुप्त हो गए हैं।

पहले वर्ष मोदी ने 'साम्प्रदायिकता और जातिवाद के ज़हर' की भी चर्चा की थी और कहा था, 'आप अपने पीछे देखें और पाएँगे कि इससे किसी का फ़ायदा नहीं हुआ।' उसके बाद उन्होंने आह्वान किया—'आइए, दस वर्षों के लिए ऐसी गतिविधियों पर रोक लगा दें' ताकि 'हम ऐसे समाज की ओर बढ़ें जो इस तरह के तमाम तनावों से मुक्त हो।' उन्होंने हमें राष्ट्रीय हितों का ख़याल रखने के फ़ायदे बताए, '...और आप देखेंगे कि शान्ति, एकता, सद्भाव और भाईचारे से हमें कितनी शक्ति मिलती है। एक बार यह प्रयोग करके देखते हैं।'

क्या आप उस व्यक्ति को पहचान सकते हैं, जिसने ये शब्द बोले थे? क्या प्रधानमंत्री स्वयं इस व्यक्ति को पहचान सकते हैं, जो ऐसी भाषा बोलता था? क्या वह नातिदीर्घ अतीत में बोले इन शब्दों को कभी याद करते हैं?

2014 में उन्होंने टीम इंडिया की बात की थी। लगभग 125 करोड़ लोगों की, जो इस टीम को बनाते हैं। सभी मुख्यमंत्रियों और प्रधानमंत्रियों की, जो इस टीम इंडिया में हैं। यही बात उन्होंने नीति आयोग की पहली बैठक में भी कही थी। अपने 2014 वाले सम्बोधन में उन्होंने कहा था, 'मुख्यमंत्रियों और प्रधानमंत्री की एक टीम होनी चाहिए, केन्द्र और राज्यों की एक संयुक्त टीम जो प्रगति की राह पर देश को चला सके, चीज़ों को आगे ले जा सके।'

अगर आप 2015 का उनका भाषण देखें, तो वहाँ भी टीम इंडिया का उल्लेख कई बार है। उनके भाषण के कुछेक हिस्सों में तो हरेक वाक्य में यह मुहावरा था।

लेकिन, यह मुहावरा ग़ायब हो जाता है—यक़ीन मानिए, यह पूरी तरह ग़ायब हो जाता है—2016 के बाद के उनके भाषणों से। टीम इंडिया की ज़िन्दगी बेहद कम रही। हम अब वह मुहावरा कहीं नहीं सुनते।

वैसे, हमने 2014 के भाषण के बाद 'प्रधानसेवक' पद कब सुना है? लाल क़िले की प्राचीर से कभी नहीं सुना। आश्चर्य की बात है न!

न ही, उनका स्वयंभू 'चौकीदार' स्वरूप—देश की सुरक्षा करनेवाला और अभिभावक—लाल क़िले की प्राचीर से पृष्ठभूमि में लहराते तिरंगे के साथ सुनने-देखने को मिला। क्यों?

मैं 'पिछले 70 वर्षों में कई बड़े और महान काम हुए', जो उनके 2014 के भाषण का सार था, से लगातार बजते और बार-बार सुनाए जाते 'पिछले 70 वर्षों में कुछ भी ठीक नहीं हुआ' के बीच के बदलाव के संकेत खोजने की कोशिश कर रहा था। प्रधानमंत्री की कैबिनेट, उनके दल के नेता, उनके चाहनेवाले हम पर यह जुमला हर दिन फेंकते हैं। दरअसल, शुरुआत प्रधानमंत्री ने ही 2016 में की थी। अगर आप प्रधानमंत्री के 2016 से दिये गए भाषणों में अतीत को लेकर उनकी दृष्टि को देखें, तो यह कुछ इस तरह है—उनकी सरकार बनाम उनसे पहले की तमाम सरकारें। एक तरह का 'पहले और बाद में' और 'मैं ही मैं हूँ, दूसरा कोई नहीं' वाला प्रारूप ही उनमें दिखता है।

कुछ लोग कहेंगे कि इस बात को समझा जा सकता है। प्रधानमंत्री ख़ुद को कांग्रेस और उस पर राज करनेवाले वंश से अलग दिखाना चाहते हैं। दिक़्क़त ये है कि यह यहीं पर नहीं रुकता। देश में मोदी सरकार से पहले 'कुछ भी नहीं हुआ' वाला मुहावरा लाल बहादुर शास्त्री, मोरारजी देसाई (जिनके गठबन्धन में ख़ुद मोदी

के अपने दल का पूर्व स्वरूप जनसंघ भी शामिल था), वी. पी. सिंह, चन्द्रशेखर, नरसिंह राव, इंद्रकुमार गुजराल, देवगौड़ा और अटल बिहारी वाजपेयी—भाजपा के सबसे बड़े नेता—तक को ख़ारिज कर दिया जाता है।

मैं आपको इस प्रारूप के सबूत के तौर पर 2021 के स्वतंत्रता दिवस के भाषण से मात्र एक उदाहरण देना चाहूँगा। प्रधानमंत्री ने देश के हरेक गाँव में बिजली पहुँचाने का श्रेय लिया। इसे कुछ इस तरह पेश किया गया कि 70 वर्षों में भारत में यह नहीं हुआ था। मोदी से पहले कोई भी प्रधानमंत्री भारत के 100 प्रतिशत गाँवों का विद्युतीकरण नहीं कर सके थे। लेकिन, वास्तविक तथ्य बड़ी चतुराई से छिपा लिया गया। सच यह है कि मोदी सरकार का काम दरअसल बहुत आसान था—जिस वक़्त मोदी प्रधानमंत्री बने, भारत के 6 लाख गाँवों में से बस 18,500 गाँवों तक ही बिजली नहीं पहुँची थी, इसका अर्थ हुआ कि 97 फ़ीसदी गाँवों में पहले ही बिजली पहुँच चुकी थी। ये कुछ वैसा ही मामला था कि 10 हज़ार किलोमीटर की रिले-रेस में आख़िरी 100 मीटर दौड़नेवाला धावक पूरे मैराथन का श्रेय ख़ुद को दे डाले। यह केवल एक उदाहरण है। जब आपके पास समय हो, उनके भाषण पढ़ें। आप ऐसे कई चतुराई वाले दावे पाएँगे।

प्रधानमंत्री उन नई क्रान्तिकारी 'पहलक़दमियों' का ज़िक्र करने में भी बेहतरीन हैं, जिन्होंने उनके ही एक ट्वीट के मुताबिक़ 'भारत के विकास पथ को हमेशा के लिए रूपान्तरित' कर दिया। ये 'पहलक़दमियाँ' जिन्हें नये और आकर्षक नाम भर दे दिये गए हैं, दरअसल पुरानी ही योजनाएँ हैं, जैसे, जन धन योजना जो पुराना और बेहद आधारभूत बैंक बचत खाता है, या फिर प्रधानमंत्री आवास योजना जो ज़ाहिर तौर पर इंदिरा आवास योजना थी, या प्रधानमंत्री कृषि सिंचाई योजना जो त्वरित सिंचाई लाभ योजना से अलग नहीं है। इस तरह की योजनाओं के बारे में वह लाल क़िले से पूरे आत्मविश्वास के साथ बोलते हैं। वह आपको संख्याएँ और आँकड़े देते हैं। वह बताते हैं कि कितने जन धन खाते खोले गए, कितने बेकार क़ानून रद्द किये गए, कितना अधिक अनाज उपजा, कितना राशन बाँटा गया। वह इन सभी के बारे में आत्मविश्वास के साथ बोलते हैं, क्योंकि लगभग सभी काम उनके परिदृश्य में आने के पहले हो चुके थे। तब योजनाओं के नाम दूसरे थे।

यह कहना आसान है कि वह किस चीज़ के बारे में 'आत्म-विश्वस्त' नहीं हैं। ये वैसी योजनाएँ या पहलक़दमियाँ हैं, जिनके लिए उनके पास कोई आँकड़ा

नहीं है, क्योंकि वे उनके पहले अस्तित्व में नहीं थीं। उन्होंने ही वे योजनाएँ सोचीं। इसीलिए, उनके पास मेक इन इंडिया, स्टार्टअप इंडिया, स्किल इंडिया, स्टैंड अप इंडिया के आँकड़े नहीं हैं। ये सरकार के सबसे चमकदार कार्यक्रम हैं, जिन्हें अगर वाक़ई ढंग से सोचा और कार्यान्वित किया गया होता तो सचमुच भारत को बदल देते। उनके भाषणों को देखिए। आपको कोई संकेत नहीं मिलेगा कि ये कार्यक्रम कैसा काम कर रहे हैं? वे अब उनका ज़िक्र भी नहीं करते।

आप लाल क़िले के उनके भाषणों में एक और मज़ेदार बात देखेंगे। 15 अगस्त के कुछ दिनों या हफ़्तों पहले जो विचारधारात्मक और राजनीतिक मुद्दे उठाए गए होते हैं, वे उनके भाषण में होते हैं और वे उन पर विस्तार से चर्चा करते हैं। उदाहरण के लिए—अनुच्छेद 370 का हटना, अयोध्या में राम मन्दिर के लिए शिलान्यास, तीन तलाक़ को ख़त्म करना, विभाजन विभीषिका स्मृति दिवस मनाना आदि ऐसे कुछ विषय हैं। लेकिन, बड़े मानवतावादी मुद्दे जिनका बेहद गहरा प्रभाव होनेवाला है, उनका कहीं ज़िक्र नहीं होता। 2017 के भाषण में प्रधानमंत्री ने नोटबन्दी पर सरसरी तौर पर बात की, जबकि देश इस फ़ैसले के 10 महीनों बाद भी इसके प्रभाव से जूझ रहा था। इसी तरह कोविड-19 की दुखद महामारी का ज़िक्र बहुत संक्षेप में उनके 2020 या 2021 के भाषण में आया। बस कुछ वाक्य, बस चन्द सेकेंड। किसी भी भाषण में उन्होंने हमें यह नहीं बताया कि रोज़गार के कितने अवसर बढ़े हैं।

विनम्रता का बेहतरीन प्रदर्शन, समूह भावना की सारी बातें, सर्वसहमति, सहानुभूति, सहयोग, जातिवाद और साम्प्रदायिकता के ज़हर को हटाने की ज़रूरत, ऐसे तमाम मसले जिन पर वह लाल क़िले की प्राचीर से 2014-15 में बोले, 2016 के बाद धुँधले पड़ने लगे और फिर पूरी तरह विलुप्त हो गए। क्या दो वर्षों तक उनके वज़नदार शब्द वास्तविक नहीं थे? वह क्या बिना सदिच्छा के बोली गईं एक कलाकार की चन्द प्रभावोत्पादक पंक्तियाँ थीं, ख़ाली वाग्जाल जो देश के युवा और मध्यवर्ग को लुभाने के लिए था? अगर ये सचमुच उनके नये भारत को परिभाषित करनेवाली चीज़ें थीं, तो वे उनकी राजनीति और प्रशासन पर दिये गए वार्षिक भाषण से पूरी तरह ग़ायब कैसे हो सकता हैं? असली कौन है—2014 या 2021?

पश्चकथन : अगस्त 2022

प्रधानमंत्री मोदी का 2022 का स्वाधीनता दिवस का भाषण सचमुच काफ़ी लम्बा था। 80 मिनटों का। उन्होंने अपने भाषण में ख़ुद ही कई बार इसे कहा भी और यह सचमुच बेहद महत्त्वपूर्ण पल था। उनके ही शब्दों में यह अमृतकाल की शुरुआत थी। इसीलिए, यह ऐसा मौक़ा था जब वह देश की स्थिति के बारे में अपने विचारों से देश को अवगत कराते, ज्वलंत मसलों पर अपना रुख़ साफ़ करते, जिनसे हमारा गणराज्य जूझ रहा है। अपने लम्बे भाषण में वे कभी भी यह कर सकते थे। वे बता सकते थे कि उनकी सरकार या वे, चूँकि पूरी सरकार अब सर्वशक्तिमान नरेन्द्र मोदी में ही बसती है, महँगाई, बढ़ती बेरोज़गारी, निर्माण में गिरावट के लिए क्या करनेवाले हैं। वे हमारी पूर्वी सीमा से चिन्ता पैदा करनेवाली ख़बरों पर बात करते, जहाँ चीन हमारी काफ़ी ज़मीन पर क़ब्ज़ा करके बैठा है। लेकिन प्रधानमंत्री ने हमेशा की तरह इन सभी की अनदेखी कर दी।

इसके बदले वह फिर से वाग्जाल फेंकने लगे जो मेरे तईं उनके विभेदकारी एजेंडे की मुश्किल से छिपाई गई तस्वीर है। उन्होंने बदनाम हो चुके 'अच्छे दिन' की जगह 'अमृतकाल' का झुनझुना पकड़ा दिया।

उन्होंने अपने 2021 वाले भाषण से एक ही चीज़ दोहराई—'विभाजन विभीषिका दिवस'। वह एक बार फिर से शताब्दियों के 'विदेशी शासन' के बारे में बोले। हालाँकि, उन्होंने जवाहरलाल नेहरू का नाम लिया, लेकिन इसका ख़याल रखा कि उनका नाम सूची में सबसे आख़िर में हो, स्वाधीनता सेनानियों की श्रेणी में नहीं। वह श्रेणी विनायक दामोदर सावरकर और उन दिग्गजों के लिए सुरक्षित है, जिन्हें भाजपा अपने पाले में लेने की पुरज़ोर कोशिश कर रही है, जैसे सुभाषचन्द्र बोस।

इस बार टीम इंडिया में वह और 130 करोड़ भारतवासी थे। न मुख्यमंत्री, न ही दूसरे राजनीतिक दलों के नेता। यहाँ तक कि जब वह भारत के अमृतकाल में प्रवेश कर रहे थे, तब भी वह देश के किसी दूसरे राजनीतिक खिलाड़ी को कोई स्थान देने को तैयार नहीं थे।

उनकी पाँच प्रतिज्ञाओं, 'पंच प्रण' में एक हमारी 'ग़ुलाम मानसिकता' से मुक्ति और दूसरा 'हमारी अपनी विरासत' का उत्सव मनाना भी था, जिस पर वह 2022 के भाषण में विस्तार से बोले। यह फिर से एक सांकेतिक आह्वान था। जब वह

'ग़ुलाम मानसिकता' की बात कर रहे थे, तो वह उन भारतीयों का उदाहरण नहीं दे रहे थे, जो पश्चिम की तरफ़ देखते हैं। जाइए और उनकी रिकॉर्डिंग सुनिए। उन्होंने कहा है कि हम *सैकड़ों वर्षों* तक ग़ुलाम थे। वे भारत के इस्लामिक शासनकाल का हवाला दे रहे थे। इसलिए, 'हमारी विरासत' का सम्मान और उत्सव मनाने का अर्थ हमारी सामासिक संस्कृति का सम्मान नहीं है, बल्कि संघ परिवार की अलगाववादी हिन्दू विरासत का सम्मान है।

2022 के अपने भाषण के अन्त में प्रधानमंत्री मोदी ने भारत के लोगों को भ्रष्टाचार के ख़िलाफ़ जंग और हमारे संस्थानों और राष्ट्रीय जीवन को उस बीमारी से मुक्त करने के लिए साथ आने का आह्वान किया। यह मेरे लिए इस बात का स्पष्ट सूचक था कि सरकारी संस्थानों को और भी आक्रामक तरीक़े से पालतू बनाया जाएगा और प्रवर्तन एजेंसियों को राजनीतिक विरोधियों के ख़िलाफ़ इस्तेमाल किया जाएगा, जिन पर भ्रष्ट होने की मुहर लगा दी गई है।

तो, मैंने 2022 के उनके लम्बे भाषण में यही सुना—एक परियोजना जो हमें एक काल्पनिक पूर्व इस्लामिक 'हिन्दू' भारत में ले जाए और एकदलीय वह विधान जहाँ पूरा का पूरा राजनीतिक विपक्ष भ्रष्ट क़रार दे दिया जाए, सम्भव हो तो जेल में ठूँस दिया जाए। दूसरे शब्दों में एक 'आर्वेलियन हिन्दू अधिनायकवाद'।

यह सचमुच उस मोदी से बिलकुल अलग वाले मोदी का भाषण था, जिन्हें हमने 15 अगस्त, 2014 को सुना था।

नई भाजपा का उदय और महाविस्तार

हम यहाँ तक कैसे पहुँचे?

[यह नवम्बर 2022 में लिखे गए एक आलेख का सम्पादित प्रारूप है।]

भाजपा देश में एक प्रभावी राजनीतिक ताक़त बन गई है, इस पर कोई विवाद नहीं होना चाहिए। यह अब एक प्रलयंकारी चुनावी मशीन है। भयंकर भूलों के बावजूद इसको दो आम चुनावों और कई राज्यों के चुनावों में भी लगातार सत्ता मिली है। इसके अपने आक्रामक काडरों के अलावा इसके पीछे कई तरह के हिन्दू आधिपत्यवादी संगठन—संघ परिवार—खड़े हैं, जो एक सुसंस्कृत संस्कृत-प्रेमी व्यक्ति से लेकर लाठी-भाला चलानेवाले गली के गुंडों तक का अन्धा समर्थन जुटा सकते हैं। इसके साथ बड़े व्यापारी और भारी वित्तीय संसाधन खड़े हैं, जो जब चाहे समर्थन ख़रीद सकते हैं। यह संवैधानिक नियमों और प्रजातांत्रिक बन्धनों से नहीं बँधी है और न ही इसे झूठ और फरेब से इनकार है। यह राज्य की मशीनरी को अपने राजनीतिक हितों के लिए इस्तेमाल करने से नहीं चूकती है। यह न तो सतह के नीचे तैरते स्याह तत्त्वों से परहेज़ करती है और न ही भारत जैसे विविध और स्तरीकृत समाज के उन विरोधाभासों को उभारने से चूकती है जो ऐसे समाजों में हमेशा निष्क्रिय पड़े रहते हैं।

यह दल, जो बहुसंख्यकवादी शासन को समर्पित है, आज ऐसी स्थिति में है जहाँ यह हमारे संविधान के आधारभूत मूल्यों तक को बदल सकता है और शायद ही इसे कोई चुनौती मिले। यह लगभग डेढ़ अरब लोगों के देश को अपनी जागीर समझती है।

एक देश के तौर पर हम यहाँ कैसे पहुँचे?

*

1980 के मध्य तक इस देश का हरेक राजनीतिक मंच ख़ुद को या तो कांग्रेस के साथ या फिर उसके ख़िलाफ़ दिखाता था। कांग्रेस के साथ सम्बन्ध ही किसी राजनीतिक दल के किसी गठबन्धन में होने या न होने को परिभाषित करते थे। गठबन्धन बनाए जाते थे तो उनका एकमात्र उद्देश्य कांग्रेस को सत्ता से हटाना होता था। 1960 का संयुक्त विधायक दल, 1977 का जनता पार्टी प्रयोग या फिर बाद में राष्ट्रीय मोर्चा और संयुक्त मोर्चा के गठबन्धन दरअसल कांग्रेस को सत्ता से बाहर रखने के लिए ही बनाए गए थे। अपना कार्यकाल पूरा करनेवाली पहली ग़ैर-कांग्रेसी सरकार भाजपानीत राष्ट्रीय जनतांत्रिक गठबन्धन (एनडीए) की थी, जिसके प्रधानमंत्री अटल बिहारी वाजपेयी थे। यह देश के पहले आम चुनाव के लगभग आधी शताब्दी बाद हुआ था। उसके बाद अनपेक्षित ढंग से कांग्रेस की वापसी हुई और उसके नेतृत्व में संयुक्त प्रगतिशील गठबन्धन (यूपीए) की सरकार 2004 से 2014 तक रही। उसके बाद देश का राजनीतिक मानचित्र बदल गया।

आज, भाजपा उसी स्थिति में है, जिसमें कभी कांग्रेस थी। हालाँकि, कहने को एनडीए 2014 से सत्ता में है, लेकिन यह केवल सांकेतिक है। भाजपा के पास अकेले दम अपना बहुमत है और उसके बाक़ी साझीदारों की बहुत चलती नहीं है। नये भारत में राजनीतिक संघटन की परिभाषा अब उस पार्टी के भाजपा-समर्थक या विरोधी होने से तय होती है। जैसे ग़ैर-कांग्रेसी दल पहले कांग्रेस को हराने के लिए इकट्ठा होते थे, अब भाजपा को सत्ताच्युत करने के लिए ग़ैर-भाजपा दल साथ होते हैं। दूसरे शब्दों में, भारतीय राजनीति के पारिभाषिक ध्रुव के तौर पर भाजपा ने बहुत प्रभावशाली ढंग से कांग्रेस की जगह ले ली है।

हालाँकि, यही सब कुछ नहीं है। भाजपा के उभार के साथ देश में राजनीतिक नैरेटिव और संवाद में भी गहरा बदलाव आया है। भाजपा और संघ परिवार के संगठनों द्वारा खुले तौर पर बहुसंख्यकवादी एजेंडे का उद्घोष अचानक नहीं है, यह कई दशकों के चतुर राजनीतिक प्रयासों के बाद हुआ है। यह कांग्रेस और उससे जुड़े समूहों को 'छद्म धर्मनिरपेक्ष' और हिन्दू-विरोधी सिद्ध करने के साथ

शुरू हुआ। भाजपा और उसके मातृ-संगठन राष्ट्रीय स्वयंसेवक संघ (आरएसएस) ने धर्मनिरपेक्षता के नाम पर यह आख्यान गढ़ने में अनथक मेहनत की कि कांग्रेस मुस्लिमों और ईसाइयों का तुष्टीकरण करती है, कि वास्तव में कांग्रेस साम्प्रदायिक है। ध्यातव्य है कि इस नैरेटिव में धर्मनिरपेक्ष शब्द को हटाया नहीं गया। भाजपा अभी भी ख़ुद को खुले तौर पर बहुसंख्यकवादी राजनीतिक दल के तौर पर पेश नहीं कर सकती थी। अभी तक नहीं। इसके बजाय, उसने यह दिखाया कि 'सचमुच' धर्मनिरपेक्ष वह है, कांग्रेस नहीं।

यह भाजपा के प्रयासों की शुरुआत थी, हिन्दू बहुमत को इकट्ठा करने और अपने पीछे लाने की। इसने भारत के हिन्दुओं को अल्पसंख्यक-तुष्टीकरण का असहाय शिकार दिखाया। 'हिन्दू गौरव' को फिर से पाना इसका प्राथमिक एजेंडा था और उसके लिए इसे एक पुख़्ता प्रतीक भी मिला—राम जन्मभूमि मन्दिर। उग्रवादी, लेकिन अब तक हाशिए पर रह रहे आक्रामक हिन्दुत्ववादी संगठन जैसे विश्व हिन्दू परिषद, कुछ समय से यह दावा कर रहे थे कि अयोध्या में बाबरी मस्जिद ठीक उसी जगह खड़ी की गई थी, जहाँ भगवान राम का जन्म हुआ था। विहिप और उस जैसे दूसरे समूहों ने जो आख्यान रचा वह यह था कि मुगल बादशाह बाबर ने राम मन्दिर को तोड़कर उसके ऊपर मस्जिद बनाई थी। वे माँग कर रहे थे कि उसी जगह मन्दिर बनाया जाए। 1980 के मध्य में भाजपा खुलकर इस माँग के समर्थन में आई और इस 'पवित्र' काम के लिए पहली पंक्ति की आन्दोलनकर्ता बन गई।

1989 तक इस जुटान ने काफ़ी बड़ा स्वरूप लेना शुरू कर दिया और दूसरे राजनीतिक दल घबराने लगे। राजीव गांधी को अपने 1989 वाले चुनाव-प्रचार की शुरुआत अयोध्या से करनी पड़ी। हिन्दू पहचान में जो अपील छिपी थी, उसको अब अधिक अनदेखा नहीं किया जा सकता था। भाजपा अध्यक्ष लालकृष्ण आडवाणी की 1990 की रथयात्रा हिन्दुओं को जाति और वर्ग से परे, राम जन्मभूमि-बाबरी मस्जिद के मुद्दे पर इकट्ठा करने और एक साझा 'शत्रु'—भारत के मुसलमानों—के ख़िलाफ़ खड़ा करने का बड़ा प्रयास था। यह रणनीति अच्छे नतीजे देनेवाली थी। भाजपा को 1989 के चुनाव में 85 लोकसभा सीटें मिलीं, जबकि पिछले चुनाव यानी 1984 में वह केवल दो सीटें जीती थी। राष्ट्रीय मोर्चा गठबन्धन के बिखरने के बाद 1991 में दल की सीटें बढ़कर 120 हो गईं और इसने राम मन्दिर को अपने प्रचार

का मुख्य मुद्दा बना लिया। लेकिन, भाजपा ने ध्यान रखा कि वह आक्रामक न दिखे। अपने घोषणापत्र में उसने लिखा—'भाजपा यह पूरी तरह मानती है कि राम मन्दिर का निर्माण हमारी सांस्कृतिक विरासत और राष्ट्रीय स्वाभिमान की स्थापना का प्रतीक है। भाजपा के लिए यह राष्ट्रीय मसला है और वह किसी भी स्वार्थी तत्त्व को इसे साम्प्रदायिक और विभाजनकारी रंग नहीं देने देगी। हमारा दल राम के जन्मस्थान पर श्रीराम मन्दिर बनाने के साथ ही उस पर बने बाबरी ढाँचे को भी उचित सम्मान के साथ कहीं स्थानान्तरित करने के लिए प्रतिबद्ध है।'

अगले साल, नकाब उतर गया। भाजपा और उसकी विचारधारा के सहयोगी संगठनों ने बाबरी मस्जिद ढाहने की योजना रच डाली। उसके बाद से भाजपा की सीटों की संख्या लोकसभा में 100 से कम कभी नहीं हुई। इसने 1996 में 161, 1998-1999 में 182 (जब वाजपेयी प्रधानमंत्री बने और राजग सत्ता में आया), 2004 में 138 और 2009 में 116 सीटें पाईं। 2014 में जब राष्ट्रीय रुझान संप्रग सरकार के ख़िलाफ़ था, नरेन्द्र मोदी—जो अब तक भारतीय राजनीति में एक ध्रुवीकरण वाली शक्ति थे—के नेतृत्व में वह 282 लोकसभा सीटों के साथ सत्ता में आई। 2019 में इसे और मज़बूत जनादेश मिला और यह 303 सीटें जीत गई।

लेकिन, यह सोचना भूल होगी कि भाजपा का यह अद्‌भुत उत्थान अपरिहार्य था। अगर हिन्दुत्व आज प्रभावी राजनीतिक विचार है, अगर हिन्दुत्व ब्रिगेड आज हमारे राष्ट्रीय विमर्श को जहरीला बनाने और हमारी प्रजातांत्रिक परम्पराओं को बेख़ौफ़ होकर मोड़ने में लगी है—तो यह इसलिए कि दूसरे राजनीतिक दल और हमारे समाज के प्रभावी तबक़े इस नैरेटिव को चुनौती नहीं दे रहे हैं बल्कि वे इसे बढ़ावा दे रहे हैं।

एक समय था, जब भाजपा भी यह कहने को मजबूर थी कि वह भी धर्मनिरपेक्ष है। 1980 के दशक के अन्तिम वर्षों और ख़ासकर अन्तिम दशक से, कांग्रेस और दूसरे राजनीतिक दल यह कहने को मजबूर हो गए हैं कि वे भी हिन्दू हैं। आज, हरेक राजनीतिक नेता चुनाव प्रचार के दौरान मन्दिरों का चक्कर लगाता है। प्रभावी स्तम्भकार और लेखक अपनी श्रद्धान्वित हिन्दू विरासत पहले बताते हैं, उसके बाद भाजपा नेताओं की उनकी कट्टरता के लिए आलोचना करते हैं। समाज का बड़ा हिस्सा दकियानूसी विचारों को नकारता नहीं है, उनका समर्थन करता है। इस सबमें एक 'सनातन' और 'पवित्र' हिन्दू पहचान के दावे को आप भूल नहीं सकते।

यह दावा अल्पसंख्यकों ख़ासकर मुस्लिम अल्पसंख्यकों को कहाँ रखता है? बहुसंख्यक हिन्दू समुदाय के बराबर का हक़ अल्पसंख्यकों को देना अब कोई अविवादित बात नहीं है। धार्मिक पहचान ने आख़िरकार अब नागरिकता सम्बन्धी विमर्शों में जगह बना ली है। हमारे गणराज्य के शुरुआती 50 वर्षों में यह सोचा भी नहीं जा सकता था। नागरिकता का धर्म से कोई लेना-देना नहीं था। यह भाजपा के पहले शासनकाल यानी 1999-2004 के दौरान बदलना शुरू हुआ। उसके बाद दस वर्षों की ख़ामोशी रही जब मनमोहन सिंह नीत संप्रग सत्ता में था। गणराज्य को पूरी तरह 'हिन्दूकृत' करने की परियोजना ने फिर ज़ोर तब पकड़ा जब 2014 में भाजपा की अभूतपूर्व चुनावी जीत हुई। 2019 में जब यह फिर से चुनकर आई, तब इसने नागरिकता संशोधन विधेयक यानी सीएए (सिटिजनशिप अमेंडमेंट एक्ट) को पेश किया। इस तरह पहली बार भारतीय नागरिकता के लिए धर्म को आधार बनाया गया। पूरे देश में, बहादुर मुस्लिम महिलाओं ने अहिंसक प्रदर्शन कर इस क़ानून का विरोध किया। हालाँकि, यह देखना हार्दिक ख़ुशी देता था कि सामान्य नागरिकों ने धर्म के बन्धन तोड़कर प्रदर्शन में हिस्सेदारी की लेकिन यह भी सच है कि हिन्दुओं की बड़ी आबादी इससे दूर ही रही। यह उनकी समस्या नहीं थी।

सबसे बुरा तो यह था कि वाम दलों को छोड़कर, मुख्यधारा का कोई भी दल सड़कों पर उतरकर सरकार द्वारा भारतीय संविधान के ख़िलाफ़ किये गए इस नंगे हमले के ख़िलाफ़ नहीं बोला, वह संविधान जो सभी को समान नागरिकता के आधार पर बना था, चाहे उसकी जाति, वर्ग, धर्म और लिंग कुछ भी हो। लगभग हरेक राजनीतिक दल ने हमारे संविधान को धोखा दिया, क्योंकि उन्हें हिन्दू बहुमत के नाराज़ होने का डर था। दिल्ली में, जहाँ सबसे बड़े सीएए-विरोधी आन्दोलन हुए, वहाँ आम आदमी पार्टी की चुप्पी और अकर्मण्यता उसकी कायरता का सबसे बड़ा सबूत है।

कोई आश्चर्य की बात नहीं कि भाजपा और संघ परिवार अब पूरे आत्मविश्वास से 'भारतीय' को 'हिन्दू' से मिलाते हैं। अगर आप भारतीय हैं, तो वे कहते हैं कि आप आवश्यक तौर पर हिन्दू हैं। 1995 में सर्वोच्च न्यायालय द्वारा दिये गए इस फ़ैसले, कि हिन्दुत्व एक धर्म नहीं बल्कि जीने का तरीक़ा है, ने भी राजनीतिक आख्यान के रूपान्तरण में बड़ा योगदान दिया है। भाजपा और संघ परिवार ने इस चीज़ का सफलतापूर्वक काफ़ी फ़ायदा उठाया है।

भाजपा के शुरुआती 'वास्तविक सेकुलरिज्म' यानी असली धर्मनिरपेक्षता में सूत्र यह था कि किसी का कोई 'तिरस्कार'—अल्पसंख्यकों का—न हो, लेकिन उनका तुष्टीकरण—यानी 'पुरस्कार'—भी न हो। अल्पसंख्यकों को बल्कि 'सुधारा' जाए, उन्हें 'हिन्दू' संस्कृति या 'संस्कार' सिखाए जाएँ और इस तरह उन्हें एकीकृत कर हिन्दू बहुसंख्यक समाज के लिए स्वीकार्य बनाया जाए। यह मासूम बहुसंख्यकवाद नये भारत में नहीं है। जहाँ ग़ैर-भाजपा दल मजबूर हुए हैं कि वे ख़ुद पर 'धर्मनिरपेक्ष लेकिन हिन्दू' का ठप्पा लगाएँ, भाजपा खुले और आक्रामक तौर पर अपने राजनीतिक समूह को हिन्दू पहचान से जोड़ रही है। संस्कार ने अब तिरस्कार को जगह दे दी है।

भाजपा अपने कैबिनेट मंत्रियों या फिर अपने सांसदों में देश के सबसे बड़े अल्पसंख्यक समुदाय से कोई सदस्य न होने पर भी मज़े में है। 2019 के चुनाव में इसने केवल छह मुस्लिम उम्मीदवार उतारे थे। तीन जम्मू और कश्मीर में, दो पश्चिम बंगाल में और एक लक्षद्वीप में। छहों हार गए। जुलाई 2022 के बाद जब भूतपूर्व अल्पसंख्यक मामलों के मंत्री मुख़्तार अब्बास नकवी की राज्यसभा सदस्यता ख़त्म हुई, तब से एक भी भाजपा सांसद मुस्लिम नहीं है। गुजरात में 1998 से अब तक भाजपा ने एक भी मुस्लिम उम्मीदवार नहीं उतारा है। उत्तर प्रदेश में पार्टी ने 2017 और 2022 के विधानसभा चुनाव में एक भी मुस्लिम उम्मीदवार को टिकट नहीं दिया। यह भारत के सत्ताधारी दल की तरफ़ से खुलेआम तिरस्कार का सन्देश है।

हमारे नागरिक समाज में इस पर शायद ही कोई ग़ुस्सा है, और यह कोई अचरज की बात नहीं है। राष्ट्र इस बदलाव से उदासीन है, यह नये भारत में सामान्य हो चला है।

यह हैरान करनेवाला है कि आज हिन्दू बहुसंख्यकवादी विचारधारा पहले की तुलना में कहीं अधिक स्वीकार्य है, यहाँ तक कि विभाजन के तुरन्त बाद के वर्षों के दौरान भी ऐसा नहीं था। नये भारत की घुन लगी शहतीरों को समझने के लिए इस पहेली को सुलझाना होगा। तार्किक तौर पर एक हिन्दू बहुसंख्यकवादी राष्ट्र का दावा करने के लिए स्थितियाँ 1947-48 में और उसके तुरन्त बाद के वर्षों में अधिक अनुकूल थीं। उपमहाद्वीप के इस बँटवारे के दौरान बड़े पैमाने पर साम्प्रदायिक हिंसा हुई थी। कई हज़ार लोग मारे गए थे और जनसंख्या-विस्थापन के दौरान पाकिस्तान से हिन्दू अपने घर-बार छोड़कर बस जिन कपड़ों में थे, उन्हीं में चले आए थे। नई सीमा के इस पार, वे महीनों, कई बार वर्षों तक शरणार्थी

शिविरों में रहे। जिन नेताओं ने हिन्दुत्व और हिन्दू राष्ट्र की वकालत की—श्यामा प्रसाद मुखर्जी, बलराज मधोक, करपात्री महाराज, गुरु गोलवलकर—वे भाजपा और संघ के आज के नेताओं से कहीं अधिक बड़े क़द वाले और प्रभावी लोग थे। उस समय का राजनीतिक और सामाजिक वातावरण हिन्दू बहुसंख्यकवाद के लिए कहीं अधिक अनुकूल था। लेकिन, उस समय इस समूह को ज़मीन नहीं मिली।

लेकिन, यह समूह मौजूद था। इसे छिपाकर पाला और पोसा गया।

कांग्रेस हमारी राजनीति में लगभग चार दशकों तक प्रभावी रही। इसके बाद ग़ैर-कांग्रेस धर्मनिरपेक्ष समूह प्रभावी रहे। 2004 और फिर 2009 में कांग्रेस-नीत संप्रग गठबन्धन की भाजपानीत राजग के ऊपर जीत ने देश में बहुसंख्यकवादी प्रवृत्तियों के धीमे, लेकिन निश्चित बढ़ाव के ऊपर जैसे आवरण डाल दिया। भारत के धर्मनिरपेक्ष, उदार, विविधतापूर्ण और समावेशी विचार से लैस राजनीतिक ताक़तें यह नहीं देख पाईं कि उनके पैरों तले से ज़मीन धीरे-धीरे खिसक रही थी। वे यह भी नहीं देख पाए कि किस तरह की चुनौतियाँ सायों के भीतर से उभर रही थीं। वे या तो लापरवाह थे या फिर ख़ुद साम्प्रदायिकता के साथ गलबहियाँ डाल रहे थे। वे सोच रहे थे कि कुछ देर के फ़ायदे के लिए वे आग से खेल सकते हैं। उनको अन्दाज़ा नहीं था कि इस 'सिनिसिज़्म' का मूल्य क्या चुकाना पड़ेगा। उन्हें लगा कि भारत का प्रजातंत्र घायल हो सकता है, लेकिन वह जीवित रहेगा।

दूसरा कारण जो उनके भ्रम का रहा, वह हिन्दुत्व के आख्यान की ताक़त और बल को वाजपेयीनीत राजग सरकार में नरम और उदार आवरण में पेश करने से हुआ। इसने भारत के राजनीतिक धड़े को इस झूठे मकड़जाल में फँसा दिया कि भाजपा ने ख़ुद को 'केन्द्र-से-दक्षिण' (राइट ऑफ़ सेंटर) वाले दल के रूप में बदल लिया है और वह बहुलतावादी भारत के ख़िलाफ़ नहीं है। तब का राजनीतिक अखाड़ा लगभग सभ्य लगता था, हालाँकि भारतीय राजनीति तब तक दो खाँचों में साफ़ तौर पर बँट चुकी थी—वाम झुकाव वाले कांग्रेस-नीत दल, दक्षिण झुकाव वाले भाजपानीत दल। यह विचार कि भारत के धर्मनिरपेक्ष और समावेशी होने को चुनौती नहीं दी जा सकती, कुछ देर के लिए ताक पर रख दिया गया। इसलिए कई ऐसे दलों ने जो विचारधारा से भाजपा से मेल नहीं खाते थे, उन्होंने भी उसके साथ काम किया। उसके साथ काम करने और गठबन्धन में जाते हुए उन्होंने इसकी उदार विचारधारा को स्वीकार्यता और सम्मान दिया। यह याद रखना महत्त्वपूर्ण है

कि 1980 के दशक के अन्त और 1990 के दशक की शुरुआत तक भाजपा नेता 'राजनीतिक अछूत' होने का विलाप करते थे, शायद ही कोई दल उनके साथ दिखना चाहता था। राजनीतिक वर्ग में स्वीकार्यता पाना ही उसके लिए सबसे बड़ी चुनौती थी। तब, भाजपा नेता यह कहने को विवश थे कि उनका कोई गुप्त एजेंडा नहीं है और हिन्दू बहुसंख्यकवाद उनका मुख्य विचार नहीं है। उनका पूरा ज़ोर अलग तरह की पार्टी होने पर था, एक ऐसा दल जो सत्यनिष्ठा और सुशासन, ताज़ा विचारों और 'सांस्कृतिक गर्व' को साथ लेकर चलता है।

जैसा कि हमने देखा, भाजपा द्वारा अपने 'राइट ऑफ सेंटर' रुख़ को छोड़ना और बहुसंख्यकवादी विचार को खुले और आक्रामक तौर पर अपनाना धीरे-धीरे हुआ है। दरअसल, वह एक खुले बहुसंख्यकवादी एजेंडा को लेकर 2014 में भी सुनिश्चित नहीं थी। इसीलिए, तब आर्थिक विकास, नीतिगत लकवे का अन्त, रोज़गार का सृजन, निर्णायक नेतृत्व, गुजरात मॉडल, भ्रष्टाचार मुक्त प्रशासन, ग़रीबी का अन्त, विदेशों से काले धन की वापसी, सत्यनिष्ठ करदाता नागरिकों के बैंक खाते में 15 लाख रुपये लाना और ऐसे ही बड़े-बड़े वायदों पर ध्यान केन्द्रित किया गया। प्रधानमंत्री पद के उम्मीदवार नरेन्द्र मोदी ने अपने प्रचार-भाषणों में कहा कि हिन्दू और मुसलमान को आपस में नहीं लड़ना चाहिए बल्कि उन्हें मिलकर ग़रीबी और बेरोज़गारी से लड़ना चाहिए। अपने प्रधानमंत्रित्व काल के शुरुआती महीनों में उन्होंने ख़ुद को और विभिन्न राज्यों के मुख्यमंत्रियों को साथ लेकर टीम इंडिया बनाने के बारे में कहा, वे सहयोगी संघात्मकता के बारे में बोले, देश-निर्माण में अपने सभी पूर्ववर्तियों की याद दिलाते हुए कहा कि वह केवल प्रधानसेवक हैं। संसद में घुसते हुए उन्होंने पूजा की मुद्रा में सीढ़ियों पर दंडवत किया। 15 अगस्त, 2014 को दिया गया उनका भाषण उनके समावेशी और एकात्मक रवैये का प्रतिबिम्ब था।

लेकिन, यह लम्बे समय तक नहीं चला। लाल क़िले की प्राचीर से उनके अगले सम्बोधनों में समावेशी एजेंडा पर उनका बदलाव साफ़ तौर पर द्रष्टव्य था। सर्वसम्मति के प्रति उनकी अधीरता, किसी भी अलग विचार—जो उनके विचारों की प्रतिमूर्ति नहीं हो—से उनकी नाख़ुशी उल्लेखनीय है। उनका स्वाभिमान अहंकार की हद को छूता है। संसद के मूलभूत विचारों के प्रति उनकी नापसन्दगी जगज़ाहिर है—वाद-विवाद, बहस और जवाबदेही से वह दूर हैं। साम्प्रदायिक घृणा और हिंसा के प्रति उनका मौन आश्चर्यजनक है।

उनके लिए, उनके दल के लिए और उनके समर्थकों के लिए 2014 से पहले कुछ भी मूल्यवान नहीं हुआ। उनके प्रधानमंत्री बनने के पहले के छह दशक अन्धकार युग के थे—जिसमें पहला राजग शासनकाल भी आ जाता है, जब उनके दल के सबसे बड़े नेता वाजपेयी प्रधानमंत्री थे। इस देश में कायदे का सब कुछ 2014 के बाद ही हुआ है, जब नये भारत का उदय हुआ। उसके बाद की किसी भी कमी या असफलता की जिसे छिपाया नहीं जा सकता, जिसे कालीन के नीचे बुहारा नहीं जा सकता, उसे उनके पूर्ववर्तियों ख़ासकर देश के पहले प्रधानमंत्री जवाहरलाल नेहरू की अक्षमता पर डाल दिया जाता है। और, शताब्दियों का इस्लामिक शासनकाल तो है ही।

वर्तमान भाजपा का बहुसंख्यकवाद, सब कुछ को ढक लेनेवाला हिन्दुत्ववादी दुराग्रह और '2014 के पहले कुछ भी ढंग का नहीं हुआ' का नैरेटिव मध्यवर्ग के प्रभावशाली और वाचाल स्वरों—नौकरीशुदा पेशेवरों, मीडिया मुगलों, समाचार वाचकों, स्तम्भकारों, सरकारी अधिकारियों, उद्यमियों और बहुराष्ट्रीय निगमों के अधिकारियों—की आवाज़ से और ज़्यादा गूँजता है। वे संघ और भाजपा द्वारा गांधी और नेहरू जैसे नेताओं का अपमान करने में सुर मिलाते हैं, गांधी के हत्यारे गोडसे का उत्सव मनाते हैं और हिन्दुत्व के विवादास्पद पुरोधा सावरकर को पूजते हैं और सरदार पटेल और सुभाष बोस जैसे महान ऐतिहासिक व्यक्तित्वों की विरासत को पहले भ्रष्ट करते हैं और फिर अपनाते हैं। ये लोग मोदी सरकार की असफलता पर चुप रहते हैं—लगातार बढ़ती महँगाई, रुपये की लगातार गिरावट, ग्रामीण बदहाली, औद्योगिक उत्पादन में ख़तरनाक गिरावट, बढ़ती बेरोज़गारी, कोविड की मौतों, 2020 के आकस्मिक और अनियोजित लॉकडाउन के प्रवासी मज़दूरों पर क्रूर प्रभाव, नोटबन्दी के दौरान आम आदमी की कठिनाइयों, किसानों की आय दोगुनी करने के असफल वादे, भीड़ द्वारा हत्याएँ (लिंचिंग), सड़कों पर घूमते गुंडे, महिलाओं और दलितों पर हो रहे अत्याचारों, दोषी बलात्कारियों की रिहाई क्योंकि वे हिन्दू हैं, सरकार या प्रधानमंत्री पर सवाल उठानेवाले नागरिकों पर राजद्रोह थोपने...इत्यादि की एक लम्बी सूची है, जिस पर वे मौन रहते हैं।

ऐसा नहीं है कि 'इंफ्लूएंसर्स' और राय बनानेवालों के इस वाचाल वर्ग में हरेक आदमी सहमत है कि 2014 के बाद एक बेदाग़, अपार शक्ति वाला नया भारत बन रहा है। उनमें से कई इस आख्यान से समहत नहीं हैं, लेकिन उनमें से

कुछ इसके साथ इसलिए हो जाते हैं क्योंकि वे प्रभावी राजनीतिक विचारधारा के साथ जाना चाहते हैं। वे बदलती हवा के साथ अपना रुख़ भी बदल लेते हैं। ऐसे लोग हाल-हाल तक एक धर्मनिरपेक्ष, समावेशी और न्यायपूर्ण भारत के विचार के साथ थे। सौभाग्य से, ये अवसरवादी मुख्यतः निष्क्रिय हैं, इसलिए हमारे राष्ट्रीय चरित्र को ये उतना नुक़सान नहीं पहुँचा सकते।

इसके बाद वे लोग हैं जो 2014 के बाद वाले नैरेटिव में यक़ीन नहीं करते, जो जानते हैं कि देश के नाज़ुक सामाजिक और सांस्कृतिक ताने-बाने को भाजपा का बहुसंख्यकवादी समूह छिन्न-भिन्न रहा है, लेकिन फिर भी वे वर्तमान सत्ता के चीयरलीडर और इसके विभाजनकारी समूह के प्रचारक बने हुए हैं। वे मोदी सरकार की नीतियों के समर्थक नहीं, न ही हिन्दुत्व की परियोजना से विचार के आधार पर जुड़े हैं। वे इसे फ़ायदों, पहुँच, रियायतों, रुतबे, व्यापारिक लाभ और राजनीतिक गलियारों में पहुँच की निगाह से देखते और समर्थन देते हैं। समाज का यह ख़तरनाक ढंग से सिनिकल वर्ग भारत के मूलभूत विचारों को काफ़ी नुक़सान पहुँचाता है, क्योंकि वे लोग कुशल हैं, संसाधनों से लैस हैं, रणनीतिक जगहों पर बैठे हैं और देश में सार्वजनिक विमर्श को प्रभावित कर सकते हैं। उन्होंने भाजपा और संघ परिवार को मज़बूत करने और उन्हें भारत को हिन्दू राष्ट्र बनाने की अपनी परियोजना की खुले तौर पर पैरवी करने में काफ़ी मदद की है।

इस परियोजना को सबसे प्रभावी चुनौती भाजपा की विचारधारा के विरोधी राजनीतिक दलों से मिलनी चाहिए थी, लेकिन उन्होंने हमें छला है—दृष्टि, रणनीति और ऊर्जा की दृष्टि से वे लम्बे समय से असफल हैं। जैसा कि हमने देखा है हिन्दू बहुसंख्यकवाद कोई रातोंरात प्रभावी नैरेटिव नहीं बन गया। यह धीमी गति से बढ़ा है। यह कई दशकों की धैर्यवान और कड़ी मेहनत का नतीजा है, जो ख़बरों से दूर रहते हुए संघ के संगठित, अनुशासित और निष्ठावान कार्यकर्ताओं ने चुपचाप की है। वर्षों तक वे बिना किसी तात्कालिक राजनीतिक या चुनावी फ़ायदे की लालसा के काम करते रहे। स्वयंसेवकों की निष्ठा और संकल्प ने कई बार उन लोगों की प्रशंसा भी पाई, जिनके बीच ये काम करते थे भले ही वे रा.स्व.सं. के उद्देश्यों से सहमत न हों। लगातार होने वाले इस संकेन्द्रित कार्य और ज़मीन पर काडर की मौजूदगी ने ही छोटे शहरों-क़स्बों और गाँवों में बहुसंख्यकवाद के सन्देश को फैलाया—हिन्दू पहचान का दावा और 'अल्पसंख्यकों का दूसरा होना' इसी से सम्भव हुआ।

2014 में भाजपा ने अभूतपूर्व तरीक़े से इसकी राजनीतिक फ़सल काटी, जिसे संप्रग सरकार की ग़लतियों से और मदद मिली। अब जब सफलता मिल चुकी है, आक्रामक हिन्दुत्व के झंडाबरदार सत्ता में हैं, तब भी ज़मीन पर वह काम रुका नहीं है। यह पहले से अधिक अनुशासन और संकल्प और अकूत संसाधनों के साथ काम में जुटी हुई है, ताकि हमारी तरह के श्रेणीगत समाज के आधार तल से भी राजनीतिक समर्थन जुटा सके। जिसमें कई सामाजिक और सांस्कृतिक फॉल्टलाइन होती हैं।

जो राजनीतिक ताक़तें इस बहुसंख्यकवादी परियोजना के विरोध में हैं, उन्होंने कभी भी उतनी मेहनत और विचारधारा की उतनी स्पष्टता से काम नहीं किया। दृढ़ता तो ख़ैर उनकी आधी भी नहीं रही। वर्षों से कांग्रेस, वाम और दूसरे दलों के पास ऐसा काडर नहीं रहा जो धैर्यपूर्ण तरीक़े से, परिश्रमपूर्वक और लगातार विचारधारात्मक काम शहरों, जिलों, पंचायतों तक, हरेक स्तर पर करे। ये दल चुनाव दर चुनाव बस चलते जाते हैं, जैसे नींद में हों। बीच के अन्तराल में कोई भी केन्द्रित, प्रतिबद्ध विचारधारात्मक दृढ़ काम ये लोग नहीं करते हैं। उनके लिए राजनीतिक कर्म का मतलब चुनावी प्रचार भर रह गया है। आश्चर्य की बात नहीं कि उन्होंने नये भारत के बहुसंख्यकवादी समूह के लिए राजनीतिक जगह छोड़ दी है।

जो दल भाजपा की हिन्दुत्व परियोजना के ख़िलाफ़ हैं, वे अभी भी यह नहीं समझ रहे हैं कि आज चुनौती भाजपा के साथ चुनावी लड़ाई से कहीं अधिक बड़ी है। उन्हें दीर्घकालीन ठोस राजनीतिक काम करना होगा ताकि देश की राजनीतिक आबोहवा से साम्प्रदायिकता के गंदे दानव को व्यवस्थित तौर पर हटाया जा सके। उस तरह के गम्भीर विचारधारात्मक काम के बिना भाजपा के ख़िलाफ़ चुनावी जीत मुश्किल लगती है। अगर चुनावी जीत ग़लती से हो भी जाती है, तो यह भी उतनी ही अनिश्चित और हवा-हवाई होगी, जब तक साम्प्रदायिक और बहुसंख्यकवादी आख्यान हमारे समाज से अपना बल और प्रभाव खो न दे। ग़ैर-भाजपाई राजनीतिक वर्ग की इसी असफलता के कारण हमारा देश आज इस स्थिति में है।

भाजपा-आरएसएस

ख़रगोश और बतख़ का भ्रम

[यह 'मिडवीक मैटर्स' के अगस्त 2021 के आलेख का थोड़ा अद्यतन संस्करण है।]

अभी कुछ दिनों पहले देश के एक प्रभावी हिन्दू 'राष्ट्रवादी' सांस्कृतिक संगठन के एक वरिष्ठ स्वयंसेवक ने मुझे फ़ोन किया। उन्होंने कहा, 'परकाला, आप जो केन्द्र सरकार की आलोचना करते हैं, वह बहुत तार्किक होती है। या तो सरकार को आपकी बात सुननी चाहिए, या फिर आपको सीख़चों के पीछे कर देना चाहिए।' इसके बाद वह मुझे आश्वस्त करने के लिए हँसे ताकि मैं समझूँ कि उनकी टिप्पणी बस मज़ाक़ ही थी। लेकिन उनकी टिप्पणी का कौन सा हिस्सा मज़ाक़िया था? क्या वह इस बारे में गम्भीर थे कि सरकार मेरी सुने, या फिर वह चाहते हैं कि मुझे जेल भेज दिया जाए? मेरे लिए यह न जानना थोड़े उद्वेग का कारण हो सकता है। दोनों सम्भावनाएँ समान हैं, बल्कि कुछ समय तो पहली सम्भावना ठीक लगती है, कुछ समय दूसरी।

यह द्वैध मुझे मशहूर ख़रगोश-बतख़ भ्रम की याद दिलाता है। यह काफ़ी पहले एक जर्मन पत्रिका में 1892 के अक्टूबर में छपा था, लेकिन यह तस्वीर मानवीय संज्ञान पर कुछ गम्भीर मनोवैज्ञानिक प्रयोग और दार्शनिक ध्यान का ज़रिया बन गई थी। यह तस्वीर आपको बतख़ जैसी भी लग सकती है और ख़रगोश जैसी भी। ड्राइंग यह है।

हममें से कुछ तुरन्त ही ख़रगोश को देख लेंगे। कुछ समय बाद हम बतख़ को भी देख लेंगे। एक बार जब इस द्वैध से हम परिचित हो जाते हैं, हम कभी खरगोश देखते हैं और कभी बतख़। मुद्दा यह है कि एक बार जब हम बतख़ देख लेते हैं, हम उसे अनदेखा नहीं कर सकते हैं। दरअसल, ख़रगोश का शुरुआती त्वरित प्रारूप पूरी तरह मिट सकता है और बतख़ का प्रभावी रूप हमारे संज्ञानात्मक स्तर पर क़ब्ज़ा कर लेता है। इसका उलटा भी हो सकता है।

मैं इस बात पर विस्तार से लिखना चाहता हूँ कि ख़रगोश और बतख़ का यह भ्रम हमें अपने देश के वर्तमान राजनीतिक परिदृश्य को समझने में किस तरह मदद दे सकता है। भारतीय लोगों के बड़े हिस्से के लिए, भारतीय पहचान की हिन्दू-हिन्दुत्व वाली बात हमारे आधुनिक इतिहास में स्वीकार्य राजनीतिक परियोजना नहीं रही। वे बतख़ को नहीं देख सके थे। उन्होंने ख़रगोश को देखा—एक उदारवादी और विविधता वाले भारत का विचार। धीरे-धीरे, कुछ काम के बाद बतख़ ने ख़ुद को दृश्य बनाया—यानी, लोगों के ज़ेहन में यह हिन्दू-हिन्दुत्व वाले भारत का विशिष्ट विचार अपनी जगह बनाने लगा। कुछ समय के बाद, कुछ लोगों को बतख़—हिन्दू और हिन्दुत्व का विचार—ही दिखने लगा। ख़रगोश अब पूरी तरह दृष्टि से ग़ायब हो चुका था।

बहुत सारे लोगों के लिए, एक बार जब उन्होंने—हिन्दू और हिन्दुत्व के विचार की बतख़ देख ली, तो यह उनके लिए स्वीकार्य और अस्वीकार्य दोनों हो गई। यह पूरी तरह स्थिति पर निर्भर करने लगा और कितनी बार, कितनी तीव्रता से उनको बतख़ दिखाई गई, इस पर। वे पहले ख़रगोश के स्वीकार्य विकल्प के तौर पर बतख़ को देखने लगे और फिर वह उनकी पहली पसन्द हो गई। इसलिए, उनके पास बतख़ भले ही एकमात्र विकल्प न हो, सबसे पहले उन्हें दिखती यही है। खरगोश पूरी तरह उनकी चेतना से ग़ायब भले न हुआ हो, लेकिन उसे दबा दिया गया है।

इन दोनों ही तरह के लोगों का बड़ा हिस्सा, एक बार जब हिन्दू-हिन्दुत्व को एकमात्र या पहले विकल्प के तौर पर देख लेता है, व इसे अनदेखा नहीं कर पाता, भले ही उन्हें इसमें दोष भी दिखे। उसके बाद वे खरगोश को नहीं देख पाते—उदार, विविधता वाले भारत का विचार उनकी प्राथमिक पसन्द के तौर पर मौजूद नहीं रह जाता, या कोई पसन्द ही नहीं रह जाता।

यही मोदी सरकार की असली ताक़त है।

*

2021 में पश्चिम बंगाल पर क़ब्ज़ा करने में भाजपा की असफलता, उसके बाद 2022 के अगस्त में नीतीश की तुरुप चाल और फिर हिमाचल प्रदेश में हार के बाद कुछ उम्मीदें विपक्षी दलों में जगी थीं कि केन्द्र में सत्ताधारी दल चुनावी समर में कमज़ोर पड़ रहा है। केरल में शून्य और तमिलनाडु में इसकी साझीदार अन्नाद्रमुक की सत्ता से दूरी को भी भाजपा के घटते प्रभाव के तौर पर देखा गया। इसके साथ कोविड-19 महामारी की अफ़रातफ़री, वैक्सीन की मारामारी, तबाही लानेवाला आर्थिक प्रदर्शन, रक्षा सौदों पर सन्देह, किसानों का आन्दोलन और तेल के दामों में तेज़ बढ़ोतरी को भी चुनाव में भाजपा की अस्वीकार्यता के कारणों के तौर पर देखा जा रहा था। सामान्य हालात में ऐसी भूलों और असफलताओं का आधा भी किसी सरकार का बोरिया-बिस्तर बँधवा देता। हाल ही में, सत्ताधारी दल के नज़दीकी अडाणी समूह के बारे में ख़ुलासे ने भी मोदी सरकार को घेरने के लिए विपक्ष को मुद्दा दिया।

कोई भी सरकार और सत्ताधारी दल अब तक घबरा गया होता। संप्रग-2 याद है? भ्रष्टाचार और घोटालों के कुछ ऐसे ही आरोप (जो अब तक सिद्ध नहीं हुए हैं) और अन्ना हजारे, अरविन्द केजरीवाल और बाबा रामदेव जैसों का विरोध-प्रदर्शन और वह सरकार हिल गई थी। केन्द्र की सरकार प्रदर्शनकारियों के साथ बराबरी के स्तर पर समझौता करने बैठी थी। सरकार घबरा गई थी। इसकी ताक़त चुकती गई थी। उस कमज़ोरी की वजह से ही 2014 के चुनाव में संप्रग का दीवाला निकल गया था।

लेकिन, आज विपक्ष भ्रम में है अगर वह सोचता है कि वर्तमान सरकार में

हमारे प्रजातंत्र की पूर्ववर्ती सरकारों जैसा कुछ भी है।

संघ और मोदी-शाह की भाजपा की सत्ता के विरोधी दल और दिग्गज नेता इस सत्ताधारी युग्म की ताक़त का स्रोत नहीं समझ पा रहे हैं। वे ज़मीनी सच्चाई को नहीं समझ रहे हैं, जो पूरी तरह बदल चुकी है। उसी तरह, वे उस चुनौती की विशालता को भी नहीं समझ पा रहे हैं, जो उनके सामने है। वे अगर सोचते हैं कि आरएसएस समर्थित मोदी सरकार की भूलों ने उसे कमज़ोर कर दिया है, तो यह उनकी सबसे बड़ी भूल होगी। आज हमारे पास दिल्ली में जो भी कुछ है, वैसी सरकार या वैसा सत्ताधारी दल पहले कभी कोई नहीं था। और हम भी आज सामान्य हालात से कहीं अलग और बहुत दूर हैं। मैं इसकी व्याख्या करने का प्रयास करता हूँ।

हमारे स्वतंत्रता संग्राम के शुरुआती दिनों से बतख़ और ख़रगोश दोनों ने ही भारतीय राजनीतिक संकल्पना में अपनी जगह पाने के लिए प्रतियोगिता की है। भारतीय पहचान के हिन्दू-हिन्दुत्व तक महदूद करने के एक या दूसरे प्रारूप ने 19वीं शताब्दी के अन्त से ही बड़े दिग्गज नेताओं की छत्रच्छाया पाई है जिनमें बाल गंगाधर तिलक, लाला लाजपत राय, आर्यसमाजी, प्रार्थना समाजी, राष्ट्रीय स्वयंसेवक संघ, मदन मोहन मालवीय, वी.डी. सावरकर, हिन्दू महासभा, करपात्री जी महाराज की रामराज्य परिषद आदि को गिना जा सकता है। लेकिन, इस प्रारूप को गांधी के भारतीय पहचान के प्रारूप ने ढाँपे रखा, जो बहुलतावादी, मानवतावादी और समावेशी था। महात्मा गांधी के बाद नेहरूवादी धर्मनिरपेक्ष-समाजवादी भारत की पहचान प्रमुख हो गई, जिसमें विविधता और वैज्ञानिक चेतना को महत्त्व दिया गया। इसने आरएसएस-हिन्दू महासभा-जनसंघ के हिन्दू-हिन्दुत्व प्रारूप को हाशिए पर धकेल दिया—चुनावी और बौद्धिक दोनों ही स्तरों पर।

यह उल्लेखनीय उपलब्धि थी। जैसा कि मैंने पहले के आलेख 'नई भाजपा का उभार और महाविस्तार' में बताया है, स्वाधीनता और बँटवारे के बाद हिन्दू-हिन्दुत्व की बहुसंख्यकवादी विचारधारा के पनपने के लिए ज़मीन ज़्यादा उर्वर थी। भारत और पाकिस्तान की सीमाओं के बीच बड़े स्तर पर जनसंख्या के विस्थापन, कई प्रान्तों में साम्प्रदायिक दंगों और एक-दूसरे के प्रति अविश्वास आदि इसके लिए काफ़ी अनुकूल जगह उपलब्ध कराते थे। हिन्दू-हिन्दुत्व प्रारूप के समर्थक श्यामाप्रसाद मुखर्जी आदि नेताओं का पूरे देश में सम्मान था। हिन्दुत्व को इससे अच्छे पैरोकार नहीं मिल सकते थे। लेकिन, एक उर्वर सामाजिक वातावरण और सक्षम प्रवर्तकों

के बाद भी भारतीय राजनीतिक संकल्पना में हिन्दुत्व का बतख़ पर्याप्त संज्ञान नहीं पा सका। ग़ैर-हिन्दुत्ववादी धर्मनिरपेक्ष प्रारूप, यानी हमारे उद्देश्यों का ख़रगोश, इतना विशालकाय था कि भाजपा को भी अपने जन्म के समय अपने समूह को गांधीवादी-समाजवादी बताना पड़ा ताकि वह भारत के राजनीतिक सूर्य के नीचे अपनी जगह पा सके।

लेकिन, लगातार मेहनत, वर्षों के धैर्यपूर्ण सांस्कृतिक सन्देशों और ख़ामोश लेकिन ज़मीनी स्तर पर की जा रही लगातार कार्रवाई के साथ कठोर, श्रमसाध्य और बिना किसी नाटकीयता के राजनीतिक कार्य ने धीरे-धीरे भारतीय राजनीतिक क्षितिज पर अब तक छुपे हिन्दुत्व के आख्यान को चमकीली रेखा प्रदान कर दी। बतख़ दिखने लगी। इसके प्रादुर्भाव का सबसे बड़ा प्रमाण राजीव गांधी के 1989 में अयोध्या से अपना चुनावी प्रचार शुरू करने के तौर पर देखा जा सकता है जिसमें रामराज्य लाने का वादा किया गया था। इसके बाद, दशकों तक संघ और इसके बृहत् परिवार द्वारा किये गए काम से पनपे हिन्दू-हिन्दुत्व के बतख़ को अनदेखा करना मुश्किल था। भाजपा के समझदारी से भरे राजनीतिक प्रचार से चकित कांग्रेस ने 'सॉफ्ट हिन्दुत्व' ख़ुद अपनाया और बतख़ और भी बड़ा दिखने लगा। धर्मनिरपेक्ष खरगोश धीरे-धीरे लेकिन लगातार दृष्टिपथ से ओझल होने लगा। हिन्दुत्व का बतख़ भारतीय राजनीतिक मस्तिष्क में अधिक स्थान घेरने लगा। भारत का हिन्दुत्ववादी विचार कई लोगों के लिए एकनिष्ठ, 'शक्तिशाली' विकल्प बन गया और कई को एक वैधानिक राजनीतिक विकल्प के रूप में दिखने लगा।

जल्द ही, हरेक बड़ा राजनीतिक दल उस स्थान पर अपना दावा करने लगा। हम उस स्तर पर पहुँच गए, जहाँ राहुल गांधी ने ख़ुद के 'जनेऊधारी' ब्राह्मण होने का दावा किया। ममता बनर्जी को चुनावी रैली के दौरान अपना 'गोत्र' बताना आवश्यक लगा और कोलकाता में दुर्गापूजनोत्सव के दौरान बहुचर्चित चंडी पाठ भी करना पड़ा। माकपा ने केरल के सबरीमाला मन्दिर में महिलाओं के प्रवेश पर अपना स्टैंड हल्का कर लिया और अरविन्द केजरीवाल ने दिल्ली के एक स्पोर्ट्स कॉम्प्लेक्स में अयोध्या के राममन्दिर का छोटा प्रतिरूप बनवाया और अपनी पूरी कैबिनेट के साथ दीवाली की पूजा की, जिसे 'आप' के सोशल मीडिया हैंडल्स पर लाइव किया गया। इनमें से हरेक कार्य में भारत के राजनीतिक नैरेटिव के अपरिवर्तनीय रूपान्तरण की स्वीकृति दिखती थी। गलियों में मुस्लिमों की पिटाई,

उन्हें 'जय श्रीराम' कहने को बाध्य करना, संविधान को संशोधित कर भारत को 'हिन्दू राष्ट्र' घोषित करने की माँग, मुस्लिमों के संहार की माँग—ये सब चीज़ें अब कोई विचलन नहीं रहीं।

अगर ज़मीनी सच्चाई की इस गहरी पुनर्रचना के राजनीति अभिधार्थों को ठीक से नहीं समझा गया, तो भाजपा को चुनावी चुनौती देना बहुत कम प्रभावकारी होगा।

ग़ैर भाजपा-ग़ैर संघी राजनीतिक शक्तियों के सामने चुनौती केवल चुनावी नहीं है। यह सांस्कृतिक, राजनीतिक, मनोवैज्ञानिक, धार्मिक और सामाजिक है। भाजपा की चुनावी ताक़त और राजनीतिक शक्ति उसके दशकों के श्रमसाध्य काम और हालिया वर्षों में 'शॉक-एंड-ऑ' प्रोपेगैंडा से बनते, पोषित और सुदृढ़ होते धार्मिक-सांस्कृतिक-सामाजिक पहचान वाले नैरेटिव का मिला-जुला नतीजा है, जिसे हिन्दू-हिन्दुत्व कहते हैं।

हाल ही में मैंने एक असाधारण रूप से तार्किक विपक्षी नेता का बयान पढ़ा जिसमें वह संसद में विधेयकों पर चर्चा की सरकार की अनिच्छा और प्रधानमंत्री द्वारा सदन में उपस्थित होने से हिचकने और सवालों से बचने की बात कर रहे थे। उन्होंने एक टीवी चैनल को कहा कि वे चाहते हैं कि देश के युवा इस बात को जानें। उन्होंने शायद ही यह अनुभव किया कि अर्थव्यवस्था की बदहाली, सुशासन के तरीक़ों के उल्लंघन, प्रजातांत्रिक प्रक्रिया के असम्मान, संस्थागत वैधता को कमतर करने, विरोध को कुचलने और लोगों के प्रति जवाबदेह होने से इनकार करने के लिए भाजपा को ज़िम्मेदार ठहराने भर से सरकार को नुक़सान नहीं पहुँचेगा, न इसके नेता की लोकप्रियता कम होगी। 2014 के सुशासन, आर्थिक विकास, रोज़गार-निर्माण, भ्रष्टाचार के ख़ात्मे, स्विस बैंक से काले धन की वापसी, ग़रीबी का ख़ात्मा जैसे वायदे पीछे छूट चुके हैं। उनको केवल हिन्दुत्व के मुख्य पेलोड को लॉन्च करने के लिए इस्तेमाल किया गया था। उन वादों पर खरे उतरने की सत्ताधारी समूह को न तो जल्दी है और न ही वह इस पर जवाबदेह होने को तैयार है। वे वायदे अब धूल फाँक रहे हैं। कोई भी आग जो केवल उन पुराने लक्ष्यों पर केन्द्रित होती, वह सरकार तक नहीं पहुँचेगी। यह सरकार अपनी अर्थवत्ता अपने प्रदर्शन से नहीं पाती है। यह हिन्दू पहचान के दावे से ऐसा करती है। ग़ैर-हिन्दू पहचानों को अलग करके करती है। प्रजातंत्र को केवल बहुमत के शासन में बदलने और इसे न्याय, समानता और साझा जीवन के सिद्धान्त से अलग कर देने की द्वैध रणनीति से ऐसा करती

है। बहुतेरे हिन्दुओं—वर्ग और जाति के परे—को प्रजातंत्र का यह विचार बेचने में भाजपा सफल रही है, जहाँ एकवर्णी भीड़ शासन करे।

अगर वे एक उदार भारत के प्रति गम्भीर हैं, जो विविधता का उत्सव मनाता है और धार्मिक, भाषायी और सांस्कृतिक एकरंगेपन की कोशिश को नकारता है, तो फिर भाजपा विरोधी राजनीतिक गठजोड़ों को लोकप्रिय चेतना में वास्तविक प्रजातंत्र के विचार को पुनर्स्थापित करना होगा। उनको दिखाना होगा कि यह क्यों हरेक नागरिक—चाहे वह हिन्दू हो या ग़ैर-हिन्दू—सबके हक़ में है और क्यों बहुसंख्यकवाद भारत और सभी भारतीयों को नुक़सान पहुँचाएगा। उनको यह अन्तर्मंथन करना होगा कि क्या वे उतनी मेहनत करने को तैयार हैं जो हिन्दू-हिन्दुत्व की पहचान वाली परियोजना को हमारी राजनीतिक चेतना से ख़ारिज करने और निकालने के लिए ज़रूरी है? दूसरे शब्दों में एक धर्मनिरपेक्ष, समन्वयकारी नैरेटिव की, उस खरगोश को भारतीय राजनीतिक संकल्पना में फिर से बिठाना होगा। यह आसान काम नहीं है, बल्कि ऐसी राजनीतिक संलग्नता है जिसकी अनदेखी करना निरर्थक होगा। बिना इस तरह की मुठभेड़ के, गहरी और दीर्घकालीन संलग्नता के चुनावी जीत, अगर कोई हो भी गई तो वह अधूरी, कमज़ोर और अल्पजीवी होगी।

भारत सचमुच चौराहे पर है। इसे जल्द ही फ़ैसला करना होगा कि उसे हिन्दू-हिन्दुत्व के आख्यान को देश के राजनीतिक वितान पर पूरी तरह छा जाने देना है या आक्रामक और विश्वस्त तरीक़े से उस स्थान को वापस पाना है, जो भारत के उस विचार से खो गया है जो सचमुच एक उदार प्रजातंत्र की ख़ासियत है, जो विविधता का उत्सव मनाता है।

राष्ट्रीय स्वयंसेवक संघ

मज़बूत मौजूदगी, ग़लत दृष्टि

[इस आलेख का पहला प्रारूप 'मिडवीक मैटर्स' के अक्टूबर 2021 के अंक में आया था।]

2014 के बाद से राष्ट्रीय स्वयंसेवक संघ के सरसंघचालक का विजयादशमी पर स्वयंसेवकों को सम्बोधन एक महत्त्वपूर्ण वार्षिक घटना बन गया है। हिन्दू राष्ट्र के सम्भावित नागरिकों को दिया गया उनका सम्बोधन इस सन्दर्भ में महत्त्वपूर्ण माना जाता है कि यह वह मौक़ा होता है, जब वह उनको बताते हैं कि आसपास की दुनिया के बारे में वे कैसे सोचें। संघ के स्थापना-दिवस पर वे उन्हें भविष्य की राह दिखाते हैं। मेरे जैसे लोगों के लिए, जो उस घेरे के बाहर हैं, यह संघ और इस तरह सत्ताधारी भाजपा की सोच के बारे में संकेत देता है कि अगले पूरे साल-भर तक संघ की कार्ययोजना क्या होगी और उससे भी बढ़कर यह कि कैसे वह उन मुद्दों की अनदेखी करता है, जिनसे भारत एक गणराज्य और एक समाज के तौर पर जूझ रहा है। सरसंघचालक के 2021 ई. के विजयादशमी-उद्बोधन से मैं क्या समझ पाया, यह आलेख उसी बारे में है। इसके लिए मैं संघ के पोर्टल पर दिये गए इसके अंग्रेज़ी तर्जुमे पर निर्भर हूँ। मैं उसे पढ़ने की आपसे पुरज़ोर सिफ़ारिश करता हूँ। यह आपके समय का अच्छा उपयोग होगा।

हालाँकि, सरसंघचालक ने जिस किसी भी प्रसंग को अपने भाषण में छुआ, वह महत्त्वपूर्ण है, लेकिन मैं मुख्यत: दो मसलों के बारे में बात करूँगा—नये भारत की जनसंख्या नीति और अर्थव्यवस्था। भाषण में अर्थव्यवस्था, कोविड के ख़िलाफ़

जंग और स्वास्थ्य के 'भारतीय' दृष्टिकोण की बातें अलग-अलग हिस्सों में की गई हैं। हमारी उत्तर-पश्चिमी सीमा के हालात पर भी इसमें चर्चा की गई है। महँगाई, बेरोज़गारी में बढ़ोतरी, ग्रामीण बदहाली, देश में करोड़ों रुपये के ड्रग्स का पकड़ा जाना, गंगा में कोविड के शिकारों की लाशों का बहना और हमारे देश में चीनी सेना का घुस आना जैसे मुद्दे सरसंघचालक का ध्यान आकर्षित नहीं कर सके।

जिस खंड में जनसंख्या नीति की बात हुई, सरसंघचालक ने अपनी बात इन शब्दों से शुरू की, 'देश के विकास की संकल्पना में एक रुकावट जो सबसे स्पष्ट दृश्यगत होती है और कई को चिन्ता में डालती है, वह देश की तेज़ी से बढ़ती जनसंख्या है। यह निकट भविष्य में कई तरह की समस्याओं को पैदा कर सकती है।'

वैसे, यह किसी को भी स्पष्ट हो जाएगा—जो भी इस बारे में विभिन्न आँकड़ों को देखेगा—और ख़ुद सरकारी आँकड़े भी इस बात को बताते हैं कि देश की जनसंख्या बहुत तेज़ी से नहीं बढ़ रही है। ताज़ातरीन राष्ट्रीय परिवार स्वास्थ्य सर्वेक्षण के आँकड़े बताते हैं कि हम लोग कुल मिलाकर अब 2.1 कुल उर्वरता दर (टीएफ़आर यानी टोटल फर्टिलिटी रेट) तक पहुँच चुके हैं, जो किसी देश के लिए आदर्श, प्रतिस्थापन स्तर की उर्वरता है। 2020 के अन्त में भारत की सरकार ने सुप्रीम कोर्ट में बाक़ायदा एक हलफ़नामे में स्वीकार किया है कि देश का टीएफ़आर प्रतिस्थापन-स्तर तक पहुँच चुका है। इसीलिए, हमें इस पर आश्चर्य ज़रूर होना चाहिए कि वे 'बहुतेरे' लोग कौन हैं, जो चिन्तित प्रतीत होते हैं, क्योंकि वास्तविकता में तो जनसंख्या कोई संकट नहीं है। सरसंघचालक की असल मंशा साफ़ हो जाती है, जब वह विस्तार से 2015 में संघ के अखिल भारतीय कार्यकारिणी मंडल के प्रस्ताव की चर्चा करते हैं, जो राँची में हुई थी। प्रस्ताव में कहा गया है—विभिन्न धार्मिक समूहों की वृद्धि-दर में बड़ा अन्तर, घुसपैठ और धर्मान्तरण जनसंख्या के अनुपात में असन्तुलन ला रहा है, ख़ासकर सीमाई इलाक़ों में और यह देश की एकता, अखंडता और सांस्कृतिक पहचान के लिए ख़तरा हो सकता है।

कार्यकारिणी मंडल के इस प्रस्ताव में तीन तत्त्व हैं। पहला, विभिन्न धार्मिक समूहों की वृद्धि दर में बड़ा अन्तर। दूसरा, घुसपैठ। तीसरा, धर्मान्तरण। जिसकी वजह से जनसंख्या के अनुपात में धार्मिक असन्तुलन हो रहा है। दूसरा जो तत्त्व घुसपैठ का है, वह जनसंख्या नीति का मामला नहीं है। यह सीधे-सीधे हमारी सीमाओं को सुरक्षित करने का मसला है। पहला तत्त्व किसी विवाद या सोच का मसला नहीं

है। इसके लिए हमारे पास भरोसेमन्द आँकड़े हैं। तीसरा तत्त्व जो धर्मान्तरण का है वह कुछ ऐसा है कि उसे हमें धार्मिक स्वतंत्रता के कोण से देखना चाहिए। ज़ाहिर तौर पर यह भी जनसंख्या नीति का मामला नहीं है।

हम ज़रा पहली बात की परीक्षा करें और फिर तीसरी को थोड़ा सन्दर्भ सहित समझें। इसके लिए हमें संघ के बार-बार दोहराए गए उस समीकरण को भी समझना होगा जो वह मज़हबी पहचान से इतर सभी भारतीयों के पूर्वजों के बारे में रखता है। इसके लिए आपको संघ के आर्काइव में जाकर पुराने दस्तावेज़ पलटने की ज़रूरत नहीं है। सरसंघचालक ने 2021 में जो भाषण दिया था, वह भी इस मामले पर काफ़ी प्रकाश डाल सकता है।

2015 के प्रस्ताव का पहला तत्त्व, जिसका विजयादशमी वाले भाषण में उल्लेख है, वह विभिन्न धार्मिक समूहों की वृद्धि-दर में बड़े अन्तर की बात करता है। हमारे पास 1950 से अब तक का टीएफ़आर का आँकड़ा है। टीएफ़आर किसी भी महिला द्वारा अपनी उर्वर आयु के दौरान पैदा किये गए बच्चों की औसत संख्या होती है। यहाँ कुछ आँकड़े हैं। 1950 में टीएफ़आर 5.9 था और 1956 तक वही रहा। 1957 में थोड़ा सा कम हुआ, यानी 0.2 की कमी आई। 1965 तक यह 5.7 ही रहा था। उसके बाद यह घटता ही गया, पहले धीमे-धीमे और बाद के वर्षों में तेज़ी से। 1992 में टीएफ़आर 3.9 तक पहुँच गया और 2002 में यह 2.9 हो गया। आज यह 2.179 है। यह प्रतिस्थापन स्तर के थोड़ा ही ऊपर है, जो 2.1 है। प्रतिस्थापन स्तर को आसानी से ऐसे समझ सकते हैं कि यह वैसी स्थिति होती है, जहाँ बच्चे के दो अभिभावक—महिला और पुरुष—2.1 बच्चों को जन्म देते हैं, ताकि बच्चे दोनों अभिभावकों की जगह ले सकें। अगर टीएफ़आर 2 से नीचे होता है, तो जनसंख्या सिकुड़ने लगती है, जिससे समस्याओं का एक जटिल मकड़जाल पैदा होता है। अगर सरसंघचालक टीएफ़आर को 2.1 से कम नहीं करना चाहते हैं, तो उनको चिन्ता करने की ज़रूरत नहीं है।

वह शायद, इस बारे में चिन्तित हैं कि हिन्दुओं और मुस्लिमों का टीएफ़आर बराबर नहीं है। वह अपनी रातों की नींद शायद इसलिए गँवा रहे हैं कि मुस्लिम अधिक 'पैदाइश' के ज़रिये हिन्दुओं को कम कर देंगे और देश की सांस्कृतिक पहचान को बदल देंगे। आँकड़े हमें क्या बताते हैं? हालिया राष्ट्रीय परिवार स्वास्थ्य सर्वेक्षण के पाँचवें चक्र (एनएफ़एचएस-5)—2019-21—के आँकड़े बताते हैं कि

देश के हरेक राज्य में हिन्दुओं और मुसलमानों का टीएफ़आर लगातार घट रहा है। सर्वेक्षण ने पाया कि ग़रीबों और कम शिक्षितों में टीएफ़आर ऊँचा है, भले ही वह किसी भी धर्म के हों। एक भी राज्य में न तो टीएफ़आर स्थिर दिखाई है, न ही इसके धीरे-धीरे कम होने का चक्र उलटा हुआ है। इस सर्वेक्षण में यह भी पाया गया कि 19 राज्यों और केन्द्रशासित प्रदेशों ने 2.1 का प्रतिस्थापन स्तर पा लिया है।

उत्तर प्रदेश जैसे राज्य में भी, सरसंघचालक को चिन्ता करने की आवश्यकता नहीं है। आइए, देखते हैं कि राज्यवार आँकड़े क्या कहते हैं? 2001 से 2011 के दौरान यूपी में हिन्दू टीएफ़आर 1.5 कम हुआ यानी 4.1 से यह 2.6 हुआ। इसी दौरान मुस्लिमों के टीएफ़आर में गिरावट अधिक तेज़ थी। यह 4.8 से 2.9 हुई यानी इसमें 1.9 की कमी आई। यह साफ़ तौर पर दिखाता है कि हिन्दुओं और मुस्लिमों के बीच टीएफ़आर का जो अन्तर है, वह तेज़ी से कम हो रहा है। 2001 में यह अन्तर 0.7 था और 2011 में 0.3 हो गया। 2011 और 2021 के दौरान यह और कम हुआ होगा। महामारी की वजह से ताज़ातरीन एनएफ़एचएस उ.प्र. में नहीं किया जा सका। जब यह हो जाएगा, सरसंघचालक इससे ज़रूर लाभान्वित होंगे।

लेकिन, इससे पहले उन्हें केन्द्र सरकार के सुप्रीम कोर्ट में दिये उस हलफ़नामे को देखना चाहिए, जो सरकार ने 2020 के आख़िर में दिया था। यह हलफ़नामा देश की जनसंख्या को देखते हुए केवल दो बच्चे के नियम के लिए दाख़िल जनहित याचिका के जवाब में दिया गया था। इसमें सरकार ने कहा था कि देश का टीएफ़आर 'लगातार गिर रहा है'। हलफ़नामे में ये भी कहा गया कि भारत का टीएफ़आर पहले ही 'काफ़ी ठीक' यानी 2.2 है जिसका पता 2018 के सैंपल रजिस्ट्रेशन सिस्टम (नमूना पंजीयन व्यवस्था) से चलता है। सर संघचालक शायद इन आँकड़ों से परिचित नहीं हैं, जो सार्वजनिक तौर पर उपलब्ध हैं। या फिर, उनके सलाहकार उनको ग़लत सलाह दे रहे हैं, या फिर जो बात सबसे बुरी है वह ये कि वह जान-बूझकर ऐसा भय पैदा कर रहे हैं कि हिन्दू ख़तरे में हैं।

अब जरा धर्मान्तरण पर सरसंघचालक की चिन्ता को देखें। मैं आपको उनके भाषण से दो उद्धरण दूँगा। पहला है :

'यह हमारी संस्कृति है कि भारत की विभिन्न भाषिक, धार्मिक और क्षेत्रीय प्रथाओं को एक समग्र इकाई में एकात्म करें और सभी के बीच परस्पर सहयोग विकसित करें और विकास के लिए सभी को एक समान समझें और एक जैसे मौक़े दें।'

दूसरा है—

'हरेक व्यक्ति अपनी पूजन पद्धति चुनने को स्वतंत्र है, यह एक ऐतिहासिक तथ्य है कि विदेशी आक्रमणकारियों के साथ कई धार्मिक सम्प्रदाय भी हमारे देश में आए। लेकिन, आज उन सम्प्रदायों के माननेवाले भूतकाल के आक्रमणकारियों के साथ नहीं जुड़े हैं, वे उन हिन्दू पूर्वजों से जुड़े हैं जिन्होंने उन हमलावरों से इस देश की रक्षा करने के लिए संघर्ष किया।'

पहला उद्धरण हमें बताता है कि सरसंघचालक सभी धार्मिक परम्पराओं में सहयोग को बढ़ावा देने में यक़ीन रखते हैं और उन्हें आगे बढ़ने के समान मौक़े भी देना चाहते हैं।

दूसरे उद्धरण में सरसंघचालक हमें बताते हैं कि हरेक व्यक्ति किसी भी धर्म का चुनाव करने को स्वतंत्र है। और, यह भी कि विभिन्न धार्मिक समुदायों के लोग, जो भारत में रहते हैं, वे सब 'हिन्दू पूर्वजों से सम्बन्धित हैं'। तो, अगर ये सभी एक ही पूर्वज से हैं और वे अलग-अलग पूजन-पद्धति को चुनते और मानते हैं, तो इससे सरसंघचालक और उनके लोगों को चिन्तित क्यों होना चाहिए? फिर यह क्या मायने रखता है कि कौन-से धार्मिक समूह की संख्या किससे ज़्यादा है?

उन्होंने उक्त उद्धरण के पहले निम्नलिखित वाक्य भी बोला था :

हमें अपने अहंकार और गर्व को भी तिलांजलि देनी चाहिए, जो हमारी राजनीतिक, धार्मिक, जाति-आधारित, भाषायी और क्षेत्र-आधारित पहचानों से आता है।

हमें इससे क्या समझना चाहिए? क्या वह सचमुच वही कहना चाह रहे थे, जो वे कह रहे थे? या फिर, ये शब्द केवल अच्छा लगने को कहे गए थे, इस देश को एकरंगी धार्मिक पहचान में रँगने की वास्तविक हौलनाक योजना को छिपाने के लिए कहे गए खोखले शब्द? मामला चाहे जो भी हो, किसी देश की जनसंख्या-नीति का पूजन-पद्धति से लेना-देना क्या है?

अब मैं संक्षेप में सरसंघचालक के भाषण के 'अर्थशास्त्र पर हमारा दृष्टिकोण' वाले खंड पर अपने विचार रख रहा हूँ। मुझे उस भाषण का एक हिस्सा उद्धृत करना चाहिए ताकि आपको भ्रामक अर्थशास्त्रीय विचार का बिलकुल सटीक उदाहरण मिल सके। वह हिस्सा नीचे है :

'हमारे अर्थशास्त्र का नज़रिया उपभोग के ऊपर नियंत्रण पर ज़ोर देता है। मानव भौतिक स्रोतों का रखवाला मात्र है, मालिक नहीं। यह हमारे विश्वास में गहरे धँसा

हुआ है कि मानव इस सृष्टि का एक हिस्सा मात्र है और उसका अधिकार है कि वह अपने अस्तित्व के लिए प्रकृति का उपभोग करे, लेकिन यह उसकी ज़िम्मेदारी है कि वह इसका संरक्षण और पोषण करे। ऐसा कोई विचार एकाकी या एकतरफ़ा नहीं हो सकता है।'

अब यह महान और बड़ा विचार बताता है कि पूरी दुनिया भारत यानी इंडिया से एक नये अर्थशास्त्रीय विचार के लिए आस लगाए बैठी है। बिलकुल वही पंक्तियाँ मैं आगे दे रहा हूँ जिनमें यह दृष्टि निहित है :

'पूरी दुनिया अब भारत की ओर देख रही है, विकास और आर्थिक व्यवस्था के नये मानकों के इन्तज़ार और अपेक्षा में। हमारा अलग आर्थिक दर्शन सदियों पुराने राष्ट्रीय जीवन-अनुभव से निकला है, जिसमें आर्थिक आकांक्षा के उद्‌देश्य निहित हैं, जहाँ आनन्द का स्रोत मानवीय चेतना में है। भौतिक चीज़ें असीम सुख का स्रोत नहीं हैं, न ही सुख शारीरिक आनन्द तक ही सीमित है। जो शरीर, मस्तिष्क, मेधा और आत्मा को एक मानता है, जो परम ज्ञान के स्रोत को व्यक्ति, समूह और प्रकृति के एक साथ विकसित और सन्तुलित होने की प्रक्रिया से जोड़ता है, जहाँ मानवीय चेतना को धर्म के सिद्धान्तों और नेकी से प्रगति और असीम आनन्द का, स्वाधीनता का अनुभव होता है, ऐसा आर्थिक प्रारूप हमारी सभ्यता में आदर्श माना गया है।'

सरसंघचालक के भाषण का अर्थशास्त्र का पूरा खंड ऐसी अमूल्य अन्तर्दृष्टि हमें देता है। मैं कहूँगा कि जब समय हो इसे पूरा पढ़ें। अभी, तो ख़ैर नीति आयोग में बैठे पुजारियों को इस महान आर्थिक दर्शन को हमारे वित्त मंत्रालय, विभिन्न आर्थिक मंत्रालयों और पूरी केन्द्र सरकार के लिए व्याख्यायित करना है, ताकि इसे पूरा करने के लिए वे वार्षिक योजना बना सकें।

आरएसएस आज एक शक्तिशाली संगठन है। यह वर्ष 2025 में अपना शताब्दी वर्ष मनाएगा। उत्सवों का राष्ट्रीय चक्र चलेगा। प्रधानमंत्री, राष्ट्रपति, उप-राष्ट्रपति, राज्यसभा के पीठासीन अधिकारी, लोकसभा के अध्यक्ष, कई मुख्यमंत्री, कई केन्द्रीय मंत्री, सांसद, राज्यस्तरीय मंत्री और विधायक आरएसएस से ही निकले हैं। देश की राजनीति पर इसकी पकड़ मज़बूत और लगभग सम्पूर्ण है। 2021 के लिए इसकी वार्षिक रिपोर्ट—प्रतिवेदन—से आपको इसकी गतिविधियों के बढ़ने और इसके प्रभाव में विस्तार के विचार का पता चलता है। हमारे स्वाधीनता आन्दोलन में एक शून्य होने—ब्रिटिशों से सहयोग नहीं किया तो उदासीन रहे—और स्वाधीन भारत के राजनीतिक और सांस्कृतिक लैंडस्केप के हाशिए से आगे बढ़कर आरएसएस

अब यत्र-तत्र-सर्वत्र मौजूद है। यह ऐसी स्थिति है जो दशकों की कड़ी मेहनत और समर्पण द्वारा देश के सांस्कृतिक और राजनीतिक दायरों में सबसे अँधेरी, सबसे भोथरी संवेदनशीलता को लगातार प्रोत्साहित करने से हासिल हुई है। स्वाधीनता आन्दोलन में अपने भ्रामक रिकॉर्ड और संविधान—जो स्वाधीन भारत की आधारशिला है—के प्रति अपनी अवज्ञा के बावजूद वह ख़ुद को एक देशभक्त संगठन के तौर पर स्थापित करने में सफल रहा है। आरएसएस जितना मज़बूत होता जा रहा है, इसका दर्शन उतना घटिया और ग़लत होता जा रहा है। शायद, यह कभी बदले भी नहीं।

भाजपा की जनसंख्या-राजनीति

[यह आलेख पहली बार जुलाई 2021 में लिखा गया था और काफ़ी कुछ वैसा ही है, बस यह हिन्दू दक्षिणपंथ के जनसंख्या-विस्फोट वाले सिद्धान्त को पिछले आलेख, 'आरएसएस : मज़बूत उपस्थिति, ग़लत दृष्टि' से आगे बढ़ाता है। इसलिए, कुछ आँकड़े और तथ्य दोहराए गए हैं।]

लगता है कि जनसंख्या के सवाल पर कुछ ताज़ा चिन्तन हो रहा है। अपने दूसरे कार्यकाल में प्रधानमंत्री ने मुश्किल से तीन महीने पूरे किये थे, जब उन्होंने देश की बढ़ती जनसंख्या पर चिन्ता व्यक्त की। 15 अगस्त, 2019 को लाल क़िले की प्राचीर से देश को सम्बोधित करते हुए उन्होंने कहा, 'हमें जनसंख्या-विस्फोट की चिन्ता करने की ज़रूरत है।' उन्होंने कहा कि इससे विकास बाधित होता है।

दरअसल, इस सोच ने दो साल पहले असम में आकार लेना शुरू किया था। अब यह उत्तर प्रदेश में पूरी तरह नज़र आ रहा है, जहाँ योगी सरकार के विधि-आयोग ने जुलाई 2021 में जनसंख्या नियंत्रण विधेयक का मसौदा जारी किया और लोगों से सुझाव माँगे। कर्नाटक और गुजरात की भाजपा सरकारें उत्तर प्रदेश के ड्राफ़्ट विधेयक का गम्भीरता से अध्ययन कर रही हैं, ऐसा बताया गया है।

मैंने भारत की जनसंख्या-वृद्धि के आँकड़े जाँचने की कोशिश की, पिछले कुछ वर्षों में टीएफ़आर के रुझान और आगामी वर्षों में जनसंख्या के सम्भावित आँकड़ों को समझना चाहा ताकि हम प्रधानमंत्री और विभिन्न राज्यों में उनके सेनानियों की चिन्ता की असल प्रकृति को समझ सकें। मैं आपसे साझा करना चाहता हूँ कि मैंने क्या पाया।

यह देखना बहुत कठिन नहीं है कि अधिकांश परिवार बच्चों की संख्या सीमित कर रहे हैं। हमें बस आसपास देखने की ज़रूरत है। या फिर अपने परिवार में ही देख लें या पड़ोस के परिवारों में। मुझे अपने परिवार के बारे में बताने दीजिए। मेरी नानी को 13 बच्चे हुए। उनमें से 8 जीवित बचे। उसके कुछ बच्चे उसके नातियों से भी छोटे हैं। दूसरे शब्दों में, मेरे कुछ मामा मेरी बड़ी बहन और मेरे चचेरे भाई-बहनों से छोटे हैं। मेरी माँ ने पाँच बच्चों को जन्म दिया। एक तो मृत ही पैदा हुआ था। हम चार भाई-बहन बचे। मेरी पत्नी ने केवल एक बच्चे को जन्म दिया। मेरे सभी भाई-बहनों के परिवार में एक ही बच्चा है। मैं देख सकता हूँ कि मेरे दोस्तों और सहपाठियों में 90 फ़ीसदी के दो ही बच्चे हैं, धर्म उनका चाहे जो हो। मैं किसी ऐसे व्यक्ति को याद नहीं कर पा रहा हूँ जिसके तीन से अधिक बच्चे हों। जब हम अपनी उर्वरता की उम्र में पहुँचे, तो हमारे साथ कोई ज़बर्दस्ती करनेवाला नहीं था। यह पूरी तरह हमारी इच्छा पर था।

हालाँकि आप मुझ पर यह सोचने का आरोप लगा सकते हैं कि मेरी यह दुनिया बस मेरे परिवार, दोस्तों और सामाजिक वर्ग तक ही सीमित हैं। इसलिए, मैंने कम आमदनी वाले समूहों का छोटा सर्वेक्षण किया, बस चार से पाँच दिनों का। अपनी सुबह और शाम की सैर के दौरान मैंने उन लोगों से बात की, जिन्हें उन मौक़ों का एक छोटा टुकड़ा भी नसीब नहीं था, जो हम जैसे लोगों को नसीब है। इनमें निर्माण कार्य में लगे मज़दूर, घरेलू सहायक, महिलाएँ जो नज़दीकी स्कूल में आया हैं, एक अधेड़ जो अपनी भेड़ों के झुंड की देखभाल कर रहा था, ये शामिल थे। जिन 15 लोगों से मैंने बात की, उनमें से 12 के केवल दो बच्चे थे। एक के तीन और दो के केवल एक बच्चा था। इनमें से कुछ मध्य-वय के थे और जो जवान थे, उन्होंने मुझे कहा कि वे अब कोई और बच्चा नहीं चाहते हैं।

मेरा पेशा डाटा साइंटिस्ट का है। मैं जानता हूँ कि इन लोगों से बातचीत करके मुझे जो मिला है, मेरे अपने परिवार और दोस्तों-यारों के परिवारों के उदाहरण से जो मिला और जो मैं अपने आस-पड़ोस में देखता हूँ, उससे शायद ही हमारी जनसंख्या-वृद्धि के बारे में कोई अर्थपूर्ण निष्कर्ष निकले, लेकिन ये निरीक्षण महत्त्वपूर्ण हैं। ये हमें एक सिद्धान्त देते हैं, अगर पद्धति नहीं भी दें तो।

मैं इस छोटे सर्वेक्षण के नतीजों को पूरी तरह नकारने को तैयार था। जब तक बड़े रुझान पूरी तरह अलग तस्वीर पेश नहीं करते, तब तक प्रधानमंत्री को

स्वाधीनता दिवस जैसे अवसर पर अपने भाषण में जनसंख्या 'विस्फोट' पर चिन्ता क्यों ज़ाहिर करनी चाहिए?

मैंने टीएफ़आर से शुरू किया और 1950 से 2021 तक के आँकड़े देखे। टीएफ़आर का मतलब पिछले आलेख में भी मैं बता चुका हूँ। वह किसी स्त्री के उर्वर वर्षों (यानी जब वह बच्चे को जन्म दे सकती है) में की गई औसत प्रसूतियों की संख्या है। 1950 में टीएफ़आर 5.9 था जो 1957 में थोड़ा-सा कम हुआ और 1965 तक 5.7 ही रहा। उसके बाद टीएफ़आर तेज़ी से कम हुआ और 2002 तक 2.9 हो गया। 2021 में यह घटकर 2.179 हो गया। यह प्रतिस्थापन-स्तर से थोड़ा ही ऊपर है, जो 2.1 है। यह आदर्श स्थिति मानी जाती है। अगर टीएफ़आर 2 के नीचे है, तो जनसंख्या सिकुड़ने लगती है और यह काफ़ी समस्याओं को पैदा करता है—कार्यबल में कमी, कम जवान और उत्पादक लोग जो कमा कर बड़ों की बढ़ती संख्या को खिला सकें, आर्थिक मन्दी, स्वास्थ्य सेवाओं पर बढ़ता ख़र्च इत्यादि इनमें से कुछ हैं। दुनिया के कई देश इससे आशंकित हैं। इस तरह की जनांकिकीय दुर्घटना के तौर पर जापान का उदाहरण अक्सर दिया जाता है।

हमारा देश पहले ही प्रतिस्थापन-स्तर पर है। क्या हमारे प्रधानमंत्री इसे नहीं जानते? क्या उन्होंने स्वाधीनता दिवस पर अपने भाषण में जो भी कहा, वह बिना आँकड़े देखे ही कहा, या फिर उन्होंने आँकड़ों की अनदेखी की? दोनों ही सम्भावनाएँ चिन्ताजनक हैं।

हमारे प्रधानमंत्री इस 'चिन्ता' में अकेले नहीं हैं—यह ऐसी चिन्ता है जो किसी भी तार्किक और सूचना-सम्पन्न व्यक्ति को चौंकाएगी।

जनसंख्या वृद्धि के बारे में पहली सरकारी स्तर की चिन्ता असम में व्यक्त की गई थी। वहाँ 2017 के सितम्बर में भाजपा सरकार जनसंख्या और महिला सशक्तीकरण नीति लेकर आई, ताकि इस 'समस्या' से निबटा जा सके, लेकिन असम तो 2011 में ही लगभग प्रतिस्थापन-स्तर के आसपास पहुँच चुका था। 2001 में असम में टीएफ़आर 3.2 था। यह ऐसी किसी नीति के बिना ही घटकर 2.2 तक आ गया। राज्य के वर्तमान मुख्यमंत्री हिमंत बिस्वा सरमा, जो 2017 में वित्त मंत्री थे, ने राज्य विधानसभा में एक प्रस्ताव पारित कर कहा, 'जनगणना के आँकड़े बताते हैं कि हिन्दू जनसंख्या घटी है, जबकि अल्पसंख्यकों की संख्या में तेज़ बढ़ोतरी हुई है। हमें मूल निवासियों के अधिकारों की रक्षा करनी होगी। असम

की जनांकिकी में बदलाव चिन्ता का विषय है।'

तो, उनकी चिन्ता यह थी : 'अल्पसंख्यक' जनसंख्या में 'तेज़ बढ़ोतरी'। वह जब मुख्यमंत्री बने तो सरमा ने असम के मुस्लिमों को परिवार नियोजन के 'अच्छे' उपाय अपनाने को कहा। उन्होंने भविष्यवाणी की और कहा कि अगर उनकी जनसंख्या इसी 'विस्फोटक' तरीक़े से बढ़ती रही तो रहने की जगह के लिए संघर्ष होगा। मैंने एक टीवी इंटरव्यू देखा था, जिसमें उन्होंने कहा था कि यह रुझान अगर बढ़ता रहा तो ख़ुद 'उनका घर भी एक दिन क़ब्ज़ा लिया जाएगा।' 28 जून, 2021 को उन्होंने कहा, 'असम सरकार ख़ास नीतिगत उपाय करेगी ताकि अल्पसंख्यक जनसंख्या की बढ़ोतरी पर लगाम लगे और ग़रीबी और अशिक्षा को मिटाया जा सके।' दूसरे शब्दों में, लक्ष्य सामान्य जनसंख्या को स्थिर करना नहीं है, बल्कि मुस्लिम जनसंख्या की वृद्धि दर को कम करना है।

लेकिन, दिसम्बर 2020 के राष्ट्रीय परिवार स्वास्थ्य सर्वेक्षण (एनएफ़एचएस-5) के आँकड़े हमें असम के बारे में क्या बताते हैं? क्या ये आँकड़े मुख्यमंत्री को चिन्ता की वजह देते हैं? असम में इस आँकड़े के मुताबिक़ मुस्लिम समुदाय का टीएफ़आर 2.4 है। ज़ाहिर तौर पर यह हिन्दुओं के 1.6 और ईसाइयों के 1.5 की तुलना में अधिक है। लेकिन, ध्यान देनेवाली बात यह है कि यह बढ़ नहीं रहा है—'तेज़' तो बिलकुल भी नहीं हो रहा, जैसा मुख्यमंत्री चाहते हैं कि हम लोग मानें। दरअसल, मुस्लिमों में उर्वरता में ख़ासी कमी हुई है। यह 2005-06 के 3.7 से 2019-20 में घटकर 2.4 हो गई है। प्रतिस्थापन स्तर से यह बस 0.3 कम है।

लेकिन, आँकड़े चाहिए किसे? लोगों के भय, असुरक्षा और आशंकाओं को जिलाए रखने से फ़ायदा मिलता है। अगर ऐसे भय अस्तित्व में नहीं हैं, तो उन्हें सृजित करना होता है। दरअसल, यह रणनीति 2021 के असम विधानसभा चुनाव में काम कर गई, जहाँ भाजपा अधिक सीटें जीतकर सत्ता में वापस आई। और चुनाव के बाद, डर को बढ़ावा देने वाले वित्तमंत्री की पदोन्नति मुख्यमंत्री के तौर पर हो गई।

यह सन्देश भाजपा-शासित बाक़ी राज्यों की सरकारों ने भी सुना। जो असम की भाजपा राज्य में चुनाव से तीन महीने पहले कर रही थी, उत्तर प्रदेश ने राज्य के चुनाव से छह महीने पहले शुरू कर दिया। योगी आदित्यनाथ की उत्तर प्रदेश सरकार ने दावा किया कि 9 जुलाई, 2021 को घोषित होनेवाला मसौदा दरअसल तीन वर्षों से बन रहा था। सरकार ने इसे राज्य विधि आयोग के पोर्टल पर डाला

है। इसने अपने प्रस्तावों पर सुझाव भी माँगे हैं। मसौदे (ड्राफ़्ट) में बिल का उद्देश्य नहीं बताया गया। लेकिन, मुख्यमंत्री ने हमारे लिए इस रिक्त स्थान की पूर्ति कर दी। विश्व जनसंख्या दिवस यानी 11 जुलाई को उन्होंने 2021-30 के दशक के लिए राज्य में नई जनसंख्या नीति के उद्देश्यों को बताया। इनमें से एक प्रमुख लक्ष्य 'उर्वरता दर को कम करना और विभिन्न समुदायों के बीच जनसंख्या-सन्तुलन को बनाए रखना था।'

विधेयक में पुरस्कार और सज़ा दोनों का प्रावधान है। उन लोगों के लिए पुरस्कार और प्रोत्साहन, जो दो बच्चों की नीति अपनाते हैं। जो सरकारी कर्मी होंगे, उन्हें इस नीति के मानने पर उनके सेवाकाल में दो अतिरिक्त पदोन्नतियाँ मिलेंगी, 12 महीने की छुट्टी पूरे वेतन के साथ और पेंशन फंड में नियोजक के अंशदान में 3 फ़ीसदी की बढ़ोतरी होगी। अगर पति अपनी नसबन्दी अपने पहले बच्चे के बाद करवा लेता है, तो प्रथमतः परिवार को एकमुश्त 80 हज़ार रुपये की सहायता मिलेगी, अगर सन्तान बेटा है तो, वहीं सन्तान के बेटी होने पर यह सहायता 1 लाख रुपये की हो जाएगी। इसके अलावा हाउसिंग स्कीम में भी प्रोत्साहन है। दूसरी तरफ़ दो से अधिक बच्चों वाले लोगों को सरकारी नौकरी नहीं मिलेगी, वे सरकारी सब्सिडी, पंचायत और स्थानीय निकायों के चुनाव नहीं लड़ सकेंगे। राशन भी प्रति परिवार चार लोगों की इकाई मानकर ही दिया जाएगा।

इसके अलावा भी लम्बे खंडों में इस पर विस्तार से बताया गया है कि बहुविवाह यानी बहुपत्नी या बहुपति या गोद लेने की दशा में क़ानून कैसे काम करेगा?

लेकिन क्या उ.प्र. को ऐसी नीति की ज़रूरत है? राज्य का टीएफ़आर क्या है? दुर्भाग्य से, उ.प्र. में एनएफ़एचएस-5 कोविड-19 की महामारी के कारण नहीं किया जा सका, इसलिए हमें एनएफ़एचएस-4 के आँकड़ों पर ही भरोसा करना होगा। उस सर्वेक्षण के मुताबिक़ राज्य में 3.1 का टीएफ़आर था। वर्ल्ड डाटा एटलस का अनुमान है कि 2018 में यह 2.9 था। इससे बड़ी बात यह है कि उ.प्र. सरकार के अपने अनुमान के अनुसार यह 2021 में 2.7 था। नई नीति का लक्ष्य है कि इसे 2026 तक घटाकर 2.1 तक लाया जाए। जी हाँ, पाँच वर्षों में 0.6 कम करना। अगर वास्तविक लक्ष्य टीएफ़आर को पाँच वर्षों में 0.6 घटाना है, तो सरकार को इतने विस्तृत पुरस्कार और दंड वाली नीति को बनाने और कार्यान्वित करने की ज़रूरत नहीं थी। राज्य के साथ ही पूरे देश में भी रुझान टीएफ़आर में लगातार

कमी का ही है। इसलिए लगता यह है कि 'विभिन्न समुदायों यानी धार्मिक समूहों में सन्तुलन' बनाना ही विशेष लक्ष्य है। मुख्यमंत्री के शब्दों में, 'ये प्रयास भी किया जाएगा कि विभिन्न समुदायों के मध्य जनसंख्या का सन्तुलन बना रहे।'

अब जरा देखें कि क्या उ.प्र. में ऐसा चिन्ताजनक असन्तुलन वास्तव में है? आइए, मुस्लिम और हिन्दू महिलाओं के बीच टीएफ़आर का अन्तर देखें और जाँचें कि ऐसी नीति की कोई ज़रूरत है भी या नहीं? 2001 से 2011 के दौरान, हिन्दू टीएफ़आर 4.1 से घटकर 2.6 हो गया यानी 1.5 की कमी आई। इसी दौरान मुस्लिम टीएफ़आर में 1.9 की कमी आई और वह 4.8 से 2.9 हो गया। यह साफ़ तौर पर दिखाता है कि हिन्दू और मुस्लिम समुदाय के बीच टीएफ़आर का अन्तर तेज़ी से कम हो रहा है। 2001 में यह 0.7 था और 2011 तक यह अन्तर घटकर 0.3 तक आ गया, बिना किसी दंड या पुरस्कार के। हालात 2011 से अब तक और सुधर गए होंगे। एनएफ़एचएस-5 से ही इसका पता चलेगा, जब आँकड़े उ.प्र. से लिए जाएँगे। फिर भी, हालिया आँकड़े बताते हैं कि हरेक राज्य में हिन्दुओं और मुस्लिमों का टीएफ़आर लगातार कम हो रहा है। यह भी ध्यान देने की बात है कि टीएफ़आर ग़रीबों और कम शिक्षितों में अधिक है, चाहे वह किसी भी मज़हब के हों।

किसी भी राज्य ने, बिना किसी अपवाद के, न तो इस घटते हुए रुझान में कमी दिखाई है, न ही यह स्थिर हुआ है। एनएफ़एचएस-4 और एनएफ़एचएस-5 के आँकड़ों को देखें, तो हम पाएँगे कि पाँच राज्यों—बिहार, झारखंड, उ.प्र., मणिपुर और मेघालय—को छोड़कर सभी ने उर्वरता का प्रतिस्थापन-स्तर पा लिया है। इन पाँचों राज्यों में भी टीएफ़आर लगातार गिर रहा है।

लेकिन फिर वही बात आती है, आँकड़े चाहता कौन है, रुझानों की किसे पड़ी है? जो चाहिए, वो है—भय, आशंका, समुदायों के बीच असुरक्षा, वह भाव कि 'हमारी' ग़रीबी 'उनकी' वजह से है, 'हमारी' बेरोज़गारी उनकी 'संख्या' की वजह से है। ऐसी नीतियाँ 'हम' बनाम 'वे' खड़ा करती हैं। असम में इसका फ़ायदा हुआ, तो उ.प्र. में भी होगा।

आपको उ.प्र. के ड्राफ़्ट जनसंख्या नियंत्रण बिल पर आई कुछ ऑनलाइन प्रतिक्रियाओं को देखना चाहिए, जिससे पता चलता है कि यह लक्षित समूह पर असर कर रहा है। आगे मैं उनमें से कुछ प्रतिक्रियाएँ साझा कर रहा हूँ : (1) इनका वोटिंग अधिकार बन्द कर दीजिए, नहीं तो ये लोग अगले चुनाव में हरा देंगे।

(2) ये लॉ पूरे इंडिया में होना चाहिए। (3) जो लोग केवल एक एजेंडा के तहत जनसंख्या बढ़ाने में लगे हुए हैं, उनको कोई फ़र्क़ नहीं पड़ता कि सरकारी नौकरी मिले या नहीं...उन सभी को कोई चुनाव लड़ना नहीं है, अत: अगर आप चाहते हैं कि हक़ीक़त में जनसंख्या नियंत्रण हो तो तीसरा बच्चा पैदा होते ही पाँच लाख आर्थिक दंड लगे...उनका लक्ष्य साफ़ है...हम इसी प्रकार टैक्स देते रहेंगे और अपने लिए ही खाई खोदते रहेंगे।

अब, आप देख पा रहे हैं? प्रोपेगैंडा के रूप में यह नीति अपना काम कर रही है।

उ.प्र. का मसौदा विधेयक जैसे ही सार्वजनिक हुआ, भाजपा के एक राष्ट्रीय महासचिव, जो कर्नाटक में विधायक भी हैं, ने अपने राज्य में ऐसी ही जनसंख्या नियंत्रण नीति लाने की अपील कर दी। उन्होंने कहा, 'सीमित प्राकृतिक संसाधनों की उपलब्धता की वजह से हरेक नागरिक की ज़रूरत को पूरा करना मुश्किल होगा, अगर जनसंख्या का विस्फोट हुआ।' कर्नाटक के क़ानून मंत्री ने कहा, 'हम उ.प्र. द्वारा प्रस्तावित विधेयक का अध्ययन करेंगे और उचित विमर्श के बाद ही कोई फ़ैसला लेंगे।'

बिहार से आनेवाले एक गृहराज्य मंत्री ने कहा कि उनके राज्य को भी जनसंख्या नियंत्रण नीति पर विचार करना चाहिए, क्योंकि कल्याणकारी योजनाओं का लाभ अपेक्षित विकास के रूप में नहीं मिला है, जिसका कारण जनसंख्या विस्फोट है। बिहार के मुख्यमंत्री नीतीश कुमार के विधानसभा में दिये गए वक्तव्य पर जवाब देते हुए बिहार के बिसफी विधानसभा के भाजपा विधायक ने कहा कि राज्य में उर्वरता-दर हिन्दुओं में घटी है, मुसलमानों में नहीं। नीतीश कुमार ने राज्य में टीएफ़आर काफ़ी तेज़ी से कम होने पर बयान दिया था। बिसफी विधायक ने आगे कहा, 'देश में जनसंख्या को नियंत्रित करने के लिए एक क़ानून बनना चाहिए। देश के संसाधन बेहद कम हैं, लेकिन कुछ लोग जनसंख्या बढ़ाना चाहते हैं ताकि क़ब्ज़ा करके भारत को इस्लामिक मुल्क बना सकें।'

गुजरात, जहाँ भाजपा तीन दशकों से सत्ता में है, के उप-मुख्यमंत्री ने कहा कि सरकार विधानसभा के अगले सत्र में ऐसा विधेयक ला सकती है। केन्द्र में भाजपा के दो सांसदों ने नोटिस दिया है कि वे जनसंख्या नियंत्रण पर प्राइवेट मेंबर्स बिल लाना चाहते हैं...

ऐसा लग रहा है, जैसे एक तबाही हमारे दरवाज़े पर खड़ी है।

लेकिन, भारत सरकार की औपचारिक स्थिति एक सम्बुद्ध और डाटा-चालित

नीति का चमकता हुआ उदाहरण है, जैसे किसी शोकेस में चमकता-दमकता रखा हुआ कोई सजावटी सामान। यह उससे बिलकुल उलट है, जो इसी सरकार के मुखिया अपने स्वाधीनता दिवस के सम्बोधन में कहते हैं।

सर्वोच्च न्यायालय में दो बच्चों का नियम बनाने के लिए जब जनहित याचिका दायर की गई, तो केन्द्र सरकार ने अपने हलफ़नामे में कहा कि भारत की जनसंख्या नीति 'परिवार नियोजन के लिए दंड या सख़्ती' के बिलकुल ख़िलाफ़ है और देश का टीएफ़आर 'लगातार घट रहा है'। इसी हलफ़नामे में आगे कहा गया है,...'अन्तरराष्ट्रीय अनुभव बताते हैं कि बच्चों की एक निश्चित संख्या के लिए कोई भी सख़्ती या दंडात्मक विधान प्रति-उत्पादक ही होते हैं और वह जनांकिकीय विकृति को पैदा करते हैं।' सरकार ने बताया कि भारत का टीएफ़आर 2018 के नमूना पंजीयन विधि (सैंपल रजिस्ट्रेशन सिस्टम) के अनुसार 2.2 है, जो लगभग ठीक है। स्वास्थ्य और परिवार कल्याण मंत्रालय ने इसीलिए केवल दो बच्चे वाली नीति को अनिवार्य करने या देश में परिवारों के आकार को सीमित करने के लिए कोई ख़ास क़ानून बनाने से मना कर दिया।

प्रधानमंत्री के 2019 में दिये गए स्वाधीनता-दिवस के भाषण के महज़ डेढ़ साल बाद केन्द्र सरकार ने अपने हलफ़नामे में यह बात कही है। प्रधानमंत्री ने अपने भाषण में हमारी बढ़ती जनसंख्या पर चिन्ता ज़ाहिर की थी। यह असम की जनसंख्या नीति के दो वर्ष बाद के हालात हैं। केन्द्रीय सरकार के सुप्रीम कोर्ट में हलफ़नामे के बाद उत्तर प्रदेश ने ड्राफ़्ट बिल की घोषणा की।

तो, नीति क्या है और राजनीति क्या है?

सरकार ने सुप्रीम कोर्ट को जनसंख्या पर जो कहा, वह नीति है। लाल क़िले की प्राचीर से स्वतंत्रता दिवस पर प्रधानमंत्री जो बोलते हैं, वह राजनीति है। भाजपा जो राज्यों में करती है, वह ठीक वही राजनीति है। 'हम' बनाम 'वे' की राजनीति। ताकि, 'हम' असुरक्षित महसूस करें, ताकि, 'हम' भयभीत हों 'उन' से और 'हम' फिर 'उन' को ख़ारिज कर दें। 'हम' नहीं चाहते 'उन' को। इसलिए, 'हम' भाजपा को वोट दें। 'हम' लोगों के धर्म के लिए। 'हमारी' भाषा के लिए। 'केवल हम' वाली पहचान के लिए।

धार्मिक भारत, राजनीतिक भारत और प्यू की रिपोर्ट

[यह 'मिडवीक मैटर्स' के लिए जुलाई 2021 में लिखे गए आलेख का थोड़ा सम्पादित प्रारूप है।]

2021 ई. के जून में, प्यू रिसर्च सेंटर ने 17 नवम्बर, 2019 से 23 मार्च, 2020 के बीच किये गए सर्वेक्षण के नतीजे प्रकाशित किये। इसका शीर्षक था, 'भारत में धर्म : सहिष्णुता और अलगाव'। ज़ाहिर तौर पर, इसने काफ़ी ध्यानाकर्षण किया। अख़बारों और टीवी चैनल्स ने फ़ौरन रिपोर्ट का सारांश दिया। कई वरिष्ठ पत्रकारों और विश्लेषकों ने इसके नतीजों पर टिप्पणी की।

इस आलेख में मैं इसकी कुछ महत्त्वपूर्ण बातों पर चर्चा करना चाहूँगा और हमारी राजनीति के लिए उसके क्या नतीजे होंगे, यह भी जानने की कोशिश करूँगा। मैं इन नतीजों में छिपे राजनीतिक सन्देश को भी खोलना चाहूँगा और यह भी देखूँगा कि वर्तमान भारत सरकार की राजनीतिक शक्ति के आधारों के बारे में वे क्या बताते हैं। मैं यह भी देखना चाहूँगा कि हमारे देश के सामाजिक-राजनीतिक ताने-बाने के भविष्य के लिए क्या दिखाते हैं?

अख़बारों और टेलीविज़न चैनल्स ने इन पंक्तियों से शीर्षक लगाए : 'भारत एक सहनशील, मोटे तौर पर परम्परानिष्ठा देश है', 'भारतीय हैं सहिष्णु, धार्मिक स्वतंत्रता का उठाते हैं आनन्द', 'अन्तर्धार्मिक विवाह : अधिकतर भारतीय इसके ख़िलाफ़', '75 फ़ीसदी भारतीय मुसलमानों को भारतीय क़ानून की जगह शरिया पसन्द', 'प्रार्थना से राजनीति तक, दक्षिण भारतीय करते हैं सब कुछ अलग', 'अधिकांश भारतीय देते हैं धार्मिक विविधता को महत्त्व', 'भारतीय अलग-अलग होकर, जीते हैं एक साथ'।

कई पाठक इनको पढ़ते वक़्त उनके सार-संक्षेप को याद कर सकते हैं। लेकिन, उचित यह होगा कि वे प्यू रिसर्च सेंटर की वेबसाइट पर उपलब्ध मूल रिपोर्ट को पढ़ें।

इससे पहले कि मैं उन नतीजों पर बात करूँ जिनका मेरी नज़र में ख़ासा राजनीतिक महत्त्व है, मैं उन कारणों पर संक्षेप में बात करूँगा, जिनकी वजह से मैं इस अध्ययन के तरीक़ों से बहुत सहमत नहीं हूँ।

मैं लगभग तीन दशकों से सर्वेक्षण और आँकड़ों के विश्लेषण (डाटा एनालिटिक्स) के पेशे में हूँ। मैं प्रश्नावली बनाता हूँ, नमूने तय करता हूँ, कार्यान्वयन का निरीक्षण करता हूँ, क्षेत्र से आए आँकड़ों को जाँचता हूँ, भ्रामक और सन्देहास्पद प्रविष्टियों (एंट्री) को हटाता हूँ जो आँकड़ों को ख़राब करें और अन्त में आँकड़ों की व्याख्या करता हूँ।

मुझे थोड़ा अपनी बड़ाई करने का मौक़ा दें। जिस संगठन के साथ मैं हूँ, वह कभी भी चुनावी नतीजों के पूर्वानुमान में ग़लत नहीं हुआ है। न केवल जीतने और हारने के बारे में, बल्कि हार-जीत के अन्तर के बारे में भी। जब हमने 2018 में भविष्यवाणी की थी कि कांग्रेस मध्य प्रदेश में हल्के अन्तर से जीतने जा रही है, तो हमने लीक से अलग चलने का साहस दिखाया था। हमने 2012 में गुजरात विधानसभा के चुनाव को मोदी बनाम मोदी की लड़ाई बताया और यह भी कहा कि मोदी कम अन्तर से, लेकिन जीतकर आएँगे। अपने नतीजे और भविष्यवाणी हम बहुत कम ही प्रकाशित करते हैं, क्योंकि यह उन ग्राहकों के लिए होता है, जो इसे छिपाए ही रखना चाहते हैं। चूँकि मध्य प्रदेश और गुजरात के ग्राहकों ने हमें नतीजों की भविष्यवाणी साझा करने की अनुमति दी, तो हमने ऐसा किया। हालाँकि, सीटों की संख्या और विवरण बताने से उन्होंने भी मना किया। जो रिपोर्ट देखना चाहें, ऑनलाइन देख सकते हैं।

सर्वेक्षण का अपना ये अनुभव मैंने इसलिए साझा किया है कि आप भरोसा करें कि मैं ओपिनियन पोलिंग के बारे में कुछ जानता हूँ और भारत के धर्म पर शोध के बारे में, प्यू के शोध की प्रक्रिया वाले हिस्से पर कुछ कह सकता हूँ।

मेरे विचार से उनका 29,999 का सैंपल किसी ऐसे देश के लिए बहुत छोटा है, जहाँ 95 करोड़ वयस्क हैं जो जवाब देने की योग्यता रखते हैं। जब आप सैंपल को क्षेत्रवार और राज्यवार बाँटेंगे भी, तो आप समझेंगे कि मैं क्या कह रहा हूँ। उदाहरण के लिए, दो तेलुगुभाषी राज्य हैं, जिनके बीच 8.5 करोड़ जनसंख्या है, जिसका

मतलब 6.3 करोड़ वयस्क हुए। प्यू की रिपोर्ट की कार्यप्रणाली (मेथोडोलॉजी) वाला खंड हमें बताता है कि उन्होंने तेलुगु में 1708 साक्षात्कार लिए। अगर हम यह भी मान लें कि इन राज्यों में कुछ ऐसे भी लोग थे, जिनसे अंग्रेज़ी और उर्दू में भी बात की गई, फिर भी संख्या बहुत अधिक नहीं बढ़ती है। पूरे देश में अंग्रेज़ी में इंटरव्यू केवल 246 लोगों से लिए गए, जबकि उर्दू में 347 से बातचीत की गई। इसका मतलब है कि सर्वेक्षण में तेलुगु लोगों के एक प्रतिशत से भी कम से बात की गई। अगर आप दूसरी भाषाओं के सैंपल देखेंगे तो आप समझेंगे कि इसका आधार कितना छोटा है। धर्म जैसे महत्त्वपूर्ण विषय पर इस तरह निश्चित नतीजे घोषित करने के लिए असाधारण साहस की ज़रूरत पड़ी होगी, ख़ासकर जब सैंपल का आकार इतना छोटा हो।

जिस तरह उनकी कार्यप्रणाली के खंड में इन सैंपल्स (नमूनों) के विस्तार को बताया गया है मुझे उससे समस्या नहीं है। अगर सैंपल सचमुच उसी तरह लिया गया है, तो निश्चय ही यह ढंग से किया गया काम है।

मैं प्रविधि (मेथेडोलॉजी) से अपना झगड़ा यहीं बन्द करूँगा।

आइए, ज़रा नतीजों पर बात करें, क्योंकि इस पर आई सभी टिप्पणियों में यही किया गया है। मान लेते हैं कि ये नतीजे वैसे ही रहते, अगर इससे 20 गुणा अधिक लोगों से भी राय लेने के लिए सम्पर्क किया गया होता : यानी कि प्रतिक्रिया देने वालों में बड़ा तबक़ा धार्मिक बँटवारे को लेकर कहता है कि वह दूसरे मतों के प्रति सहिष्णु है, वह मानता है कि विविधता ही भारत की शक्ति है, वे ईश्वर में यक़ीन करते हैं और नियमित प्रार्थना करते हैं, मन्दिर-मस्जिद, चर्च और गुरुद्वारा जाते हैं, अल्पसंख्यकों और दलितों का बड़ा तबक़ा कहता है कि वे अधिक भेदभाव का सामना नहीं करते हैं।

ये जानकारियाँ मेरे लिए कम महत्त्वपूर्ण हैं। ऐसा इसलिए है कि बात जब सार्वजिनक तौर पर सामने आने की हो तो जवाब देनेवाले अधिकांश लोग अक्सर राजनीतिक। इस मामले में धार्मिक—तौर पर सही होना चाहते हैं। यह कल्पना करना मुश्किल है कि बड़ी संख्या में लोग किसी प्रश्नकर्ता को बताएँगे कि वे ईश्वर को नहीं मानते, कि वे दूसरे मतों वाले लोगों को सह नहीं पाते या फिर सच्ची भारतीयता सभी धर्मों को सम्मान देने के अलावा भी कुछ है। ये बहुत ही प्रत्याशित और सतही प्रतिक्रियाएँ हैं, जो भारत में जनता का कोई भी हिस्सा देता है।

मेरे लिए इस रिपोर्ट के सबसे अहम बिन्दु या हिस्से वो हैं जो हमें मौजूदा राजनीतिक परिदृश्य के बारे में बताते हैं। वे कुछ इस तरह हैं :

सर्वेक्षण में शामिल लगभग दो-तिहाई हिन्दुओं (यानी 64 फ़ीसदी) ने बताया कि 'सचमुच' भारतीय होने के लिए हिन्दू होना ज़रूरी है और 59 फ़ीसदी हिन्दू भारतीय पहचान को हिन्दी बोलने से जोड़ते हैं।

राष्ट्रीय पहचान के ये दो आयाम—हिन्दी बोलना आना और हिन्दू होना—एक दूसरे से नज़दीकी तौर पर जुड़े हैं और राजनीतिक तौर पर प्रासंगिक हैं।

हिन्दुओं में जो यह कहते हैं कि सच्चा भारतीय होने के लिए हिन्दू होना आवश्यक है, उनमें से 80 फ़ीसदी यह भी कहते हैं कि सच्चा भारतीय होने के लिए हिन्दी आनी ज़रूरी है।

2019 के आम चुनाव में इस तबक़े की राजनीतिक प्राथमिकता फिर क्या थी? हिन्दू मतदाताओं का 60 फ़ीसदी हिस्सा जो हिन्दू होने और हिन्दी बोलने को सच्चा भारतीय होने के लिए ज़रूरी मानता है, उसने अपना वोट भाजपा को दिया।

यहाँ तक कि वैसे हिन्दू मतदाता जो हिन्दू-हिन्दी वाले विचार के प्रति थोड़े कम कट्टर हैं, उनमें से भी एक-तिहाई ने अपना मत भाजपा को दिया है।

कुल मिलाकर जिन्होंने भी 2019 के चुनाव में वोट दिया है, एक चीज़ इस सर्वेक्षण से साफ़ तौर पर उभरकर सामने आती है : 10 में से तीन हिन्दुओं ने ऊपर की तीनों स्थापनाएँ अपना ली हैं—पहला, उनके लिए सच्चा भारतीय होने का मतलब हिन्दू होना है, दूसरा, हिन्दी बोलने में सक्षम होना भी भारतीय होने की पहचान है और तीसरा, वे भाजपा का समर्थन करते हैं और उसे वोट देते हैं।

इन तीन स्थापनाओं को माननेवाले हिन्दू अधिकांशत: हिन्दी बोलनेवाले और देश के उत्तरी और केन्द्रीय हिस्से में रहते हैं। इन इलाक़ों में रहनेवाले लगभग 50 फ़ीसदी हिन्दू इस वर्ग में आते हैं। दक्षिण में वे केवल 5 प्रतिशत हैं।

यह स्पष्ट तौर पर उत्तरी और केन्द्रीय भारत में 2014 से भाजपा के वर्चस्व की व्याख्या करता है।

लगभग दो-तिहाई (यानी 65 फ़ीसदी) हिन्दू जो यह मानते हैं कि सच्चे भारतीय के लिए हिन्दू होना और हिन्दी जानना ज़रूरी है और जिन्होंने 2019 में भाजपा को वोट दिया है—वे यह भी कहते हैं कि धार्मिक विविधता भारत को फ़ायदा पहुँचाती है। ऐसी प्रतिक्रिया देनेवाले इस बात में कोई विरोधाभास नहीं देखते कि वे एक

तरफ़ तो धार्मिक विविधता को महत्त्व देते हैं, दूसरी तरफ़ यह भी कहते हैं कि हिन्दू अधिक 'वास्तविक' भारतीय हैं, बनिस्बत उनके जो दूसरे धर्मों को मानते हैं। यह या तो सार्वजनिक तौर पर दुविधाग्रस्त मत है या फिर उनके लिए विविधता का मतलब है कि दूसरे मतावलम्बी भारतीयता के पदानुक्रम में एक स्थान नीचे रहें।

इन धार्मिक-भाषायी-राजनीतिक हिन्दुओं का प्रतिशत, जो हिन्दू-हिन्दी-भाजपा वाले हिन्दू हैं, शायद उससे अधिक हो, जितना सर्वेक्षण समझ सका है। हम इतना कह सकते हैं कि यह एक बड़ा और लगातार बढ़ता हुआ तबक़ा है।

यह मानने के तमाम कारण हैं कि पूरी दुनिया में कोई सर्वेक्षक विभाजक, साम्प्रदायिक, नस्ली, नफ़रती और लैंगिक भावनाओं को पूरी तरह और ठीक-ठीक नहीं पकड़ पाता है, क्योंकि जवाब देनेवाले अपने विचार इन विषयों पर पूरी तरह खुलकर नहीं बताते। या तो वे नहीं जानते कि इन विषयों पर उनके विचार क्या हैं—और शायद ख़ुद से भी इस बारे में झूठ बोलते हैं—या फिर वे प्रश्नकर्ता को अपनी भावनाएँ बताना नहीं चाहते हैं।

कुछ लोग बदमाशी की वजह से भी प्रश्न पूछनेवाले को भ्रमित कर सकते हैं। अमेरिकी चुनावों में ट्रंप की जीत और इंग्लैंड में ब्रेक्जिट के बारे में ठीक इसी वजह से लगभग हरेक सर्वेक्षण ग़लत निकला था। हालाँकि, दोनों ही अवसरों पर जिन शोधकर्ताओं ने गूगल ट्रेंड्स को देखा था, उन्होंने अन्तिम नतीजों को बिना किसी भूल के भाँप लिया था। जिस तरह के सवाल लोगों ने पूछे, जिस तरह के वाक्यांश उन्होंने सर्च इंजन के सर्च बार में डाले, उसने उनकी प्राथमिकताओं को कहीं अधिक ढंग से बताया न कि सर्वेक्षण में दिये उनके जवाबों ने। सर्वेक्षण करने वालों को कुछ बताना एक सार्वजनिक क्रिया है। गूगल से कुछ पूछना या सोशल मीडिया पर बिना नाम बताए या अपने जैसे लोगों के समूह में मैसेजिंग प्लेटफ़ॉर्म पर कुछ कहना निजी चीज़ है। यह सूचना 'न्यू डेटा' कही जाती है और यह पुराने तरीक़े की विरोधी है, जिसमें सर्वेक्षणकर्ता हाथ में एक प्रश्नावली लेकर हर चौथे घर का दरवाज़ा खटखटाते थे।

पोर्नोग्राफ़ी देखने के बारे में पूछने पर अधिकांशतः लोग नकारात्मक जवाब देते हैं, लेकिन न्यू डाटा बताता है कि इंटरनेट पर 'पोर्नहब' जैसी साइट्स के लिए सर्च अत्यधिक ऊँची है। यह एक अतिरेकी उदाहरण है जो दिखाता है कि सार्वजनिक तौर पर लोग जो छिपाते हैं, निजी स्तर पर उसे उद्घाटित कर देते हैं। जो लोग

सार्वजनिक तौर पर कहते हैं और जो न्यू डाटा से हमें पता चलता है, वह अमेरिका में श्वेत वोटर्स की नस्ली भावना के बारे में भी सच है। 'निग्गर' जैसे नस्ली शब्दों के लिए किया गया सर्च किसी भी समय उस सर्वेक्षण के मुक़ाबले अत्यधिक होगा, जो 2015 के अमेरिकी राष्ट्रपति चुनाव में सर्वेक्षणों में दिखा था। यह काफ़ी हद तक ट्रंप की जीत की व्याख्या करता है।

तो, वैसे हिन्दुओं की बड़ी संख्या को—जो कहते हैं कि हिन्दू होना भारतीय होने का अधिक सत्यापित सूचक है और दूसरी ही साँस में यह भी कहते हैं कि विविधता तो देश की ताक़त है, उस संख्या को नई रोशनी में देखने की ज़रूरत है।

यह हमें एक और महत्त्वपूर्ण बिन्दु की ओर ले जाता है, जिसका ख़ासा राजनीतिक महत्त्व भी है।

जो भी राजनेता हमारे अन्दर की अँधेरी भावनाओं को जानना और निकालना चाहते हैं, वे भावनाएँ जो लोगों की चेतना के तल में तैरती हैं, ख़ासकर एक बहुधर्मी, बहुनस्ली, बहु-सांस्कृतिक समाज में—और जिन भावनाओं का चुनावी फ़ायदे के तौर पर वे दोहन कर सकते हैं—उन्हें वे शब्द ख़ुद लिखने या बोलने की ज़रूरत नहीं है। उनको बस संकेत देना होता है। पहले की तुलना में अब भीड़ को उकसाना काफ़ी आसान है। सोशल मीडिया प्लेटफ़ॉर्म्स, कई मैसेंजर एप्स और दूसरे डिजिटल प्लेटफ़ॉर्म्स का इस्तेमाल कर उनके सन्देश को लक्षित समूह तक पहुँचा दिया जाता है। इस दौरान, मीडिया के पुराने मंचों पर वही नेता एक साफ़-सुथरी, पवित्र छवि धारण किये रहते हैं।

2014 में भाजपा के प्रधानमंत्री पद के प्रत्याशी सार्वजनिक मंचों से कहते थे कि मुसलमान और हिन्दू एक-दूसरे के दुश्मन नहीं हैं, कि ग़रीबी एक साझा दुश्मन है जिससे उनको मिलकर लड़ना है, लेकिन उनके दल का वास्तविक विभाजनकारी और नफ़रती सन्देश विभिन्न डिजिटल प्लेटफ़ॉर्मों पर एक पेशेवर सोशल मीडिया सेना के द्वारा भेजा जा सकता था।

रा.स्व. संघ के नेता यह कहकर कि जो भी लिंचिंग (भीड़-हत्या) में संलग्न हैं, वे हिन्दुत्व के ख़िलाफ़ जा रहे हैं सार्वजनिक तौर पर बढ़िया दिख सकते हैं, लेकिन व्हाट्सएप पर उसी समय नफ़रती सन्देशों को बिना किसी रुकावट के जारी रखा जा सकता है और मुस्लिम-विरोधी शोर को भी।

इन दिनों सन्देश 'ब्रॉडकास्ट' (बड़े समूह तक पहुँचने) के साथ 'नैरोकास्ट'

(लक्षित समूह तक सन्देश) भी किये जा सकते हैं। धार्मिक मुसलमान कह सकते हैं कि वे गंगा का सम्मान करते हैं और धार्मिक सहिष्णुता उनके मत का एक निर्णायक सूचक है। लेकिन उग्रवादी इस्लामिक दल और रेडिकल मुस्लिम समूह अपने नफ़रती प्रचार को उन दुर्बल मुस्लिम युवाओं तक नैरोकास्ट करेंगे ताकि वे आइसिस (ISIS) में जाने को तैयार हो जाएँ। ब्रॉडकास्ट दिखाने के लिए होता है, नैरोकास्ट एक सच्चाई है। न्यू मीडिया और डिजिटल तकनीक ने इसे सम्भव कर दिया है।

हिन्दू-हिन्दी को एक, बल्कि एकमात्र, भारतीय राजनीतिक पहचान में बदलने की कोशिश नई नहीं है। हिन्दू महासभा (1915 में स्थापित) के दिनों से ही इस तरह के समर्पित प्रयास बहुत प्रभावी और मेधावी लोगों द्वारा किये गए हैं। विभाजन की विभीषिका के बाद के दिनों में इसके लिए ज़मीन भी बहुत उर्वर थी। लेकिन, तत्कालीन हिन्दुत्व समूहों और नेताओं के पास इस तरह के मंच उपलब्ध नहीं थे जो अहर्निश लोगों की धार्मिक असुरक्षाओं, शत्रुताओं और भाषायी उच्चताबोध में गहरे धँस सकें। सैचुरेशन प्रोपेगैंडा (मिटने का भय फैलाना) सम्भव नहीं था, अपने जैसा बना लेने की गति धीमी थी और गहरी मेहनत की माँग करती थी। साथ ही, उनके पास तब वाग्मी, समृद्ध, अंग्रेज़ीदाँ, विश्व-भ्रमणकर्ता, अकादमिक तौर पर आत्म-विश्वस्त, सांस्कृतिक तौर पर आक्रामक सम्भ्रान्तों की सेवाएँ न थीं, जो कट्टरता को फ़ैशन में बदल सकें। वे मंच जहाँ कभी बहुलवादी, उदारवादी मूल्यों से लैस लोग सक्रिय थे, उन्हें अब इस नये सम्भ्रान्त वर्ग ने हथिया लिया है। पुराने सम्भ्रान्तों में से भी कई ने नये शैतान के साथ समझौता कर लिया है, यानी नई व्यवस्था स्वीकार कर ली है। नई सत्ता के पास ईर्ष्याजनक रूप में अबाध मानव संसाधन मौजूद हैं, जो इसकी आक्रामक, बहिष्कारवादी प्रस्थापना को वैधानिक बना सकते हैं।

हिन्दू-हिन्दी-भाजपा के निर्माण, फैलाव और एकत्रीकरण में सन्देशों की नैरोकास्टिंग निर्णायक रही है। उत्तर प्रदेश में—जहाँ मुसलमान जनसंख्या का लगभग 20 फ़ीसदी हैं—भाजपा ने विधानसभा और लोकसभा में एक भी मुस्लिम उम्मीदवार नहीं उतारा और फिर भी चुनावों में धमाकेदार जीत दर्ज की, यह वर्तमान सत्ता के राजनीतिक संगठन की ताक़त को दिखाता है, जो हिन्दू-हिन्दी-भाजपा के त्रिकोण पर बनी है।

अगर इस त्रिकोण से केवल 'हिन्दी' को हटा दें, या उसकी जगह किसी अन्य स्थानीय संवेदना को रख दिया जाए तो भाजपा-आरएसएस का एजेंडा दक्षिण में भी पहुँच सकता है। इस उद्देश्य के लिए तैनात किये जानेवाले लोगों या संसाधनों की भी कमी नहीं है। भाजपा ने एक बड़ी, समर्पित, कुशल और बेहद प्रभावी डिजिटल सेना पूरे देश में तैयार की है, जिसे केवल एक संकेत चाहिए और वे काम में जुट जाते हैं।

इस सन्दर्भ में अगर एक उप-पाठ प्यू रिसर्च सेंटर के निष्कर्षों से निकलता है, तो वह कुछ ऐसा होगा : भारत के सामने हिन्दू धर्म, हिन्दी भाषा और भाजपा की राजनीति का एक ऐसा संगमन है, जो राष्ट्रीय पहचान का सबसे बड़ा और शायद न पलटा जा सकनेवाला मानक बन जाए, अगर नागरिक समाज और राजनीतिक गोलार्द्ध में मौजूद हम सभी जो यह समझते हैं कि यह देश के लिए कितना घातक हो सकता है—और, महत्त्वपूर्ण यह है कि हममें से जो बेपरवाह हैं या बीच में बैठे हैं वे भी—मिलकर इस प्रस्थापना का पूरी ऊर्जा के साथ लगातार और गम्भीर विरोध न करें।

मुझे एक दृष्टान्त याद आता है : एक दादा अपनी पोती को कहता है कि हममें से हरेक के अन्दर दो भेड़िए हैं और वे युद्ध में जुटे रहते हैं। पोती बीच में ही पूछती है, उनमें से कौन जीतता है? दादा जवाब देता है : जिसे भोजन दोगी।

समय आ गया है कि हम ख़ुद से पूछें : हम किसको भोजन देना चाहते हैं?

सामान्य को असामान्य बनाओ, प्रदर्शन पर ज़ोर दो

[यह आलेख सबसे पहले सितम्बर 2021 में लिखा गया था। वही आलेख हल्के-से सम्पादन के साथ यहाँ प्रस्तुत है, लेकिन कुछ भी अद्यतन नहीं किया गया, क्योंकि कुछ कहीं बदला भी नहीं है—वही व्यक्ति-पूजा, वही आत्ममुग्ध विज्ञापन—सब उसी तरह हैं और उसी तरह रहेंगे। ये मोदी सरकार के स्थायी तत्त्व हैं।]

26 सितम्बर, 2021 को प्रेस ट्रस्ट ऑफ़ इंडिया ने हमें यह रहस्य बताया कि प्रधानमंत्री जेट लैग से बचने और अपनी नींद के चक्र को पूरा करने के लिए तीन चीज़ें करते हैं। दिल्ली स्थित एक राष्ट्रीय अंग्रेज़ी अख़बार ने इसके बारे में पूरी लम्बी-चौड़ी स्टोरी की, जिसमें उन सूत्रों का हवाला था, जिनका हवाला न्यूज़ एजेंसी ने दिया था। कई और अख़बारों और पत्रिकाओं ने भी वही स्टोरी चलाई और साथ में टेलीविज़न चैनल और सोशल मीडिया साइट्स पर तो यह ख़बर चली ही। कई बेहद ख़ूबसूरती से खींची तस्वीरों में अथक प्रधानमंत्री को सेंट्रल विस्टा पुनर्विकास का निरीक्षण करते दिखाया गया, जबकि वे अमेरिका से तीन दिनों की थकाऊ यात्रा और 20 लगातार बैठकों में शिरकत करके अभी लौटे ही थे। वह अपनी फ़्लाइट में भी काम करते रहे, ऐसा उनके ट्विटर पोस्ट ने हमें बताया।

उसके पहले, सितम्बर महीने की ही 17 तारीख़ को प्रधानमंत्री का 71वाँ जन्मदिन शान से मनाया गया और तीन हफ़्तों तक 'सेवा और समर्पण अभियान' चलाया गया, ताकि प्रधानमंत्री के 'देश की सेवा में 20 वर्षों' का जश्न मनाया जा सके।

इस आलेख में मैं सत्ताधारी दल, सरकार और ख़ुद प्रधानमंत्री द्वारा सामान्य और साधारण को हटाकर असामान्य और असाधारण को अपनाने के प्रयासों का

उल्लेख करना चाहूँगा। मैं यह जाँचना चाहता हूँ कि सरकार और प्रधानमंत्री को हरेक बात को एक प्रदर्शन, एक इवेंट बनाने की क्या ज़रूरत है और यह उनके और उनकी पार्टी और सरकार के बारे में क्या बताता है और क्या छिपाता है।

अमेरिका से लौटने के बाद प्रधानमंत्री का स्वागत भाजपा के राष्ट्रीय अध्यक्ष जे.पी. नड्डा और कुछ राज्यस्तरीय कार्यकर्ताओं या पार्टी पदाधिकारियों ने किया। विभिन्न राज्यों की राजकीय पोशाकों में सजे कलाकारों ने उन कार्यकर्ताओं के सामने अपना कला-प्रदर्शन किया, जो उस व्यक्ति का स्वागत करने इकट्ठा हुए थे, जिसने कभी ख़ुद को देश का 'प्रधानसेवक' कहा था। प्रधानमंत्री हवाई अड्डे के बाहर एक मंच पर खड़े रहे और 11 मिनटों तक जे.पी. नड्डा की प्रशंसा-भरी वाणी में सराबोर होते रहे। भीड़ ज़ाहिर तौर पर उदासीन थी, लेकिन कैमरा और प्रेस के चुनिन्दा लोग उदासीन नहीं थे। न ही भाजपा की पीआर और मीडिया इकाई उदासीन थी। भाजपा की प्रेस विज्ञप्ति में कहा गया कि पार्टी अध्यक्ष ने प्रधानमंत्री का 'संयुक्त राष्ट्र महासभा में दिये शानदार भाषण के लिए' धन्यवाद दिया, 'जहाँ उन्होंने दुनिया को रास्ता दिखाया'। श्री नड्डा के विचार से 'यह सच्चे अर्थों में एक सच्चे राजनयिक का सम्बोधन था।' उन्होंने कहा कि हमारे प्रधानमंत्री ने 'वैश्विक महत्त्व के विषयों के बारे में दुनिया को जागरूक' किया। सबसे महत्त्वपूर्ण बात श्री नड्डा ने कही कि प्रधानमंत्री के संयुक्त राष्ट्र महासभा में अभिभाषण ने 'एक महत्त्वपूर्ण वैश्विक मंच पर भारत की वैचारिक श्रेष्ठता' को स्थापित किया। किसी भी राज्याध्यक्ष द्वारा संयुक्त राष्ट्र जाना और उसकी महासभा को सम्बोधित करना यह एक साधारण अन्तरराष्ट्रीय घटना है। उसके बारे में भी जबरन बढ़ा-चढ़ा कर बताना, उसे असामान्य बनाना ज़रूरी माना। इसीलिए, इस तथ्य का भी ज़िक्र नहीं किया गया कि वहाँ कुल मिलाकर 83 देशों के राष्ट्राध्यक्ष थे। जिन्होंने महासभा को सम्बोधित किया। हमारे प्रधानमंत्री भी उनमें से एक थे।

यही काफ़ी नहीं था। 157 पुरातन महत्त्व की वस्तुएँ (एंटीक) जिनकी तस्करी भारतीयों ने ख़ुद की थी, को अमेरिका द्वारा लौटा दिये जाने को भी भाजपा ने 'भारत के खोए गौरव की मोदी सरकार में वापसी' बना दिया।

*

इसके पहले, केन्द्र सरकार और भाजपा की राज्य सरकारों ने बढ़-चढ़कर प्रधानमंत्री के 71वें जन्मदिन का जश्न मनाया। उन्होंने एक होकर श्री नरेन्द्र मोदी को ख़ास उपहार दिया। उस रोज़ कोविड-19 के टीकाकरण ने रिकॉर्ड नम्बर छू लिया : एक ही दिन ढाई करोड़ लोगों को उसी दिन टीके दिये गए। भाजपा के मंत्री, नेता, पदाधिकारी और समर्थकों ने इसे मोदी की यानी मोदी सरकार की यानी भारत की ताक़त के तौर पर दिखाया। यह तथ्य कि रोज़ाना का औसत इस ख़ास दिन से पहले बेहद कम था और उसी निचाई पर दो दिन बाद फिर आ गया, पूरी तरह भुला दिया गया। जिसका महत्त्व रहा, वह उस दिन को 'प्रदर्शनकारी' बनाने का रहा। यह चीज़ सरकार और उसके टीकाकरण कार्यक्रम के बारे में क्या बताती है—अगर ऐसी विशाल संख्या में टीकाकरण एक अकेले दिन किया जा सकता है, तो फिर यह हरेक दिन क्यों नहीं हुआ? क्या पहले से ही धीमे चल रहे टीकाकरण को और भी धीमा इसलिए किया गया ताकि उस ख़ास दिन रिकॉर्ड बनाया जा सके? यह किस ढीलेपन और लापरवाही का सूचक है?

केन्द्रीय स्वास्थ्य मंत्री ने अपने ट्वीट में इस रिकॉर्ड को 'भारत का प्रधानमंत्री नरेन्द्र मोदी को उपहार' बताया। प्रधानमंत्री ख़ुद ही उस काम को असामान्य बताने में जुटे, जो बिलकुल सामान्य होना चाहिए था : असफलता को शानदार सफलता के तौर पर बेचा गया। उन्होंने एक दिन में ढाई करोड़ टीकों को 'वह काम बताया जिसे सबसे ताक़तवर देश भी नहीं कर सके'। हमें आख़िर एक व्यक्ति के जन्मदिन का इन्तज़ार क्यों करना पड़ा—ताकि हम यह उपलब्धि पा सकें—आख़िर वह भी एक सामान्य नागरिक ही हैं। कृपया अगले पृष्ठ पर बने ग्राफ़ को देखें। देखें कि इसमें सरकार के अपने कोविन पोर्टल ने अगस्त और सितम्बर के अन्त के बीच टीकाकरण की संख्या में बढ़ोतरी और कमी दिखाई है।

उस एक दिन टीकाकरण में ज़बर्दस्त उछाल को ध्यान से देखें और उसके ठीक बाद गिर गई संख्या को देखें। उतनी ही ऊँची संख्या हर दिन क्यों नहीं रही? कोई पूछता तो प्रधानमंत्री के पास कोई जवाब न होता। पर बात ये भी है कि प्रधानमंत्री सवाल लेने और जवाब देने में यक़ीन नहीं रखते।

*

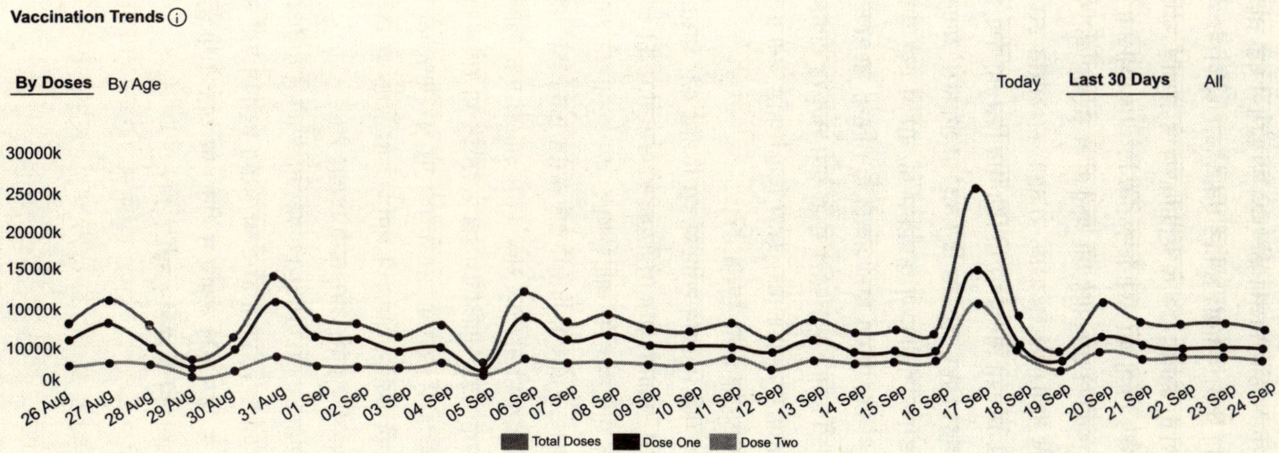

Vaccination Trends
By Doses
By Age
Today
Last 30 Days
All
30000k
25000k
20000k
15000k
10000k
10000k
0k
26 Aug
27 Aug
28 Aug
29 Aug
30 Aug
31 Aug
01 Sep
02 Sep
03 Sep
04 Sep
05 Sep
06 Sep
07 Sep
08 Sep
09 Sep
10 Sep
11 Sep
12 Sep
13 Sep
14 Sep
15 Sep
16 Sep
17 Sep
18 Sep
19 Sep
20 Sep
21 Sep
22 Sep
23 Sep
24 Sep
Total Doses
Dose One
Dose Two

अब भाजपा श्री मोदी के सार्वजनिक जीवन में 20 वर्ष पूरा होने के अवसर पर चल रहे तीन सप्ताह लम्बे 'सेवा और समर्पण अभियान' चला रही है। यह अभियान उनके जन्मदिन पर शुरू हुआ और 7 अक्टूबर तक चलेगा। जन्मदिन समारोह के इस विस्तृत प्रारूप में भाजपा प्रबन्ध कर रही है कि देश के पाँच करोड़ लोग प्रधानमंत्री को पोस्टकार्ड भेजकर उनको उनके अब तक किये अच्छे कामों के लिए धन्यवाद दें।

इसके अलावा भी बहुत कुछ है :

पाँच किलो मुफ़्त राशन योजना के अन्तर्गत सरकार 14 करोड़ राशन के बैग बाँटेगी, जिन पर श्री मोदी की तस्वीर के साथ 'धन्यवाद, मोदी जी' छपा होगा।

जिन लोगों ने वैक्सीन और राशन लिया है, उनको वीडियो बनाकर प्रधानमंत्री को धन्यवाद देने और उसे बड़े स्तर पर साझा करने के लिए प्रोत्साहित किया जाएगा।

श्री मोदी ने राष्ट्राध्यक्ष के नाते जो उपहार पाए हैं, उनकी नीलामी होगी। लोगों को बोली लगाने के लिए इकट्ठा किया जाएगा।

श्री मोदी के जीवन और काम पर पूरे देश में सेमिनार होंगे और 'महत्त्वपूर्ण व्यक्तियों' को उसमें बोलने के लिए आमंत्रित किया जाएगा।

चर्चित लेखक देश की सभी भाषाओं के अख़बारों और पत्रिकाओं में श्री मोदी के जीवन और उपलब्धियों पर आलेख लिखेंगे।

प्रधानमंत्री चूँकि 71 के हुए हैं तो कार्यकर्ता पूरे देश में 71 नदी-स्थल चुनकर उनकी सफ़ाई करेंगे।

रक्तदान शिविर, स्वास्थ्य जाँच और बुज़ुर्गों को भोजन का आयोजन भी एक सप्ताह तक किया जाएगा, जिसका नाम 'सेवा-सप्ताह' रखा गया है।

ये प्रधानमंत्री के जन्मदिन को उत्सव बनाने के लिए की जा रही गतिविधियों में से कुछ की बानगी है।

अख़बारों में ख़बर थी कि भाजपा के महासचिवों में से एक ने 'सेवा और समर्पण' कार्यक्रम तय करने वाली बैठक में कहा कि प्रधानमंत्री की तस्वीर वाला राशन का झोला 'हरेक घर' और 'ख़ासकर महिलाओं' के पास पहुँचना चाहिए, ताकि वे उनको 'ग़रीबों का मसीहा' समझें। इस गतिविधि को देखनेवाली चार सदस्यीय टीम के नेता ने कहा था, 'हमारा लक्ष्य यह दिखाना होगा कि मोदी जी ने समाज के वंचित-शोषित तबक़े को ऊपर उठाने के लिए क्या किया है। हम उनके सेवा और त्याग के मूल्यों पर केन्द्रित रहेंगे।'

नरेन्द्र मोदी का सार्वजनिक जीवन भी असाधारण बनाया और दिखाया जा रहा है। जो काम उन्होंने शुरू किये, वे भाजपा अध्यक्ष श्री नड्डा के मुताबिक़ 'असम्भव समझे जाते थे और उनके किसी पूर्ववर्ती ने उन्हें शुरू करने का साहस' नहीं दिखाया। श्री नड्डा के मुताबिक़ मोदी के कारण ही 'सभी राजनीतिक दल अपनी राह बदलने को मजबूर हुए और देश व जनता के विकास के लिए काम करने लगे।' तो, हम यह मानें कि सभी दल, सभी राजनेता, स्वतंत्रता के बाद से मोदी जी के आने तक कुछ और ही कर रहे थे!

नड्डा जी यहीं नहीं रुके, उन्होंने आगे कहा, 'मोदी जी ने एक सन्त का जीवन जिया है...उनका एकमात्र लक्ष्य और उद्देश्य भारत को विश्वगुरु बनाना है।' केन्द्रीय शिक्षा मंत्री—जो मंत्रिमंडल के पिछले पुनर्गठन में छोड़कर चले गए—ने भी मोदी को एक सन्त और गुरु बताया। तो हमारे पास श्री मोदी के रूप में सन्त, गुरु, विश्वनेता और मसीहा का एक असाधारण युग्म है।

एक वरिष्ठ भाजपा नेता ने यह भी कहा कि मोदी पहले प्रधानमंत्री हैं, जो मुख्यमंत्री भी रहे हैं। अपने सर्वोच्च नेता को असाधारण बताने और प्रशंसा करने के अति-उत्साह में वह एक नहीं, दो नहीं, पाँच ऐसे प्रधानमंत्रियों को भूल गए, जिनके खाते में यह उपलब्धि है, अगर यह कोई उपलब्धि है तो।

यहाँ तक कि बाल नरेन्द्र को भी असाधारण कर दिया गया, लेकिन यह नई बात नहीं है। 2014 में एक कॉमिक-बुक में नरेन्द्र मोदी के बचपन की 17 कहानियाँ एकत्र की गई थीं। ये कहानियाँ हमें उनके साहस, सहानुभूति, समानुभूति, बहादुरी और नायकत्व का परिचय देती हैं। दूसरी बातों के अलावा, वह अपने पिता को चाय की दुकान चलाने में मदद करते हैं, मगरमच्छों से लड़ते हैं, एक डूबते बच्चे को बचाते हैं, स्वामी विवेकानन्द को पढ़ते हैं, 1962 में चीनी सेना से लड़ने जा रहे जवानों को खाना खिलाते हैं, छुआछूत के ख़िलाफ़ एक नाटक लिखते हैं। श्री मोदी बचपन में भी साधारण मानव नहीं थे। कॉमिक्स की प्रस्तावना बताती है : 'ये 17 वास्तविक ज़िन्दगी की कहानियाँ आपको नरेन्द्र मोदी के शुरुआती वर्षों की झलक दिखाती हैं, उस नेता की जिसकी तरफ़ पूरा देश आशा से देख रहा है।' कॉमिक्स में दी गई कहानियों को प्रकाशन की मंजूरी तब मिली जब वह गुजरात के मुख्यमंत्री थे। *इंडियन एक्सप्रेस* के मुताबिक़, बाल नरेन्द्र कॉमिक-बुक के प्रकाशक ने कहा था, '...प्रामाणिकता की मुहर तो मुख्यमंत्री के कार्यालय से ही लगी थी।'

तो क्या यह कोई आश्चर्य की बात है कि देश के सबसे बड़े और दुनिया के सबसे बड़े क्रिकेट स्टेडियमों में से एक का नाम हमारे वर्तमान प्रधानमंत्री, स्वयंभू प्रधानसेवक के नाम पर रखा गया है। यह शायद किसी भारतीय नेता के लिए पहला मौक़ा होगा, जब किसी सार्वजनिक सुविधा का नाम उसकी ज़िन्दगी के दौरान ही उसी के नाम पर रख दिया जाए। कृपया यह भी याद रखें कि फरवरी 2021 में इस स्टेडियम से किसका नाम हटाकर श्री मोदी का नाम रखा गया...वह स्टेडियम सरदार वल्लभभाई पटेल स्टेडियम के नाम से जाना जाता था।

श्री मोदी के पास कई प्रतिभाएँ हैं, जिनमें से हरेक से हमें कई-कई बार परिचित करवाया गया है। वह बच्चों को पढ़ना और परीक्षा देना सिखा सकते हैं। उन्होंने इस विषय पर एक किताब भी लिखी है। वह वयस्कों को तनावमुक्त जीवन जीने के बारे में सलाह देते हैं। वह योग का अभ्यास करते हैं, दूसरों को इसका अभ्यास करने के लिए एक एप के ज़रिये प्रेरित करते हैं और अन्तरराष्ट्रीय योग दिवस पर सामूहिक योग-कार्यक्रम का नेतृत्व करते हैं। वह वन्य-जीवन से प्रेम करते हैं। उनकी दिनचर्या असाधारण है, वह कठिन मुद्दों पर सुबह सबसे पहले सोचते हैं। वह 18 घंटे रोज़ाना काम करते हैं, त्योहार वह मोर्चे पर सेना के जवानों के साथ मनाते हैं। उन्हें थकान नहीं होती है और जेट-लैग से छुटकारा पाने की तरकीब भी जानते हैं। वह 65 घंटों में 20 बैठकें एक के बाद एक कर सकते हैं। ये साधारण बैठकें नहीं हैं—अमेरिकी राष्ट्रपति और उप-राष्ट्रपति, जापानी प्रधानमंत्री के साथ द्विपक्षीय बैठकें हैं, क्वाड नेताओं के साथ बहुपक्षीय बैठक, व्यापार जगत के दिग्गजों के साथ बैठक, कैबिनेट और पार्टी की बैठक, चाहे वह व्यक्तिगत तौर पर उपस्थित हों या फिर वर्चुअली, क्योंकि कोई भी चीज़ उनकी बुद्धिमत्तापूर्ण सलाह के बिना शुरू नहीं होती।

इन सबसे ऊपर, मोदी संयुक्त राष्ट्र महासभा को भी व्याख्यान देते हैं ताकि दुनिया को उसकी महत्त्वपूर्ण समस्याओं के बारे में बता सकें और भारत की वैचारिक श्रेष्ठता स्थापित कर सकें।

वह एक अन्तरराष्ट्रीय शख़्सियत भी हैं जैसा और कोई नहीं है। बड़े देशों के नेताओं के साथ उनकी ऐसी दोस्ती है कि वे उन्हें पहले नाम से बुलाते हैं, बराक, डोनाल्ड, इमैन्युएल, बेन इत्यादि। वह उन्हें गले भी लगाते हैं। शी जिनपिंग उनके ख़ास दोस्त हैं जो दो बार उनसे मिलने भारत आए और वे एक साथ झूले पर बैठे।

उनके अन्तरराष्ट्रीय कारनामे कई दशक पीछे तक जाते हैं—जब वह गुजरात के एक युवा थे। तब उन्होंने बांग्लादेश की आज़ादी के लिए काम किया था।

भाजपा के पोर्टल पर मोदी मर्कैन्डाइज का एक अलग खंड है। इसमें मग, कोविड मास्क, रिस्ट बैंड, पेन, नोटबुक, बैज, स्टिकर, चुंबक, टोपी, टी-शर्ट वग़ैरह मौजूद हैं। सभी 'नमो' ब्रैंड के। ऐसे मुखौटे भी हैं, जिनको पहनकर आप मोदी लगेंगे।

लेकिन यह काम श्री मोदी की पार्टी ही नहीं कर रही। सरकार भी दिन-रात लगकर मोदी सम्प्रदाय को विकसित करने में लगी है। उनकी तस्वीर हर पेट्रोल पम्प पर लगी है। नागरिकों को वे अपने कोविड टीकाकरण वाले सर्टिफिकेट पर दिखते हैं। केन्द्र सरकार के पोर्टल, मंत्रालयों व विभागों के विज्ञापन और भाजपा शासित प्रदेशों में उनकी तस्वीरें सब ओर दिखती हैं। ख़ास तौर पर बनाए गए एप्स भी हैं।

सोच-समझकर किसी व्यक्ति को 'कल्ट' बनाना इतिहास में अकेली घटना नहीं है। कई नेता यह पहले कर चुके हैं। लैटिन अमेरिका में युआन पेरो और गेटुलियो वरगास रहे हैं। यूरोप ने फ्रांको, हिटलर, मुसोलिनी और स्टालिन को देखा है। अफ्रीका ने क्रूमाह, मुगाबे को देखा है। एशिया के पास सुकार्णो और माओ हैं। मैंने उनकी लम्बी सूची से केवल कुछ उदाहरण दिये हैं। लेकिन, इनमें हरेक में दो चीज़ें एक जैसी हैं : ये सभी तानाशाह, मनमर्जी चलानेवाले और निरंकुश थे और इनमें से किसी ने अपने राजनीतिक जीवन के बाद आदर नहीं पाया, यानी लगभग सम्पूर्ण सत्ता से ख़ारिज होने के बाद अपने जीवन में भी आदरणीय नहीं रहे। इतिहास ने उन्हें नहीं बख़्शा, चाहे जो भी सुर्खियाँ और चापलूसी उनके इर्द-गिर्द गढ़ी गई। भारत में, एक कम आक्रामक, लेकिन ठीक से छिप न सकनेवाला प्रयास इंदिरा गांधी ने किया, जिसने उनके शानदार करियर पर एक अमिट धब्बा लगाया।

व्यक्तित्व के इर्द-गिर्द 'कल्ट' गढ़ना तानाशाहों और निरंकुशों का काम होता है। ऐसा कोई उद्यम—ऐसा कोई नेता, दल, सरकार—भारत जैसे देश के लिए ठीक नहीं है, अगर वह 'सभी प्रजातंत्रों की माँ' है। दुनिया के सबसे शानदार नेताओं को कभी जीवन से बड़ा दिखने की ज़रूरत नहीं पड़ी। उनके व्यक्तिगत को 'असामान्यीकृत' बनाने या नीतिगत मसलों को 'प्रदर्शनकारी' बनाने की ज़रूरत नहीं पड़ी। उन्होंने प्रशासन में शानदार नतीजे पाए और कई बार सत्ता में वापसी की—बिना 24×7 वाले

पीआर अभियान और शानदार आयोजनों के प्रदर्शन के। जर्मनी की एंजेला मेर्केल इसका जीवन्त उदाहरण हैं। अपने पर भरोसा रखने वाले और हासिल करनेवाले, कुछ हासिल करनेवाले नेता और उनके दल उनको अतिमानव और असाधारण नहीं दिखाते। वे प्रदर्शन सूचकांकों पर ध्यान नहीं देते, नैरेटिव चलाने का खेल नहीं खेलते और रोज़मर्रा के प्रशासनिक काम को आयोजनों में नहीं बदलते। ऐसा केवल वे करते हैं जिनके पास आत्मविश्वास नहीं होता, जो ख़ुद को अपर्याप्त मानते हैं और जिन्हें अपनी असफलताओं को छिपाना होता है।

'ईगोक्रैसी', डिजिटल स्वतंत्रता और डेटा की निजता

[जून 2021 में लिखे गए इस आलेख को एक छोटे पश्चलेख से अद्यतन किया गया है।]

हमारे प्रधानमंत्री ने 2021 के जून माह में जी7 शिखर सम्मेलन के एक विस्तृत सत्र को मुख्य वक्ता के तौर पर सम्बोधित किया। इसके बाद भारत ने 'जी7 व अतिथि देश : 2021 खुले समाजों का बयान' पर हस्ताक्षर किये। इस बयान ने 'मानवाधिकार, ऑनलाइन व ऑफ़लाइन', 'वाक्-स्वातंत्र्य, ऑनलाइन व ऑफ़लाइन' के लिए हस्ताक्षरकर्ताओं की प्रतिबद्धता की घोषणा की। बयान में यह भी कहा गया कि स्वतंत्रता और प्रजातंत्र को बाक़ी चीज़ों के साथ ही बढ़ती तानाशाही, सूचनाओं के भ्रमजाल, ग़लत सूचना फैलाने, ऑनलाइन हार्म व साइबर-हमलों और राजनीतिक तौर पर प्रेरित इंटरनेट-शटडाउन (नेटबन्दी) से भी ख़तरा है। मोदी की टीम ने भारत का प्रतिनिधित्व करते हुए इस पर हस्ताक्षर किये।

जब जादूगर आपको कुछ दिखाते हैं, तो निश्चिन्त रहें ये एक भ्रम होता है। असली काम तो कहीं और हो रहा होता है, उस जगमगाते मंच से दूर। हमें सरकार और सरकार जिनको 'महत्त्वपूर्ण डिजिटल इंटरमिडियरी' कहती है—जैसे फेसबुक और ट्विटर—के बीच की लड़ाई दिखाई जा रही है, लेकिन वास्तविक लड़ाई वहाँ नहीं है। यह सरकार बनाम महत्त्वपूर्ण इंटरमिडियरी यानी सोशल मंचों के बीच की लड़ाई नहीं है। यह दरअसल, हमारे यानी जनता के और सरकार के बीच की लड़ाई है। हमारे और तकनीकी प्लेटफ़ॉर्मों के बीच की लड़ाई है। यह लड़ाई हमारे अभिव्यक्ति-स्वातंत्र्य की है। लड़ाई निजता और व्यक्तिगत डाटा के मालिकाने के लिए है।

जगमगाते हुए अन्तरराष्ट्रीय मंच पर जो भी कहा गया हो नरेन्द्र मोदी की सरकार घर में डिजिटल माध्यमों पर अपनी पकड़ मज़बूत बना रही है, जो माध्यम अब लगभग एकमात्र मंच हैं जहाँ आप स्वाधीनता से अपनी बात रख सकते हैं, विरोध कर सकते हैं। सरकार को हमारे डाटा की निजता और सुरक्षा के लिए विशालकाय तकनीकी कम्पनियों से लड़ने में भी कोई रुचि नहीं है।

यहाँ तीन मसले हैं। पहला, सरकार की डिजिटल मंचों पर हमारी अभिव्यक्ति की स्वतंत्रता को दबोचने की कोशिश, दूसरा, तकनीकी कम्पनियों द्वारा बेरोक-टोक हमारी अनुमति के बिना हमारे निजी डाटा को इकट्ठा करना और तीसरा, सरकार और तकनीकी कम्पनियों के हाथों में हमारे आँकड़ों यानी डाटा की सुरक्षा। एक के बाद एक तीनों की समीक्षा करते हैं।

2020 में पूरी दुनिया में 155 बार इंटरनेट पर पाबन्दी लगी, इनमें से 109 बार यह भारत में हुआ। यानी, दुनिया-भर में हुए शटडाउन का 70 प्रतिशत भारत में हुआ। हम उन 29 देशों की सूची में शीर्ष पर थे, जिन्होंने किसी वजह से इंटरनेट को बन्द किया। हम 2019 में भी 121 बार इंटरनेट बन्द करके दुनिया में अव्वल रहे थे। 'एक्सेस नाउ' नामक एक वैश्विक संस्था जो इंटरनेट-बन्दी का हिसाब-किताब रखती है, ने कहा, 'भारत ने अगस्त 2019 में जम्मू और कश्मीर में एक स्थायी दंडात्मक शटडाउन शुरू किया था! वहाँ के निवासियों ने पहले भी लगातार समय-समय पर इंटरनेट की बन्दी को अनुभव किया है और 2020 में वे भरोसेमन्द, सुरक्षित, खुले और पहुँच वाले इंटरनेट से लगभग स्थायी तौर पर वंचित रखे गए।'

2021 की मार्च में (जब यह आलेख लिखा गया) हमने 11 शटडाउन देख लिए थे। 2014 से यह लगातार बढ़ता ही जा रहा है। उस साल 6 बार इंटरनेट शटडाउन हुआ, 2015 में यह 14 बार हुआ। 2016 में 31 बार, 2017 में 79 बार, 2018 में 134 बार और 2019 में 121 बार इंटरनेट बन्द किया गया।

एक तरफ़ तो डाटा प्राइवेसी बिल कहीं पड़ा हुआ है, दूसरी तरफ़ मोदी सरकार इन्फॉरमेशन टेक्नोलॉजी (इंटरमिडियरी गाइडलाइंस एंड डिजिटल मीडिया एथिक्स कोड) रूल्स, 2021 ले आई। इसको हिन्दी में सूचना प्रौद्योगिकी (मध्यवर्ती दिशानिर्देश और डिजिटल मीडिया आचारसंहिता) नियम, 2021 या फिर संक्षेप में आईटी क़ानून 2021 कहेंगे। ये नियम सरकार को डिजिटल मंचों पर बहुत ज़्यादा और बेरोक-टोक शक्तियाँ देते हैं। सरकार कहती है कि केवल 'आपत्तिजनक'

पोस्ट ही 36 घंटे के अन्दर हटाए जाएँगे, वैसे पोस्ट जो भारत की सम्प्रभुता और अखंडता, राज्यों की सुरक्षा, सार्वजनिक व्यवस्था, विदेशों से सम्बन्ध, सेक्सुअल (लैंगिक) हिंसा और लैंगिक तौर पर अश्लील सामग्री को बढ़ावा देंगे। लेकिन, कौन-सी पोस्ट इन श्रेणियों में—ख़ासकर सार्वजनिक व्यवस्था, राज्यों की सुरक्षा और 'भारत की अखंडता'—के तहत आती है, इसका फ़ैसला करने का अधिकार सरकार ने अपने पास रखा है।

एक अन्तर-मंत्रिपरिषदीय समिति ही अपील के लिए अन्तिम जगह है। इसमें सदस्यों के रूप में महिला एवं बाल कल्याण मंत्रालय, विधि एवं न्याय, गृह मंत्रालय, प्रतिरक्षा, इलेक्ट्रॉनिक्स एवं सूचना प्रौद्योगिकी मंत्रालय के साथ आईसीईआर (इंडियन कम्प्यूटर इमरजेंसी रिस्पांस) के प्रतिनिधि होंगे। यह सीधा मामला है, जिसमें सरकार ही अभियोजक भी होगी और न्यायाधीश भी। आईटी नियम 2021 सूचना एवं प्रसारण सचिव को असाधारण ताक़त देते हैं। सचिव पोर्टल्स से बिना किसी नोटिस के चीज़ें हटा सकते हैं। उसके लिए किसी कारण या तर्क की दरकार नहीं है। डिजिटल मंचों को या तो न्यायालय के आदेश या—और यह बहुत महत्त्वपूर्ण नुक़्ता है—एक 'प्रमाणित अधिकारी' की ज़रूरत पड़ेगी। एक मध्यवर्ती मंच जैसे ट्विटर, फेसबुक, व्हाट्सएप और टेलीग्राम को उस पोस्ट को 180 दिनों तक रखना पड़ेगा, भले ही उपयोगकर्ता वह मंच छोड़ चुका हो। सन्देश लिखनेवाले मूल व्यक्ति को उस मध्यवर्ती मंच की मार्फ़त ही खोजा जाएगा।

सरकार ने संसद को मार्च 2021 में बताया कि 9,846 यूआरएल/अकाउंट/वेब पेज को 2020 में ब्लॉक किया गया। यह संख्या 2019 में 3,603 थी। सरकार ने 2018 में 2,799 और 2017 में 1,385 पते ब्लॉक किये थे। इनमें से 1,717 आदेश फेसबुक और 2,731 ट्विटर को भेजे गए थे। यह सब कुछ 2021 के नियमों के बिना ही हुआ था, कल्पना कीजिए कि इस अस्त्र से लैस सरकार अब क्या कुछ कर सकती है!

अप्रैल 2021 में, जब नियम लागू हुए, सरकार ने ट्विटर, फेसबुक और इंस्टाग्राम को आपातकालीन आदेश देते हुए 100 'इन्फ्लेमेटरी' या भड़काऊ पोस्ट और अकाउंट ब्लॉक करने को कहा, जो कोविड-19 से सम्बन्धित थे।

अब आइए जरा इसकी समीक्षा करें कि हमारी सरकार डाटा प्राइवेसी के लिए क्या कर रही है। सरकार द्वारा नियुक्त जस्टिस बी. एन. श्रीकृष्ण की अध्यक्षता वाली

समिति ने 2018 की जुलाई में अपनी रिपोर्ट दी थी। इस रिपोर्ट में एक विधेयक का प्रारूप भी था, जिसे पर्सनल डाटा प्रोटेक्शन बिल (निजी आँकड़ों की सुरक्षा सम्बन्धी विधेयक) का नाम दिया था। सरकार ने वादा किया था कि 2019 के जून में वह इस विधेयक को संसद में पेश करेगी, लेकिन केन्द्रीय कैबिनेट ने विधेयक को प्रस्तावित सुधारों के साथ 4 दिसम्बर, 2019 को पारित किया। उसके बाद 11 दिसम्बर को विधेयक संसद में पेश हुआ और तुरन्त ही एक स्थायी समिति (स्टैंडिंग कमिटी) को भेज दिया गया। समिति को 2020 के बजट सत्र के आख़िरी दिन तक विधेयक का अध्ययन कर अपनी रिपोर्ट देनी थी। समय-सीमा मानसून सत्र के दूसरे हफ़्ते तक बढ़ाई गई। इसके बाद शीतकालीन सत्र के दूसरे सप्ताह तक बढ़ाई गई। इसके बाद इसकी समय-सीमा फिर 2021 के बजट सत्र के दूसरे हिस्से तक बढ़ाई गई। 2021 की जून तक (जब यह आलेख लिखा गया) यह विधेयक स्थायी समिति के पास ही पड़ा हुआ है। ज़ाहिर है, सरकार को हमारे निजी डाटा की सुरक्षा के लिए क़ानून लाने की कोई जल्दी नहीं है।

हमें यह भी देखना चाहिए—और यह महत्त्वपूर्ण है—कि सरकार का ड्राफ़्ट बिल श्रीकृष्ण समिति द्वारा जमा किये गए ड्राफ़्ट से काफ़ी अलग है। चिन्ता का कारण सेक्शन 35 है। यह सरकार को डाटा इकट्ठा करने की छूट यह कहते हुए देता है कि जब 'भारत की सम्प्रभुता और अखंडता, राष्ट्रीय सुरक्षा, विदेशी राष्ट्रों के साथ मित्रवत सम्बन्ध और सार्वजनिक व्यवस्था के हित में' इसे 'ज़रूरी और अनिवार्य' माना जाए तो डाटा इकट्ठा करने के नियमों और रिपोर्टिंग आवश्यकताओं में छूट दी जा सकती है। यहाँ तक कि भाषा भी बदल दी गई है। उदाहरण के लिए, समिति के प्रारूप में उपयोग किये गए 'आवश्यक और आनुपातिक' की जगह सरकारी ड्राफ़्ट में 'आवश्यक और अनिवार्य' कर दिया गया है। जस्टिस श्रीकृष्ण ने कहा कि सरकार का ड्राफ़्ट 'ख़तरनाक' है जो भारत को 'ऑरवेलियन राज्य' (जहाँ बिग ब्रदर यानी सरकार सब देखती और जानती है) में बदल सकता है। यह चिन्ता बहुत वास्तविक है और इसे कई कार्यकर्ता, पक्षपोषण समूह (एडवोकेसी ग्रुप) और दूसरे सूचना-सम्पन्न नागरिक भी व्यक्त कर चुके हैं।

आइए अब हम अपना ध्यान तकनीकी कम्पनियों की तरफ़ ले जाएँ। आज, तकनीकी कम्पनियाँ हमारे बारे में हमसे भी ज़्यादा जानती हैं। यह कोई अतिशयोक्ति नहीं है, अग्रणी एलगॉरिद्म के ज़रिये हमारी हरेक गतिविधि को देखा-सुना जाता

है और अति-विकसित मनोवैज्ञानिक औज़ारों को हमारे व्यक्तित्व के विश्लेषण के लिए इस्तेमाल किया जाता है। तकनीक-विशारद हमारी पसन्द-नापसन्द को जानते हैं, ख़रीदने, खाने, राजनीति, हमारे सेक्सुअल रुझान, हमारे भुगतान के इतिहास, मेल के इतिहास, कॉल करने के प्रारूप, इंटरनेट खँगालने के इतिहास, हमारी भौतिक गतिविधि, हमारे स्वास्थ्य, हमारे सोने के प्रारूप, हमारी शारीरिक और मानसिक कमज़ोरियाँ...यानी संक्षेप में वह सबकुछ जो हम अपने जीवन में करते हैं, इन कम्पनियों तक पहुँचता है। ब्राउजर, एप, सोशल मीडिया प्लेटफ़ॉर्म, इंस्टैंट मैसेजिंग सर्विस और जो उपकरण हम इस्तेमाल करते हैं, जैसे फ़ोन या टैबलेट, लगातार हमें ट्रैक करते हैं और हमारा ढेरों डाटा अपने सर्वर तक पहुँचाते हैं।

यह वो डाटा निकास है जिसे तकनीकी कम्पनियाँ 'भविष्यवाणी उत्पाद' बनाने में इस्तेमाल करती है। उसे विज्ञापन बनानेवालों को बेचा जाता है, ताकि वे हमें शिकार करने के लिए अपने विज्ञापनों को बेहतर ढंग से बना है। बिना जाने हुए हम ट्रैक होने की अनुमति देते हैं—जब भी हम कोई एप डाउनलोड करते हैं और जैसे ही कम्पनी अपनी शर्तों से सम्बन्धित नोटिफिकेशन हमें भेजती है, हम 'आई एग्री' यानी 'मैं सहमत हूँ' का बटन दबा देते हैं। मुझे लगता है कि शायद ही हममें से कोई उतने लम्बे डॉक्यूमेंट को पढ़ता है। हम वेब पेज पर कुकीज की अनुमति देते हैं, जब ये कम्पनियाँ यह कहते हुए हमारी सहमति माँगती हैं कि वे अपनी सेवाओं को बेहतर करने के लिए और हमारा अनुभव समृद्ध करने के लिए डाटा चाहती हैं। लेकिन यह एक जाल है।

ऐसा लगता है कि इन तकनीकी कम्पनियों और सरकार के बीच मुख्य संघर्ष लोगों और समूहों के आँकड़ों के स्वामित्व को लेकर है। सरकार इस डाटा को अपने पास रखना चाहती है। वह चाहती है कि कम्पनियाँ उससे डाटा साझा करें या फिर कम से कम उस तक उनकी पहुँच हो। तकनीकी कम्पनियाँ ज़ाहिर तौर पर उस डाटा को बचाना चाहती हैं, क्योंकि यही उनकी सच्ची दौलत है। वे इसका इस्तेमाल अपने राजस्व को बढ़ाने, मुनाफ़ा कमाने में करती हैं। सरकारें इस डाटा को निगरानी (सर्विलांस) के लिए चाहती हैं। दोनों ही डाटा चाहते हैं ताकि जनसंख्या को नियंत्रित और अपने हिसाब से निर्देशित कर सकें और ख़ुद को अधिक ताक़तवर बना सकें। जब कम्पनियाँ डाटा साझा करने से इनकार करती हैं तो केवल इसलिए कि उन्हें अपने ग्राहकों का विश्वास खो देने का ख़तरा है। लेकिन, वे इस विशुद्ध

व्यावसायिक, स्वहित साधक नीति को किसी पवित्र उद्देश्य की तरह पेश करती हैं—कि वे हमारे अभिव्यक्ति-स्वातंत्र्य की रक्षा कर रही हैं। उनकी असहमति हमारे लिए है, ऐसा वे कहते हैं। सरकारें भी दावा करती हैं कि वे हमारे हितों के लिए काम कर रही हैं, जब वे इन कम्पनियों को राष्ट्रीय सुरक्षा, सार्वजनिक व्यवस्था, राष्ट्रीय गौरव, क़ानून के प्रति ज़िम्मेदारी इत्यादि का हवाला देकर डाटा साझा करने को कहती हैं। तकनीकी कम्पनियाँ चाहती हैं कि हम मान लें कि वे सरकारों से हमारे लिए लड़ रही हैं और सरकारें हमें कहती हैं कि वे तकनीकी राक्षसों से हमारी सुरक्षा और ज़िन्दगी के लिए लड़ती हैं। दरअसल, दोनों के ही इरादे नेक नहीं हैं।

वर्तमान भारतीय सरकार राष्ट्रीय सुरक्षा और नागरिकों के अधिकार के नाम पर शैतान तकनीकी कम्पनियों से लड़ने का बहुत शोर मचाती है। अगर ऐसा सचमुच होता, तो सरकार डाटा प्रोटेक्शन के विधेयक पर ध्यान देती जो संसदीय स्थायी समिति के कोल्ड स्टोरेज में पड़ा हुआ है। यह उन सभी चिन्ताओं और उद्वेगों पर विचार करती जो इंटरनेट एक्टिविस्ट ज़ाहिर कर चुके हैं। टेक प्लेटफ़ॉर्म जिस तरह डाटा की चोरी में लिप्त हैं, व्यक्तिगत डाटा को बेनामी सम्पत्ति की तरह बेच रहे हैं, हमारी ऑफ़लाइन बात को भी एप सुन रहे हैं, हमारे निजी मेल में से कुछ की-वर्ड्स को लेकर हमारे मेलबॉक्स में लक्षित विज्ञापन भेज रहे हैं, ये सब कुछ हमारी सरकार की चिन्ता में शामिल होना चाहिए। सर्च इंजन के विशालकाय महारथी वे जंगली घोड़े हैं, जिन पर सरकार को काबू पाना चाहिए, न कि अपने ही नागरिकों पर।

सरकार को अधिक मज़बूत साइबर सुरक्षा को व्यवहार में लाना चाहिए और उस डाटाबेस को हैक होने से बचाना चाहिए, जिससे हमारी व्यक्तिगत जानकारी मिल सके। इसके बदले, सरकार का प्रथम उद्देश्य यह लगता है कि पहले तो वे हमारा डाटा उन प्लेटफ़ॉर्म्स से लें और फिर हमारा कंटेंट उतार लें। यह न केवल अपनी आलोचना वाले पोस्ट को उतारना चाहती है, बल्कि उसके मूल लेखक की पहचान भी चाहती है। आख़िर मूल पोस्टकर्ता की पहचान क्यों ज़रूरी है अगर सरकार उन्हें यानी अपने आलोचकों और राजनीतिक-वैचारिक विरोधियों को डराना, धमकाना, दंड देना और मुक़दमा चलाना नहीं चाहती है? इसीलिए, यह समझना मुश्किल नहीं है कि सरकार ने संसद या नागरिक समाज में बिना किसी बहस के ही इंटरनेट क़ानून 2021 को क्यों अधिसूचित कर दिया।

इंटरनेट पर डाटा का एक फलता-फूलता कालाबाज़ार है। हमारा डाटा जो

तकनीकी कम्पनियों, सेवा प्रदाताओं और सरकारी एजेंसियों के पास है, वह लगातार हैक होता और बिकता है—बशर्ते क़ीमत अच्छी मिले। मैं आपको कुछ उदाहरण दूँगा जो बताएँगे कि हमारा डाटा सरकार और व्यापारिक निगमों के पास भी कितना असुरक्षित है।

2021 में एयर इंडिया के 45 लाख ग्राहकों के डाटा रिकॉर्ड के साथ छेड़खानी हुई। 2019 में कई भारतीय बैंकों के लगभग 13 लाख क्रेडिट कार्ड धारकों के डाटा डार्क वेब पर बिक्री के लिए साइबरक्राइम की साइट 'जोकर्स स्टैश' पर डाले गए। 2019 की जनवरी में पाया गया कि भारतीय स्टेट बैंक के मुम्बई सर्वर की हैकिंग हुई है और कई हज़ार ग्राहकों के विवरण लीक हुए हैं। 2018 में आधार डाटा के भारी संख्या में लीक होने की ख़बर से भारत हिल गया था—हालाँकि यूआईडीआई ने इसे नकार दिया लेकिन एक निश्चित क़ीमत पर गुमनाम विक्रेता इस डाटाबेस को उपलब्ध करा रहे थे। 2019 के सितम्बर में कुडानकुलम परमाणु ऊर्जा संयंत्र का आईटी नेटवर्क हैक कर लिया गया। अधिकारियों ने दावा किया कि मालवेयर की पहुँच प्लांट सिस्टम तक नहीं हो पाई, लेकिन इसने प्रशासकीय नेटवर्क तक पहुँच बना ली थी। 2021 की मई में डोमिनोज के लगभग 18 करोड़ भारतीय ग्राहकों का डाटा भी हैक हुआ। 2020 में बेंगलुरु स्थित ऑनलाइन लर्निंग प्लेटफ़ॉर्म अनअकेडमी के 1 करोड़ यूजर अकाउंट्स के साथ छेड़खानी हुई और वह डाटा डार्क वेब पर बिक्री के लिए रखा गया। इन सभी मामलों में ईमेल आईडी, नाम, पता और फ़ोन नम्बर भी बताए गए। यह बस एक छोटा-सा उदाहरण है।

अब जरा तीनों मसलों पर एक साथ बात करें। हमारा डाटा सरकारी एजेंसियों और निजी मालिकों दोनों के ही पास सुरक्षित नहीं है। सरकार हमारे डाटा की निजता को बचाने में रुचि नहीं रखती है और लगातार इंटरनेट और डिजिटल मंचों पर अपनी पकड़ बढ़ा रही है, हमारे वाक्-स्वातंत्र्य को बाधित कर रही है। यह न केवल उन लोगों पर राजद्रोह का आरोप लगाने से नहीं हिचकती जो इसकी नीतियों के आलोचक हैं, बल्कि इसकी विचारधारा, इसकी सरकार और इसके सर्वोच्च नेता को भी अब देश के बराबर तौला जाने लगा है।

मुख्य प्रिंट और विजुअल मीडिया अब कम या अधिक, लेकिन सरकारी नियंत्रण में हैं। बहुत कम ही प्रकाशन सरकार से इन दिनों कोई सवाल पूछते हैं। वे या तो सावधान हैं, जोख़िम से कतराते हैं या फिर दबाव में आ गए हैं। कुछ ने तो समझौता

(फॉस्टियन बारगेन) कर लिया है। कुछ मौजूदा सत्ता के झंडाबरदार बन गए हैं। वे सरकार की सहायता करते हैं ताकि हम बिखरते सामाजिक ताने-बाने, आर्थिक तबाही, कोविड की त्रासदी, वैक्सीन की मारामारी इत्यादि के प्रति सुन्न हो जाएँ।

ये डिजिटल मंच ही हैं जो मैदान को सँभाले हुए हैं और सरकारी हमले का जवाब दे रहे हैं। आपके और मेरे जैसे सामान्य लोगों की आवाज़ के लिए अब भी यहाँ जगह है। इन मंचों का इस्तेमाल करने के लिए बड़ी पूँजी की ज़रूरत नहीं और इसीलिए यह सरकारी प्रोत्साहन की मुहताज नहीं, न ही दबाव से झुकनेवाली है। न ही ये बड़े व्यापारियों के विज्ञापन पर निर्भर हैं। डिजिटल प्लेटफ़ॉर्म ही वाक्-स्वातंत्र्य की आख़िरी आशा हैं। इसलिए डिजिटल मीडिया ही है जो वर्तमान सरकार को परेशान करता है। इसलिए, अब लड़ाई का मैदान डिजिटल परिधि में है। आज हम सरकार का बड़ी तकनीकी कम्पनियों पर दबाव बढ़ता देखते हैं, उस कंटेंट को रोकने या वापस लेने के लिए जो उसको असुविधा में डाले। लेकिन, याद रखिए कि सरकार का हमला यहीं नहीं रुकेगा। जल्द ही तकनीकी कम्पनियों पर दबाव आएगा कि वे हमारा डाटा उनको दें, ताकि सरकारी एजेंसियाँ इसका उपयोग निगरानी, राजनीतिक सन्देशों, मनोवैज्ञानिक बहकावे और हमारे राजनीतिक व्यवहार को बदलने में कर सकें। संकेत बिला शक वही हैं। ऐसा लगता है कि हमारा नेतृत्व शी जिनपिंग के टेंपलेट से प्रभावित है।

*

पश्चलेख, फ़रवरी 2022

जनवरी 2022 में, इलेक्ट्रॉनिक्स और आईटी मंत्रालय ने आईटी क़ानून 2021 के लिए एक प्रारूप संशोधन की घोषणा की। उस ड्राफ़्ट के मुताबिक़ कोई भी ख़बर अगर सरकारी पीआईबी (प्रेस इन्फॉरमेशन ब्यूरो) की फैक्ट-चेकिंग इकाई द्वारा 'फ़ेक' मानी गई, तो उसे सभी प्लेटफ़ॉर्म्स, यहाँ तक कि सोशल मीडिया प्लेटफ़ॉर्म्स से भी वापस लेना होगा। प्रारूप में तो यह भी कहा गया है कि कोई भी विषयवस्तु अगर 'सरकार द्वारा अधिकृत किसी फ़ैक्ट-चेकिंग एजेंसी द्वारा' भ्रामक या 'केन्द्र के किसी कार्य के सम्बन्ध में' ग़लत पाई गई, तो उसे भी हटाना होगा।

इसका मतलब समझने के लिए प्रस्तावित सुधारों पर एडिटर्स गिल्ड ऑफ़ इंडिया का यह बयान पढ़ लीजिए :

पहली बात तो यह कि, फ़ेक न्यूज़ का निर्णय केवल सरकार के हाथों में नहीं दिया जा सकता। यह प्रेस की सेंसरशिप में बदल जाएगा। अभी भी कई तरह के क़ानून मौजूद हैं, जिनका सम्बन्ध तथ्यात्मक तौर पर ग़लत विषयवस्तु से है। यह नई प्रक्रिया फ्री प्रेस का मुँह बन्द करने के लिए पीआईबी या 'फिर सरकार द्वारा अधिकृत किसी भी दूसरी एजेंसी को असीमित अधिकार देगी' और ऑनलाइन इंटरमीडिएरीज को विवश करेगी कि सरकार जिसको समस्याप्रद माने, उस विषयवस्तु को हटा दो...

दूजे, "केन्द्र सरकार के किसी भी कार्य के सन्दर्भ में"—ये शब्द सरकार को यह फ़ैसला करने का असीमित अधिकार देते हैं कि उसके अपने काम के सन्दर्भ में क्या फ़ेक है और क्या नहीं है, यह सरकार की वैधानिक आलोचना को भी रोकेगा और प्रेस की आज़ादी के सन्दर्भ में भी बाधक है। यह सरकार की ज़िम्मेदारी तय करने में भी प्रेस के लिए बाधक होगा, जिसकी प्रजातंत्र में व्यापक भूमिका है।

नये भारत में आपका स्वागत है! कृपया प्रजातांत्रिक नागरिकता और मूलभूत अधिकारों से सम्बन्धित सभी विचारों को दरवाज़े पर छोड़कर ही अन्दर प्रवेश करें!

सुभाष बोस और नये भारत के विरासत-छापामार

[यह फ़रवरी 2022 में लिखे गए आलेख का थोड़ा अद्यतन प्रारूप है।]

नये भारत के नेता सफल विरासत-छापामार हैं। सरदार पटेल को समाहित करने की मुहिम लगभग पूरी हो गई है। उनका नया छापा सुभाषचन्द्र बोस की विरासत को समाहित करने के लिए है। यह दुर्भाग्यपूर्ण है कि वे बिना किसी सबल प्रतिरोध के यह कर पा रहे हैं। जो बात परेशान करनेवाली है वह ये कि विरासत की ये छापेमारी देश को अर्पित की जाती है। उनको इस तरह पेश किया जाता है कि ऐतिहासिक व्यक्तित्वों के साथ जान-बूझकर 'पुराने भारत' में जो ग़लत हुआ, उसे ठीक किया जा रहा है और यह काम नरेन्द्र मोदी और उनकी टीम 'नये' भारत में कर रही है।

किसी ऐतिहासिक ग़लती को ठीक करने की कोशिश किसे बुरी लगेगी, लेकिन इस वर्तमान विरासत-छापेमारी के आख्यान में जो अनबोला, लेकिन ज़ोर देकर संकेतों में बताया जानेवाला उप-पाठ है वह यह है कि वे दरअसल क्षुद्र बुद्धि वाले जवाहरलाल नेहरू थे—भारत के पहले प्रधानमंत्री—जिन्होंने सुनिश्चित किया कि कुछ व्यक्तित्वों को उनका समुचित सम्मान न मिले। यह आख्यान स्पष्ट करता है कि ये प्रयास दरअसल उस कुरूप परियोजना का हिस्सा हैं, जो नेहरू के उस क़द को छोटा करना या मिटाना चाहती है, जो हमारे देश के स्वाधीनता-आन्दोलन के अग्रणी सिपाही और आधुनिक भारत के प्राथमिक निर्माता के तौर पर उन्हें प्राप्त है। इस आलेख में मैं नये भारत के नेतृत्व के इन स्याह प्रयासों पर अपनी राय रखूँगा।

23 जनवरी, 2022 को नेताजी सुभाषचन्द्र बोस के 125वें जन्मदिन पर प्रधानमंत्री नरेन्द्र मोदी ने बटन दबाकर दिल्ली के इंडिया गेट के पास नेताजी के होलोग्राम स्टैच्यू का अनावरण किया। जल्द ही, ग्रेनाइट की एक मूर्ति वहाँ लगा दी जाएगी। इस मौक़े

पर प्रधानमंत्री जो कुछ बोले वह हमें नये भारत की विरासत-छापामार-परियोजना को समझने का मौक़ा देता है, जो पुराने भारत की ग़लतियों को ठीक करने के पैकेट में लिपटा हुआ है। मैं आपको प्रधानमंत्री के भाषण की कुछ बातें बताता हूँ :

'यह दुर्भाग्यपूर्ण है कि आज़ादी के बाद कई महान व्यक्तित्वों के योगदान और देश की संस्कृति व विरासत को मिटाने के प्रयास किये गए। स्वाधीनता के संग्राम में लाखों लोगों की तपस्या शामिल थी, लेकिन उनके इतिहास को सीमित करने की कोशिश हुई। लेकिन आज, दशकों की आज़ादी के बाद देश की उन ग़लतियों को सुधारा जा रहा है।'

गृहमंत्री अमित शाह ने भी ऐसे ही आरोप दोहराए। उन्होंने जो कहा, उस पर भी ग़ौर कीजिए :

'भारत की आज़ादी के लिए लड़नेवाले कई ऐसे व्यक्तित्वों को शून्य में धकेलने का प्रयास किया गया।'

यहाँ प्रधानमंत्री और उनके विश्वस्त सहयोगी के दो प्रयास दिखते हैं। पहला, नेताजी बोस के कन्धे पर बन्दूक़ रखकर नेहरू पर निशाना लगाना, और दूसरा, बोस को समाहित कर उन्हें भाजपा के आईकन के तौर पर दिखाना। दोनों ही प्रयास हमारे स्वाधीनता संग्राम और बोस की विचारधारा के बारे में नये भारत के नेतृत्व के अज्ञान या जान-बूझकर किये गए घालमेल को दिखाते हैं। साथ ही यह बोस और महात्मा गांधी के बीच के असहज और कई बार विरोधी सम्बन्धों को बोस और नेहरू के बीच की लड़ाई के तौर पर पेश करने का विषैला प्रयास भी है। तथ्य तो यह है कि बोस और नेहरू के बीच हमारे स्वाधीनता-संग्राम के नेतृत्वकर्ता के तौर पर गांधीजी को लेकर शायद ही कोई मतभेद था। गांधीजी और बोस के बीच और नेहरू और बोस के बीच मतभेद भले कितने गहरे हों, गांधीजी और नेहरू ने कभी भी आज़ादी की लड़ाई में नेताजी के योगदान को छोटा करके नहीं दिखाया है। उन्होंने बोस की देशभक्ति पर कभी सवाल नहीं उठाए। यह बोस ही थे, जिन्होंने कई बार दोनों के बीच ग़ुस्से का इज़हार कठोर शब्दों के साथ किया। मैं आपको उन तीनों नेताओं के बीच हुए संवाद और लेखन के कुछ उदाहरण दूँगा, ताकि अपनी बात समझा सकूँ।

बोस कभी भी गांधीजी के साथ बहुत सहज नहीं रहे और महात्मा के तौर-तरीक़ों से आख़िर तक अप्रभावित रहे। बोस बॉम्बे में 1921 की जुलाई में गांधीजी

से पहली बार मिले थे और उस वक़्त वह इंग्लैंड से लौटे ही थे। उस मुलाक़ात के बाद उनकी धारणा यही थी कि गांधीजी या तो भ्रमित हैं या फिर जान-बूझकर उनके सवालों के जवाब नहीं देना चाह रहे हैं। उन दोनों के बीच पहला बड़ा टकराव 1929 में लाहौर कांग्रेस में हुआ। बोस ने एक प्रस्ताव दिया, जिसमें कांग्रेस द्वारा देश में समानान्तर सरकार बनाने की बात कही गई थी। गांधीजी ने यह कहते हुए इसका विरोध किया, 'अगर तुम सोचते हो कि आज तुम समानान्तर सरकार बना लोगे, तो मुझे यह कहने दो कि कांग्रेस का झंडा फ़िलहाल एक हज़ार गाँवों में भी नहीं लहराता है।' उन्होंने बोस के प्रस्ताव को 'अव्यावहारिक और ग़ैरबुद्धिमत्तापूर्ण' बताकर ख़ारिज कर दिया।

दोनों ही व्यक्ति ब्रिटिश शासन के घोर विरोधी थे, लेकिन दोनों के विचार उसे उखाड़ फेंकने के बारे में बिलकुल अलग थे। बोस के गांधीजी के बारे में रवैये का एक उदाहरण देखें। उन्होंने सरदार पटेल के साथ एक सार्वजनिक वक्तव्य जारी किया कि गांधी एक राजनीतिक नेता के तौर पर असफल रहे हैं और कांग्रेस को नये सिद्धान्तों और तरीक़ों के आधार पर क्रान्तिकारी ढंग से पुनर्गठित करने की ज़रूरत है, जिसके लिए एक नया नेता आवश्यक है। अपनी किताब, *द इंडियन स्ट्रगल* (1935 में प्रकाशित) में बोस ने गांधीजी की अहिंसा के दर्शन पर भी हल्ला बोल दिया था। उन्होंने लिखा :

'अहिंसा के सिद्धान्त के बारे में बात यह है कि इसने भारत में भले कुछ प्रतिक्रिया जगा दी हो, लेकिन इटली, जर्मनी या रूस जैसे देशों में यह गांधी को या तो सलीब पर या फिर मानसिक अस्पताल में पहुँचा देता...गांधी अब गत्यात्मक (डायनैमिक) नेता के तौर पर चुक गए हैं, शायद यह उनकी अवस्था की वजह से है।'

बोस भले ही महात्मा के स्वतंत्रता संघर्ष छेड़ने के तरीक़ों से पुरज़ोर ढंग से असहमत थे, लेकिन गांधीजी के लिए उनका सम्मान अथाह था। वह अपने जर्मन दोस्तों को 1934 की फ़रवरी में लिखते हैं :

'अहिंसा के सिद्धान्त के बारे में बात यह है कि इसने भारत में भले कुछ प्रतिक्रिया जगा दी हो, लेकिन इटली, जर्मनी या रूस जैसे देशों में यह गांधी को या तो सलीब पर या फिर मानसिक अस्पताल में पहुँचा देता...गांधी अब गत्यात्मक (डायनैमिक) नेता के तौर पर चुक गए हैं, शायद यह उनकी अवस्था की वजह से है।'

जहाँ तक गांधीजी की बात है, वह कभी भी बोस की आलोचना को लेकर कटु

नहीं हुए। वह तो बोस के कांग्रेस अध्यक्ष बनने के ख़िलाफ़ भी नहीं थे। महात्मा ने 1937 के नवम्बर में लिखा था, 'मैंने पाया है कि सुभाष बिलकुल भी निर्भर होने लायक नहीं हैं। हालाँकि, उनके अलावा कोई है भी नहीं जो अध्यक्ष बन सके।' और, इस तरह फ़रवरी 1938 में बोस हरिपुरा कांग्रेस के अध्यक्ष बने।

गांधीजी और बोस के बीच का विवाद शीर्ष पर तब पहुँचा, जब उन्होंने अगले साल त्रिपुरी कांग्रेस में फिर से चुनाव के लिए कहा। हमें यहाँ उसके विवरण में जाने की ज़रूरत नहीं है। मसला यह है कि बोस और गांधीजी के बीच के मतभेद गहरे और प्रकृति से विचारधारात्मक थे। बोस महात्मा के नेतृत्व पर बार-बार सवाल उठाते थे।

अब जरा हम नेहरू-बोस के समीकरण पर लौटें। आगे बढ़ने से पहले, मैं आपको याद दिला दूँ कि नेहरू की आत्मकथा उसी समय प्रकाशित हुई थी, जब बोस की द *इंडियन स्ट्रगल* आई थी। अपनी आत्मकथा में नेहरू ने दो अध्याय और लगभग 40 पृष्ठों में खुलकर गांधीजी के विचारों और कार्यक्रम पर बहस की थी, लेकिन बोस के उलट नेहरू ने कभी गांधीजी के नेतृत्व पर सवाल नहीं उठाए, न ही वह महात्मा को भारत की वास्तविकता से अनभिज्ञ मानते थे। गांधी और बोस एक दूसरे को साथी मानते थे, समान विचारों वाले थे। नेहरू ने बोस की हरेक बात मानी, सिवाय गांधी के नेतृत्व पर सवाल उठाने के। उन्होंने भारत के लिए पूर्ण स्वाधीनता बनाम डोमिनियन स्टेटस के सवाल पर कांग्रेस नेतृत्व को मिलकर चुनौती दी। 1936 में जब नेहरू लखनऊ कांग्रेस की अध्यक्षता कर रहे थे, तो बोस ने नेहरू को साथ मिलकर गांधीवादियों से छुटकारा पाने और पार्टी को उग्रपंथी बनाने को कहा था। 1936 के मार्च में बोस ने नेहरू को लिखा : 'आज के शीर्ष नेताओं में आप ही हैं जिनसे हम आशा करते हैं कि आप कांग्रेस को प्रगतिशील दिशा में ले जाएँ।'

लेकिन नेहरू नहीं माने।

जब लखनऊ कांग्रेस में नेहरू अध्यक्ष बन गए, उन्होंने वही विरोध झेला जो सुभाष दो वर्ष बाद झेलनेवाले थे। लखनऊ सत्र में, कांग्रेस कार्यसमिति के तीन समाजवादी सदस्यों को छोड़कर, बाक़ी सभी ने इस्तीफ़ा दे दिया था। उनका कहना था कि वर्ग संघर्ष का जो समाजवादी एजेंडा नेहरू ने प्रस्तावित किया है, वह भारत की स्वाधीनता के दीर्घकालीन राजनीतिक लक्ष्य को पाने में बाधक होगा। यह

संकट तब टला जब गांधीजी ने हस्तक्षेप किया और नेहरू की उनके अति-उत्साह के लिए थोड़ी आलोचना की। नेहरू के महात्मा के सामने हथियार डाल देने से मामला सुलझ गया।

बोस, लेकिन नेहरू के उलट ख़ुद को गांधीजी का प्रतिद्वंद्वी मानते थे। लेकिन दोनों युवाओं के बीच सम्बन्ध नज़दीकी बने रहे, भले ही गांधीजी के बारे में उनके विचार अलग थे।

जब बोस गिरफ़्तार हुए थे तो नेहरू ने 10 मई, 1936 को उसके विरोध में 'सुभाष दिवस' मनाने का आह्वान किया था। यह तब था, जब नेहरू को बोस की अन्तरराष्ट्रीय परिस्थितियों की समझ के बारे में गहरा सन्देह था। यूरोप में रहते हुए बोस मुसोलिनी, गोएरिंग और दूसरे फासीवादी नेताओं से मिले थे। अख़बार के आलेखों और द *इंडियन स्ट्रगल* में बोस ने भविष्यवाणी की थी कि दुनिया के इतिहास में अगला चक्र साम्यवाद और फासीवाद के संश्लेषण का होगा। उन्होंने यह आशा भी जताई कि ऐसा संश्लेषण भारत में किया जा सकता है। उनका मानना था, 'जो भी अंग्रेज़ों को मज़बूत करता है, हमारे लिए बुरा है, जो भी ब्रिटेन को कमज़ोर करता है, उसका स्वागत है।' नेहरू की राजनीति और आदर्शवाद ने उन्हें यह विचार अपनाने की इजाज़त नहीं दी।

बोस के साथ नेहरू के खड़े होने का एक और महत्त्वपूर्ण उदाहरण है। एक बार, वल्लभभाई पटेल बोस के साथ उस कोष की सुरक्षा को लेकर भिड़ गए थे, जो उनके भाई विट्ठलभाई पटेल ने छोड़ा था। नेहरू ने वल्लभभाई पटेल और दूसरों के द्वारा दिये बयान का समर्थन करने से इनकार कर दिया था, जब बोस ने त्रिपुरी कांग्रेस में फिर से चुनाव की माँग की थी।

लेकिन, बोस ने महसूस किया कि नेहरू ने उनके वामपंथी रुझान का खुला और बेशर्त समर्थन नहीं करके उनको नीचा दिखाया है। उन्होंने लिखा, 'पंडित नेहरू के अलावा किसी ने भी मुझे व्यक्तिगत तौर पर और हमारे आन्दोलन को उतना बड़ा नुक़सान नहीं पहुँचाया।' बोस ने नेहरू पर दो नावों की सवारी, जी-हुजूरी और कांग्रेस के तत्कालीन दक्षिणपंथी खेमे में जाने का आरोप लगाया, जिसकी निष्ठा गांधीजी के प्रति थी। यही बोस और नेहरू के बीच मतभेद का कारण था—गांधीजी के नेतृत्व का सवाल। नेहरू जहाँ महात्मा के आगे झुक जाते थे, बोस उनको हटाना चाहते थे।

1928 से लेकर बोस की मौत तक, यह नेहरू नहीं थे जो बोस के विरोध में खड़े रहे। बोस के धुर विरोधी गांधीजी और वल्लभभाई पटेल थे। लेकिन नये भारत और इसके विरासत-छापामार नेतृत्व की इच्छा है कि यह तथ्य हमारी राष्ट्रीय चेतना से मिटा दिया जाए।

वे हमें यह भी भुला देना चाहते हैं कि विचारधारा के तौर पर बोस ख़ुद को वामपंथी के तौर पर देखते थे और नेहरू के साथ बहुत कुछ साझा करते थे। हिन्दू-मुस्लिम प्रश्न पर उनके विचार उन विचारों से बिलकुल अलग थे जो आज नये भारत के नेतृत्वकर्ता रखते हैं। ज़रा द *इंडियन स्ट्रगल* में उनका लिखा देखिए :

'मुहम्मदवादियों के आने के साथ धीरे-धीरे एक संश्लेषण हुआ। हालाँकि, वे हिन्दुओं के धर्म को नहीं स्वीकार सके, लेकिन उन्होंने भारत को अपना घर बनाया और लोगों के साझा सामाजिक जीवन को अपनाया, उनकी ख़ुशियों और दुख को अपनाया। साझा सहयोग के ज़रिये, एक नई कला और नई संस्कृति का जन्म हुआ।'

अगर बोस ज़िन्दा होते तो उन्होंने भाजपा के देवताओं में शामिल होने से इनकार कर दिया होता।

दरअसल, पटेल जो आरएसएस और हिन्दू महासभा को नापसन्द करते थे, वे भी कभी इन मानवद्वेषी देवताओं में शामिल नहीं हो सकते थे। और अगर सावरकर और गोडसे भाजपा और संघ परिवार के आदर्श हैं, तो गांधीजी तो पक्का नहीं हो सकते।

लेकिन, जो नया भारत 2014 में घोषित हुआ, उसने एक लुभावना-सा गीत बनाया है, जो गांधीजी, पटेल और अब बोस को भी सावरकर और गोडसे के साथ मिलाकर अपनी देशभक्ति के चालाक आख्यान का चित्रण करता है। उसे इस बात की कोई चिन्ता नहीं है कि भारत को लेकर उन लोगों के विचार इनसे कितने अलग थे। जब तक उनके कन्धे से नेहरू पर गोली चलाई जा सकती है उन्हें इससे कोई फ़र्क़ नहीं पड़ता। वह नेहरू, जिन्होंने इनकी नज़र में हिन्दू राष्ट्र नहीं बनने दिया और जो अपनी विरासत के ज़रिये फिर से ऐसा कर सकते हैं।

नये भारत का नेतृत्व हमारे स्वाधीनता संग्राम से दूर रहने और यहाँ तक कि इसके ख़िलाफ़ अंग्रेज़ों से मिलने के बावजूद देशभक्ति के पदक अपने सीने पर

टाँकना चाहता है। आज़ादी की लड़ाई की विरासत से पूरी तरह अछूता यह नेतृत्व भारत के धर्मनिरपेक्ष, उदारवादी और बहुलतावादी विचार से पूर्णत: अपरिचित है, जिसने हमारे शानदार संघर्ष के दौरान जन्म लिया। नये भारत की दयनीय विरासत-छापेमारी तो दरअसल इनके विचारधारात्मक पितृपुरुषों की उस लम्बे और मज़बूत संघर्ष से अनुपस्थिति के कारण है जिस संघर्ष ने हमें आज़ादी, प्रजातंत्र और सम्मान दिया।

अमृत महोत्सव, अन्तरराष्ट्रीय मुद्रा कोष और भारतीय राज्य की पुनर्कल्पना

[यह अप्रैल 2021 में लिखे गए आलेख का अद्यतन प्रारूप है।]

सुबह में मैं आमतौर पर अपनी पोर्टिको में बैठकर कॉफ़ी पीता हुआ फूलों, पंछियों, तितलियों, मधुमक्खियों और गिलहरियों को देखता हूँ। दूध और अख़बार देनेवाले आते हैं और तेज़ी से ग़ायब हो जाते हैं।

ऐसी ही एक सुबह, अप्रैल 2021 के दूसरे सप्ताह में, मैं अख़बारों में आई वैश्विक आर्थिक आकलन (वर्ल्ड इकोनॉमिक आउटलुक) की वह रिपोर्ट देख रहा था, जिसे अन्तरराष्ट्रीय मुद्रा कोष (आईएमएफ) ने पिछले दिन जारी किया था। मैं वह रिपोर्ट पढ़ रहा था और यह समझने की कोशिश कर रहा था कि दुनिया की अर्थव्यवस्था के बारे में इसकी भविष्यवाणी क्या कहती है और कोविड-19 ने दुनिया को कितना नुक़सान पहुँचाया है, तभी मैंने एक लड़के को देखा जो घर का कचरा उठाने आया था।

उसके पिता रिक्शा ट्राली चलाते हैं और वह बाहर अपनी सीट पर ही होते हैं, जब यह लड़का दरवाज़े से आकर कचरे का डब्बा ले जाता है। उस सुबह, मैंने उसको ध्यान से देखा। उसके कपड़े फटे हुए थे और वह नहाया नहीं था। मैं उसे देखकर मुस्कराया। वह जवाब में मुस्कराया नहीं, बल्कि उसने सन्देह और आश्चर्य से मुझे देखा। शायद उसे आदत नहीं थी लोगों की मुस्कराहट देखने की। मैं केवल अन्दाज़ा लगा सकता हूँ कि उसके दिमाग़ में क्या चल रहा होगा। वह ग़ुस्सा हो सकता है। क्या वह मुझसे नाराज है, उस व्यक्ति से जो साफ़ कपड़ों

में अपने आरामदेह घर के बाहर बैठा सुबह की कॉफ़ी पी रहा है? क्या वह सोच रहा है कि उसके पिता इस तरह क्यों नहीं बैठ सकते हैं? और वह, अपने घर पर साफ़ कपड़ों में क्यों नहीं हो सकता है, कई अन्य बच्चों की तरह, जिन्हें वह सुबह रोज़ाना देखता है?

मैं सोच रहा हूँ कि जिन सुविधाओं को वह देखता है, उन पर वह क्या सोचता होगा। जिस असमानता से वह रोज़—बल्कि हरेक घंटे—दो-चार होता है, उस पर वह क्या राय रखता है, जो गंदा काम वह करता है और जो साफ़ काम दूसरे करते हैं, जिस शिक्षा से वह शायद ही परिचित है, जो उसकी पहुँच से दूर है, इस सब पर वह क्या सोचता होगा। वह सरकार के बारे में क्या सोचता होगा जो यह होने दे रही है? क्या वह अपेक्षा रखता है या मानता भी है कि सरकारों को उस जैसे लोगों के लिए काम करना चाहिए?

उसके कूड़ा इकट्ठा करने तक, मैंने उससे बात करने की कोशिश की। मैंने उसका नाम पूछा जो रमेश निकला। फिर उसकी उम्र पूछी जो 15 साल की थी। मुझे वैसे इस पर सन्देह है, क्योंकि वह छोटा लग रहा था। शायद उसे उसकी उम्र के बारे में झूठ बोलने की सीख दी गई है, ताकि उसके माँ-बाप, बाल-मज़दूरी के दोषी न मान लिये जाएँ जो ग़रीबी से मजबूर होकर उससे यह काम करवा रहे हैं। मैंने बातचीत जारी रखी और उससे पूछा कि वह अपने पिता की मदद कब से कर रहा है, जिसके जवाब में वह बोला कि पिछले चार-पाँच साल से वह ये काम कर रहा है। तो, अगर अभी नहीं, तो पिछले साल तक वह एक बाल मज़दूर ज़रूर था। स्कूल का क्या हुआ? उसने बताया कि लॉकडाउन के पहले भी वह स्कूल में नियमित नहीं जाता था।

अप्रैल 2021 में भी स्कूल बन्द थे। केवल ऑनलाइन कक्षाएँ चल रही थीं। उसके पास कम्प्यूटर या स्मार्टफ़ोन नहीं था। इंटरनेट भी उसकी पहुँच में नहीं है। वह इस सबकी उम्मीद भी नहीं कर सकता है। वह डिजिटल डिवाइड के ग़लत तरफ़ है। हमारे प्रधानमंत्री की परीक्षा पर चर्चा उसके लिए बेमानी है। उसे अब भी विकास छू नहीं पाया है, जिसकी चर्चा प्रधानमंत्री और उनकी सरकार इतने गर्व से करते हैं। कोविड का 'स्टिम्युलस पैकेज' अभी तक नीचे नहीं पहुँचा है। वह रमेश की रिहाइश या उसका जीवन बदलने में सफल नहीं रहा है, क्योंकि वह उस जैसे वंचितों के लिए बना ही नहीं था।

वह हमारी राजनीतिक अर्थव्यवस्था के विमर्श की परिधि से बाहर है। हमारे टीवी स्क्रीन्स पर हो रही गरमागरम बहसें, जो कड़वी चुनावी लड़ाइयाँ अभी हो रही हैं या पहले हुईं, वे उसके लिए बेमानी हैं, क्योंकि वह तो उनमें कहीं है ही नहीं।

वह राज्य-व्यवस्था और राष्ट्र के लिए प्रासंगिक नहीं है।

पर सवाल यह है : क्या उसे होना भी नहीं चाहिए?

वह कोई अकेली संख्या या आँकड़ा नहीं है जो सरकार से ग़लती से छूट गया। हमारे देश में लगभग साढ़े सात करोड़ लोगों ने 12 महीनों में, यानी अप्रैल 2021 तक ग़रीबी में रमेश के साथ अपनी नियति जोड़ी है। उसका देश दुनिया के लगभग एक-तिहाई ग़रीबों का घर है, वह दुनिया जो महामारी से ग्रस्त है और जहाँ 1990 के बाद पहली बार ग़रीबी बढ़ रही है। पूरी दुनिया में लगभग 27 करोड़ लोग भुखमरी के शिकार हैं। मैं सोचता हूँ कि क्या रमेश जानता है कि हमारे देश की अर्थव्यवस्था शायद किसी समय वृद्धि के पथ पर वापस आ जाए, लेकिन यह असमान वृद्धि उसको शायद और अधिक बर्बाद कर देगी। या शायद वह जानता है कि यही उसकी नियति है। शायद वह जानता है कि हमारे नीति-निर्माता प्रशंसा-भरी आँखों से भारत के 'पूँजी निर्माताओं' के बढ़ते धन को निहार रहे हैं। ये उन बड़े व्यापारों के मालिकान हैं जो सचमुच पूँजी बनाते हैं, लेकिन केवल अपने और सत्ता के गलियारों में बैठे अपने साझीदारों के लिए। उन्हें देखकर हम बाक़ी के लोग भी ख़ुद को दिलासा लेते हैं कि देश सुधार की राह पर है।

अभी मैं रमेश की आर्थिक और शैक्षिक विकलांगता को ही देख रहा हूँ, उसकी सामाजिक स्थिति तक पहुँचा ही नहीं हूँ, न ही उसके पोषण, शारीरिक और मानसिक स्वास्थ्य तक जिनके बिगड़ने की वजह से वह उन न्यूनतम चीज़ों तक भी नहीं पहुँच सकेगा, जिन्हें भारतीय राज्य अपने आम नागरिकों के जीवन-निर्वाह के लिए मुहैया कराता है।

अगर रमेश उन 39 फ़ीसदी बच्चों में हो जो बचपन से कुपोषित हैं? क्या हम निश्चित तौर पर ऐसा कह सकते हैं कि ऐसा नहीं है? क्या हम निश्चित तौर पर कह सकते हैं कि शुरुआती वंचना की वजह से होनेवाले कुप्रभावों से वह उबर गया? या, कभी उबर पाएगा?

मैं निश्चित हूँ कि रमेश 'पाँच ट्रिलियन डॉलर की अर्थव्यवस्था' की हमारी परियोजना का हिस्सा ज़रूर होना चाहेगा। वह इसमें कुछ डॉलर का योगदान भी

देना चाहेगा, लेकिन क्या सचमुच? क्या अभी जो मौक़ों का ढाँचा है, उसमें उसके लिए कोई मौक़ा है?

यह बच्चा रमेश, उसका परिवार, उसके पड़ोसी, उसकी गली, उसका आसपास, उसका वह गाँव जहाँ से पलायन के लिए उसका परिवार मजबूर हुआ, इन सबको हमारे राज्य और उसके शाहाना शासकों के दिमाग़ में होना चाहिए। उन्हें सूखे आँकड़े और संख्या मात्र बनकर नहीं रह जाना चाहिए। चेहरों को देखने और डाटा को देखने में बहुत फ़र्क़ है। यह हमारी राजनीतिक, सामाजिक और आर्थिक वास्तविकता को मानवीय बनाता है। यही कारण है कि जो तावीज़ हमें गांधीजी ने दिया था, वह इतना शक्तिशाली है : जब भी तुम किसी कठिन फ़ैसले की ऊहापोह में पड़े हो, निर्धन से निर्धनतम व्यक्ति का चेहरा याद करो और देखो कि क्या उस फ़ैसले से उसके चेहरे पर मुस्कान आएगी!

रमेश, जो अहमद, पीटर, गुरमीत, ललिता, फ़ातिमा, मैरी, कोई भी हो सकता है—के चेहरे पर मुस्कान कैसे आएगी? कौन यह निश्चित कर सकता है कि वह स्कूल जा सके, कूड़ा इकट्ठा न करे, साफ़ कपड़े पहने, अच्छा खाना खाए, स्वस्थ रहे, बीमार पड़ने पर उसकी देखभाल हो, सुरक्षित रहे, भेदभाव का शिकार न हो, एक सभ्य और शान्त समाज में आराम से ज़िन्दगी बिताए, अपने चुने हुए आध्यात्मिक और धार्मिक रास्ते पर चल सके या सारे उपलब्ध रास्तों को नकार कर ख़ुद अपना रास्ता बनाए?

आने वाला समय रमेश और उसकें जैसे लोगों के लिए, उसके जैसे परिवारों और समुदायों के लिए कठिन होने जा रहा है।

अप्रैल 2021 की आईएमएफ की रिपोर्ट कहती है कि जो वैश्विक अर्थव्यवस्था 2020 में 3.3 प्रतिशत सिकुड़ गई, कम से कम एक और साल कोविड-19 के कुप्रभाव को झेलेगी, कुछ अधिक समय भी लग सकता है। 2023 के बाद ही भारत जैसी बड़ी अर्थव्यवस्था महामारी से पहले के विकास की रफ़्तार के आसपास हो सकती है। यह भी कुछ लोगों के मुताबिक़ एक आशावादी नज़रिया है। और हाँ, हमें याद रखना चाहिए कि महामारी के पहले भी हम मन्दी में थे, एक उभरते हुए संकट के दौरान जिसे मोदी सरकार ने नकारने की योजना बनाई न कि उसे सुधारने की।

आईएमएफ रिपोर्ट ने यह भी कहा कि हालात में सुधार असमान ढंग से और रुक-रुककर होगा, ख़ासकर विकासशील देशों में। चीन को छोड़ दें तो एशिया

की अर्थव्यवस्था 8 फ़ीसदी तक सिकुड़ सकती है, लैटिन अमेरिका की 6 प्रतिशत तक। हमें यह भी याद रखना चाहिए कि विकासशील देश वैश्विक अर्थव्यवस्था का 58 फ़ीसदी हैं। उन देशों में जिनकी सामाजिक ख़र्चे करने की हैसियत नहीं है या जो करना नहीं चाहते, वहाँ ग़रीबों और वंचितों के घाव और गहरे होंगे। ग़रीबी बढ़ेगी और फैलेगी। महिलाएँ, युवक और अकुशल मज़दूर घातक नुक़सान उठाएँगे। संकट के बढ़ने पर और ज़्यादा नौकरियाँ जाएँगी और वर्षों तक वापस नहीं आएँगी।

कोविड-19 से पैदा हुए वैश्विक स्वास्थ्य संकट ने आख़िरकार मुद्राकोष के नव-उदारवादी मसीहाओं को समझा दिया कि कल्याण, स्वास्थ्य, घर बनाने, शिक्षा, रोज़गार, कौशल-निर्माण, आय बढ़ाने में सहायता और सामाजिक सुरक्षा पर कोषगत ख़र्च और निवेश को सरकारों द्वारा प्राथमिकता दिया जाना ज़रूरी है। पर्याप्त संसाधनों को उन बच्चों के ऊपर ख़र्च करने की ज़रूरत है, जिनका बहुमूल्य समय महामारी ने खा लिया।

2021 की आईएमएफ रिपोर्ट एक साफ़ संकेत था कि 1980 का वाशिंगटन कन्सेंसस (संकटग्रस्त देशों के लिए 10 सूत्री आर्थिक एजेंडा, जो वाशिंगटन की संस्थाओं ने तैयार किया था) टूट गया है। वैसे, इसका दरकना तो 2008-09 के वित्तीय संकट के दौरान ही शुरू हो गया था, कोविड-19 ने इसे बस बेपर्दा कर दिया। आईएमएफ को यह स्वीकारना पड़ा कि बड़े स्टिम्युलस पैकेज की वजह से ही विकसित अर्थव्यवस्थाएँ तबाही को टाल सकीं। इसकी रिपोर्ट में कहा गया कि 'धन्यवाद उन अभूतपूर्व नीतिगत प्रतिक्रियाओं का, जिनकी वजह से कोविड-19 की मन्दी कम फैली और इसका प्रभाव 2008 के वैश्विक वित्तीय संकट की तरह नहीं हुआ।'

यह साफ़ है कि दुनिया की तरह भारत में भी राज्य की भूमिका को पुनर्कल्पित करना होगा। कल्याण और सशक्तीकरण अब केवल नारे नहीं रह सकते हैं। कार्यक्रम केवल चमचमाते मीडिया इवेंट बनकर नहीं रह सकते जो मीडिया की सुर्ख़ियों में आएँ, जिन पर मोदी सरकार इतना सब समय और इतने अधिक संसाधन व्यय करती आई है।

इस सरकार को चाहिए कि वह अपने बहुचर्चित, बहु-विज्ञापित कार्यक्रमों, स्टैंड अप इंडिया, स्किल इंडिया, स्टार्टअप इंडिया, मेक इन इंडिया आदि की गहरी जाँच-पड़ताल करे। उन्होंने बहुत सारे वायदे तो बहुतों को किये थे। वे काम क्यों

नहीं कर रहे हैं, वे सही राह पर क्यों नहीं हैं, वे जीवन क्यों नहीं बदल पा रहे हैं? ये बहुप्रचारित योजनाएँ हैं कहाँ? क्या इनका कोई लाभार्थी भी है?

2021 में हम स्वाधीनता का 'अमृत महोत्सव' मनाने की तैयारी कर रहे थे। हालाँकि मोदी सरकार ने एक भी दिन बिना इस दुष्प्रचार (प्रोपेगैंडा) के नहीं बीतने दिया कि 2014 के पहले भारत में कुछ भी अच्छा नहीं हुआ था। फिर भी स्वाधीन भारत के 75 वर्ष पूरे होने का काफ़ी शोर था, हमारे 'विश्वगुरु' बनने की बात थी। यह बात ठीक है कि हम लम्बा रास्ता तय करके यहाँ पहुँचे हैं, फिर भी कई अधूरे काम बाक़ी हैं, कई नई चुनौतियाँ सामने हैं।

हम जो नहीं कर सके हैं, उसके लिए कारण हैं, व्याख्याएँ हैं, लेकिन सिर्फ़ कारण बताना काफ़ी नहीं है। एक बात तो स्पष्ट है : हमने क्षमता से कम काम किया है। हम अपनी पूरी क्षमता को नहीं समझे हैं। पूर्व एशिया या दक्षिण-पूर्व एशिया, जो 1970 में भी हमसे बेहतर नहीं थे, अब काफ़ी आगे निकल गए हैं और उनके लोगों का जीवन-स्तर काफ़ी शानदार तरीक़े से बदला है। मैं चकित हूँ कि क्या हमारा साथी नागरिक रमेश जानता है कि कभी हमारा देश 'ग़रीबी हटाओ' के नारे से गूँजा था, लेकिन वह भी केवल एक नारा बनकर रह गया, जिससे बस वोट मिले। ठीक उसी तरह, जैसे प्रधानमंत्री मोदी के बेदम नारे। जैसी इंदिरा, वैसे नरेन्द्र।

अमृत महोत्सव ने एक मौक़ा दिया है, एक अवसर मुहैया कराया है—आत्मचिन्तन के लिए, सोचने के लिए, परीक्षण और मूल्यांकन के लिए। हम आशावादी होना चाहते हैं, लेकिन एक डर भी है, वह भी सरकार के रिकॉर्ड को देखते हुए अकारण नहीं है, कि ये बड़ा और भड़कीला अमृतमहोत्सव कहीं चमकते हुए आयोजनों का एक वर्षीय आयोजन मात्र बनकर न रह जाए, कहीं सरकार एक बड़ा मौक़ा फिर न चूक जाए।

अब जब 2023 की शुरुआत में यह किताब प्रेस में जा रही है, हम देखते हैं कि ठीक यही हुआ है।

मोदी सरकार ने पहचान के क्षुद्र आख्यानों से ऊपर उठने में सफलता नहीं पाई, न ही वह रमेश, अहमद, पीटर, गुरमीत, ललिता, फातिमा, मैरी के चेहरों को देख सकी। यह असफल रही—उसने कोई प्रयास नहीं किया उन चेहरों पर मुस्कान लाने के लिए।

भारत के बेरोज़गार, अकुशल और अयोग्य

[यह अगस्त 2021 में 'मिडवीक मैटर्स' के अंक के लिए लिखे गए आलेख का थोड़ा अद्यतन प्रारूप है।]

इस आलेख में मैं, हमारी जनसंख्या नीति और भाजपा की जनसंख्या-राजनीति को हमारे जनांकिकीय लाभांश (डिविडेंड) के लिहाज से आँकना चाहता हूँ। मैं रोज़गार और बेरोज़गारी के उन आँकड़ों को देखना चाहता हूँ जो 2021 के अगस्त में आए हैं और हमारी जनसंख्या के कौशल और श्रम-प्रतिभागिता-दर (लेबर पार्टिसिपेशन रेट) के सन्दर्भ में अपने जनांकिकीय लाभांश को समझना चाहता हूँ।

भारत के पास जो जनांकिकीय लाभ है वह अतुल्य है। हमारी आबादी का लगभग 54 फ़ीसदी हिस्सा 25 वर्ष के नीचे का है। 2014-15 के लिए केन्द्र सरकार के नीतिगत दस्तावेज़ और घोषणाएँ बताते हैं कि वह इस बात से परिचित है कि देश के लिए यह कितना बड़ा फ़ायदा हो सकता है। नीतिगत दस्तावेज़ यह भी ख़ुलासा करते हैं कि सरकार उन चुनौतियों से भी परिचित है जो इस लाभ को पाने में देश के सामने आएँगी। लेकिन यह जागरूकता सत्ताधारी दल को वह राजनीति करने से नहीं रोक पाती जो शायद इस जनांकिकीय लाभ की सम्भावना को ही ख़त्म कर दे। यह राजनीति सरकार द्वारा घोषित कौशल-विस्तार-योजना के भी विपरीत है।

एक तरफ़ सरकार सार्वजनिक दस्तावेज़ों, सर्वोच्च न्यायालय में दिये हलफ़नामों और नीतिगत घोषणाओं में कहती है कि भारत को परिवार का आकार छोटा करने की ज़रूरत नहीं है। उसने सर्वोच्च न्यायालय को कहा है कि वह इस सन्दर्भ में कोई दंडात्मक नीति नहीं लाना चाहती, क्योंकि देश का टीएफ़आर (टोटल फर्टिलिटी रेट) वास्तव में 'प्रतिस्थापन दर' छूने वाला है—जिसके नीचे जनसंख्या सिकुड़ने लगती

है और जिसका काफ़ी बुरा प्रभाव किसी देश पर पड़ सकता है।* दूसरी तरफ़, प्रधानमंत्री लाल क़िले की प्राचीर से कहते हैं कि जनसंख्या का बढ़ना चिन्ता का विषय है। भाजपा द्वारा शासित राज्य जनसंख्या को स्थिर करने की नीतियाँ ला रहे हैं, जिनकी कोई ज़रूरत नहीं है। उनका असली लक्ष्य हिन्दू बहुसंख्यकों को यह संकेत देना है कि मुस्लिम अल्पसंख्यकों की उच्च जन्म दर एक ख़तरा है और इस ख़तरे से निबटना होगा। ऊँची मुस्लिम फर्टिलिटी दर ज़ाहिर तौर पर एक मिथक है। जिन आँकड़ों का इस किताब में कहीं और भी मैंने परीक्षण किया है ('आरएसएस : मज़बूत उपस्थिति, ग़लत दर्शन' और 'भाजपा की जनसंख्या-राजनीति' में) वह साफ़ तौर पर दिखाता है कि असम और उत्तर प्रदेश में सत्ताधारी दलों का मुसलमानों की जनसंख्या की उच्च वृद्धि दर का दावा झूठा है। साल-दर-साल, आँकड़े दिखाते आ रहे हैं कि पूरे देश में, क्षेत्रवार और धर्मवार, उर्वरता-दर तेज़ी से कम हो रही है, लेकिन भाजपा को इससे मतलब नहीं है।

केन्द्र सरकार के दस्तावेज़ और नीतिगत घोषणाएँ जब हमारे विशाल जनांकिकीय लाभ के बारे में बताती हैं तो वह उन चुनौतियों के बारे में भी बोलती हैं, जो अगर हमारी बड़ी युवा आबादी को कुशल नहीं बनाया गया तो हमारे सामने आएँगी। लेकिन, 2015 के बाद सरकार ने शायद ही कौशल-विकास के प्रति कोई गम्भीरता दिखाई है। 'स्किल इंडिया' बस एक नारा बनकर रह गया है—एक नारा, जिस पर कोई अर्थपूर्ण काम नहीं हुआ है।

आइए भारत की जनांकिकी की संरचना को देखते हैं। हमारी जनसंख्या का 62 फ़ीसदी 15 से 59 वर्ष के आयु-समूह में है। यह कामकाजी आयु-समूह है। लगभग 54 फ़ीसदी 25 वर्ष से कम उम्र के हैं। अगले दशक में जनसंख्या का यह पिरामिड 15-59 वर्ष वाले खंड में और बड़ा होगा, यानी यह बढ़ेगा। यह हमें दुनिया में एक बेहद ख़ास स्थिति में लाता है। एक और महत्त्वपूर्ण बात है जो हमारे हित में है। अगले 15 से 20 साल में, औद्योगीकृत दुनिया का श्रम-बल 4 फ़ीसदी तक कम होगा। लेकिन, भारत में यह बेहद तेज़ी से बढ़ेगा, लगभग 32 फ़ीसदी की दर से। हम न केवल आज एक बड़ा जनांकिकीय लाभ उठा रहे हैं, बल्कि यह 2040 और शायद 2050 तक ऐसे ही क़ायम रहेगा।

* देखें, आलेख 'भाजपा की जनसंख्या-राजनीति'।

2025 में हमारी माध्यमिक (मीडियन) उम्र 31 वर्ष होगी और 2050 में 38 वर्ष। अमेरिका की यह उम्र तब 40 और 42 वर्ष होगी। चीन की 39 और 44 साल तो जापान की 50 और 53 साल और यूरोप की 45 और 49 साल। इसका मतलब यह है कि भारत दुनिया की अन्य बड़ी अर्थव्यवस्थाओं के मुक़ाबले 2050 में भी बेहद जवान रहेगा। हमारे पास हरेक अर्थव्यवस्था को पछाड़ने और दुनिया में सबसे बड़े पूँजी उत्पादक के तौर पर उभर सकने की सम्भावना है।

लेकिन, देश के श्रम-बल में 32 प्रतिशत की बढ़ोतरी का कोई मतलब नहीं है अगर हमारी श्रम-शक्ति कुशल नहीं है। वे न केवल बेरोज़गार रहेंगे, बल्कि रोज़गार के लायक भी नहीं होंगे। अधिक से अधिक वे या तो अर्द्ध-बेरोज़गार होंगे या सबसे कम उत्पादक कामों में लगे होंगे। पिछले एक दशक में काम की दुनिया बहुत तेज़ी से बदली है। कोविड-19 की महामारी ने इस बदलाव की गति को और तेज़ कर दिया है। यह तेज़ी से बदलती काम की दुनिया बिलकुल अलग तरह की कुशलता चाहती है। कॉलेज के बाद काम पकड़ने और 30 वर्षों के बाद रिटायर होने के दिन ख़त्म हो गए हैं। अभी जो काम का बाज़ार है, वहाँ एक व्यक्ति को रिटायर होने से पहले कम से कम सात बार अपनी कुशलता को बढ़ाना पड़ता है, प्रशिक्षित होना पड़ता है। जिस तरह उद्योगों के लिए शोध व विकास होता है, उसी तरह अब व्यक्तियों के लिए भी शिक्षण और विकास होता है।

हालाँकि, हम बाक़ी दुनिया की तुलना में भारी जनांकिकीय लाभ में हैं, लेकिन हमारा श्रमिक बल कुशलता और प्रशिक्षण में दुखद रूप में बहुत पीछे है। हमारे श्रम-बल का केवल 5 फ़ीसदी ही किसी औपचारिक कौशल-प्रशिक्षण से गुज़रता है। इसकी तुलना इंग्लैंड के 68 फ़ीसदी, जर्मनी के 75 फ़ीसदी, अमेरिका के 52 फ़ीसदी, जापान के 80 फ़ीसदी और दक्षिण कोरिया के 96 फ़ीसदी से करके देखिए। हमारे श्रमबल में 32 फ़ीसदी की बढ़ोतरी का बहुत कम फ़ायदा हमें मिलेगा अगर हमारी कुशलता इस निचले स्तर पर ही रह जाती है, जिस पर आज है।

अब, ज़रा सरकार के अपने आकलन और अनुमान को भी देखिए, जो उसने कुशलता की कमी के बारे में किया है। 2022 तक, आधारभूत ढाँचे के क्षेत्र में लगभग 15 करोड़ कुशल श्रमिकों की कमी होगी, ऑटो और उसके उपकरणों के क्षेत्र में 3 करोड़ 50 लाख की कमी होगी, भवन-निर्माण में 3 करोड़ 30 लाख श्रमिकों की कमी होगी, कपड़े और टेक्सटाइल्स में 2 करोड़ 60 लाख की कमी

होगी। ट्रांसपोर्ट और लॉजिस्टिक्स में 1 करोड़ 80 लाख कुशल श्रमिकों की कमी होगी, तो संगठित रिटेल में 1 करोड़ 70 लाख कुशल श्रमिक कम होंगे, लगभग 1 करोड़ 40 लाख कुशल श्रमिक रीयल इस्टेट के क्षेत्र में चाहिए होंगे, स्वास्थ्य में 1 करोड़ 30 लाख, फूड प्रॉसेसिंग में 1 करोड़ और शिक्षा में 60 लाख कुशल श्रमिकों की ज़रूरत होगी। अगर कुशलता की यह कमी बनी रही तो लोग तो होंगे, लेकिन वे अकुशल और अयोग्य होंगे। इसीलिए, रोज़गार के लायक नहीं होंगे। अगर रोज़गार दिया गया तो वे कम उत्पादक होंगे और वैश्विक स्तर पर उन क्षेत्रों में हमारी प्रतियोगिता-क्षमता को कम करेंगे।

2018 के अक्टूबर में, भारत सरकार ने विश्व आर्थिक मंच और इनफोसिस के साथ मिलकर 'स्किल-गैप' को भरने के लिए एक टास्क फोर्स बनाई, इसमें कॉरपोरेट जगत के 50 से 100 और नागरिक समाज के दूसरे समूहों को जुड़ना था, ताकि वर्तमान और उभरते हुए कौशल-शून्य (स्किल गैप) को भरने के लिए एक कार्ययोजना बनाई जा सके। अब तक इस टास्क फोर्स ने क्या प्रगति की है, यह ज्ञात नहीं है। कौशल विकास मंत्रालय की वार्षिक रिपोर्ट में इस टास्क फोर्स का कोई ज़िक्र नहीं है। इसकी घोषणा का मक़सद शायद कुछ दिनों की सुर्ख़ियाँ बटोरना ही था।

कौशल विकास और उद्यमिता पर राष्ट्रीय नीति-2015 में इसका उद्देश्य बताया गया था कि 2020 तक देश के स्कूलों में 25 फ़ीसदी औपचारिक शिक्षा को कौशल-विकास से जोड़ा जाएगा। लेकिन, इसकी भी अब तक कोई रिपोर्ट नहीं दिखी है। जब मीडिया में इसकी सुर्ख़ियाँ बन गईं, तो लगता है कि इसकी उपयोगिता भी ख़त्म हो गई। नीतिगत दस्तावेज़ को प्रदर्शनकारी आयोजन के तुरन्त बाद ही दफ़ना दिया गया। कौशल विकास व उद्यमिता मंत्रालय की ताज़ातरीन रिपोर्ट (2021) में इस नीति को ज़िक्र तक करने लायक़ नहीं समझा गया।

भारत कौशल रिपोर्ट 2021 के नतीजे भी निराशाजनक हैं। औपचारिक शिक्षा प्राप्त लोगों में रोज़गार पाने का प्रतिशत 50 फ़ीसदी से कम है। बी टेक के 47 फ़ीसदी, एमबीए के 47 प्रतिशत, बीए के 43 प्रतिशत, बी कॉम के 40 प्रतिशत और बीएससी के 30 प्रतिशत लोगों को ही रोज़गार के लायक़ समझा जा सकता है। एमसीए डिग्री धारकों में केवल 22 फ़ीसदी युवा रोज़गार के लायक़ हैं। आईटीआई के 75 फ़ीसदी डिग्रीधारियों के पास रोज़गार लायक़ कौशल नहीं है। हमारे बी फार्मा

ग्रेजुएट्स का 67 फ़ीसदी रोज़गार के लायक़ नहीं है। दूसरे क्षेत्रों को मिला दिया जाए तो अनुमान है कि हरेक साल जो डेढ़ करोड़ युवा श्रम-बाज़ार में आते हैं, वे रोज़गार के लायक़ नहीं होते। रिपोर्ट यह भी बताती है कि 2019 में 53 फ़ीसदी भारतीय व्यापार जगत अपने यहाँ नियुक्ति नहीं कर पाया क्योंकि अभ्यर्थियों के पास ज़रूरी कुशलता नहीं थी। महामारी के पहले भी ऐसा ही था। अन्तरराष्ट्रीय श्रम संगठन (आईएलओ) का अनुमान है कि भारत में 2030 तक एक भयंकर कौशल-शून्यता (स्किल गैप) पैदा होने का ख़तरा है। वैश्विक आईटी सेवा प्रदाता 'एक्सेंचर' (Accenture) का अनुमान है कि हम लोग इस कुशलता की कमी के कारण लगभग 1.6 ट्रिलियन अमेरिकी डॉलर गँवाने वाले हैं।

अब हम लोग अपना ध्यान ज़रा वर्तमान रोज़गार और बेरोज़गारी के परिदृश्य पर डालें। सीएमआईई के 2021 के डाटा बताते हैं कि जुलाई 2021 के अन्त तक बेरोज़गारी दर बढ़कर 6.95 प्रतिशत हो गई थी। ग्रामीण भारत में 6.4 फ़ीसदी और शहरी इलाक़ों में 8.3 फ़ीसदी। (मार्च 2023 में जब यह किताब प्रेस में जा रही थी, कुल बेरोज़गारी दर 7.6 प्रतिशत थी—शहरी इलाक़ों में 8.3 प्रतिशत और ग्रामीण इलाक़ों में 7.3 प्रतिशत।) श्रमिक बल की प्रतिभागिता की दर में जून से जुलाई के दौरान केवल 0.6 फ़ीसदी का उछाल आया—39.5 से 40.1। इस छोटी-सी बढ़ोतरी का भी बड़ा हिस्सा दरअसल अकुशल, कम मज़दूरी वाले, कम उत्पादकता वाले कामों और कृषि क्षेत्र में था। जुलाई वह महीना होता है जब खेती में अस्थायी तौर पर बहुत बड़े श्रमिक बल की ज़रूरत होती है। एक बार यह मौसम बीता, तो ये नौकरियाँ भी ग़ायब हो जाती हैं।

दूसरे चिन्ताजनक संकेत मुख्य क्षेत्रों से आ रहे हैं, जिन्हें कोर सेक्टर कहते हैं। आधारभूत ढाँचे (मैन्युफैक्चरिंग) और खनन में नौकरियों की छँटनी की जा रही है। यह दोनों ही क्षेत्र ऐसे हैं, जहाँ कौशल की ज़रूरत होती है। सेवा क्षेत्र में स्थिति बिना किसी बदलाव के रही। श्रमिक बल का बड़ा हिस्सा या तो बेरोज़गार है या कम उत्पादक कामों में लगा है या कौशल की कमी के चलते बिना रोज़गार के है।

यह काफ़ी बुरा है कि भारत की सरकार जनसंख्या पर अपने ख़ुद के डाटा या स्किल गैप पर अपनी नीतिगत घोषणा की ही अनदेखी करती है। बदतरीन यह है कि केन्द्र और कई राज्यों में सत्ताधारी दल केवल हिन्दू बहुसंख्या के मन में अल्पसंख्यकों

के 'जनसंख्या विस्फोट' का कृत्रिम डर पैदा कर रहा है। जो जनांकिकीय लाभ हमारे पास है, उसका क्षेत्रों और धर्मों से ऊपर उठकर पोषण करने और उस पर ख़ुशी व्यक्त करने के बजाय इसका एजेंडा साम्प्रदायिक खाई को गहरा करना और चुनाव जीतने के लिए निम्नस्तरीय राजनीतिक-'एनिमल इंस्टिक्ट' को बेलगाम करना भर है। यह संकीर्ण दृष्टि गलियों में घूमते हिंसक जॉम्बीज की फ़ौज खड़ा करेगी, जो पुरातनपंथी धार्मिक और राजनीतिक विचारों के एक आह्वान पर इकट्ठा होंगे और जो घृणा और हिंसा पर पलते हैं।

अगर यह जारी रहा—और हर संकेत यही है कि यह जारी रहेगा—तो हम पाँच ट्रिलियन डॉलर की अर्थव्यवस्था होने का सपना भूल जाएँ।

श्रमिक बल में से 5 फ़ीसदी से भी कम के कुशल होने के बाद आत्मनिर्भरता का महान सपना एक खोखली बात है। हमारी युवा पीढ़ी को कुशल बनाने के ईमानदार प्रयास के बिना मेक इन इंडिया, स्टैंड अप इंडिया, स्टार्टअप इंडिया, डिजिटल इंडिया जैसे नारे धोखा लगते हैं। वे सुर्ख़ियाँ बटोरने के काम आते हैं। लेकिन इनके पीछे की क्रूर लापरवाही अब दिखने लगी है। शासन-प्रणाली अब हमें हर तरीक़े से दिखा रही है कि चुनावी वादे अब केवल लफ़्फ़ाज़ी बनकर रह गए हैं। एक ऐसी सरकार जो श्रेष्ठ भारत के प्रति सचमुच समर्पित हो, वह एक चुनाव जीतने के लिए साम्प्रदायिक खाई क्यों खोदेगी? वह संस्थानों को ख़त्म क्यों करेगी? वह अपने नागरिकों, विरोधी दल के नेताओं, पत्रकारों, अपने मंत्रियों और सत्ताधारी नेताओं की जासूसी के लिए कोई विषैला सॉफ्टवेयर क्यों चाहेगी?

एक 'श्रेष्ठ भारत' और 'आत्मनिर्भर भारत' वह कुशल भारत है जहाँ हरेक धर्म, क्षेत्र और भाषा के कुशल लोग रहते हों, न कि केवल एक चुनिन्दा धर्म के, क्षेत्रों के, निश्चित भाषा के जहाँ हिन्दुत्व के नाम पर प्रयोग किये जा सकें। भारतीय गणराज्य के लिए वास्तव में चिन्तित सरकार कम से कम अब तक स्किल इंडिया के लिए जाग जाती, उसने भारत के सभी बेटों और बेटियों के लिए एक साझा, चमकदार भविष्य बनाने की दिशा में काम किया होता।

बोनसाई यूनिवर्सिटी और 'रिप्ड' जींस

[यह आलेख 'मिडवीक मैटर्स' के मार्च 2021 के अंक पर आधारित है।]

दो जाने-माने अकादमिकों ने अशोका यूनिवर्सिटी छोड़ दी। वही प्रख्यात, बहुप्रचारित यूनिवर्सिटी जहाँ प्रवेश के लिए आपाधापी होती है। भारत के कुछ कॉरपोरेट मुग़लों की पत्नियों को विज़िटिंग प्रोफ़ेसर के तौर पर बनारस हिन्दू यूनिवर्सिटी बुलाया जा रहा है। उत्तराखंड के मुख्यमंत्री किसी महिला के रिप्ड जींस पहनने पर भद्दी टिप्पणी करते हैं। अनिश्चितता, बेचैनी और यहाँ तक कि भय का माहौल जामिया और जेएनयू जैसे विश्वविद्यालयों में हावी है, तभी से जब पुलिस और अतिवादी (विजिलैंटे) भीड़ ने दिसम्बर 2019 और जनवरी 2020 में छात्रों पर हमला किया था। कई सारे छात्र, सभी निहत्थे, जिन्हें बेरहमी से आतंक विरोधी क़ानूनों के तहत जेल में ठूँसा गया, अब भी जेल में हैं।

ये घटनाएँ असम्बद्ध नहीं हैं, जैसे वो लगती हैं। ख़ाली जगहों को भरें और नये भारत की साफ़ तस्वीर देखें।

अशोका यूनिवर्सिटी की जो घटनाएँ हैं, वे बेहद तकलीफ़देह हैं। हमारे समय की एक सम्मानित आवाज़, प्रोफ़ेसर प्रताप भानु मेहता ने मार्च 2021 में यूनिवर्सिटी छोड़ दी। प्रख्यात अर्थशास्त्री और भारत सरकार के पूर्व प्रधान आर्थिक सलाहकार अरविन्द सुब्रमण्यम ने भी उनका साथ देने और जिस तरह उनको हटाया गया उसका विरोध करने के लिए यूनिवर्सिटी छोड़ दी। छात्र और प्रोफ़ेसर ग़ुस्सा हैं।

प्रोफ़ेसर मेहता का त्यागपत्र बहुत कुछ कहता है। इसके अन्तर्निहित सन्देश और इसकी गूढ़ता से इसकी उदासी और उजागर हो जाती है। वह लिखते हैं, 'अशोका यूनिवर्सिटी के संस्थापकों से बैठक के बाद यह बात स्पष्ट हो गई थी कि मेरा इस

यूनिवर्सिटी से जुड़ाव एक राजनीतिक बोझ हो सकता है। मेरा सार्वजनिक लेखन जो मैं एक ऐसी राजनीति के पक्ष में करता हूँ जो समानता और स्वाधीनता के संवैधानिक मूल्यों को प्रश्रय देती है, वह विश्वविद्यालय के लिए जोख़िम-भरा हो सकता है।'

मैं प्रोफ़ेसर मेहता के स्तम्भ और लेखों का नियमित पाठक हूँ। मैं हमेशा उनके विचारों से सहमत नहीं रहा, लेकिन मैं उन्हें देश के सार्वजनिक विमर्श में एक महत्त्वपूर्ण आवाज़ मानता हूँ। प्रोफ़ेसर मेहता के त्यागपत्र में लिखे शब्द यूँ ही नहीं हैं। इसलिए, आइए, एक बार पत्र के इस हिस्से का विखंडन करके देखते हैं।

आइए, कल्पना करें कि प्रोफ़ेसर मेहता विश्वविद्यालय के संस्थापकों के साथ बैठक में हैं। काफ़ी सम्भ्रान्त लोगों का समूह, भारत की कॉरपोरेट दुनिया के नामचीन लोग। वे साथ मिलकर अशोका यूनिवर्सिटी बनाते हैं, क्योंकि वे अपनी वित्तीय सफलता के बाद समाज को भी कुछ लौटाना चाहते हैं। एक पवित्र मिशन (हालाँकि, बहुतेरे लोग जो इसकी उच्चतर गुणवत्ता वाली शिक्षा के लिए लगनेवाला महँगा शुल्क नहीं दे सकते, वे शायद सहमत न भी हों)। उन्होंने प्रोफ़ेसर को क्या कहा होगा, जिससे उन्हें यह साफ़ हो गया कि उनका विश्वविद्यालय से जुड़ाव एक राजनीतिक बोझ है? किसी विश्वविद्यालय का राजनीतिक बोझ क्या हो सकता है, क्या प्रोफ़ेसर मेहता इसके किसी एक संस्थापक, कई संस्थापकों या सभी संस्थापकों के लिए बोझ थे? क्या उनके व्यापारिक और वित्तीय हितों को कोई ख़तरा पैदा हो गया था, तो किससे, क्या सोनीपत ज़िले के प्रशासन से, जहाँ विश्वविद्यालय का परिसर है? हरियाणा सरकार से, जहाँ सोनीपत है? या केन्द्र सरकार से?

और, क्या उस ख़तरे में सच्चाई थी? यहाँ हम वित्तीय तौर पर बेहद सफल और ताक़तवर लोगों की बात कर रहे हैं। उन्हें जो संकेत मिलते हैं, वे उन्हें समझने में ग़लती नहीं कर सकते। ख़तरा शायद सचमुच हो। हम इसके स्रोत के बारे में स्पष्ट नहीं हैं, लेकिन यह शायद ऊपर से ही आया हो—राज्य और स्थानीय सरकारें इस तरह के लोगों को नहीं झुका सकतीं, इतना तो निश्चित है।

प्रोफ़ेसर मेहता कहते हैं कि समानता और हरेक नागरिक के लिए समान सम्मान के मूल्यों के बारे में उनके लेखन को अशोका के लिए ख़तरा समझा गया। कौन-सी प्रजातांत्रिक सरकार भला स्वाधीनता के इन मूल्यों से असहमत होगी? कैसे किसी एक व्यक्ति का इन मूल्यों को समर्थन देना किसी विश्वविद्यालय के लिए ख़तरा हो जाएगा?

क्या संस्थापकों ने प्रोफ़ेसर मेहता को यूनिवर्सिटी छोड़ने को कहा? हम केवल अनुमान लगा सकते हैं। लेकिन, प्रोफ़ेसर मेहता अपने पत्र में छात्रों के लिए कुछ सुराग़ छोड़ते हैं। उस पत्र में वह कहते हैं कि उनके लिए यूनिवर्सिटी छोड़ना ही एकमात्र सम्मानजनक काम था, जो उनके मूल्यों से मेल खाता है। यानी, ऐसा लगता है कि शायद संस्थापकों ने उनसे कहा हो कि वह जो लिखना चाहते हैं वह लिखना बन्द कर दें और यूनिवर्सिटी में अपना काम जारी रखें। इस तरह के प्रस्ताव को प्रो. मेहता अस्वीकार ही कर सकते थे। प्रोफ़ेसर ने ताक़तवर—फिर भी डरे हुए—संस्थापकों को इनकार कर दिया और एक 'असुविधाजनक' आवाज़ को बन्द करने की उनकी ताक़त को ख़त्म कर दिया। मैं इसे कोई साधारण अवज्ञा नहीं मानता। यह एक असाधारण प्रतिरोध की शुरुआत हो सकती है।

आज या कल, एक भारतीय बसन्त भी फूटेगा और प्रोफ़ेसर मेहता उन लोगों में याद किये जाएँगे, जिन्होंने इसके बीज डाले।

एक तरह से, इसी तरह डॉ. सुब्रमण्यम भी याद किये जाएँगे। उनको कुछ भी करने की ज़रूरत नहीं थी, क्योंकि मामले का उनसे कोई सीधा लेना-देना नहीं था, लेकिन उन्होंने हम सबको याद दिलाया कि हमें सिर्फ़ इसलिए चुप नहीं रहना चाहिए कि 'वे किसी और के लिए आए थे'। उन्होंने हमें याद दिलाया कि कल वे आपके लिए, मेरे लिए और सबके लिए आएँगे। उन्होंने प्रोफ़ेसर मेहता प्रकरण को 'ख़ासा पीड़ादायक' बताया। इस तरह के प्रकरण और बाक़ी संस्थानों में भी हो रहे हैं और क्या होनेवाला है, यह सुब्रमण्यम को स्पष्ट था। अब यह हमारे ऊपर है कि हम इसको आगे बढ़ाएँ और सत्ता द्वारा लोगों को चुप कराने के अभियान जो उनकी नज़र में 'विचार-अपराध' है, उसकी सज़ा देने के काम का प्रतिरोध करें, विरोध करें।

एक निजी विश्वविद्यालय में जब यह सब हो रहा था, तभी एक और उद्घाटनकारी घटना होती है। बनारस हिन्दू विश्वविद्यालय जो सरकारी सहायता से चलता है, ने एशिया के सबसे धनी व्यवसायी की पत्नी श्रीमती नीता अंबानी, गौतम अडाणी की पत्नी श्रीमती प्रीति अडाणी (ये अडाणी वही हैं जिन्होंने अपनी कुल पूँजी में महामारी के साल 16 बिलियन अमेरिकी डॉलर जोड़े) और स्टील के बादशाह लक्ष्मी मित्तल की पत्नी श्रीमती उषा मित्तल को आमंत्रित किया। इन तीनों महिलाओं के पति मोदी सरकार के क़रीबी माने जाते हैं। विश्वविद्यालय चाहता है कि ये महिलाएँ वहाँ

के सामाजिक विज्ञान प्रभाग के महिला अध्ययन केन्द्र में विज़िटिंग प्रोफ़ेसर बनें। सामाजिक विज्ञान के डीन ने कहा कि उनके विचार से छात्र-छात्राओं को महिला सशक्तीकरण के क्षेत्र में इन महिलाओं के अनुभव से फ़ायदा मिलेगा। छात्रों ने विरोध किया और अच्छे कारण से किया। हालाँकि, किसी के भी पास इन तीनों महिलाओं के ख़िलाफ़ कुछ नहीं है, लेकिन अगर बात महिला सशक्तीकरण की है तो उनसे अधिक मज़बूत, ख़ुद अपने दम पर बहुत कुछ करनेवाली कई महिलाएँ हैं जो पढ़ा सकती हैं और छात्रों को प्रेरणा दे सकती हैं।

लोग इन दो झटकों से उबरते कि उत्तराखंड के नव-नियुक्त मुख्यमंत्री तीरथ सिंह रावत का कुख्यात रिप्ड जींस वाला बयान आया। एक सार्वजनिक समारोह में बोलते हुए उन्होंने युवाओं, ख़ासकर लड़कियों की आलोचना फटी जींस पहनने को लेकर की और उन्हें 'मूल्यों' से हीन बताया। एक हवाई यात्रा के दौरान हाल ही में उनकी बग़ल में एक महिला लम्बे बूट और घुटनों पर फटी जींस पहने बैठी थी। उसने उन्हें बताया कि वह दो बच्चों की माँ है और एक एनजीओ चलाती है। मुख्यमंत्री चकित थे। उस घटना को याद करते हुए उन्होंने कहा, 'अगर इस तरह की महिलाएँ हमारे समाज में लोगों से मिलती हैं और उनकी समस्याएँ सुलझाती हैं, तो किस तरह का सन्देश हम समाज को, अपने बच्चों को दे रहे हैं?'

मैंने उनके भाषण के फुटेज देखे। उनके चेहरे पर पूरा आत्मविश्वास था। वह निश्चित थे कि वह जो भी कह रहे हैं, वह भारतीय मूल्यों की इंस्टाग्राम-योग्य परम सैद्धान्तिकी से निकला है। उनकी पत्नी उनके बचाव में आईं। मेरे एक दोस्त ने कहा कि वह चकित हैं कि सरकार या सत्ताधारी भाजपा की कोई महिला नेत्री इस संवेदनहीन और भद्दे बयान की निन्दा करने आगे नहीं आईं। मेरा मित्र भोला है। मेरे लिए इसमें कोई अचरज नहीं कि मुख्यमंत्री की निन्दा नहीं हो रही है। मुझे अचरज यह था कि कोई उनके और उनकी निम्नस्तरीय घृणा के बचाव में यह कहते हुए नहीं आया कि जो कोई उनका विरोध कर रहा है, वह देशद्रोही है, क्योंकि फटी जींस का मतलब एफडीआई है, यानी विदेशी विध्वंसक विचार (फॉरेन डिस्ट्रक्टिव आइडियोलॉजी)। हालाँकि मैं ग़लत हो सकता हूँ। शायद मंत्री और भीड़ तब भी जुटाए जा रहे हों, जब मैं यह लिख रहा हूँ, जो यह कहेंगे कि मुख्यमंत्री सही है और उन्होंने जो कहा, वह हिन्दू धर्म के वर्तमान प्रारूप के अनुरूप ही है।

महामारी के पहले के समय को याद कीजिए और जवाहरलाल नेहरू विश्वविद्यालय में गुंडों ने जो उत्पात मचाया था, उसके बारे में सोचिए। पुलिस मूक दर्शक बनी रही। जामिया मिल्लिया इस्लामिया में पुलिस का आतंक याद कीजिए। इन विश्वविद्यालयों में छात्रों को तब तक पीटा गया, जब तक उनकी हड्डी नहीं टूटी, ख़ून नहीं निकला। एक परिसर में ये हिंसक गुंडे ज़ाहिर तौर पर हिन्दुत्ववादी थे और दूसरे में पुलिस ख़ुद ही थी।

यह नये भारत के 'मूल्य' हैं, उसका 'राजधर्म' है। सांस्कृतिक मूल्यों के स्याह पुनःप्रेरण (री-ओरिएंटेशन) की कोशिश। आवाज़ों को दबाना, क्योंकि असहमति ख़तरनाक है और उसे राजद्रोह के रूप में लिया जाता है। अकादमिया, स्वतंत्र मीडिया, लेखक, सामाजिक कार्यकर्ता, छात्र जो 'राजनीति' से दूर नहीं रह पाते, वे सभी निगरानी में हैं। 'पूँजी निर्माता' और उनके पति-पत्नी पूरे देश को अपहृत करने की परियोजना में सहयोगी बनाए और पुरस्कृत किये जाते हैं। (याद कीजिए कि 2018 में नीता अंबानी चालित रिलायंस फ़ाउंडेशन के जियो इंस्टीट्यूट को 'प्रख्यात संस्थान (इंस्टीट्यूट ऑफ़ एमिनेंस)' का दर्जा तब ही दे दिया गया था, जब वह शुरू भी नहीं हुआ था।

उच्च शिक्षा का परिदृश्य अन्धकारमय है। शिक्षण रद्दी है। शोध और प्रकाशन दयनीय। शोध और विकास (आर एंड डी) निराशाजनक। संख्या और गुणवत्ता में, अकादमिक प्रदर्शन (आउटपुट) सार्वजनिक और निजी विश्वविद्यालयों में नगण्य है। एक अध्ययन बताता है कि भारत के एक भी अकादमिक जर्नल को 1 से ऊपर का एसजेआर (Scimago Journal Rank) नहीं मिला है। अन्तरराष्ट्रीय स्तर पर 1 से ऊपर एसजेआर वैल्यू वाले जर्नल को औसत से अधिक 'साइटेशन पोटेंशियल' (सन्दर्भात्मक क्षमता) वाला माना जाता है और 1 से कम वैल्यू पर उसे औसत से कम आँका जाता है।

सरकार इस पिछड़ेपन को लेकर चिन्तित नहीं है। उसकी नई शिक्षा नीति में इन परिदृश्यों पर चर्चा नहीं है। इसके बदले सरकार दिन-रात मेहनत करके परिसरों के विरोध को दबा रही है। विषैली रणनीतियाँ बनाकर विश्वविद्यालयों से उन शिक्षकों को निकाल रही है, जो इसकी राजनीति पर सवाल उठाते हैं।

यह पाँच ट्रिलियन डॉलर की अर्थव्यवस्था बनने का रास्ता नहीं है, न भारत को विश्वगुरु बनाने का। विश्वविद्यालय और शोध संस्थानों को खिलना चाहिए। उन्हें

विचारों का अखाड़ा होना चाहिए, जहाँ परम्पराओं को चुनौती मिले, असहमतियों के फूल खिलें। वे सीखने की जगह बनें, जहाँ सवालों के जवाब मिलें और जहाँ छात्रों को उन जवाबों पर भी सवाल करने की छूट हो। हरेक परिसर को एक अव्यवस्थित, विद्रोही और अदम्य जगह होना चाहिए। हमारे उच्च अध्ययन के संस्थानों को सत्ता के आदेशों और समाज की आत्मरति के ख़िलाफ़ खड़ा होना चाहिए। वे बोनसाई विश्वविद्यालय न हों, बौने और कटे-छँटे, हमारे शासकों की सुविधा और पसन्द के हिसाब से विकसित किये हुए।

हमारे विश्वविद्यालय

जो हमारे बेहतरीन हैं, क्या वे पर्याप्त अच्छे भी नहीं हैं?

[इस आलेख का एक प्रारूप पहली बार सितम्बर 2021 में आया था।]

मैं अपने देश की शिक्षा के हालात में ख़ासी रुचि रखता हूँ। दो रिपोर्ट्स का मुझे हर वर्ष इन्तज़ार रहता है। 'प्रथम' की 'असर' (एनुअल स्टेट ऑफ़ एजूकेशन रिपोर्ट) जो देश में स्कूली शिक्षा की हालत का आकलन करती है और दूसरी नेशनल इंस्टीट्यूशनल रैंकिंग फ्रेमवर्क यानी एनआईआरएफ़ की रिपोर्ट जो हमारे विश्वविद्यालयों की स्थिति बताती है। जब मैंने दूसरी रिपोर्ट पढ़ी तो तुरन्त ही विश्वविद्यालयों की वैश्विक रैंकिंग देखी ताकि पता कर सकूँ कि हमारे अपने उच्च शिक्षा संस्थान कहाँ खड़े हैं? इस आलेख में मैं एनआईआरएफ़ 2021 की रिपोर्ट के बारे में बात करूँगा कि वह हमारे देश के विश्वविद्यालयों के बारे में क्या कहती है।

2015 में बनी एनआईआरएफ़ हमारे देश के विश्वविद्यालयों, विज्ञान व तकनीकी और मेडिकल संस्थानों और महाविद्यालयों का मूल्यांकन अपनी एक समग्र कसौटी पर करती है। मेरे विचार से यह हमारे शिक्षा मंत्रालय द्वारा बनाया गया एक बेहतरीन ढाँचा है। यह किसी संस्थान के प्रदर्शन का आकलन पाँच विभिन्न मानकों पर करती है। इसमें संस्थान के शिक्षण, सीखने और संसाधनों को देखा जाता है। इस मानक में छात्रों की संख्या, छात्र-शिक्षक अनुपात, शिक्षकों की योग्यता और अनुभव, संस्थान के वित्तीय संसाधन और उनके उपयोग को भी शामिल किया जाता है। दूसरा मानक शोध और पेशेवर व्यवहार है। यह कुल प्रकाशनों, पेटेंट्स—प्रकाशित और स्वीकृत दोनों—और पेशेवर कामों यानी प्रोजेक्ट और कंसल्टैंसी को भी देखता है। तीसरा

मानक स्नातकों का है। यह परीक्षाओं और पूरी हुई पीएचडी को देखता है। चौथा मानक समावेश और पहुँच का है। यह विद्यार्थियों के संघटन पर ध्यान देता है। संस्थान की क्षेत्रीय, लैंगिक और आर्थिक विविधता के साथ ही इसमें दिव्यांगों के लिए किये गए उपायों को भी देखा जाता है। पाँचवाँ और अन्तिम मानक समवर्तियों की राय का है। यानी, यह आँकता है कि संस्थान के बारे में अकादमिकों की राय क्या है और साथ ही रोज़गार के बाज़ार में वह संस्था कहाँ खड़ी है।

हमारे कई आईआईटी संस्थान 2021 की एनआईआरएफ़ रिपोर्ट में शीर्ष पर हैं। सभी वर्गों में 10 सर्वश्रेष्ठ संस्थानों में सात आईआईटी हैं—मद्रास, बॉम्बे, दिल्ली, कानपुर, खड़गपुर, रुड़की और गुआहाटी। दूसरा वैज्ञानिक संस्थान आईआईएस (इंडियन इंस्टीट्यूट ऑफ़ साइंस) बेंगलुरु दूसरे क्रमांक पर है। दो ऐसे संस्थान भी शीर्ष 10 में हैं, जो पूरी तरह विज्ञान को समर्पित नहीं हैं। नवें स्थान पर मेरा पूर्व संस्थान जवाहरलाल नेहरू विश्वविद्यालय है और दसवें स्थान पर बनारस हिन्दू विश्वविद्यालय। जैसा मैंने कहा, यह संस्थानों की सम्पूर्ण रैंकिंग है। हालाँकि, जब बात यूनिवर्सिटी की हो तो आईआईएससी, बेंगलुरू पहले स्थान पर है, जेएनयू दूसरे और बीएचयू तीसरे स्थान पर है। जामिया मिल्लिया इस्लामिया छठे स्थान पर है और अलीगढ़ मुस्लिम यूनिवर्सिटी दसवें स्थान पर है। कलकत्ता यूनिवर्सिटी, जादवपुर यूनिवर्सिटी, अमृता विश्व विद्या पीठम, यूनिवर्सिटी ऑफ़ हैदराबाद और मणिपाल अकेडमी ऑफ़ हायर एजूकेशन, उन दूसरे विश्वविद्यालयों में हैं, जिनको देश के शीर्षस्थ 10 संस्थानों में जगह मिली है।

आपका ध्यान मैं दो बातों की ओर खींचना चाह रहा हूँ। पहला, कम से कम तीन विश्वविद्यालय ऐसे हैं जिनको वर्तमान सत्ता नापसन्द करती है और वे शीर्ष 10 में हैं, जेएनयू, जामिया और एएमयू। आकलन सरकार के अपने शिक्षा मंत्रालय द्वारा किया गया है, जिसके मानक भी उसी ने बनाए हैं। इसका मतलब है कि इन विश्वविद्यालयों का प्रदर्शन इतना शानदार है कि वे उस परीक्षा में भी शीर्ष पर आ जाते हैं, जो शायद उनके प्रति कोई सहानुभूति नहीं रखती है। इन विश्वविद्यालयों के शिक्षकों और छात्र-संगठनों ने साबित किया है कि आज़ादी का दृढ़ आग्रह, तीव्र सामाजिक-राजनीतिक चेतना उनकी अकादमिक श्रेष्ठता को प्रभावित नहीं करती। दरअसल, वे तो पुख़्ता सबूत हैं कि सामाजिक-राजनीतिक चेतना और अकादमिक श्रेष्ठता को अलग नहीं किया जा सकता है। यही कहानी पिछले साल भी थी। 2021

में शीर्ष 10 जो यूनिवर्सिटी रहीं, वे हमेशा इसी क्रम में थोड़ा ऊपर-नीचे होती हैं, वह भी 2016 ई. से, जब श्रेणीकरण (रैंकिंग) वर्तमान प्रारूप से शुरू हुआ। मेरा पूर्ववर्ती संस्थान जेएनयू—जिसके ख़िलाफ़ वर्तमान भाजपा सरकार ने तो लगभग युद्ध ही छेड़ दिया है—लगातार नम्बर दो पर है, वह भी 2017 से। उसके ऊपर आईआईएससी ही है। 2016 में यह तीसरे स्थान पर था।

जिस दूसरी चीज़ की तरफ़ मैं आपका ध्यान खींचता चाहता हूँ वो ये है कि किसी भी पाँच सितारा कॉरपोरेट पोषित बोनसाई यूनिवर्सिटी ने देश के 10 श्रेष्ठ संस्थानों में जगह नहीं बनाई है। सूची एनआईआरएफ़ के पोर्टल पर उपलब्ध है, विवरण के साथ। इन पाँच सितारा यूनिवर्सिटी की रैंकिंग ज़रूर देख लें। यह उनके लिए अच्छा रहेगा जो सरकारी वित्त-पोषित विश्वविद्यालयों को नीची निगाह से देखते हैं।

अब दूसरी बात।

जब हम वैश्विक रैंकिंग देखते हैं, तो एक भी भारतीय विश्वविद्यालय शीर्ष 10 या शीर्ष 50 में, यहाँ तक कि शीर्ष 100 में भी नहीं है। दुनिया की सबसे अधिक देखी जानेवाली शिक्षा विश्लेषक 'क्यूएस' (क्वासरेली सायमंड्स) ने 2021 के जून में दुनिया के विश्वविद्यालयों की रैंकिंग जारी की। शीर्ष 100 विश्वविद्यालयों में 44 अमेरिका और ब्रिटेन के थे—अमेरिका 26, इंग्लैंड 18—मेरा पूर्ववर्ती संस्थान एलएसई (लंदन स्कूल ऑफ़ इकोनॉमिक्स) 49वें स्थान पर था। भारत के शीर्ष विश्वविद्यालयों और संस्थानों को निचले स्थान से सन्तोष करना पड़ा। आईआईटी बॉम्बे 117वें स्थान पर, आईआईटी दिल्ली 185 और आईआईएससी बेंगलुरु 186वें स्थान पर रहे।

मैं कहता हूँ कि हमारे शीर्ष विश्वविद्यालयों को निचले स्थान से सन्तोष करना पड़ा क्योंकि यह साफ़ है कि ये सरकारी विश्वविद्यालय सरकार से तो तुरन्त किसी सहायता की उम्मीद नहीं रख सकते। मैं ये क्यों कहता हूँ? क्योंकि सुधार के लिए योजना बनाने और लागू करने के लिए पहले यह स्वीकार करना होगा कि कोई समस्या है भी। लेकिन सरकार तो मानती ही नहीं कि नये भारत में कोई समस्या है। यह स्वप्नलोक में रहती है। जब क्यूएस रैंकिंग प्रकाशित हुई, हमारे शिक्षामंत्री ने ट्वीट किया, 'भारत ने शिक्षा और शोध के क्षेत्र में छलाँग लगाई है और हम विश्वगुरु के तौर पर उभर रहे हैं। हम प्रधानमंत्री श्री नरेन्द्र मोदी जैसे गुरु को पाकर गर्वित हैं...' हमारे मंत्री महोदय का यह जादुई तब है जब हमारे बेहतरीन

संस्थान भी वैश्विक स्तर पर सम्मानजनक स्थान तक नहीं पहुँच सके।

यह देखना आवश्यक है कि क्यूएस रैंकिंग में शीर्ष स्थान केवल पश्चिमी देशों के विश्वविद्यालयों को नहीं मिला है। शीर्ष के 50 में 12 विश्वविद्यालय एशिया से थे : चीन से चार और जापान, दक्षिण कोरिया, सिंगापुर, हाँगकांग से दो-दो। यह भी ध्यान देने की बात है कि मलेशिया, ब्राजील, मेक्सिको, अर्जेंटीना, चिली, सऊदी अरब और कजाकिस्तान के विश्वविद्यालय क्यूएस की सूची में भारतीय विश्वविद्यालयों से ऊपर हैं। पहला भारतीय विश्वविद्यालय इस सूची में 177वें स्थान पर आता है। कहानी दूसरी रैंकिंग्स में भी यही है। टाइम्स हायर एजूकेशन रैंकिंग्स, द शंघाई जियाओ तोंग यूनिवर्सिटी रैंकिंग, द टॉप यूनिवर्सिटीज रैंकिंग और यूएस न्यूज़ एंड वर्ल्ड रिपोर्ट रैंकिंग—किसी भी जगह देखें, हमारा सर्वश्रेष्ठ भी इतना अच्छा नहीं है कि इनके शीर्ष 100 या 150 में स्थान बना सके। देश में वर्षों तक, एक के बाद एक आई सरकारों द्वारा उच्च शिक्षा की अनदेखी और गुणवत्ता के प्रति लापरवाही ने हमें यहाँ पहुँचा दिया है। इसके बावजूद समस्या पर ध्यान देने के बजाय हमारे शिक्षामंत्री इस शर्मनाक आँकड़े का इस्तेमाल नरेन्द्र मोदी को 'गुरु' और भारत को 'उभरता विश्वगुरु' बताने के लिए करते हैं (कृपया पदानुक्रम भी देखें सर्वोच्च नेता 'गुरु' हैं, जबकि देश अभी 'उभरता' हुआ है)।

हमारे अधिकांश विश्वविद्यालय निष्क्रिय पड़े हैं। यह कठोर लग सकता है पर यह एक सच है कि हमारे विश्वविद्यालयों की पढ़ाई बहुत ख़राब है। शोध और प्रकाशन की स्थिति बदतर है। संख्या और गुणवत्ता में, अकादमिक उत्पादन शून्य है। सरकारी और निजी बोनसाई विश्वविद्यालयों—दोनों में ही। यह जानना निराशाजनक है कि भारत से छपनेवाले सभी जर्नल्स का एसजेआर स्कोर* जींस से कम है। हमारे विश्वविद्यालयों के प्रकाशन दरअसल में गिने-चुने ही हैं, बाक़ी तो सिर्फ़ काग़ज़ पर हैं, और जो हैं वे भी दयनीय तरीक़े से बेहद कम प्रकाशन करते हैं। दूसरी तरफ़, प्रतिष्ठित पश्चिमी अकादमिक और विश्वविद्यालयी प्रेस से आई किताबों की संख्या देखकर कोई भी चकित हो जाएगा, जो कि *न्यूयॉर्क रिव्यू ऑफ़ बुक्स* जैसी पत्रिका का एक पूरा अंक विज्ञापन के लिए लेती हैं।

भारत की अकादमिक दुनिया में शोध और प्रकाशन की इस दुर्दशा का प्रभाव हमारे वैज्ञानिक और तकनीकी कौशल पर भी पड़ता है। उच्च शिक्षा संस्थानों में

---

* देखें, आलेख 'बोनसाई यूनिवर्सिटी और रिप्ड जींस'।

पढ़ाई, शोध और सीखने की निम्न गुणवत्ता की वजह से हमारा शोध व विकास (आर एंड डी) अत्यधिक निराशाजनक है। जेनेवा के वाइपो (वर्ल्ड इंटेलेक्चुअल प्रॉपर्टी ऑफ़िस) के आँकड़ों पर एक नज़र डालिए। यह ऑनलाइन उपलब्ध है। पेटेंट्स के लिए डाली गई अर्जी और प्राप्त 'पेटेंट' में भारत का स्थान ख़ासा नीचे है। बौद्धिक सम्पत्ति (इंटेलेक्चुअल प्रॉपर्टी) के सबसे आम रूप पेटेंट, ट्रेडमार्क और औद्योगिक डिजाइन हैं। 2020 में वाइपो में चीन ने इन तीनों श्रेणियों में शीर्ष पर जगह बनाई है। पेटेंट्स में अमेरिका दूसरे स्थान पर है, जिसके बाद जापान, दक्षिण कोरिया और जर्मनी हैं। औद्योगिक डिजाइन में जर्मनी दूसरे स्थान पर है, जिसके बाद दक्षिण कोरिया, अमेरिका और इटली हैं। वाइपो पोर्टल ने राष्ट्रीयता के आधार पर भी निवासी (रेजिडेंट) और आप्रवासी (नॉन-रेजिडेंट) खाँचों में बाँटकर इसे देखा है। चीन के निवासियों ने आप्रवासियों की तुलना में सबसे अधिक इंटेलेक्चुअल प्रॉपर्टी के लिए आवेदन दिया है और उनका प्रतिशत 88.8 है, इसके बाद जापान 79.7 फ़ीसदी, दक्षिण कोरिया 78.4 प्रतिशत, जर्मनी 69.2 और रूस 65.7 फ़ीसदी के साथ मौजूद है। भारत के लिए यह नज़ारा उलटा है। निवासियों के मुक़ाबले आप्रवासी भारतीयों ने अधिक आवेदन दिये हैं और यह प्रतिशत 63.7 प्रतिशत है। यह वे भारतीय हैं, जो भारत के बाहर रहते हैं।

हम अपनी जीडीपी का केवल 0.65 प्रतिशत ही शोध व विकास (आर एंड डी) पर ख़र्च करते हैं, जो छोटे देशों इजरायल (4.9 प्रतिशत), दक्षिण कोरिया (4.6 फ़ीसदी), ताइवान (3.5 फ़ीसदी) और सिंगापुर (2.2 प्रतिशत) से भी कम है।

केन्द्र सरकार ने अगले पाँच वर्षों में बहुचर्चित राष्ट्रीय शोध प्रतिष्ठान (एनआरएफ) के ज़रिये 50 हज़ार करोड़ रुपये ख़र्च करने का संकल्प लिया है। लेकिन, यह उस देश की ज़रूरतों के लिहाज काफ़ी कम है जो पाँच ट्रिलियन डॉलर की अर्थव्यवस्था बनने के साथ 'विश्वगुरु' भी बनना चाहता है।

हमारी नई शिक्षा नीति प्रशासकीय तामझाम के हिसाब से तो बड़ी है लेकिन सार्थक रणनीति के मोर्चे पर निराशाजनक तौर पर छोटी है, हमारे उच्च शिक्षा संस्थानों को वैश्विक स्तर का बनाने में भी और हमारे विश्वविद्यालयों को जीवन्त और समावेशी बनाने में भी। पुलिस और नकाबपोश गुंडे भेजकर, विद्यार्थियों को पिटवाकर और राजनीतिक तौर पर सक्रिय छात्रों पर राजद्रोह का मामला मढ़कर

सत्ताधारी विश्वविद्यालयों को बेहतरीन बनाने के काम में मदद नहीं कर रहे हैं। जिन विश्वविद्यालयों ने सरकार के शिक्षा मंत्रालय के एनआईआरएफ़ की रैंकिंग में शीर्ष स्थान पाया है, वही इसके उग्रवादी विचारकों और झंडाबरदारों के भी निशाने पर रहते हैं। यह बात शिक्षा के प्रति सरकार की दृष्टि के बारे में भी काफ़ी कुछ बताती है।

हमारे विश्वविद्यालयों को कोष की, शोध-सुविधाओं में निवेश की, समावेशी प्रवेश नीति की, ताकि विविधता कायम रह सके, बेहतर शिक्षक-विद्यार्थी अनुपात की, एक प्रोत्साहित करनेवाले इकोसिस्टम की, तदर्थवाद (स्टेटस-को) पर सवाल उठाने के लिए बेहतर वातावरण की और राजनीतिक, वैज्ञानिक, अकादमिक सत्ता और धार्मिक रूढ़ियों से असहमति की ज़रूरत है। भारतीय विश्वविद्यालय एक उदारवादी और सहिष्णु समाज में ही फल-फूल सकते हैं। एनआईआरएफ़ का अगर कोई सन्देश है, तो यही है।

जेएनयू वैसा ही रहे जैसा है

[पिछले आलेख—'बोनसाई यूनिवर्सिटी और रिप्ड जींस'—में विश्वविद्यालयों को आज्ञाकारी और साफ़-सुथरा बनाने, उनका ही कटा-छँटा बोनसाई रूप देने के प्रयासों पर बात की गई थी, जहाँ स्वाधीन चिन्तन को धता बता दिया जाए। जहाँ विद्यार्थी केवल 'पढ़ें', वे 'राजनीतिक' न हों, जब तक कि उनकी राजनीति सत्ताधारी दल के अनुरूप न हो। यह आलेख इस बहस को दिल्ली के मशहूर जवाहरलाल नेहरू विश्वविद्यालय तक ले जाता है, जिसके साथ 2016 की शुरुआत से ही मोदी सरकार का छत्तीस का आँकड़ा है, जब इसके कुछ बेहद प्रतिभावान विद्यार्थियों को राजद्रोह के आरोप में गिरफ़्तार किया गया था। उसके बाद से एक अनथक अभियान जारी है जिसमें धमकियाँ, दमन, प्रशासनिक व शैक्षणिक जगहों के समायोजन और उन पर क़ब्ज़ा करने के लिए संघ परिवार द्वारा चुने गए लोगों की नियुक्ति शामिल है। यह एक स्पष्ट प्रयास है कि जेएनयू को नष्ट कर दिया जाए, वह जेएनयू जिसे हम जानते थे : जहाँ मुक्त विचारों और बहसों की परम्परा थी, जिसका समानता पर ज़ोर था—जो वर्ग, जाति और धर्म के खाँचों को चुनौती देता था—जो हिन्दू दक्षिणपंथ का जवाब था।

यह आलेख 'द वीक' के 30 नवम्बर, 2019 अंक में छपे प्रारूप का अद्यतन रूप है और जेएनयू की भावना को समर्पित है।]

जवाहरलाल नेहरू विश्वविद्यालय (जेएनयू) से आती ख़बरें मुझे मई 1983 में हुए हमारे आन्दोलन की याद दिलाती हैं। तब मैं इस महान विश्वविद्यालय का छात्र था। हमने वीसी का घेराव एक घटना को लेकर किया था। झेलम हॉस्टल के एक

विद्यार्थी जलीस अहमद को अनुशासनात्मक कार्रवाई के आधार पर हॉस्टल से निकाल दिया गया था। उसके निष्कासन से शुरू हुआ छात्रों का आन्दोलन एक बड़े आन्दोलन में बदल गया। पुलिस परिसर में घुसी और हमें ट्रकों में लादकर ले गई। हमें तिहाड़ भेजा गया। हमने दो हफ़्ते जेल में गुज़ारे।

उस आन्दोलन को जलीस अहमद के मामले ने भड़काया था, जैसे कि अब 2019 में हॉस्टल फीस में बढ़ोतरी की वजह से आन्दोलन हुआ है। लेकिन, उस समय अगर मामला केवल एक जलीस अहमद का और अब सिर्फ़ फीस वृद्धि का ही होता, तो शायद एक दिन भी इसे सुलझने में नहीं लगता। और सरकारें—तब इंदिरा गांधी की और अब नरेन्द्र मोदी की, असामान्य बल-प्रयोग नहीं करतीं। असली कारण यह था कि दोनों आन्दोलनों ने सत्ता पर तीखे सवाल उछाले और उसे असहज कर दिया।

जेएनयू के वर्तमान हालात देश को दो विकल्प देते हैं।

पहला तो यह कि इसे असह्य, 'ख़तरनाक' अनुशासनहीन समझकर बलात् दबा दिया जाए। यह सबसे आसान उपाय है। इसके लिए प्रशासन को बस आन्दोलन को अश्लील बना देना है कि यह सस्ते आवास और सब्सिडी वाले खाने के लिए बेतुकी माँग मात्र है और कुछ नहीं, और यह माँग हिंसा भड़काती है और संस्थान के लिए ख़तरा पेश करती है। ऐसे प्रयास होते दिख भी रहे हैं। हालाँकि, यह किसी वैसे देश के लिए लाभदायक नहीं होगा जो दुनिया का नेता और सुपरपावर बनना चाहता है।

देश के पास दूसरा विकल्प यह है कि वह गम्भीरता से उच्च शिक्षा के बड़े और जटिल सवाल पर सोचे—और उससे भी बढ़कर हमारे राष्ट्रीय जीवन में किसी विश्वविद्यालय की भूमिका पर विचार करे। अगर सत्ताधीश इस बाद वाले विकल्प को चुनते हैं और जेएनयू के आन्दोलन से उपजे सवालों का ईमानदार जवाब देते हैं तो देश को भरपूर फ़ायदा होगा।

दूसरा विकल्प हमारे समाज में शिक्षा के उद्देश्य को पुनः परिभाषित करने की इच्छा और परिपक्वता की माँग करता है। यह विकल्प हमें यह सोचने को कहता है कि देश किस तरह का विद्यार्थी चाहता है, वह विश्वविद्यालय और समाज के बीच कैसा रिश्ता चाहता है, वह किन संसाधनों को शिक्षा पर ख़र्च करने को तैयार है, हमारे युवा नागरिकों को शिक्षित करने में बाज़ार की ताक़तों की क्या जगह हो,

इस पर वह क्या सोचता है और वह किस तरह के परिणाम चाहता है—यह जीवन्त मस्तिष्क चाहता है या रोबोट!

जेएनयू में विरोध और बेचैनी नई बात नहीं है। मेरे वक़्त में भी हम केवल परिसर की बातों पर प्रतिक्रिया या विरोध नहीं करते थे। हम देश में हो रही घटनाओं पर प्रतिक्रिया देते थे, वैश्विक घटनाओं पर भी। दरअसल, हम परिसर के मुद्दों से अधिक देश और दुनिया के मसलों पर विरोध-प्रदर्शन करते थे। श्रीलंकाई तमिलों के नरसंहार, कम्पूचिया के अत्याचार, अफ़ग़ानिस्तान पर सोवियत आक्रमण, खालिस्तान आन्दोलन, आन्ध्र में एन टी रामाराव के हटाए जाने, इत्यादि पर भी जेएनयू उतना ही जीवन्त था।

हम अपने हॉस्टल में अपर्याप्त पानी को लेकर बहुत चिन्तित नहीं होते थे। एक बार जब पानी की बहुत दिक़्क़त थी, तो एक छात्रनेता यूजीबीएम (यूनिवर्सिटी जनरल बॉडी मीटिंग) में दहाड़ा, 'जब तक हिन्दुस्तान के हरेक गाँव में पानी नहीं पहुँचेगा, तब तक हम जेएनयू के लिए पानी नहीं माँगेंगे।' भीड़ ने तालियों से उसका स्वागत किया। हम अपने क्षुद्र स्वार्थ से हमेशा आगे देखते थे। रोज़मर्रा की ज़रूरतें शायद ही हमारे लिए कोई मायने रखती थीं। छात्र संगठन पर्चे लिखते थे, हाथ से लिखे पोस्टर चिपकाते थे, रात के खाने के बाद डिबेट का आयोजन करते थे। पूरे देश से विचारक और चिन्तक जेएनयू आते थे और बोलते थे। रात के खाने के बाद हमारा डाइनिंग हॉल बड़ी-सी बैठक में बदल जाता था। हमारा परिसर सुबह तक जगा रहता था और बहसों से जीवन्त था। हम देश की समस्याओं पर नींद खो देते थे। छात्रसंघ के चुनाव बिना ख़र्चे के होते थे।

छात्र-चुनाव को छात्रों के बीच से चुने गए चुनाव आयोग के प्रतिनिधि करवाते थे। वही लोग चुनाव करवाने और नतीजे घोषित करने के ज़िम्मेदार थे। कोई गुंडागर्दी नहीं थी।

शिक्षकों-विद्यार्थियों का सम्बन्ध अनौपचारिक था। पढ़ाना और पढ़ना कक्षा से आगे शिक्षकों के घरों तक जाता था। हम शिक्षकों को सेवा प्रदाता नहीं समझते थे, न ही वे हमें ग्राहक की तरह देखते थे। हम कर्मचारियों को नौकर नहीं समझते थे।

इसी वातावरण ने हमें बनाया और हममें से अनेक लोग अब काफ़ी अच्छा काम कर रहे हैं, देश की सेवा कर रहे हैं। हममें से कई लोग देश-विदेश में शिक्षक बने, कई सरकारी अधिकारी, सामाजिक कार्यकर्ता, राजनीतिक कार्यकर्ता,

पत्रकार, वैज्ञानिक, लेखक, कवि बने कई विधानसभा में गए। मेरे समय के दो लोग वर्तमान में केन्द्रीय कैबिनेट में हैं। एक पूर्व छात्र ने 2019 में अर्थशास्त्र का नोबेल पुरस्कार जीता।

हम जेएनयू इसलिए नहीं आए थे कि हम सबसे धनी और सबसे प्रतिभाशाली थे। हमारी पृष्ठभूमि साधारण थी, अकादमिक तौर पर हम औसत थे। फिर भी, विश्वविद्यालय की अनूठी और समतावादी प्रवेश नीति ने हमें वहाँ पहुँचाया। विश्वविद्यालय की प्रवेश नीति में प्रत्याशी की शोषित सामाजिक पृष्ठभूमि को भी वज़न दिया जाता था। जिस क्षेत्र और आर्थिक हालात से हम आते थे, उसको भी ध्यान में रखा जाता था। छात्रों और शिक्षकों ने एक साथ मिलकर इस नीति को गढ़ा था। हममें से कई जन हमारी सामाजिक और बौद्धिक प्रगति को जेएनयू का ऋणी मानते हैं, उसकी अनूठी और शानदार प्रवेश-नीति का नतीजा।

इसे जानिए, समझिए और फिर इस प्रश्न मूल को समझिए: हम एक विश्वविद्यालय को कैसे देखते हैं? एक ऐसे संस्थान के तौर पर जो अगली पीढ़ी को ऐसा गढ़े जो हमारे देश को प्रगतिशील राष्ट्र के तौर पर आगे ले जाए, जो समाज के सभी वर्गों के लिए सम्मान और समृद्धि सुनिश्चित करने का प्रयास करे? या फिर एक ऐसा उद्यम जो बस पैसा कमाए? असमानता में डूबे इस देश में शिक्षा की क्या भूमिका होनी चाहिए? भारत को अपने छात्रों को कैसे लेना चाहिए? क्या देश चाहता है कि वे हाँ में हाँ मिलाने वाले हों जो केवल तदर्थवाद के लिए काम करें, या फिर यह चाहता है कि वे स्थापित रूढ़ियों को तोड़ें और बदलाव लाने वाले क्रान्तिकारी बनें? इन सवालों के जवाब में ही जेएनयू के आन्दोलन पर हमारी प्रतिक्रिया निहित है।

जेएनयू मेरे दिनों से पहले भी बेहंगम था, मेरे दिनों में भी। वह आज भी बेहंगम है, भले इसको काबू करने के प्रयास हुए हों। मेरी इच्छा है कि भविष्य में भी यह हमेशा बेहंगम ही रहे। दरअसल, सभी विश्वविद्यालयों को तब तक बेहंगम ही रहना चाहिए, जब तक हमारे समाज में असमानता है। उनको आगे की सोचनी चाहिए, दिये गए ज्ञान पर प्रश्न पूछने चाहिए, चीज़ों को ख़ुद करके चाहिए, उन्हें पढ़ना, सिद्धान्त बनाना, राजनीतिक, वित्तीय और बौद्धिक सत्तातंत्र पर सवाल उठाना चाहिए। यह मेरी चाह है कि सत्ताधारी दल ऐसे संस्थानों के साथ जीने के लिए विचारधारा के तौर पर ख़ुद को सुरक्षित समझें। ईस्ट इंडिया कम्पनी के आने से पहले, हमारे

शिक्षण-संस्थान सार्वजनिक धन से चलते थे और शिक्षकों व छात्रों को मुफ़्त रहने और खाने की व्यवस्था करके देते थे। छात्रों को मुफ़्तख़ोर नहीं कहा जाता था। वे मुक्त रूप से सवाल पूछते थे, बहस करते थे। इस व्यवस्था ने भारत को एक शानदार ज्ञानी समाज बनाया था। मैं आप सभी से धर्मपाल की द *ब्यूटीफुल ट्री : इंडीजीनस इंडियन एजूकेशन इन द एटीन्थ सेंचुरी* पढ़ने को कहूँगा, जो कम्पनी राज के पहले की भारत की शिक्षा व्यवस्था के बारे में पूरी जानकारी देती है। वैसी ही व्यवस्था भारत को फिर से अग्रणी ज्ञान-समाज के तौर पर स्थापित कर सकती है। दमन और वैचारिक नियंत्रण तो हमें अन्धकार युग में ही ले जाएगा।

हिजाब बनाम भगवा पटका

[इस आलेख का एक प्रारूप पहली बार फ़रवरी 2022 में लिखा गया था। इसे एक पश्चलेख के साथ अद्यतन किया गया है।]

फ़रवरी 2022

यह मुश्किल है कि कर्नाटक की घटनाओं से गहरे परेशान न हुआ जाए। कई स्कूल और कॉलेजों में घटिया दृश्य देखने को मिले हैं, जहाँ हिजाब पहनी मुस्लिम लड़कियों को धकियाया गया, उनका मज़ाक़ उड़ाया गया। कुछ दिनों के लिए सरकारी आदेश के तहत स्कूल और कॉलेज बन्द कर दिये गए। उनमें से कुछ खुले तो इस शर्त पर कि उच्च न्यायालय के एक आदेश के मुताबिक़ वहाँ विद्यार्थी कक्षा में तभी जाएँगे, जब वे वह वस्त्र नहीं पहने हों जो किसी धर्म का चिह्न हों। वह कोर्ट का अन्तरिम आदेश था और बाद में एक पूरी पीठ विस्तृत आदेश देने वाली थी।

इस आलेख में हम उन बड़े और अधिक आधारभूत सवालों में नहीं जाएँगे जो हिजाब या बुरका पहनने की स्वेच्छा या उससे जुड़े हुए हैं। क्या बुरका और हिजाब इस्लामिक व्यवहार का अनिवार्य हिस्सा हैं? क्या वे मुस्लिम महिलाओं की पोशाक के अनिवार्य हिस्से के तौर पर आदेशित हैं? वे पितृसत्ता के प्रतिगामी प्रतीक हैं या नहीं जिन्हें महिलाओं को घरों तक महदूद रखने के लिए डिजाइन हैं? क्या ये व्यवहार महिलाओं को समाज के सामूहिक जीवन में पूर्ण प्रतिभागिता से रोकते हैं और उनको सहायक भूमिकाओं तक सीमित रखते हैं? हम इन सवालों में नहीं जाएँगे, क्योंकि, इसके बारे में साफ़ जान लें, वर्तमान विवाद और विरोध का इन बड़े सवालों से कोई सम्बन्ध नहीं है। दरअसल, वर्तमान विवाद ने वातावरण

को इतना जहरीला बना दिया है कि इन सवालों पर किसी तरह की सभ्य बहस अभी नामुमकिन है।

साथ ही, हमें यह भी ध्यान रखना चाहिए कि अभी कर्नाटक में जो हो रहा है, वह राज्य में कुछ स्कूलों और कॉलेजों तक सीमित नहीं रहेगा। कर्नाटक उच्च न्यायालय और बाद में सुप्रीम कोर्ट का चाहे जो भी फ़ैसला हो, यह मसला देश के राजनीतिक और सामाजिक विमर्श (देखें पश्चलेख) में बना रहेगा। तय है कि हिन्दू और मुस्लिम पहचान को यह और ध्रुवीकृत करेगा। यह एक ऐसी परियोजना है जो दोनों ही धर्मों के अतिवादी तत्त्वों के हित में होगी।

ज़रा देखें कि इस मसले को किस तरह बढ़ाया गया।

एक छोटी सी घटना जो उडुपी में हुई, वह जल्द ही शिवमोगा, मांड्या, बगलकोट और चिकमंगलूर तक फैल गई। जुलूस निकाले गए, पत्थरबाज़ी और गुंडई की घटनाओं की ख़बरें भी आईं। कुछ दिनों के लिए स्कूल और कॉलेज बन्द कर दिये गए। पुलिस ने कुछ शहरों में फ्लैग मार्च किया। कई शहरों में धारा 144 लगाई गई ताकि हिंसा को रोका जा सके। शिक्षा संस्थान जब कुछ दिनों के बाद खोले गए तो तनाव और बेचैनी का वातावरण अब भी जारी था।

1 जनवरी, 2022 को उडुपी के गवर्नमेंट प्री-यूनिवर्सिटी कॉलेज ने मुस्लिम लड़कियों के हिजाब पहनकर आने पर रोक लगा दी। कहा कि इससे यूनिफ़ॉर्म ड्रेस कोड का उल्लंघन हुआ है। पड़ोस के कुंडापुर गवर्नमेंट पीयू कॉलेज ने भी यही किया। कई मुस्लिम लड़कियों ने कॉलेज की बात मान ली, लेकिन छह छात्राओं ने विरोध किया। तब स्थानीय भाजपा विधायक ने कॉलेज प्रशासन को पत्र लिखा कि उन छात्राओं के ख़िलाफ़ कार्रवाई की जानी चाहिए। विवाद बढ़ने पर जनवरी के अन्त में लड़कियाँ कर्नाटक हाईकोर्ट में गईं और याचिका दी कि उनको हिजाब पहनकर कक्षा में जाने की अनुमति दी जाए। उस समय तक मामला कुल मिलाकर एक ही मुद्दे पर केन्द्रित था : कॉलेज प्रबन्धन के फ़ैसले में बस यह देखा जाना था कि किसी शैक्षणिक संस्थान में हिजाब पहनने को यूनिफ़ॉर्म ड्रेस कोड का उल्लंघन माना जाए या नहीं?

मसला लेकिन यहीं तक नहीं रुका। हिन्दू छात्रों को हिजाब पहनने वाली मुस्लिम लड़कियों के ख़िलाफ़ प्रदर्शन के लिए इकट्ठा किया जाने लगा। हिन्दू लड़के और लड़कियाँ भगवा पटका पहनकर कई शहरों में हिजाब पहनने वाली मुस्लिम

लड़कियों के ख़िलाफ़ जुलूस निकालने लगे। इन जुलूसों के वीडियो फुटेज में युवा लड़के-लड़कियाँ 'जय श्रीराम' का नारा लगाते दिखे। कई वीडियो ऐसे भी दिखे, जिनमें बजरंग दल के कार्यकर्ता गाड़ियों में बैठकर विभिन्न शहरों में भगवा पटका बाँट रहे थे। चिकमंगलूर में कुछ दलित विद्यार्थियों ने नीला पटका पहनकर 'जय भीम' का नारा लगाया और मुस्लिम लड़कियों के साथ एकता दिखाई।

मांड्या में एक मुस्लिम लड़की अपने कॉलेज हिजाब पहनकर गई, जिसे हिन्दू लड़कों के एक बड़े समूह ने परेशान किया। लड़की ने जवाब में 'अल्लाहो अकबर' का नारा लगाया। वीडियो सोशल मीडिया पर वायरल हो गया। कुछ लड़कों ने भगवा पटका पहनकर शिवमोगा के सरकारी कॉलेज में भगवा ध्वज लहरा दिया।

कर्नाटक का हिजाब विवाद अब पूरे देश और विदेश तक भी फैल गया। हैदराबाद, दिल्ली, कोलकाता, प्रयागराज, श्रीनगर और दूसरी जगहों पर कर्नाटक के शिक्षा संस्थानों में हिजाब पर प्रतिबन्ध लगाने के ख़िलाफ़ जुलूस निकलने लगे। नोबेल पुरस्कार विजेता मलाला यूसुफ़जई ने लड़कियों को कक्षा में हिजाब पहनने से मना करने को डरावना बताया। अमेरिका में वैश्विक स्तर पर धार्मिक स्वतंत्रता का निरीक्षण करनेवाले एक आधिकारिक विभाग ने कहा कि स्कूल और कॉलेजों में हिजाब पर रोक लगाना धार्मिक स्वतंत्रता का उल्लंघन है और लड़कियों व महिलाओं को हाशिए पर धकेलता है, उन्हें लांछित करता है।

अब आइए हिजाब-विवाद के विभेदकारी उप-पाठ (सब-स्क्रिप्ट) को समझें। कर्नाटक सरकार ने लड़कियों को हिजाब पहनकर कक्षा में आने से मना किया और यह आदेश विवादित है। यूनिफ़ॉर्म ड्रेस कोड पुरुषों की पगड़ी को वर्दी वाली सेवाओं जैसे सेना, अर्द्धसैनिक बल या पुलिस में भी नहीं रोकता। उदाहरण के लिए, सिख इन सभी सेवाओं में पगड़ी पहने रहते हैं। उनको दोपहिया चलाने के दौरान हेलमेट पहनने से भी छुटकारा मिल जाता है। सिख लड़कों को किसी ड्रेसकोड वाले स्कूल में पगड़ी उतारने को नहीं कहा जाता। यह सब अपनी धार्मिक मान्यताओं को सम्मान देने के लिए किया जाता है। तो, जब एक धर्म के पुरुषों की पगड़ी यूनिफ़ॉर्म ड्रेस कोड से छूट पा सकती है, तब क्या एक दूसरे धर्म की महिलाओं के शिरोवस्त्र पर रोक लगाई जा सकती है। इससे धर्मों और लिंगों की बराबरी का सवाल भी बहस में आ जाता है। इन सवालों का जवाब सन्तोषजनक तरीक़े से देना होगा, ताकि यह दिखे कि हिजाब पर स्कूलों में रोक किस तरह न्यायोचित है। वरना, इस

बात की आशंका बनी रहेगी कि पुरुषों की पगड़ी और महिलाओं का हिजाब एक समान व्यवहार नहीं पा रहे हैं। साथ ही, यह आरोप भी लगेगा कि सिख धार्मिक मान्यताओं का सम्मान किया जा रहा है और मुसलमानों की मान्यताओं का नहीं। ये आशंकाएँ मुस्लिम अल्पसंख्यकों, ख़ासकर मुस्लिम महिलाओं के मन में काफ़ी लम्बे समय तक बनी रहेंगी।

हिजाब विवाद उन घटनाओं की श्रृंखला में केवल एक कड़ी है जो हमारे समाज में मुसलमानों को अलगाव में धकेल रही हैं और धीरे-धीरे उनके दिमाग़ में भय भर रही हैं। ये घटनाएँ दो तरह की हैं। पहली मुस्लिम अल्पसंख्यकों पर हमला, दूसरी हिन्दू बहुसंख्यक पहचान का आक्रामक प्रदर्शन। हमलों की सूची लम्बी है। बीफ के नाम पर हमला, भीड़ द्वारा हत्या (लिंचिंग), मुस्लिमों की छोटी दुकानों और छोटे व्यापारों पर तोड़-फोड़, चूड़ी बेचनेवाले जैसे छोटे दुकानदारों पर हमला, हिन्दू 'धर्म संसदों' द्वारा मुस्लिमों के नरसंहार, 'सुल्ली डील्स' और 'बुल्ली बाई' जैसे एप्स पर मुस्लिम महिलाओं को नीलामी के लिए लगाना, उत्तर प्रदेश के मुख्यमंत्री योगी आदित्यनाथ का बयान कि चुनाव '80 प्रतिशत बनाम 20 प्रतिशत' के बीच है, खुलेआम आदित्यनाथ की 'अब्बाजान' जैसी टिप्पणी, 'लव जिहाद' और 'थूक जिहाद' के आरोप, मुस्लिम जनसंख्या को ख़ासकर नियंत्रित करने के लिए जनसंख्या-नियंत्रण के क़ानून, धर्मान्तरण विरोधी क़ानून (पाखंड और विडम्बना की इंतहा देखिए कि इसका नाम 'धार्मिक स्वतंत्रता का अधिकार' है)... ऐसे तमाम मसले मैं लगातार गिनाता रह सकता हूँ। इसके साथ मुस्लिम महिलाओं और पुरुषों की गिरफ़्तारी, जिनमें छात्रों से लेकर सामाजिक कार्यकर्ता, पत्रकार और कलाकार तक शामिल हैं, जिसे पक्षपाती पुलिस फोर्स ने अंजाम दिया है, सांसदों के नफ़रती बयान, जान-बूझकर करवाए गए दंगों को भी देखा जा सकता है। यह सूची अन्तहीन है।

ईसाई समुदाय पर हमलों की बात अभी मैंने नहीं की है।

अब हिन्दू बहुसंख्यक पहचान के उभार की बात करें। प्रधानमंत्री और उनकी पार्टी के दूसरे संवैधानिक पदों पर बैठे लोग खुले तौर पर अपनी हिन्दू धार्मिक पहचान के चिह्नों को धारण करते हैं। जब वे मन्दिर निर्माण, मन्दिर परिसरों के सौन्दर्यीकरण में जाते हैं, हिन्दू धार्मिक कार्यक्रमों में हिस्सा लेते हैं तो इसे ख़ूब प्रचारित किया जाता है। हिन्दू सन्तों की विशालकाय प्रतिमाओं का उद्घाटन करते

हैं तब भी,...और हमें याद रखना चाहिए कि हमने उन प्रतिनिधियों को चुना है जिनका ताल्लुक़ भाजपा से है जिसने सार्वजनिक तौर पर कहा था कि एक दिन लाल क़िले पर तिरंगे की जगह भगवा ध्वज लहराएगा।

आज, अल्पसंख्यकों पर हमले और हिन्दू बहुसंख्यकवाद का उभार सामान्य और मुख्यधारा की बातें हो गई हैं। इन पर अब सवाल भी नहीं उठाए जाते, दंड देने की तो बात ही छोड़ दीजिए।

अब उनका प्रतिरोध ही सरकार सत्ताधारी दल एवं उसके विचार-परिवार के द्वारा सवालों के घेरे में डाल दिया जाता है। सबसे परेशानी वाली बात यह है कि किशोरों तक को साम्प्रदायिक पूर्वग्रह और घृणा में सान दिया गया है। दोनों ही समुदायों में अतिवादियों की मौज है। बच्चे उनके हरावल दस्ते में हैं। मैंने सोशल मीडिया पर कुछ ऐसे पोस्ट भी देखे हैं, जिनमें हिन्दुत्व के अभियानकर्ता मजे से बता रहे हैं कि कर्नाटक में हिजाब के विवाद ने हिन्दू समुदाय को 'उन लोगों' के ख़िलाफ़ एक कर दिया है और यह अच्छी बात है। मैंने मुस्लिम समुदाय की ओर से ऐसी पोस्ट नहीं देखी है, लेकिन मैं निश्चित तौर पर जानता हूँ कि मुस्लिमों के अन्दर के अतिवादी तत्त्व भी इस ध्रुवीकरण से बेहद ख़ुश होंगे और दो मुख्य समुदायों के बीच बढ़ती खाई से भी।

क्या हम उम्मीद करें कि न्यायालय—कर्नाटक उच्च न्यायालय और तब शायद, सर्वोच्च न्यायालय—इस मामले में हस्तक्षेप करेंगे कि यह चिन्ताजनक माहौल बदले? दुखद बात यह है कि लगता है, कोर्ट भी एक झूठा समझौता करवा देंगे। कहा जाएगा कि किसी को भी ऐसा कोई पहनावा नहीं पहनना चाहिए, जिससे धार्मिक पहचान जुड़ी हो, कि मुस्लिम लड़कियाँ हिजाब नहीं पहनेंगी और हिन्दू लड़के भगवा पटका नहीं पहनेंगे। इससे कुल मिलाकर लड़कियों को उनकी परम्परा से महरूम कर दिया जाएगा और दिखाया ऐसा जाएगा कि बदले में हिन्दू बच्चों ने भगवा पटका छोड़ दिया—जो ज़ाहिर तौर पर कोई ज़रूरी धार्मिक परम्परा या पहचान नहीं है। कुछ भी हो, कोर्ट का फ़ैसला हिजाब और भगवा पटके के बीच की इस कुरूप प्रतियोगिता को बन्द कर पाएगा, ऐसा नहीं लगता।

*

पश्चलेख (मार्च 2023)

मार्च 2022 में कर्नाटक उच्च न्यायालय ने कर्नाटक सरकार के फ़ैसले को बरकरार रखा और कहा कि हिजाब इस्लाम का अनिवार्य हिस्सा नहीं है और इसलिए शैक्षणिक संस्थानों में हिजाब पर पाबन्दी लगाना क़ानूनी तौर पर सही था। इसको सर्वोच्च न्यायालय में चुनौती दी गई। अक्टूबर 2022 में सर्वोच्च न्यायालय की दो सदस्यीय खंडपीठ ने एक खंडित फ़ैसला दिया।

न्यायाधीश हेमंत गुप्ता ने कर्नाटक उच्च न्यायालय के फ़ैसले के ख़िलाफ़ की गई सभी याचिकाओं को ख़ारिज कर दिया।

वहीं, न्यायाधीश सुधांशु धूलिया इससे असहमत थे और उन्होंने कर्नाटक हाईकोर्ट के फ़ैसले को पलट दिया। मेरे लिए न्यायाधीश धूलिया का फ़ैसला प्रजातांत्रिक अधिकारों की मज़बूत, तार्किक और प्रज्ञावान रक्षा है। उनकी कुछ टिप्पणियाँ देखने लायक़ हैं :

> "हाईकोर्ट ने ग़लत रास्ता लिया। यह अन्ततः अपने चयन और अनुच्छेद 19 (1) ए और 25 (1) का मामला है। यह चुनाव का मामला है, न उससे अधिक और न कम...
>
> 'हमारे सामने दो बच्चियाँ हैं, जो अपनी पहचान का दावा हिजाब पहन कर करती हैं और भारतीय संविधान के अनुच्छेद 19 और 25 के तहत सुरक्षा चाहती हैं। हिजाब पहनना इस्लाम का एक अनिवार्य धार्मिक व्यवहार हो या नहीं, यह इस विवाद के निबटारे के लिए ज़रूरी नहीं है। अगर आस्था सच्ची है और किसी दूसरे को नुक़सान नहीं पहुँचा रही तो फिर किसी कक्षा में हिजाब पर पाबन्दी लगाने का कोई तार्किक कारण नहीं है।
>
> 'एक और सवाल जिसका जवाब स्कूल प्रशासन और राज्य सरकार को इस मामले में देना चाहिए, वो ये कि अधिक महत्त्वपूर्ण उनके लिए क्या है : एक लड़की की शिक्षा या फिर ड्रेस कोड लागू करना! हमें कई वरिष्ठ वकीलों ने बताया, जो याचिकाकर्ताओं की तरफ़ से पेश हो रहे हैं, कि इस दुर्भाग्यपूर्ण हिजाब बैन की वजह से कई लड़कियाँ अपनी बोर्ड परीक्षाओं में शामिल नहीं हो सकीं और कई को दूसरे स्कूलों में, अधिकांशतः मदरसों में प्रवेश लेना पड़ा, जहाँ शायद उन्हें उस स्तर की

शिक्षा न मिल सके। यह एक लड़की के साथ हो रहा है, जिसके लिए पहली चुनौती तो विद्यालय तक पहुँचने की ही होती है।

'भारत में आज सबसे अच्छा दृश्य सुबह के समय वह होता है जब कोई लड़की अपनी पीठ पर बैग लेकर विद्यालय जाती है। वह हमारी उम्मीद है, हमारा भविष्य है। लेकिन, यह एक तथ्य है कि अपने भाई की तुलना में किसी लड़की के लिए शिक्षा पाना अधिक कठिन होता है। भारत के शहरों और क़स्बों में यह सामान्य बात है कि लड़की रोज़ाना के कामों में माँ की मदद करती है, फिर स्कूल बैग उठा पाती है। एक लड़की जितनी बाधाओं और कठिनाइयों से लड़कर शिक्षा पाती है, वे किसी लड़के से कहीं ज़्यादा होती हैं। इसलिए इस मामले को इस सन्दर्भ में भी देखना चाहिए कि लड़की के विद्यालय पहुँचने में पहले ही कितनी बाधाएँ हैं, इसलिए इस न्यायालय को ख़ुद से यह सवाल भी पूछना चाहिए कि क्या हम उस लड़की की ज़िन्दगी को कुछ बेहतर बना रहे हैं, क्योंकि हिजाब पहनने की वजह से हमने उसकी शिक्षा पर ही रोक लगा दी है!

'याचिकाकर्ता बस हिजाब ही तो पहनना चाहती हैं। क्या किसी प्रजातंत्र में यह इतनी बड़ी माँग है? किस तरह यह सार्वजनिक व्यवस्था, नैतिकता या स्वास्थ्य के ख़िलाफ़ है? या फिर भद्रता या संविधान के तीसरे भाग के प्रावधानों के ख़िलाफ़? यह मेरे तर्क या बुद्धि में नहीं आता कि कैसे एक लड़की के हिजाब पहनकर कक्षा में बैठने से सार्वजनिक व्यवस्था की समस्या या फिर क़ानून-व्यवस्था की समस्या पैदा हो सकती है? इसके उलट, इसे स्वीकार करने से एक परिपक्व समाज का संकेत जाएगा जो अपनी विविधता के साथ जीना और रहना सीख गया है। एक लड़की को उसके घर या बाहर हिजाब पहनने का अधिकार है। यह अधिकार उसके विद्यालय के दरवाज़े पर ख़त्म नहीं हो जाता है। बच्ची अपना सम्मान और निजता तब भी साथ रखती है, जब वह विद्यालय के अन्दर अपनी कक्षा में है। उसके मूलभूत अधिकार तब भी वैसे ही हैं। यह कहना कि कक्षा में बैठने मात्र से उसके अधिकार हानिकारक हो जाते हैं, पूरी तरह ग़लत है।

'हम प्रजातंत्र में क़ानून के शासन के तहत रहते हैं और जो क़ानून हमें शासित करते हैं, वे भारतीय संविधान द्वारा प्रदत्त होने चाहिए। हमारे

संविधान के आयामों में एक आयाम भरोसा भी है। हमारा संविधान भरोसे का दस्तावेज़ है। यह भरोसा ही है जो अल्पसंख्यकों का बहुसंख्यकों पर है। सरदार वल्लभभाई पटेल ने 24 मई, 1949 को संविधान सभा के आगे अल्पसंख्यकों पर बनी सलाहकार समिति की रिपोर्ट पर टिप्पणी करते हुए जो कहा था, "यह हमारी मंशा नहीं है कि हम जल्दबाज़ी में अल्पसंख्यकों को किसी ख़ास स्थान का वादा कर दें। अगर वे सचमुच इस निष्कर्ष पर ईमानदारी से पहुँच गए हैं कि इस देश की बदली हुई परिस्थितियों में, यह सभी के हित में है कि वास्तविक और खरे धर्मनिरपेक्ष राज्य की नींव पड़े, तो अल्पसंख्यकों के लिए इससे बेहतर कुछ नहीं है कि वे बहुसंख्यकों के अच्छे स्वभाव और न्यायसंगत होने पर भरोसा करें, और उनमें यह विश्वास भरने के लिए बहुसंख्यकों को भी यह सोचना चाहिए कि अल्पसंख्यक क्या महसूस करते हैं और हम अगर उनकी परिस्थिति में होते तो क्या सोचते अगर हमारे साथ वही व्यवहार होता, जो उनके साथ होता है।"

'विधता का जो प्रश्न याचिकाकर्ताओं ने कर्नाटक उच्च न्यायालय के सामने उठाया है, उस पर कोर्ट ने विचार नहीं किया, जिसने कहा, "याचिकाकर्ताओं का तर्क कि एक कक्षा में समाज की विविधता की पहचान और प्रतिच्छवि का दर्शन होना चाहिए, उसे समाज का दर्पण (सामाजिक और नैतिक तौर पर) होना चाहिए, गहरे विश्लेषण पर यह तर्क केवल एक छिछला वाग्जाल प्रतीत होता है—विविधता में एकता—बारहा दोहराया गया एक जुमला...'"

'विविधता और हमारी समृद्ध बहुलतावादी संस्कृति का सवाल हालाँकि मौजूदा मामले के सन्दर्भ में महत्त्वपूर्ण है। हमारे स्कूल और ख़ासकर विश्वविद्यालय-पूर्व हमारे विद्यालय व कॉलेज वे एकदम सही जगह हैं जहाँ हमारे बच्चों को, जिनके ऊपर अभी छाप छोड़ी जा सकती है और जो अभी बस हमारे देश की समृद्ध विविधता से परिचित ही हो रहे होते हैं, सलाह दी जा सकती है और उनका मार्गदर्शन दिया जा सकता है ताकि वे सहिष्णुता और समन्वय के हमारे संवैधानिक मूल्यों को अपना सकें—उनके प्रति, जो उनसे अलग भाषा बोलते हैं, अलग खाना खाते हैं या अलग कपड़े पहनते हैं। यह उनमें विविध धर्मों, भाषाओं और

संस्कृतियों के प्रति संवेदनशीलता, समानुभूति और समझदारी लाने का समय है। यही समय है कि वे हमारी विविधता से चौंकें नहीं, बल्कि उसका आनन्द लें, उसका उत्सव मनाएँ। यही वह समय है जब वे मानें कि विविधता ही हमारी ताक़त है...

'हमारी संवैधानिक योजना के तहत हिजाब पहनना केवल चुनाव का मसला होना चाहिए। यह अनिवार्य धार्मिक व्यवहार हो सकता है या नहीं भी हो सकता है, लेकिन यह चेतना, विश्वास और अभिव्यक्ति का एक तरीक़ा है। अगर वह हिजाब पहनना चाहती है, अपनी कक्षा में भी पहनना चाहती है, तो उसे रोका नहीं जा सकता है। अगर यह उसके चयन का मामला है, क्योंकि शायद तभी उसका रूढ़िवादी परिवार उसे विद्यालय जाने दे और उस मामले में हिजाब ही शिक्षा पाने का उसका टिकट है।

'हिजाब पर पाबन्दी के दुर्भाग्यपूर्ण परिणाम ये होंगे कि हम एक लड़की को शिक्षा से वंचित कर देंगे। लड़की जिसके लिए विद्यालय के दरवाज़े तक पहुँचना अभी भी आसान नहीं है। यह मामला इसीलिए उन चुनौतियों के बरक्स भी देखा जाना चाहिए, जिन्हें विद्यालय तक पहुँचने के लिए एक लड़की पहले ही झेल चुकी होती है।

'लड़कियों से विद्यालय के दरवाज़े पर हिजाब उतारने को कहना पहले तो उनकी निजता पर हमला है, फिर यह उनके सम्मान पर चोट है और अन्त में यह उनको एक धर्मनिरपेक्ष शिक्षा से वंचित रखना है। यह ज़ाहिर तौर पर भारतीय संविधान के अनुच्छेद 19 (1) (अ), अनुच्छेद 21 और अनुच्छेद 25 (1) का उल्लंघन है।'"

मैं आप सभी से अनुरोध करूँगा कि जस्टिस धूलिया के फ़ैसले को पूरी तफ़सील से पढ़ें। यह उस तरह का दर्शन और दिशा है, जिसकी ज़रूरत हमारे गणराज्य—दरअसल, किसी भी आधुनिक प्रजातांत्रिक गणराज्य को है। स्वाधीनता और न्याय के ऐसे रक्षकों को और ताक़त मिले।

ऑक्सफ़ैम की असमानता रिपोर्ट, पिकेटी और नया भारत

[यह जनवरी 2022 के 'मिडवीक मैटर्स' के लिए लिखे गए आलेख का अद्यतन प्रारूप है।]

कुछ रचनाओं में हमें हमारी जड़ता से जगा देने का माद्दा होता है। वे दुनिया को बदल सकती हैं। लेकिन, किसी व्यक्ति और समाज के लिए यह बहुत आसान होता है कि वे ऐसे साहित्य को अलग रख दें और दूसरी सामान्य बातों में व्यस्त हो जाएँ, इस उम्मीद में कि वे रचनाएँ हमें और परेशान न करें। हम सभी ऐसा करते हैं और इसीलिए उनकी सम्भावित शक्ति को खो देते हैं। 'चलता है' वाला मामला आरामदेह है। अपने दानवों से नज़रें मिलाना, मुठभेड़ करना थोड़ा समस्याप्रद है। यह हमारी सुनिश्चितताओं को तोड़ता है, रंगारंग मिथकों को बिखेरता है, चिर-परिचित आख्यानों का सच बताता है, पसन्दीदा राजनीतिक दर्शन और प्रभावी आर्थिक सिद्धान्तों को धता बता देता है। इस आलेख में मैं ऐसी ही दो रचनाओं पर बात करना चाहता हूँ। पहली तो थॉमस पिकेटी की बेहद रुचिकर किताब *कैपिटल एंड आइडियोलॉजी* है। दूसरी जनवरी 2022 में प्रकाशित ऑक्सफैम की रिपोर्ट *इनइक्विलिटी किल्स* है। रिपोर्ट में एक भारतीय परिशिष्ट भी है, जो हमारे लिए सीधे प्रासंगिक है। मेरी आपसे दरख़्वास्त है कि इन दोनों को पढ़ डालिए, लेकिन हाँ ये आपको उद्वेलित भी कर सकती हैं। हम उनसे सहमत नहीं भी हों, तो भी हमें ख़ुद को इजाज़त देनी चाहिए कि हम इनसे कुछ परेशान तो हों ही!

पिकेटी की *कैपिटल एंड आइडियोलॉजी* उनकी इससे पहले की लीक तोड़नेवाली किताब *कैपिटल इन द ट्वेंटी फ़र्स्ट सेंचुरी* का दूसरा भाग है, लेकिन इसको आप स्वतंत्र रूप में भी पढ़ सकते हैं। हालाँकि दोनों को पढ़ेंगे तो फ़ायदा ही होगा। दोनों

ही किताबें तफ़सील से लिखी गई हैं और दूसरी तो काफ़ी बड़ी भी है। हममें से कई के पास इतना समय या धैर्य नहीं होता कि इस तरह की किताबें पढ़ सकें। हममें से कुछ की रुचि भी बहुत लम्बे, वज़नदार, गम्भीर, विद्वत्तापूर्ण विश्लेषण में नहीं होती है। इसलिए, इस ख़तरे के बावजूद कि मैं पिकेटी के काम के साथ पूरा न्याय न कर सकूँ, मैं संक्षेप में उनके मुख्य तर्क को सारांश रूप में प्रस्तुत करूँगा और उसके बाद उससे अपेक्षाकृत काफ़ी आसान ऑक्सफैम रिपोर्ट पर बात करूँगा, उसके वैश्विक और भारतीय दोनों ही आयामों पर!

पिकेटी असमानता को समझने और व्याख्यायित करने की कोशिश करते हैं। इसके लिए वे असमानता पर उपलब्ध इस समय के सबसे बड़े डाटाबेस—विश्व डाटाबेस—को छानते हैं। इसमें 19वीं शताब्दी के अन्त या 20वीं शताब्दी की शुरुआत से लेकर वर्तमान तक के आय और आयकर, पूँजी के बँटवारे और आय के आँकड़े शामिल हैं। कुछ मामलों, जैसे फ्रांस के सन्दर्भ में, तो यह आँकड़े 18वीं शताब्दी के अन्त या 19वीं शताब्दी की शुरुआत के भी उपलब्ध हैं। मेरे लिए तो पिकेटी का सबसे शानदार और महत्त्वपूर्ण निरीक्षण ये है, जो मैं यहाँ लिख रहा हूँ, 'असमानता न तो आर्थिक है और न ही तकनीकी है, यह राजनीतिक और विचारधारात्मक है।' वे आगे कहते हैं, 'कई समाजों के सम्भ्रान्तों ने...असमानता को 'प्राकृतिक' बना दिया है। वे तर्क देते हैं कि मौजूदा सामाजिक ग़ैर-बराबरी न केवल ग़रीबों को बल्कि समाज को भी फ़ायदा पहुँचाती है और मौजूदा व्यवस्था को पलटने की कोई भी कोशिश बहुत तकलीफ़देह होगी।' इन निरीक्षणों पर ध्यान दीजिए। हम इस पर बाद में लौटेंगे, जब हम असमानता के पक्ष में दिये जाने वाले बुद्धिहीन तर्कों पर बात करेंगे जो पूँजी-निर्माताओं को प्रोत्साहित करने के नाम पर दिये जाते हैं और जिन्हें पिरामिड के नीचे तक लाभ पहुँचने, 'ट्रिकल डाउन' की अपेक्षा होती है। पिकेटी का काम मेरे लिए उत्तेजक है, क्योंकि यह इसकी खोज करता है कि मानवीय समाज किस तरह अपनी असमानता के पक्ष में तर्क देते हैं। या, फिर उनसे पूरी तरह आँख मूँद लेते हैं, अनदेखी करते हैं या फिर भूल जाते हैं। पिकेटी इस धारा के उद्गम तक जाते हैं, 1980 के बाद सोवियत संघ के टूटने, साम्यवाद की विफलता और वहाँ से उस आख्यान की शुरुआत तक, जहाँ असमानता सामान्य थी।

असमानता पर पिकेटी की विस्तृत, विवरण से भरपूर ऐतिहासिक दृष्टि शायद

कई लोगों को बहुत गहरी लगे, लेकिन ताज़ा ऑक्सफैम रिपोर्ट हमें गले से पकड़ लेती है। यह हमें कोविड के बाद की वैश्विक और भारतीय सच्चाई से अवगत कराती है, जो बदसूरत है, क्रूर है लेकिन सच है। एक उदाहरण देखें : कोविड महामारी के शुरू होने के बाद हरेक 26 घंटे में एक अरबपति बना, दुनिया के दस सबसे धनी लोगों की दौलत दोगुनी हो गई, जबकि 99 फ़ीसदी मनुष्यों की आय गिरी, बहुत बुरी तरह! दुनिया के 10 सबसे धनी लोगों के पास दुनिया के निचले 3.1 अरब लोगों की कुल सम्पत्ति से अधिक दौलत है। और अब, इसकी कल्पना कीजिए, अगर शीर्ष के दस सबसे धनी पूँजीपति हरेक दिन 10 लाख अमेरिकी डॉलर—जी हाँ, 10 लाख अमेरिकी डॉलर रोज़ाना ख़र्च करें तो उनकी संयुक्त पूँजी को ख़र्च होने में 441 वर्ष लगेंगे। लेकिन कहानी अभी बाक़ी है। 1995 से अब तक, शीर्ष के 1 प्रतिशत ने मानवता के निचले पायदान पर रह रहे 50 फ़ीसदी लोगों की सम्मिलित आमदनी की तुलना में वैश्विक पूँजी के 20 गुने पर क़ब्ज़ा किया है। दुनिया के केवल 252 सबसे धनी व्यक्तियों के पास इतनी पूँजी है जो अफ्रीका, लैटिन अमेरिका और कैरिबियन की एक अरब महिलाओं और लड़कियों की कुल सम्पत्ति से अधिक है।

इस स्तर का असमानता के कुपरिणाम भी हैं।

असमानता की वजह से 21,600 लोग रोज़ाना मरते हैं। इसका मतलब यह हुआ कि हरेक चार सेकेंड में एक व्यक्ति असमानता की वजह से मारा जाता है। लगभग हरेक साल ग़रीब देशों में 50 लाख 60 हज़ार लोग इसलिए मारे जाते हैं, क्योंकि उनकी स्वास्थ्य सेवाओं तक पहुँच नहीं थी। और, लगभग 20 लाख लोग सालाना भुखमरी से मरते हैं।

यह वैश्विक चित्र है। अब ज़रा अपने घरेलू मोर्चे के हालात देखें। भारत के लिए 2020 और 2021 बदतरीन साल रहे हैं। देश की विकास दर बुरी तरह गिरी। अप्रैल से जून 2020 की तिमाही में अर्थव्यवस्था 23.9 फ़ीसदी तक सिकुड़ी। लेकिन ऑक्सफैम की रिपोर्ट हमें बताती है कि देश में 2021 में अरबपतियों की संख्या 142 हो गई जो 2020 में 102 थी। नीचे वाले 50 फ़ीसदी लोग हमारे देश में राष्ट्रीय पूँजी का मात्र 6 फ़ीसदी इस्तेमाल करते हैं, जबकि शीर्ष 10 फ़ीसदी लगभग 45 फ़ीसदी के मालिक हैं। दुनिया के कुपोषित लोगों में से एक-चौथाई हमारे देश में रहते हैं।

ऑक्सफैम स्टडी में फोर्ब्स की भी एक रिपोर्ट का उल्लेख है, जो हमें बताती है कि भारत के 100 सबसे धनी व्यक्तियों की पूँजी अगर जोड़ दी जाए तो वह 775 बिलियन अमेरिकी डॉलर तक होगी। (एक बिलियन डॉलर का मतलब भारतीय रुपयों में 100 करोड़ होता है। एक अमेरिकी डॉलर 80 भारतीय रुपयों के बराबर है। बाक़ी गणित आप ख़ुद कर लें)। हाँ, इस बढ़त का लगभग पाँचवाँ हिस्सा केवल एक व्यक्ति और उसकी कम्पनियों का है—गौतम अडाणी और उनका अडाणी समूह।

यह सब कुछ तब हो रहा था, जब देश की 84 फ़ीसदी आबादी की आय में तेज़ कमी हुई। 2020 में भारत में ग़रीबों की संख्या 5 करोड़ 90 लाख थी जो 2021 में बढ़कर 13 करोड़ 40 लाख हो गई। इससे सम्बन्धित वजहों से देश के कुल कर राजस्व में अप्रत्यक्ष कर का भाग बढ़ता गया और हम सभी जानते हैं कि अप्रत्यक्ष कर ग़रीबों को ग़ैर-आनुपातिक तौर पर प्रभावित करते हैं। सकल कर राजस्व में एक्साइज ड्यूटी 12 फ़ीसदी से बढ़कर 19.2 फ़ीसदी हो गई, लेकिन कॉरपोरेट टैक्स में कमी कर दी गई और यह 27.7 फ़ीसदी से घटकर 22.6 फ़ीसदी हो गई। केन्द्र सरकार ने डीजल और पेट्रोल के करों से 8 लाख करोड़ रुपये इकट्ठा किये, जिससे उनकी क़ीमतें लगभग असह्य स्तर पर पहुँच गईं। वित्तवर्ष 2021 में ही, भारत सरकार ने पेट्रोल और डीजल पर वैट से 3.71 लाख करोड़ रुपये इकट्ठा किये। इन करों का एक आवर्ती प्रभाव (रिपल इफ़ेक्ट) होता है जिससे खाना, सब्ज़ी और बाक़ी ज़रूरी चीज़ों की क़ीमत बढ़ती है और ग़रीबों की वास्तविक कमाई और कम हो जाती है। एनसीआरबी (नेशनल क्राइम रिकॉर्ड्स ब्यूरो) हमें बताता है कि स्वरोज़गार वाले, दैनिक मज़दूरी करनेवाले और बेरोज़गारों ने इस दौरान सबसे अधिक आत्महत्या की।

ऑक्सफैम की 2022 की रिपोर्ट यह भी बताती है कि शिक्षा, स्वास्थ्य और दूसरी सार्वजनिक सेवाएँ और चीज़ें महँगी हो गई हैं और इसलिए ग़रीबों की पहुँच से बाहर भी। सार्वजनिक सेवाओं और वस्तुओं को मुहैया कराने के कर्तव्य से सरकार का पीछे हटना बिलकुल स्पष्ट है। सरकारी स्कूलों में जाने वाले बच्चों का अनुपात 45 प्रतिशत तक कम हुआ है। इसका सही प्रभाव हम तब समझ सकते हैं जब यह जानें कि किसी बच्चे को प्राइवेट स्कूल में भेजना किसी सरकारी स्कूल के मुक़ाबले 9 गुना अधिक महँगा है।

निजी स्वास्थ्य सेवाएँ भी उतनी ही पक्षपाती साबित हुई हैं। केवल 2017 में ही, लगभग साढ़े पाँच करोड़ लोग निजी स्वास्थ्य सेवाओं पर ख़र्च करने की वजह से ग़रीबी के शिकार हुए हैं। यह और कुछ नहीं देश के ग़रीबों के ख़िलाफ़ व्यवस्थित आर्थिक हिंसा है। ऑक्सफैम रिपोर्ट कहती है : 'भारत जहाँ मेडिकल टूरिज़्म के लिए शीर्ष पसन्दीदा जगहों में है, वहीं सबसे ग़रीब भारतीय राज्यों में नवजात मृत्यु दर सब-सहारा अफ्रीकी देशों से भी अधिक है। भारत दुनिया-भर में हुई प्रसवकालीन मौतों में से 17 फ़ीसदी का हिस्सेदार है और दुनिया-भर में 5 वर्ष से कम उम्र के बच्चों की 21 फ़ीसदी मौतें भारत में होती हैं।'

नया भारत इन असमानताओं से उदासीन है। आर्थिक असमानता इसके राजनीतिक विमर्श का हिस्सा नहीं है। पुराने भारत का राजनीतिक विमर्श इससे जूझता था, उस पर काम करता था, निस्सन्देह वह अप्रभावी रहा, वह लड़खड़ाया और वह शायद अयोग्य भी था। वह असफल भी हुआ, जैसे दुनिया में हरेक देश असफल हुआ, पर पुराने भारत ने कोशिश की। उसके राजनीतिक विचार ने कभी असमानता को जायज़ ठहराने की कोशिश नहीं की। उसने सामाजिक और सांस्कृतिक असमानता को दूर करने में काफ़ी सफलता भी पाई। उसने सचमुच सामाजिक व्यवस्था में बिलकुल निचले पायदान पर रह रहे शोषितों और अल्पसंख्यकों को उनका हक़ दिया। उसने उनकी एकांतिकता, उनके अलगाव (एलियनेशन) को कम करने का प्रयास किया। आज नया भारत न केवल आर्थिक असमानता के प्रति बेपरवाह है, बल्कि यह जान-बूझकर किये गए अन्याय को जायज़ भी ठहराना चाहता है। यह चाहता है कि हम मान लें कि धनी लोग ही पूँजी-निर्माता हैं और उनको ख़ास सुविधाएँ मिलनी चाहिए। देश को उनकी सेवा में हाज़िर रहना चाहिए। कॉरपोरेट करों को घटाना चाहिए। उन्हें सार्वजनिक हितों के ऊपर तरजीह देनी चाहिए। यही आख्यान आज चलन में है कि चन्द धनी लोगों के अरबों-खरबों से, अन्त में ग़रीबों और फिर देश को ही फ़ायदा होगा, उनकी स्मार्टनेस और प्रभावकारिता (काल्पनिक) से ही कल्याण होगा। दूसरे शब्दों में, असमानता ग़रीबों के हित में ही है। ग़रीब शायद यह जानते भी नहीं हों, और जानने के बाद शायद इससे सहमत भी न हों, लेकिन ज़ाहिर है वह महत्त्वपूर्ण नहीं है।

यहीं हमें पिकेटी की बात याद आती है कि असमानता न तो आर्थिक है और न ही तकनीकी, यह विचारधारा और राजनीति से जुड़ी है। नये भारत ने एक और

असमानता जोड़ी है—आर्थिक या तकनीकी नहीं, बल्कि विचारधारात्मक और राजनीतिक, वह भी बिलकुल अल्पवर्द्धित और पुराकालीन स्वरूप में। नये भारत में लोग अब नागरिक नहीं हैं। वे धर्मों वाले हैं। 'स्थानीय' धर्म बनाम 'विदेशी' धर्म वाले। वे जिनकी पुण्यभूमि 'हिन्दू' भारत है और वे जिनके पवित्र स्थल कहीं और हैं। बाद वाले, इसीलिए बराबर नहीं हैं। जो 'स्थानीय' धर्मों के हैं—जिनकी धार्मिक किताबें या पैगंबर यहीं पैदा हुए—वे इस ज़मीन के मालिक हैं। दूसरे, भले ही वे यहीं पैदा हुए हों, भले ही उनके पूर्वज भी यहीं पैदा हुए हों और पीढ़ी-दर-पीढ़ी यहीं रहे हों, वे यहाँ के नहीं हैं, क्योंकि वो दूसरे तरीक़े से पूजा करते हैं। उनका स्वागत नहीं है। अगर वे यहाँ रहना चाहते हैं, तो उन्हें असमानता के लिए, और अधीनस्थ होने के लिए निम्न स्तर पर रहने को भी तैयार रहना चाहिए। उन्हें डरना नहीं चाहिए। 'स्थानीय' धर्म को माननेवाले लोग सहिष्णु और मासूम हैं। बिलकुल वैसे ही जैसे अरबपतियों का विकास अच्छा है, क्योंकि कुछ समृद्धि टपककर नीचे तो आएगी ही। नया भारत तर्क देता है कि 'स्थानीय' धर्म वालों का वर्चस्व 'दूसरों' के लिए अच्छा है। वंचितों, शोषितों और 'ग़ैर-स्थानीय' धर्म वालों को अपना कर्तव्य और ज़िम्मेदारी शान्ति से आज्ञाकारी बनकर, कृतज्ञता में सर झुकाकर पूरी करनी चाहिए। उनको नागरिकों के तौर पर अपने अधिकार नहीं माँगने चाहिए। हाशिए पर पड़े लोगों के अधिकार माँगने से देश कमज़ोर होता है, इसकी अर्थव्यवस्था, इसका समाज कमज़ोर होता है।

यही नये भारत का दर्शन है, जिसे हमारे प्रधानमंत्री ने गढ़ा है। आपको मुझ पर यक़ीन नहीं आता? कृपया बस कुछ दिनों-महीनों पहले की याद कीजिए। मुख्यधारा के हरेक अख़बार ने, ख़बर दिखानेवाले हरेक मंच ने 26 नवम्बर, 2022 को प्रधानमंत्री द्वारा दिया गया भाषण छापा था। सर्वोच्च न्यायालय में संविधान दिवस के अवसर पर हुए आयोजन को सम्बोधित करते हुए उन्होंने कहा था, 'आज़ादी का अमृतकाल देश के प्रति कर्तव्य का समय है। चाहे वह लोग हों या संस्थान, हमारी ज़िम्मेदारियाँ हमारी पहली प्राथमिकताएँ हैं।' संसद के केन्द्रीय कक्ष में बोलते हुए उसी दिन उन्होंने कहा, 'अधिकार और कर्तव्य साथ-साथ चलते हैं। महात्मा गांधी ने इस सम्बन्ध को बड़े अच्छे से समझाया है...हमें सोचना चाहिए कि हम संविधान में वर्णित अपने कर्तव्यों को कैसे पूरा कर सकते हैं...गांधीजी ने कहा था कि हम अपने अधिकार की अपेक्षा तभी रख सकते हैं, जब हमारे कर्तव्य पूरे हो चुके हों।'

महात्मा गांधी का मंतव्य निस्सन्देह यह नहीं रहा होगा। नये भारत में, जहाँ ग़रीबी, असमानता और देश की बदहाली की बात करना ही देशद्रोह है, समानता और मूल नागरिक व आर्थिक अधिकारों की माँग करना तो छोड़ ही दीजिए। यहाँ, महात्मा को भी नव-उदारवादी तानाशाह की तरह दिखाया जा सकता है।

ग़रीबी के आँकड़े और आँकड़ों की ग़रीबी

[यह मार्च 2021 के 'मिडवीक मैटर्स' में हुए पॉडकास्ट का सम्पादित प्रतिलेख (ट्रांसक्रिप्ट) है।]

प्यू रिसर्च सेंटर ने मार्च 2021 में एक रिपोर्ट प्रकाशित की। इसने कहा कि महामारी के दौरान भारत की ग़रीबी बढ़ी है और देश का मध्यवर्ग सिकुड़ा यानी कम हुआ है। विद्वान जन इस पर तर्क कर सकते हैं कि इन निष्कर्षों पर पहुँचने की कार्य-प्रणाली (मेथेडोलॉजी) क्या थी, लेकिन मैं आपका ध्यान अपने देश में महत्त्वपूर्ण आँकड़ों की अनुपस्थिति और सरकारी एजेंसियों द्वारा दिये गए आँकड़ों की विश्वसनीयता की तरफ़ खींचना चाहता हूँ। ख़तरनाक बात यह है कि सरकार के ऊपर सन्देह है कि वह असहज करने वाले और उसकी नाकामी को दिखाने वाले आँकड़ों को छिपाती है। और यह भी लगातार महसूस किया जा रहा है कि देश के डाटा सिस्टम को राजनीतिक हस्तक्षेप से बदला जा रहा है।

प्यू की रिपोर्ट ने भारत और चीन की तुलना की है। यहाँ अभी हमें चीन के बारे में बात करने की ज़रूरत नहीं, इसलिए भारत के आँकड़ों पर ही बात करें। 2020 में वर्ल्ड बैंक के अनुमान और 2021 की तत्कालीन हालत को देखते हुए प्यू ने यह निष्कर्ष निकाला कि भारत में और साढ़े सात करोड़ लोग ग़रीब हुए हैं। साथ ही मध्यम आय वर्ग में तीन करोड़ 20 लाख लोग कम हो गए हैं। और साढ़े तीन करोड़ लोग जो निम्न-आय वर्ग में थे, वे भी ग़रीबी में धकेल दिये गए हैं।

वैश्विक सन्दर्भ में देखें तो महामारी के दौरान जितने लोग पूरी दुनिया में ग़रीब हुए, उनमें 60 फ़ीसदी भारत के थे। पूरी दुनिया में मध्यम आय वाले वर्ग से जितने

लोग फिसले, उनमें से भी 60 प्रतिशत भारतीय थे। ये आँकड़े डरावने हैं। वह इसलिए, कि महामारी के पहले भी वैश्विक स्तर पर 28 फ़ीसदी ग़रीब भारत में थे। संयुक्त राष्ट्र की 2019 की मानव विकास सूचकांक रिपोर्ट के मुताबिक़—जो किसी देश के सामाजिक व आर्थिक विकास को आँकती है—भारत 189 देशों में 129वें स्थान पर था। यह महामारी के एक साल पहले था और भारत तभी उसके ठीक पहले के साल से एक स्थान पीछे आ चुका था।

अब, अगर हम मार्च 2021 की प्यू रिपोर्ट में दिये चीन के आँकड़ों को देखें, तो हमें पता चलेगा कि जो भी भारत में हुआ, वह महामारी का अवश्यंभावी नतीजा नहीं था। भारत ने जहाँ महामारी के पहले साल साढ़े सात करोड़ ग़रीब और जोड़े, चीन ने वह संख्या मात्र 10 लाख तक रखने में सफलता पाई। भारत का मध्यम आय वर्ग जहाँ 3 करोड़ 20 लाख कम हुआ, चीन में वह 3 करोड़ बढ़ा।

हम सबको ख़ुद से पूछना चाहिए : हम ग़रीबी के दुखद और ख़तरनाक गड्ढे में इतने लोगों को जाने से रोक क्यों नहीं सके? जैसा दूसरों ने किया दूसरे कर सके, वह हम क्यों नहीं कर पाए? इसका कारण, मेरी नज़र में यही है कि हम सच्चाई को नकारते रहे। हम सच्चाई का सामना करने में हिचकते रहे। हमारी सरकार यह दिखावा कर रही थी कि कहीं कोई समस्या नहीं है। आँकड़ों को दबाकर, उन्हें ठीक-ठाक करके, विज्ञापन और हरेक भाषा में प्रचार करके, सरकार ने लोगों को यह भरोसा दिलाने की कोशिश की कि सब ठीक है। कुछ मामलों में तो किसी तरह के आँकड़े जुटाए ही नहीं गए, इसने शुतुरमुर्ग की तरह नीति-नियंताओं का सर बालू में गाड़ दिया और ख़ुद को भी दिलासा दिया कि सब बढ़िया है।

महामारी से पहले भी सरकार ने ग्रामीण और शहरी दोनों ही इलाक़ों में गिरते हुए ऋण-परिमाप (क्रेडिट ऑफ़टेक) और उपभोग के आँकड़े समझने से इनकार कर दिया। इसने आर्थिक मन्दी की शुरुआत को भी नकारा। फिर, महामारी के दौरान भी सरकार ने कभी प्रवासी मज़दूरों की संख्या, अग्रिम मोर्चे पर लड़ते हुए मरे लोगों की संख्या—जिसमें स्वास्थ्य कर्मचारी भी शामिल थे, किसानों की आत्महत्या, लघु व मध्यम उद्योगों की बन्दी, नौकरी और आय छिन जाने इत्यादि के आँकड़े जमा करने की कोई परवाह नहीं की। बेपरवाह और एक के बाद एक ग़लतियाँ करती सरकार ने आज भी इस पर आँकड़े एकत्र नहीं किये हैं कि प्रधानमंत्री मुद्रा योजना से कितने रोज़गार सृजित हुए? 2015 में लागू यह योजना

छोटे और लघु उद्योगों को आसान दरों पर ऋण देने के लिए शुरू की गई थी। इसने केवल वितरण के आँकड़े दिये हैं। 80 फ़ीसदी वितरण जब 50 हज़ार रुपये (जी हाँ, 50 हज़ार रुपये) या कम का हो, तो रोज़गार की संख्या, गुणवत्ता और स्थायित्व भी नगण्य ही होंगे।

हमारे पास इसके भी आँकड़े नहीं हैं कि कितने लोग कृषि क्षेत्र से निकलने पर मजबूर हुए और वहाँ से गए तो कहाँ गए? प्रधानमंत्री के ख़ुद के प्रयास—किसानों की आय दोगुनी करना—का क्या हुआ, इस पर भी कोई आँकड़ा नहीं है। जो आँकड़ा उपलब्ध था और जिसने ग्रामीण उपभोग में कमी दिखाई, उसे दबा दिया गया। यह तथ्य बहुत ही असुविधाजनक था कि ग्रामीण भारत में तो मज़दूरी महामारी के पहले भी नहीं बढ़ी, इसलिए सरकार ने इसे भी सार्वजनिक नहीं होने दिया।

आँकड़ों के प्रति यह आपराधिक लापरवाही और उनका यह अक्षम्य दमन बताता है कि किसी स्टिम्युलस-पैकेज और उसके लक्षित कार्यान्वयन के लिए सबूतों पर आधारित कोई योजना भी नहीं ही होगी, जो महामारी से उपजे आर्थिक तनाव और दुख को दूर कर सके। जो बहुचर्चित पैकेज सरकार लाई है, वह सबसे निरीह और ज़रूरतमन्द की रक्षा के लिए नहीं है। यह खोखली और महत्त्वहीन की लड़ी मात्र रह गई, जिसे जल्द ही भुला दिया गया। महामारी जो क्षति पहुँचाई उससे अधिक, वर्तमान भारतीय सरकार की लापरवाही और असावधानी ने साढ़े सात करोड़ लोगों को एक ही साल में ग़रीबी में धकेल दिया। यह एक पाप था, लेकिन सरकार को कोई पश्चात्ताप नहीं है।

भारत में ग़रीबी पर सरकारी सूत्रों से प्राप्त कोई हालिया आँकड़ा नहीं है। आख़िरी सच्चा सरकारी आँकड़ा 2011-12 का है। वह नेशनल सैंपल सर्वे (राष्ट्रीय प्रतिदर्श सर्वेक्षण) के 68वें चक्र का है। इसीलिए, हम नहीं जानते कि सतत विकास लक्ष्य (एसडीजी) के सन्दर्भ में हम कहाँ खड़े हैं, जिसका पहला ही लक्ष्य 2030 तक ग़रीबी मिटाना था। अक्टूबर 2020 की विश्व बैंक की द्विवार्षिक रिपोर्ट, 'पावर्टी एंड शेयर्ड प्रॉस्पैरिटी रिपोर्ट' में कहा गया है कि वैश्विक ग़रीबी का उनका अनुमान काफ़ी हद तक अधूरा है क्योंकि भारत से आँकड़े नहीं मिले। इस अभियोग की गम्भीरता उन लोगों की निगाहों से नहीं बची होगी जो जानते हैं कि अन्तर-सरकारी वैश्विक संगठनों की हल्की-सी फटकार वाली भाषा का उप-पाठ (सबटेक्स्ट) कैसे पढ़ा जाना चाहिए?

इस बीमारी—वास्तविकता से इनकार और आँकड़ों को दबाने की बीमारी—का स्पष्ट रूप 2019 में दिखा था, जब सरकार ने रोज़गार के आँकड़ों को वाहियात क़रार दिया था। याद कीजिए, आवधिक श्रमिक बल सर्वेक्षण के आँकड़ों का दमन! आँकड़ों ने बताया था कि बेरोज़गारी की दर उस समय पिछले चार दशकों में उच्चतम थी। वे आँकड़े सत्ताधारी दल के लिए असुविधाजनक थे, जिसने 1 करोड़ नौकरियाँ सृजित करने का वादा किया था। इसलिए, सरकार ने अपनी ही एजेंसी द्वारा एकत्रित आँकड़ों पर सन्देह किया, उन्हें सार्वजनिक होने से रोका और यह कहकर अपने कृत्य को जायज़ ठहराया कि रिपोर्ट पर और कुछ काम करने की ज़रूरत है। सांख्यिकी आयोग (स्टैटिस्टिकल कमीशन) के विशेषज्ञ सदस्यों ने विरोधस्वरूप आयोग को छोड़ दिया, जिससे यह आयोग अवशेष मात्र बनकर रह गया।

सरकार ने 2016 की अतार्किक नोटबन्दी पर भी जवाब नहीं दिये, न ही यह बताया कि उसके बाद कितना तथाकथित काला धन मिला। लगभग सारे के सारे नोट वापस बैंकों में जमा हो गए। काला धन व्यवस्था से बाहर नहीं गया, लगभग सभी बन्द नोट वापस आ गए, लेकिन जो नौकरियाँ गईं, वो वापस नहीं आ सकीं। कितनी ज़िन्दगियाँ तबाह हुईं? सरकार हमें नहीं बताएगी।

दुनिया-भर के 108 अर्थशास्त्रियों और समाजविज्ञानियों ने सरकार को खुला पत्र लिखकर इस पर चिन्ता जताई थी कि भारतीय आर्थिक आँकड़ों की विश्वसनीयता खो चुकी है। विद्वानों ने महसूस किया कि भारत की सांख्यिकीय मशीनरी शायद 'राजनीतिक विचारों के बादल तले घिर चुकी है, उससे प्रभावित और यहाँ तक कि नियंत्रित होने लगी है।' उन्होंने सरकार से अपील की है कि वह 'सार्वजनिक सांख्यिकी तक पहुँच और विश्वसनीयता सुनिश्चित' करे।

एक समय था, जब भारत की सांख्यिकी और आँकड़ों के संग्रहण की मुरीद पूरी दुनिया थी, क्योंकि उनका संस्थागत गठन बहुत मज़बूत था। न केवल तीसरी दुनिया के देश, बल्कि विकसित देश भी सामाजिक-आर्थिक आँकड़ों के संग्रहण, विश्लेषण और व्याख्या के भारतीय तरीक़ों को देखते थे। हाँ, उनकी कार्य-प्रणाली (मेथेडोलॉजी) को लेकर स्वस्थ बहसें और असहमतियाँ होती थीं, लेकिन कभी भी इनकी निष्पक्षता पर सवाल नहीं उठे। सरकार को हस्तक्षेप का अधिकार भी नहीं था। एनएसएस (नेशनल सैंपल सर्वे) के आँकड़ों को जारी करने की

तिथि कभी सरकार नहीं बताती थी। यहाँ तक कि अन्तिम आँकड़ों से पहले 'रॉ डाटा' भी शोधार्थियों के विश्लेषण और सत्यापन के लिए सार्वजनिक कर दिया जाता था। अब वह मामला नहीं है। भारत के आँकड़ों की विश्वसनीयता सन्दिग्ध हो चुकी है।

आज भारतीय कॉरपोरेट, विदेशी निवेशक, आर्थिक विश्लेषक विश्वसनीय और भरोसेमन्द आँकड़ों के लिए कहीं और देख रहे हैं, क्योंकि कई अहम सूचकों जैसे जीडीपी, मुद्रास्फीति और रोज़गार से सम्बन्धित सरकारी आँकड़े सन्दिग्ध हैं। यहाँ तक कि सार्वजनिक क्षेत्र के बैंक भी सरकारी आँकड़ों पर सन्देह करते हैं। पिछले साल जुलाई तक, भारत के सार्वजनिक क्षेत्र के सबसे बड़े बैंक भारतीय स्टेट बैंक (एसबीआई) के शोध समूह ने खुदरा मुद्रास्फीति के सरकारी आँकड़ों पर सवाल उठाए। भारत के मुख्य सांख्यिकीविद् प्रणव सेन, जो अब सरकार द्वारा गठित आर्थिक सांख्यिकी पर स्टैंडिंग कमिटी के मुखिया हैं, ने कहा, 'आँकड़ों के दमन और उसके बाद लीक होने के परिणामस्वरूप धीरे-धीरे 'डाटा का दानवीकरण' हो गया है। और इससे देश की सांख्यिकीय व्यवस्था हतोत्साहित होने लगी है।'

एक तरफ़, तकनीकी बहुराष्ट्रीय निगम हमारे निजी आँकड़ों के पहाड़ पर बैठे हैं—हम क्या करते हैं, हम क्या ख़रीदते हैं, हम कहाँ जाते हैं, हमारी पसन्द क्या है। वे इन आँकड़ों का इस्तेमाल करके हमारा ध्यान आकर्षित करते हैं, उनका उपयोग करते हैं। दूसरी तरफ़, हमारी सरकार हमें वे आँकड़े नहीं देती, जो हमारे सामूहिक जीवन के लिए ज़रूरी हैं, ताकि वह हमें अँधेरे में रख सके, भ्रमित रख सके और राजनीतिक विमर्श को अपने हित में इस्तेमाल कर सके। राज्य और पूँजी दोनों ही छिपाकर हमारा राजनीतिक और आर्थिक भविष्य गढ़ रहे हैं, वह भी हमारी सहमति के बिना। दोनों के ही प्रतिरोध की ज़रूरत है।

सरकार हमारी स्वाधीनता के अमृत महोत्सव की तैयारी कर रही है। यह उत्सव का समय है, गौरवान्वित होने का भी। जो चुनौतियाँ हमने पार की हैं, जो रास्ते हमने तय किये हैं और जो उपलब्धियाँ हमने पाई हैं, उन सब पर गर्व होना चाहिए, लेकिन यह अवसर अपनी वर्तमान चुनौतियों और बाधाओं से दो-चार होने का भी है। साथ ही, हमारे एक साथ बैठने, दिमाग़ भिड़ाने और आगे का रास्ता तैयार करने का भी। अमृत महोत्सव की चर्चा में ग़रीबी, असमानता और बेरोज़गारी को भी शामिल करना होगा। अभी तो ख़ाली वाग्जाल ही चर्चा के केन्द्र में हैं। अपनी

चुनौतियों का एक ईमानदार स्वीकार तक नहीं है, उन पर पार पाने के संकल्प और रणनीति की बात तो जाने ही दें।

एक सार्थक चर्चा के लिए, सभी भारतीयों के सम्मान और समृद्धि के रास्ते के लिए, हमें आँकड़े चाहिए। विश्वसनीय, जवाबदेह, भरोसेमन्द आँकड़े, जिन पर पक्षपाती राजनीतिक विचारों का प्रदूषण न हो। हमें साफ़-सुथरा डाटा चाहिए।

ग़रीबी हटाने से पहले हमें डाटा की ग़रीबी हटानी होगी। हमें अगम्भीरता को हटाना होगा।

विज़ाग स्टील और पीएसयू मेगा सेल

मार्च 2021

यह महत्त्वपूर्ण है कि हम भारत सरकार के विज़ाग स्टील प्लांट, विशाखा उक्कू के निजीकरण के फ़ैसले को ध्यान से देखें। मैं इसे सरकार के बृहत् निजीकरण कार्यक्रम की मंशा के आलोक में रखने की कोशिश करूँगा। मैं सवाल पूछूँगा और निजीकरण की इस मुहिम के पीछे छिपी कुछ धारणाओं को चुनौती दूँगा, जिसे यह सरकार आर्थिक सुधार कार्यक्रम के नाम पर हमारे गले उतारना चाहती है।

विशाखापट्टनम शहर में बेचैनी है। स्टील प्लांट के श्रमिक और आम जनता भी सड़कों पर उतरकर केन्द्र सरकार द्वारा इस सार्वजनिक क्षेत्र उपक्रम (पीएसयू) को बेचने के फ़ैसले का विरोध कर रहे हैं। भाजपा और उसकी सहयोगी जनसेना को छोड़कर हरेक राजनीतिक दल और नागरिक समाज संगठन इस क़दम का विरोध कर रहा है। आन्ध्र प्रदेश का नागरिक समाज इसको लेकर बेचैन, क्रुद्ध और चिन्तित है। आन्ध्र प्रदेश के मुख्यमंत्री ने पत्र लिखकर प्रधानमंत्री से अनुरोध किया है कि इस इस्पात संयंत्र का निजीकरण न किया जाए।

किसी भी पीएसयू के कर्मचारियों के लिए यह स्वाभाविक है कि अपनी इकाई को निजीकृत करने की कोशिश पर वे नाराज़ हों। वे इसे चोरी के तौर पर देखते हैं और यह ठीक भी है।

विज़ाग स्टील कई मायनों में अलग है। यह संयंत्र के श्रमिकों की ही चिन्ता नहीं है। पूरा नागरिक समाज ही केन्द्र सरकार की इस घोषणा से चिन्तित है। यह किसी भी दूसरे उद्योग की तरह केवल ईंट, पत्थर और मशीनों का समुच्चय नहीं है। यह पूरे राज्य के लोगों के संघर्ष के बाद दर्ज हुई जीत है—तत्कालीन अविभाजित

आन्ध्र प्रदेश के 32 लोगों ने इसकी स्थापना के लिए अपनी जान दी थी, राज्य के कोने-कोने से थे। आमरण अनशन हुए थे। पुलिस कार्रवाई, हड़ताल और लम्बा संघर्ष। विधायकों और सांसदों ने त्यागपत्र दिये थे। वे वास्तविक त्यागपत्र थे। राज्य विधानसभा में सर्वसम्मत प्रस्ताव पारित हुआ था। केन्द्र से आँखों में आँखें डालकर लड़ा गया था। विज़ाग इस्पात संयंत्र तत्कालीन केन्द्र सरकार और उसकी ताक़तवर मुखिया इंदिरा गांधी के ऊपर तेलुगु लोगों की जीत का प्रतीक है।

दुख की बात है कि केन्द्र की मौजूदा सत्ताधारी पार्टी इसके भावनात्मक पक्ष को समझने में सक्षम नहीं हो पा रही है। राज्य में उनके पैदल सेनानी इस पृष्ठभूमि को जानते हैं लेकिन उनके पास यह साहस नहीं है कि राज्य के लोगों के लिए खड़े हों और बोल सकें। लेकिन यह केवल भावनात्मक पक्ष नहीं है कि मैं विज़ाग इस्पात संयंत्र के निजीकरण का विरोधी हूँ। नहीं, मेरा विरोध बस इतना नहीं है। मेरी चिन्ताएँ उससे बड़ी हैं।

इस आलेख में मेरा ध्येय सरकार की निजीकरण की मुहिम के तरीक़े पर सवाल उठाना है, इस मुहिम की दृष्टि को चुनौती देना है, इसके बड़े सैद्धान्तिक आधारों को प्रश्नांकित करना है और मौजूदा सरकार द्वारा इसके व्यावहारिक कार्यान्वयन के बारे में अपनी उद्विग्नता को व्यक्त करना है, ख़ासकर सरकार द्वारा कुछ अरबपतियों को दिये गए संरक्षण के रिकॉर्ड को देखते हुए ये जायज़ भी है।

सरकार, उसके गुलाबी काग़ज़ और कुछ बहुराष्ट्रीय निगमों के कर्मी हमें यह यक़ीन दिलाना चाहते हैं कि बजट 2021-22 पूरे परिदृश्य को बदल देगा। किसी ख़ास वजह से नहीं, बल्कि सार्वजनिक क्षेत्र के उपक्रमों को बेच देने के इसके फ़ैसले की वजह से! वे चाहते हैं कि हम यक़ीन करें कि यह सुधारों का मज़बूत क़दम है। इस घोषणा के बाद स्टॉक मार्केट में उछाल आया। बड़े स्तर की ख़रीद-बिक्री की सम्भावना से ही इसकी लार टपकने लगी।

मोदी सरकार हमें यक़ीन दिलाना चाहती है कि सार्वजनिक क्षेत्र के उपक्रमों को बेच देना ही सुधार है, न कि उनकी कार्यप्रणाली को सुधारना। फ़रवरी 2021 के आख़िरी हफ़्ते में प्रधानमंत्री मोदी ने एक वेबिनार में घोषणा की थी कि सरकार का काम व्यवसाय करना नहीं है। जैसे, यह लक्षणा का कोई क्षण हो, एक रूपक मात्र हो। वह शायद यह नहीं जानते हों कि उनके भाषण लिखनेवालों ने 1980 के रोनाल्ड रीगन और मारग्रेट थैचर के भाषणों से कुछ पंक्तियाँ पुनः उद्धृत की थीं

और उन नेताओं ने वह विचार फ्रेडरिक हाएक और मिल्टन फ्रीडमैन से उधार लिया था! यह आर्थिक दर्शन बेझिझक यह सोचता है कि धनिकों की मदद करो और वो जो निवेश करेंगे उससे हम सबके लिए नौकरियाँ और समृद्धि पैदा होंगी, और व्यवसाय अल्पकालिक फ़ायदे बनाने का नाम है। इससे चिन्तित न हों कि 10 फ़ीसदी से कम लोग पूरे देश के 90 फ़ीसदी धन पर क़ब्ज़ा किये हों।

सौभाग्य से, वह आर्थिक दर्शन अब लगातार निशाने पर है। इसका परिणाम चन्द धनकुबेरों के द्वारा श्रम और पर्यावरण दोनों के अबाध शोषण में निकला है और भ्रष्ट नेताओं के साथ मिलकर प्राकृतिक संसाधनों को चूसने में भी!

इसका एक विकल्प भी है। समाज के मध्यवर्गीय और कम आय वाले वर्गों की मदद कीजिए। उनकी क्रय-क्षमता-अर्थव्यवस्था को एक अभूतपूर्व और स्थायी बढ़त देगी। इसे अगर आर्थिक दर्शन में 'आत्मनिर्भरता' नहीं कहेंगे तो फिर क्या कहेंगे? गांधीजी इससे सहमत होते। सरदार पटेल भी मानते। दीनदयाल उपाध्याय भी मान जाते। पंडित नेहरू को तो छोड़ ही दीजिए।

दुनिया इसी समझ की ओर बढ़ रही है। मार्च 2021 में अमेरिकी राष्ट्रपति जो बाइडेन द्वारा 1.9 ट्रिलियन (खरब) डॉलर का स्टिम्युलस पैकेज इसी दिशा में है, न कि रेगन, थैचर, फाएक और फ्रीडमैन की सोच के अनुसार है। एक समय था, जब सार्वजनिक उपक्रमों को भौंहें सिकोड़कर देखना फ़ैशन में था। इन्हें अप्रभावी बताकर लांछित किया जाता था। निजी क्षेत्र को प्रभावशाली और मूल्यों का उच्चतम निकष कहा जाता था। पर आप देखिए कि पूरी दुनिया से आए आँकड़े इस पूर्वग्रह की धज्जी उड़ा रहे हैं।

भारत में, केवल 100 बड़ी निजी कम्पनियाँ ठीक काम कर रही हैं। निस्सन्देह, हमारे सबसे बड़े ग़ैर-कृषि क्षेत्र के नॉन-परफ़ॉर्मिंग असेट्स (एनपीए) निजी क्षेत्र के हैं। यह भी ध्यान में रखें कि पिछले पाँच वर्षों में निजी क्षेत्र का स्थायी पूँजी निर्माण 26.1 प्रतिशत से गिरकर 23.4 फ़ीसदी हो गया है। यह निजी क्षेत्र की क्षमता को दिखाता है। तथ्य ज़ाहिर तौर पर सार्वजनिक क्षेत्र को गाली देने के पक्ष में नहीं हैं। स्टॉक मार्केट को ही देखिए। वहाँ कम से कम 8 सार्वजनिक उपक्रम हमेशा पसन्द किये जाते हैं।

किसी को इससे आपत्ति नहीं है कि पीएसयू की क्षमता को सुधारा जाए। उनमें से कुछ तो दयनीय तरीक़े से अक्षम हैं, लेकिन ऐसी तो निजी इकाइयाँ भी हैं। ऐसे

पीएसयू में गहरे सुधारों की ज़रूरत है, न कि उन्हें बेचने की। सुधार बड़ा काम है। बेच देना सरकारों के लिए एक आसान तरीक़ा है। अक्षम पीएसयू के प्रशासन को सुधारना वक़्ती ज़रूरत है। बाबुओं की बजाय पेशेवरों की नियुक्ति कर उनका प्रबन्धन कीजिए। सरकारी हस्तक्षेप को दूर कीजिए। ऐसे सुधार उनकी क्षमता में सुधार लाएँगे। बेचने से एकाधिकार, अरबपतियों और क्रोनी पूँजीपतियों के पैदा होने का ख़तरा है। यह हमारी प्रजातांत्रिक नीति को बिगाड़ सकता है। रूस को ही देख लें और हम समझ जाएँगे कि प्रजातंत्र को कैसा ख़तरा हो सकता है, या फिर घरेलू स्तर पर ही इलेक्टोरल बांड्स की अपारदर्शिता और उससे सत्ताधारी दल को होने वाले फ़ायदे को देख लीजिए। हमें मोदी सरकार की वह आतुरता भी याद रखनी चाहिए, जब यह सरकार एक ऐसी कम्पनी को युद्धक विमान बनाने देना चाहती थी, जिसने पहले कभी खिलौना जहाज़ भी नहीं बनाए थे। बहुत पुरानी बात नहीं है।

जो सन्देहवादी पीएसयू की क्षमताओं पर प्रश्न उठाते हैं, वे सिंगापुर के हालात देखें। वहाँ राज्यचालित उद्योग शानदार काम कर रहे हैं। वे बड़े भी हैं, जैसे दक्षिण कोरिया में भी हैं। चीन को ही देखिए। 2020 में दुनिया के किसी भी हिस्से की तुलना में फॉर्च्यून 500 की सूची में चीन के अधिक उद्योग थे। अमेरिका भी चीन से इस मामले में पीछे था। और उनमें से एक बड़ी संख्या सरकार-चालित उद्योगों की है।

सार्वजनिक क्षेत्र की अक्षमता पर प्रहार करना हम बन्द करें। पीएसयू अच्छा काम कर सकते हैं। मैं फिर से कहता हूँ, सुधार कीजिए, बेचिए नहीं। कुछ बोझ हटा लें अगर आप चाहते हैं, लेकिन पूरा बेच देना? प्रधानमंत्री ने कहा है कि 'सरकार का मुख्य ध्यान समाज के कल्याण और लोगों से सम्बन्धित नीतियों पर होना चाहिए।' उनके लिए 'यह हमारे अधिकारियों की प्रतिभा का दुरुपयोग है कि हम उनको सार्वजनिक उपक्रम चलाने में लगाए रखें।' लेकिन मुद्दा यह है कि सरकार को कौन बाध्य कर रहा है कि अपने अधिकारियों को सार्वजनिक क्षेत्र के उपक्रमों के संचालन से जोड़कर रखे। उनके प्रबन्धन को पेशेवर बनाइए। सरकारी अधिकारी सरकारी काम करें। आपको रोका किसने है, श्रीमान जी?

प्रधानमंत्री की बात सुनकर लगा कि हज़ारों प्रवासी मज़दूरों की देखभाल इसलिए नहीं हो पा रही, वे इसलिए पीड़ा में हैं क्योंकि सरकारी अधिकारी पीएसयू के प्रबन्धन में व्यस्त हैं। उन्होंने कहा कि वह पीएसयू की बिक्री से प्राप्त हुए धन को 'ग्रामीण सम्पर्क, सुरक्षित पेयजल और सस्ते मकानों' की उपलब्धता में लगाना

चाहते हैं। क्या उनके आसपास कोई नहीं है जो उन्हें बताए कि सक्षम तरीक़े से चल रहे पीएसयू सरकार को साल-दर-साल इन्हीं कामों के लिए पैसा देंगे!

सरकार सचमुच निजीकरण के पक्ष में बहुत लँगड़े तर्क दे रही है। यह सुधार की परिभाषा को कल्पना से भी आगे खींच ले जा रही है। यह कोई आर्थिक अर्थ पैदा नहीं कर पा रहा है। यह हमारे प्रजातांत्रिक ताने-बाने के लिए अभिशाप होगा, अगर कुछ अन्तरंगों को इस 'सेल' में मनचाहा मिल गया। जनवरी 2021 में नीति आयोग, वित्त मंत्रालय और प्रतियोगिता आयोग (कम्पीटिशन कमीशन) ने भारत के कॉरपोरेट जगत की ताक़त के संकेद्रण को बन्दरगाहों, एयरपोर्ट, टेलिकॉम और फ़ार्मा के सन्दर्भ में ख़तरनाक बताया। उनकी चेतावनी को नज़रअन्दाज़ कर दिया गया और कुछ कम्पनियों को तरजीह दी गई। यही ख़तरा है, सच्चा ख़तरा जो अभी परदे की ओट में है।

वित्त मंत्रालय के एक सचिव ने कहा, 'भारत ऐसी स्थिति में है, जहाँ इसे पीएसयू की बिक्री को लेकर कम भावुक होना चाहिए।' ये ऐसे बिना चुने हुए नौकरशाह और कुछ न चुने जा सकने लायक़ नेता हैं, जो दिखाते हैं कि केन्द्र सरकार लोगों की भावना और सोच के प्रति कितनी संवेदनहीन है। जैसाकि आन्ध्र प्रदेश के लोगों की भावना के प्रति है।

आन्ध्र प्रदेश को विभाजन के समय भी सम्पत्ति और ज़िम्मेदारी का सही अनुपात नहीं मिला। विशेष राज्य का दर्जा, जो संसद के पटल पर और चुनाव प्रचार के दौरान किया गया वादा था, भी पूरा नहीं हुआ। आन्ध्र बैंक उड़ गया। अब हमारी जेब काटने का इरादा है, विज़ाग स्टील को निजीकृत कर हमसे चुराने की कोशिश हो रही है।

यह पूरा प्रकरण सरकार के नक़ल किये हुए और बेहद ठंडे, क्रूर आर्थिक दर्शन को दिखाता है। यह इसके वूडू (जादुई) अर्थशास्त्र, अशालीन जल्दबाज़ी और सन्देहजनक नीयत पर भी प्रकाश डालता है, जहाँ ये कुछ चुनिन्दा लाभार्थियों को सब कुछ बेच देने पर आमादा हैं।

विज़ाग स्टील के मामले में, हमारे सत्ताधारियों को जानना चाहिए कि लोग उद्योगों को लेकर भी भावुक हो सकते हैं, केवल मन्दिरों को लेकर नहीं!

फ़ादर स्टैन स्वामी का हत्यारा कौन?

आतंक और भारतीय राज्य

[स्टैन स्वामी एक जेसुइट पादरी और आदिवासी अधिकारों के लिए लड़नेवाले कार्यकर्ता थे, और मध्य भारत में काम करते थे। उनको एनआईए ने माओवादियों के प्रति 'सहानुभूति' रखने के आरोप में गिरफ़्तार किया था। उनको ख़ूँखार यूएपीए के तहत आपराधिक षड्यंत्र और राजद्रोह के आरोप में गिरफ़्तार किया गया। उस समय वह 83 वर्ष के थे, कमज़ोर और पार्किंसन रोग से जूझ रहे थे। जेल में उनका स्वास्थ्य गिरता गया और मेडिकल ग्राउंड पर जमानत की उनकी अर्ज़ियाँ भी ख़ारिज होती रहीं। जेल में ही उनका देहावसान हो गया।

यह जुलाई 2021 में उनकी मृत्यु ने कुछ दिन बाद लिखे आलेख का अद्यतन प्रारूप है।]

मेरी तरह आप सब भी फ़ादर स्टैन स्वामी की मौत की ख़बर सुनकर स्तब्ध रह गए होंगे, मैं निश्चित तौर पर ऐसा मानता हूँ। मैं अब भी उस पीड़ा से उबर नहीं पाया। शुरुआती आश्चर्य के बाद दुख और उस दुख के बाद गहरी शर्म ने मुझे घेर लिया। पार्किंसन और अब कोविड-19 से जूझता एक 84 वर्षीय पादरी अस्पताल में लेटा है, अब भी गिरफ़्तार है और उसे जमानत मिलने या राँची में अपने लोगों से मुलाक़ात की कोई उम्मीद नहीं है। उस वक़्त उनके दिमाग़ में क्या चल रहा होगा, ख़ासकर तब जब उन्हें पता हो कि उनका अन्त निकट है।

क्या उन्हें मरना चाहिए था? इस तरह? ऐसा क्यों हुआ? इसके लिए कौन ज़िम्मेदार है? क्या इस बुज़ुर्ग और गम्भीर तौर पर बीमार व्यक्ति से भारतीय राष्ट्र

को ख़तरा था? ख़तरा क्यों था? क्या उसकी मौत के बाद अब हमारा गणराज्य सुरक्षित है? ये सवाल मेरा पीछा नहीं छोड़ते हैं। मैं जवाब तलाशने की कोशिश करता हूँ। जो कुछ मेरी खोज में मुझे मिला, वही मैं आपको आगे बताने जा रहा हूँ।

मैंने देखा कि कई लोग इसलिए बहुत नाराज़ थे, क्योंकि फ़ादर स्टैन स्वामी को एक स्ट्रॉ या सिपर के लिए बार-बार अनुरोध करना पड़ता था। अगर हम उनके माँगते ही उनको स्ट्रॉ दे देते, या फिर उसके पहले ही तो क्या उससे चीज़ें ठीक हो जातीं? कई लोग इसे अमानवीय मानते हैं कि एक 84 साल के वृद्ध को कई महीनों तक जेल में रखा गया। अगर फ़ादर स्टैन उम्र के 40वें साल में होते? कई टिप्पणीकारों ने हमारी कार्यपालिका और न्यायपालिका की स्टैन स्वामी के स्वास्थ्य के प्रति संवेदनहीनता पर बात की है, और कई आँसुओं में डूबे हैं, क्योंकि उनकी मौत हो गई। अगर फ़ादर स्टैन बिना पार्किंसन के, एक स्वस्थ व्यक्ति के तौर पर जेल में रहते, अगर जेल अधिकारी उनके स्वास्थ्य को लेकर संवेदनशील होते, अगर उनकी मौत नहीं होती तो क्या इसे ठीक माना जाता? क्या यह सब ठीक होता, अगर वह एक पादरी नहीं होते, एक व्यक्ति जो अपनी सेवा और त्याग के लिए जाना गया, जिसने ग़रीब और वंचित आदिवासियों के लिए दशकों काम किया? फ़ादर स्टैन स्वामी की उम्र, ख़राब स्वास्थ्य और आख़िरकार उनकी एकान्तिक मौत—ये सभी हमें भारतीय राज्य-व्यवस्था का क्रूर और गंदा चेहरा दिखाते हैं। यहाँ तक कि अपनी आँखों पर हमेशा ख़ुशहाली का चश्मा लगाने वाले, कभी प्रश्न न पूछनेवाले राष्ट्रवादियों को भी मख़मली दस्तानों में छिपा वह लोहे का हाथ दिख जाता।

इस घटना ने हमें उद्वेलित किया, कुछ तो आँसुओं में भी डूबे, हमारे आलस्य और निद्रा से इसने हमें झकझोरकर जगाया। दूसरे शब्दों में हमें जगाने के लिए स्टैन स्वामी जैसे किसी व्यक्ति को मरना पड़ा।

लेकिन हमें अपनी पीड़ा की वजह से मुख्य मुद्दे से भटकना नहीं चाहिए। हमारा सारा ध्यान उस लौह-हस्त पर होना चाहिए, जिसे हमने देखा है। फ़ादर स्टैन स्वामी की मौत पर हमें यही करने की ज़रूरत है।

जिस ज़मीन पर वह लोहे का हाथ उगा, जिसने फ़ादर स्टैन स्वामी को कुचला, उसकी शुरुआत छोटी ही हुई थी। 1967 में हमारी संसद ने नक्सलबाड़ी और बाक़ी जगहों पर अतिवादी वाम के उदय को देखते हुए ग़ैर-क़ानूनी गतिविधियाँ (रोकथाम) अधिनियम यानी यूएपीए पारित किया था। इसे 2004 में संशोधित किया गया और

इसमें निलम्बित हो चुके टाडा (टेरेरिस्ट एंड डिसरप्टिव एक्टिविटीज प्रिवेंशन एक्ट), 1985 और पोटा (प्रिवेंशन ऑफ़ टेरेरिज़्म एक्ट) 2002 के प्रावधानों को भी शामिल किया गया। टाडा और पोटा दोनों ही विवादित और निरंकुश क़ानून थे, जिन्होंने राष्ट्रीय सुरक्षा के नाम पर मौलिक अधिकारों का हनन किया था। 2008 और 2012 में और अधिक संशोधन किये गए ताकि क़ानून और भयानक बने। कांग्रेस-नीत संप्रग और भाजपा-नीत राजग, दोनों ही सरकारों ने हमें बताया कि आतंकवाद के ख़तरे से निबटने के लिए यह ज़रूरी है। कृपया ध्यान में रखें कि सभी बड़े राजनीतिक दल इनमें किसी न किसी गठबन्धन का हिस्सा थे और इसीलिए उन्होंने इन प्रावधानों का समर्थन किया।

2008 में संप्रग-1 (संयुक्त प्रगतिशील गठबन्धन या यूपीए) के शासनकाल में यह कहानी और बड़ी हुई, जमानत के लिए और भी कड़े प्रावधान किये गए। अब, अगर कोर्ट के पास यह मानने के कारण हों कि अभियुक्त के ख़िलाफ़ लगाए आरोप प्रथमद्रष्ट्या सही हैं, तो उसे जमानत देने की ज़रूरत नहीं है। 2012 में, उसी शासन ने क़ानून की कठोरता और दायरा और बढ़ाया। दोनों ही संशोधनों को भाजपा ने समर्थन दिया था, जो उस समय मुख्य विपक्षी दल था। 2008 के संशोधन में जो सबसे महत्त्वपूर्ण बात इस क़ानून में डाली गई, वो यह थी कि आरोप-पत्र दाख़िल करने से पहले की क़ैद की अवधि 90 दिनों से बढ़ाकर 180 दिनों तक कर दी गई। इसी संशोधन ने हरेक जगह स्वीकृत इस सिद्धान्त को भी पलट दिया कि अभियोजन पक्ष पर ही सबूत लाने की ज़िम्मेदारी है। क़ानून में संशोधन के बाद, अब यह ज़िम्मेदारी अभियुक्त की है कि वह ख़ुद को निर्दोष सिद्ध करे और कोर्ट को यह मानने से रोके कि अभियोजन पक्ष के कहे मुताबिक़ वह प्रथमद्रष्ट्या दोषी है। इस संशोधन ने अभियुक्त से चुप रहने के अधिकार को भी छीन लिया।

2008 के संशोधन ने यह व्यवस्था भी कर दी कि इस क़ानून के तहत किसी भी व्यक्ति को 'किसी नामित अधिकारी द्वारा' केवल 'व्यक्तिगत जानकारी' या 'दूसरे व्यक्ति द्वारा दी गई जानकारी' या 'किसी काग़ज़ात, आलेख या ऐसी किसी भी चीज़ से मिले सबूत के आधार' पर गिरफ़्तार किया जा सकता है (अब हमें पता है कि लगातार कई आरोपितों के कम्प्यूटर में सबूत प्लांट करने की कोशिशें क्यों होती हैं)। एक और बात : गिरफ़्तार करनेवाला अधिकारी, इस संशोधन के बाद, अभियुक्त को उस पर लगे आरोपों के बारे में 'जितनी जल्द सम्भव हो, उतनी जल्दी' सूचित करेगा।

2008 के संशोधन से ही जमानत की स्थितियाँ और कठोर कर दी गईं। संप्रग (यूपीए) के गृहमंत्री पी चिदंबरम ने लोकसभा में इसके पारित होने से अगले दिन 18 दिसम्बर को राज्यसभा में बिल पेश करते हुए कहा, 'मोटे तौर पर हम लोग जमानत की राह में पाबन्दियाँ लगा रहे हैं।' उन्होंने इसे काफ़ी हल्की बात की तरह पेश किया। भाजपा ने इन प्रावधानों का समर्थन किया। इसीलिए, जब 2019 के संशोधनों का जवाब देने वर्तमान गृहमंत्री अमित शाह उठे तो उन्होंने कांग्रेस को याद दिलाया कि 2008 और 2012 के संशोधनों के समय भाजपा ने कांग्रेस का समर्थन किया था इसलिए कांग्रेस भी वही। सचमुच गर्मजोशी से भरा एक सहयोगी निमंत्रण!

इन संशोधनों से पहले जो बहस हुई, उसमें दोनों सदनों के कुछ...महज़ कुछ सदस्यों ने इसके सम्भावित दुरुपयोग की आशंका जताई। एक के बाद एक सरकारों ने आश्वासन दिया कि संशोधित क़ानून के दुरुपयोग को रोकने के लिए वे सभी प्रयास करेंगे। लेकिन, टाडा के दिनों से ही प्रावधानों के दुरुपयोग की बातें लगातार सामने आती रही हैं। दोषसिद्धि की दर लगातार कम रही है—दो फ़ीसदी से भी कम—क्योंकि अभियोजन पक्ष अधिकांश मामलों में आरोप साबित करने में नाकाम रहे हैं। इसने फिर से इस सन्देह को बल दिया है कि इन क़ानूनों के तहत गिरफ़्तारी मनमाने ढंग से की गई। आरोपितों को बहुत समय तक हिरासत में रखा गया और आख़िरकार जब उन्हें छोड़ा गया उस समय इसका कोई अर्थ नहीं रह गया था, क्योंकि उनके जीवन के मूल्यवान बरस जेल की सलाखों के पीछे बीत चुके थे।

यूएपीए में ताज़ातरीन संशोधन 2019 में किये गए, ताकि यह क़ानून और अधिक क्रूर और अधिक निर्दयी हो सके। अब कहानी अन्त तक पहुँच गई है। इस मामले में भाजपा ने कांग्रेस को पीछे छोड़ दिया है। 2019 की 8 जुलाई को यूएपीए में संशोधन के लिए इसे लोकसभा में पेश किया गया। सरकार ने विधेयक को स्थायी समिति के पास भेजने की माँग नामंजूर कर दी और जल्दी से इसे पारित कर दिया। कांग्रेस-नीत संप्रग सरकार ने कम से कम इसे स्थायी समिति के पास भेजा था। बहुमत के मद में चूर मोदी सरकार ऐसी प्रजातांत्रिक बातों में समय बर्बाद नहीं करती। लोकसभा में यह विधेयक 24 जुलाई को पारित हुआ—पेश होने के 15 दिनों के अन्दर। राज्यसभा में तो गति और भी तेज़ थी। 2 अगस्त को विधेयक पेश हुआ और 8 अगस्त को पारित हो गया। जहाँ सत्ताधारी दल बहुमत में नहीं था और जहाँ उसे संख्या बल के लिए संघर्ष करना पड़ता, वहाँ भी प्रस्ताव के

पक्ष में 147 और विपक्ष में केवल 42 मत पड़े। आप यह जानकर हैरान हो जाएँगे कि किन दलों ने इसका समर्थन किया। यह जानकारी आपको इंटरनेट पर मिल जाएगी, कृपया देख लें।

सबसे महत्त्वपूर्ण बदलाव जो मोदी सरकार ने इन संशोधनों के तहत किया, वह व्यक्तियों को भी आतंकवादी ठहराने का हक़ अपने हाथ में लेने का था। क़ानून में अब तक केवल सूचीबद्ध संगठनों को आतंकवादी या ग़ैर-क़ानूनी बताने का प्रावधान था। 2019 के बाद केन्द्र सरकार इस देश में किसी भी व्यक्ति को कहीं भी आतंकी घोषित कर सकती है। अपनी मर्ज़ी से है। यह ऐसे किसी भी व्यक्ति को आतंकवादी कह सकती है, जो—"(क) आतंकी घटनाओं में हिस्सा लेता है या उन्हें अंजाम देता है, (ख) आतंकवाद की तैयारी करता है, (ग) आतंकवाद को बढ़ावा देता है और घ) किसी भी तरह आतंकवाद में संलग्न है।"

2019 के संशोधन के बाद एनआईए—जो गृहमंत्री को रिपोर्ट करती है—के एक इंस्पेक्टर को भी जाँच करने का अधिकार मिल गया, जबकि अब तक यह अधिकार सम्बन्धित राज्य की पुलिस के डीएसपी या एसीपी को ही था। 2019 के संशोधन ने एनआईए को यह अधिकार भी दिया कि वह किसी भी राज्य में राज्य के पुलिस महानिदेशक (डीजीपी) के आदेश के बिना भी जा सकती है और राज्य के डीजीपी की अनदेखी कर आतंक के आरोपित की सम्पत्ति भी ज़ब्त कर सकती है।

यह क़ानून और इसके विभिन्न संशोधन कार्यपालिका को इतना अधिकार देते हैं, लेकिन आतंकवाद की परिभाषा उन्होंने शुरू से ही कोई स्पष्ट और साफ़ नहीं दी है। परिभाषा इतनी विस्तृत, इतनी ढीली है कि एक अर्थ में रोज़ाना का काम या वक्तव्य को भी—जिसे सरकार एक नागरिक के तौर पर आपको करते हुए न देखना चाहे—आतंकवाद के तौर पर व्याख्यायित किया जा सकता है। एक नागरिक बिना किसी ट्रायल के वर्षों सड़ने के लिए जेल में फेंका जा सकता है। मनमानेपन के लिए इसमें काफ़ी जगह है। आरोपित को मासूम साबित करने के लिए वर्षों लग सकते हैं। कुछ मामलों में दशक भी, बशर्ते कि उसकी मौत ही न हो जाए।

हमें जानना चाहिए कि फ़ादर स्टैन स्वामी ही एकमात्र ऐसे व्यक्ति नहीं थे जो यूएपीए के अंडरट्रायल रहते हुए हिरासत में ही मर गए। इसी साल जनवरी में 38 वर्षीय आदिवासी कार्यकर्ता कंचन ननवारे की मौत हो गई, जिनको 2014 में माओवादियों से सम्बन्ध होने का आरोप लगाकर गिरफ़्तार किया गया था। वे

हृदय-गति रुकने और मस्तिष्क की बीमारी के चलते मारे गए। उनकी जमानत की सभी याचिकाएँ ख़ारिज कर दी गईं। इसके पहले के वर्षों में ऐसे मामले और भी थे।

आइए, कुछ ऐसे मामले देखें जहाँ किसी व्यक्ति को यूएपीए के तहत जिन सबूतों के आधार पर गिरफ़्तार किया गया, अदालत में उनकी कोई वकत साबित नहीं हुई।

मार्च 2021 में 122 लोगों को ट्रायल कोर्ट ने रिहा किया, जिन्हें यूएपीए के तहत गिरफ़्तार किया गया था और जो जेल में 19 साल रह चुके थे। जी हाँ, 122 निर्दोष लोग 19 वर्षों तक जेल से छूटने का इन्तज़ार करते रहे। शुरुआती कुछ वर्षों तक हिरासत में गुज़ारने के बाद उनको लगातार कोर्ट आना-जाना होता था और पुलिस स्टेशन भी उनको कई बार बुलाते थे। इस दौरान पाँच लोगों की मौत हो गई।

मई 2021 में, मुम्बई की एक अदालत ने मोहम्मद इलियास और मोहम्मद इरफ़ान को यूएपीए के आरोपों से मुक्त किया। इसके पहले वे 9 वर्षों तक जेल में रह चुके थे।

कश्मीर का बशीर अहमद बाबा गुजरात की जेल में 11 वर्षों तक सड़ता रहा, फिर उसे कोर्ट ने छोड़ा। उस पर हिजबुल मुजाहिदीन से सम्बन्ध रखने का आरोप था। इसी साल मई में त्रिपुरा के एक रिक्शेवाले को चार साल तक हिरासत में रखने के बाद रिहाई नसीब हुई, जो बेंगलुरु में काम करता था।

गौर चक्रवर्ती 7 वर्षों तक जेल में रहा, फिर 2016 में यूएपीए के आरोपों से मुक्त हुआ।

मानवाधिकार कार्यकर्ता अरुण फरेरा 2007 में गिरफ़्तार हुए, 2012 में छूटे, 2018 में फिर गिरफ़्तार हुए और अब तक जेल में हैं।

जुलाई 2021 में किसान नेता और आरटीआई कार्यकर्ता अखिल गोगोई छूटे। उनको दो साल पहले सीएए के ख़िलाफ़ एक बन्द का नेतृत्व करने और भाषण देने के लिए पकड़ा गया था।

पत्रकार सिद्दीक कप्पन को तब गिरफ़्तार किया गया, जब वह हाथरस, उ.प्र. जा रहे थे। वह एक दलित लड़की के बलात्कार और हत्या की रिपोर्ट करने जा रहे थे।*

ऐसे मामले और भी हैं। हम उन्हें जानते हैं क्योंकि वे सुर्ख़ियों में आ गए।

---

* कप्पन को फ़रवरी 2023 में रिहा किया गया। उनको 23 दिसम्बर, 2022 को इलाहाबाद उच्च न्यायालय ने जमानत दे दी थी, लेकिन प्रक्रियागत विलम्ब की वजह से वकील को एक महीना लगा, तब वह रिहा हुए।

कोबाड गांधी, बिनायक सेन, नताशा नरवाल, उमर खालिद और कई को भीमा कोरेगाँव में इकट्ठा होने, सीएए-विरोधी प्रदर्शन करने और उत्तर-पूर्वी दिल्ली में हिंसा के लिए गिरफ़्तार किया गया। फिर, कश्मीर में गिरफ़्तार किये गए पुरुष और महिलाएँ भी हैं, जिनको अनुच्छेद 370 हटाने के बाद सरकार ने गिरफ़्तार किया।

लेकिन यह सूची भी छोटी है।

इनमें से हरेक आरोपित व्यक्ति के बारे में आपकी अपनी राय हो सकती है, लेकिन क्या राज्य और किसी भी सरकार को विषयनिष्ठ और निराधार विचारों या पूर्वग्रहों के आधार पर लोगों को गिरफ़्तार करने, मुक़दमा चलाने का अधिकार मिलना चाहिए? क्या हमारे यहाँ क़ानून का शासन नहीं होना चाहिए, एक प्रक्रिया के तहत किसी का दोष सिद्ध नहीं होना चाहिए, उसकी आज़ादी को छीनकर सज़ा देने से पहले? क्या हम ट्रायल के समय को एक अघोषित सज़ा बनने देंगे? दूसरे शब्दों में हम आरोप को ही फ़ैसला बनाकर रिहाई को बेमानी बना देते हैं? क्या हम ऐसा ही गणराज्य चाहते हैं? एक क्रूर, बेरोक-टोक शासन!

इस हिंसक कहानी में सभी राजनीतिक दलों ने अपनी भूमिका अदा की है। हाँ, हर कोई दोषी है। कुछ ने आतंकी नियमों को सक्रिय तौर पर समर्थन दिया और कुछ ने चुप रहकर, इनके दमन का औज़ार बनने में मदद की। कुछ का विरोध बस संसद के रिकॉर्ड के लिए था। या फिर, वे सोशल मीडिया और प्रेस वार्ता में अपना विरोध दर्ज करने तक सीमित रहे। जिन राजनीतिक दलों ने राष्ट्रपति से मुलाक़ात कर उनसे हस्तक्षेप की गुहार लगाई और स्टैन स्वामी की मौत की ज़िम्मेदारी तय करने के लिए सरकार को निर्देश देने की प्रार्थना की, वे चाहते हैं कि हम फ़ादर स्टैन की मौत में उनके सह-अपराध को भूल जाएँ। कंचन ननवारे की मौत में। अविस्मरणीय यातनाओं में, वर्षों तक चल रहे सैकड़ों 'अंडरट्रायल्स' में। वे उस क़ानून पर सवाल नहीं करते, न ही उसके क्रूर प्रावधानों पर। वे बस तत्कालीन सरकार द्वारा उसके प्रयोग पर सवाल उठाते हैं। आज कांग्रेस ने भाजपा पर सवाल उठाया है। कल भाजपा ने कांग्रेस पर उठाया था। दोनों में कोई ज़िम्मेदारी से नहीं बोल रहा है। उन्होंने इस शैतान को मिलकर बनाया है। वर्तमान आयाम ने बाक़ी सबको पीछे छोड़ दिया है। बस।

मुझे कोई शक नहीं कि फ़ादर स्टैन स्वामी को किसने मारा।

क्या आपको है?

कृषि क़ानून

अहंकार की एक कहानी

[यह आलेख 'मिडवीक मैटर्स' के दो अंकों का सम्पादित प्रतिलेख (Transcript) है। एक, 2021 की गर्मियों में प्रसारित हुआ था, जब मोदी सरकार द्वारा 2020 में पारित तीन किसान क़ानूनों के ख़िलाफ़ प्रदर्शन को लगभग एक वर्ष हो गया था। दूसरा, दिसम्बर 2021 में प्रसारित हुआ था, जब क़ानून वापस ले लिये गए थे।]

कैबिनेट पुनर्गठन या किसान क़ानूनों का फिर बनाना? क्या है प्राथमिकता?

जून 2021

सत्ताधारी पार्टी तक विशेष पहुँच रखने वाले मीडिया-मंचों से रिपोर्ट आई कि प्रधानमंत्री मोदी कैबिनेट का पुनर्गठन करना चाहते हैं, कि वह अपने मंत्रियों के कामकाज का आकलन कर रहे हैं।

वैसे, इस कसरत से कोई महत्त्वपूर्ण नतीजा निकलने वाला नहीं है। यह शुरू से ही स्पष्ट है कि उनके पास अपनी पार्टी में बहुत ही सीमित प्रतिभाएँ उपलब्ध हैं, जिनमें से उनको चुनाव करना है। कुछ लोग कैबिनेट में जोड़े गए, कुछ हटाए गए और कुछ के पोर्टफोलियो में बदलाव ज़रूरी हो सकता है, लेकिन ये सारी क़वायद केवल एक सन्देश दे पाएगी कि प्रधानमंत्री अपने मंत्रियों से बढ़िया प्रदर्शन चाहते हैं—हालाँकि, यह अब बहुत स्पष्ट है कि कैबिनेट में शामिल होने के लिए उनके

मंत्रियों की वफ़ादारी मायने रखती है न कि कौशल। इसलिए, यह आश्चर्यजनक नहीं है कि उनके मंत्री न तो पेशेवर योग्यता ही ला पाते हैं, न ही कैबिनेट का राजनीतिक वज़न बढ़ा पाते हैं। हाँ, संख्या मायने रखती है तो आने वाले विधानसभा चुनाव (2022 की शुरुआत में) ही इस पुनर्गठन की असली वजह हो सकते हैं—ताकि उन राज्यों के सांसदों को शामिल कर वहाँ अपने दल की सम्भावना बढ़ाई जाए।

लेकिन, दो मामले ऐसे हैं, जिन पर श्री मोदी को गम्भीरता से ध्यान देना चाहिए।

पहला, उनको देखना चाहिए कि क्या वे और उनका सर्वशक्तिशाली पीएमओ (प्रधानमंत्री कार्यालय) मंत्रियों को वास्तविक आज़ादी के साथ काम करने दे रहा है। इस तरह की बात भी हवा में है कि वे लोग जो अच्छे फ़ैसले कर सकते हैं वे भी बहुत कम ही कोई शुरुआत करते हैं। यह सच है य़ा झूठ, इसका फ़ैसला प्रधानमंत्री ख़ुद कर सकते हैं। अगर यह सही है, तो उनको इस समस्या का समाधान करना चाहिए। उनको सचमुच अपने मंत्रिमंडल को प्रदर्शन करनेवालों के समूह में बदलना चाहिए, जो अभी बस चाटुकारों की ही मंडली दिखती है। भारत को इसकी ज़रूरत है, पहले से कहीं अधिक।

दूसरी महत्त्वपूर्ण बात यह है कि नीतियों को लेकर उनको गम्भीर होना चाहिए। हमारे जैसे लोकतांत्रिक देश के लिए सही तरीक़े से बनाई गई मज़बूत नीति! प्रजातंत्र में कई बार सही प्रक्रिया से आई ख़राब नीति भी कम हानिकारक होती है बनिस्बत उस अच्छी नीति के जो बुरे तरीक़े से आई हो। कोविड के दौरान हुई गड़बड़ियों ने हमें काफ़ी पाठ पढ़ाए हैं। अगर विभिन्न राज्य, विभिन्न दलों के अनुभवी और सूचना से लैस राजनीतिक प्रतिनिधि, नागरिक समाज और पेशेवर कुशलता से लैस लोगों को आकलन और भविष्यवाणी, नीति-निर्माण और कार्यान्वयन में लगाया जाता, तो हम लोग शायद हालात को और प्रभावी तरीक़े से सँभाल सकते थे। हम लोग टीकाकरण की बुरी हालत, लाखों मौतों, आर्थिक कठिनाइयों और हमारी सबसे पवित्र नदी में तैरती लाशों के शर्मनाक, दुखद मंज़र से बच जाते। इसके बारे में दो राय नहीं हो सकती।

सरकार की वैक्सीन नीति की देर से और आंशिक पुनर्व्यवस्था—अगर यह किसी तरह इसका सूचक है कि सरकार अपनी नीतियों पर विचार करने और ज़िद छोड़ने को तैयार है—शायद प्रजातांत्रिक उम्मीद की हल्की किरण है।

आख़िरकार, एक लोकशाही में हर पाँच साल पर मिले जनादेश को मनमर्ज़ी

करने का, बिना सलाह और ज़िम्मेदारी के, कुछ भी बेरोक-टोक करने का लाइसेंस नहीं माना जाना चाहिए। सरकार का मतलब हमारे देश के लोगों की राय, भावना और ऊर्जा की लगातार अभिव्यक्ति होना चाहिए।

एक और नीतिगत मसला है, जिस पर सरकार की तरफ़ से तुरन्त ही एक प्रजातांत्रिक रवैया अपनाने की ज़रूरत है। वह है, किसान क़ानूनों के विरुद्ध हमारे किसानों का चल रहा आन्दोलन।

मोदी सरकार के कृषि क़ानून संसद में बिना किसी बहस के पारित करवाए गए। 17 सितम्बर, 2020 को लोकसभा में विधेयक रखा गया और राज्यसभा में बस तीन दिनों बाद 20 सितम्बर, 2020 को। राष्ट्रपति रामनाथ कोविंद ने विधेयक पर 27 सितम्बर, 2020 को सहमति दी। इस तरह के दूरगामी परिणाम वाले विधेयक, जिनसे करोड़ों भारतीय नागरिकों की सुरक्षा और जीवन का सवाल जुड़ा था, वह केवल दस दिनों में क़ानून बन गए। पूरी प्रक्रिया में, विधेयक के संसद पहुँचने से पहले ही जल्दबाज़ी और तेज़ी थी, आक्रामकता थी। राज्यों को देने के लिए जो मॉडल बिल केन्द्र ने तैयार किया था, उस पर समुचित चर्चा नहीं हुई थी। सात मुख्यमंत्रियों की एक समिति विधेयक की परीक्षा के लिए बनाई गई, लेकिन इसकी रिपोर्ट आने से पहले ही जून 2020 में सरकार ने इसका प्रचार शुरू कर दिया और सितम्बर के अन्त तक वे क़ानून बन गए।

इस तरह, जिन विधेयकों को लेकर किसान लगभग एक साल से गम्भीर आपत्ति जता रहे हैं, वे संसद में इस तरह हड़बड़ी में लाए गए, पारित किये गए और क़ानून बनाए गए। किसानों का भय था कि सरकारी मंडियों को नियंत्रणमुक्त करने और थोक कृषि बाज़ार को सभी खिलाड़ियों के लिए खोलकर, मोदी सरकार वास्तव में सरकारी गारंटी वाले न्यूनतम समर्थन मूल्य यानी एमएसपी को हटा रही है। निजी खिलाड़ी किसी भी निश्चित न्यूनतम मूल्य से नहीं बँधे होंगे, जिसके नीचे वे नहीं जा सकते। इसलिए, किसान एक तरह से बड़े कॉरपोरेट खिलाड़ियों की दया पर निर्भर रहेंगे, जो बाज़ार पर एकाधिकार करेंगे और अपनी शर्तें थोपेंगे।

किसान समुदाय के डर को सहानुभूतिपूर्वक नहीं सुना गया, न उस हिसाब से प्रतिक्रिया दी गई। जब किसानों ने प्रदर्शन शुरू किया, तो उनके प्रदर्शन को ही ग़लत कहा गया, उनको 'देशद्रोही' कहा गया। किसान झुके नहीं, इसलिए सरकार ने चर्चा के लिए ख़ुद को तैयार दिखाया, बल्कि तैयार होने का दिखावा किया।

किसान-संगठनों के साथ सरकार की बातचीत आधे मन से और लापरवाही भरी थी। वे बैठकों में किसानों को सरकार का नज़रिया समझाने आते थे, न कि किसानों की सुनने और उनकी आशंकाओं का जवाब देने।

सुप्रीम कोर्ट ने दख़ल देकर क़ानून को रोका और प्रदर्शनकारी किसानों के मसले पर ग़ौर करने के लिए एक समिति बनाई। यह सरकार को ऐसी चोट थी, जिसे आसानी से टाला जा सकता था।

लेकिन समिति किसानों में विश्वास नहीं जगा सकी। नतीजे के तौर पर, अखिल भारतीय किसान समन्वय समिति (एआईकेसीसी) के संयोजक भूपिंदर सिंह मान ने समिति छोड़ दी। वह प्रदर्शनकारी किसानों के नेता थे।

अब, ज़रा समिति की कार्यवाही पर ग़ौर कर लें। 23 बार इसकी बैठक हुई। इनमें से 11 बार आन्तरिक बैठक के लिए वे मिले और 12 बार इसके साझीदारों—यानी, किसान संगठन, राज्य सरकार, मार्केटिंग बोर्ड के अधिकारी, निजी मंडी के संचालक, विविध राज्यों के फूड पार्क, उद्योग जगत के लोग, पेशेवर और अकादमिकों—से मुलाक़ात और बैठक हुई। समिति ने हरेक बैठक के बाद प्रेस-रिलीज जारी की, जिसमें प्रतिभागियों की सूची भी होती थी। सूची में यह नहीं था कि किसानों के किस संगठन ने बैठक में हिस्सा लिया, न ही पेशेवरों और अकादमिकों के नाम थे, जिनके बैठक में होने का दावा किया गया। केवल इसकी अन्तिम बैठक की प्रेस रिलीज में ही समिति ने एआईकेसीसी के पदाधिकारियों के मिलने की सूचना दी थी।

लेकिन क्यों? क्या इससे अपारदर्शिता की बू नहीं आती है?

समिति के पोर्टल पर एक फ़ोटो-गैलरी है, जिसमें कुछ बैठकों की तस्वीरें हैं, लेकिन सारी तस्वीरें लांग शॉट में हैं। प्रतिभागी साफ़ तौर पर दिखाई नहीं देते। केवल समिति के सदस्यों के साथ के फोटो साफ, स्पष्ट और क्लो-अप में हैं। यह अजीब है, अगर हम बहुत कम भी कहें तो!

हम समिति की रिपोर्ट की विषयवस्तु भी नहीं जानते जो सुप्रीम कोर्ट को एक मुहरबन्द लिफ़ाफ़े में दी गई थी।

समिति के काम में इस तरह की अपारदर्शिता के चलते हमें यह अपेक्षा नहीं रखनी चाहिए कि यह किसानों और सरकार के बीच के विवाद निबटाने में मदद करेगी।

अब मैं आपका ध्यान भारत में खेती के बड़े सवालों पर ले जाना चाहता हूँ।

पिछली बार खेती पर एक समग्र बहस और ऊर्जावान संवाद 1965 के आसपास

हुआ था। उसके बाद धीरे-धीरे खेती भारत के आर्थिक दर्शन से बाहर चली गई। 1970 के दशक की शुरुआत में एक बार फिर बहस हुई, आनन-फ़ानन निरस्त किये गए भूमि सुधारों की पूर्व-संध्या पर। उसके बाद शायद ही कभी इस क्षेत्र पर कोई अर्थपूर्ण बात हुई हो, वह क्षेत्र जो हमारे श्रमिक बल को थोक में समाहित करता है और जो हमारी अर्थव्यवस्था के लिए बहुत ज़रूरी है।

यह महत्त्वपूर्ण है कि हम अपनी खेती की हालत को समझने के लिए कुछ ज़रूरी तथ्य जान लें। इससे हमें पता चलेगा कि हमारे किसान क्यों आन्दोलित हैं? किसानों के नेता भले ही बहुत सम्भ्रान्त भाषा में ख़ुद को व्यक्त नहीं कर पा रहे हों, पावर-पॉइंट प्रजेंटेशन नहीं दे पा रहे हों या फिर उन लोगों को स्प्रेडशीट में आँकड़े भी न दिखा पा रहे हों, जो ताक़तवर जगहों तक उनकी बात पहुँचा सकें, फिर भी...।

कुछ तथ्य जानने चाहिए।

1965 के असाधारण खाद्य संकट के बाद भारतीय कृषि ने बहुत अच्छा प्रदर्शन किया। खाद्यान्न का उत्पादन 3.7 गुणा बढ़ गया। जनसंख्या केवल 2.5 गुणा बढ़ी। नतीजा यह कि आज हम खाद्यान्न के मोर्चे पर सुरक्षित हैं। हमारे पास प्रति व्यक्ति लगभग 45 फ़ीसदी अतिरिक्त खाना है।

लेकिन हमारे किसान का हाल क्या है?

1980 में एक किसान परिवार की औसत आय ग़ैर-किसान परिवार की 34 फ़ीसदी थी। आज यह 25 फ़ीसदी है। एक किसान परिवार एक हेक्टेयर सिंचित भूमि से सालाना औसतन 56,510 रुपये कमाता है। एक हेक्टेयर असिंचित, वर्षा पर आश्रित ज़मीन से आय केवल 35,352 रुपये सालाना है।

हमारी जीडीपी (सकल घरेलू उत्पाद) का 17 फ़ीसदी खेती से आता है। 2020-21 में जब हरेक क्षेत्र नीचे जा रहा था, महामारी के साल, कृषि क्षेत्र में 3.6 प्रतिशत की बढ़ोतरी हुई। अगर कृषि क्षेत्र नहीं होता तो उस वित्त वर्ष में हमारे जीडीपी की गिरावट शायद माइनस 7.3 प्रतिशत से भी बुरी होती।

खेती हमारे ग्रामीण श्रम-बल के 64 फ़ीसदी को समाहित करती है, लेकिन इसकी उत्पादकता ग़ैर-कृषि श्रमिक के मुक़ाबले कम है : कृषि क्षेत्र में प्रति व्यक्ति उत्पादकता का अनुमान लगभग 62,235 रुपये सालाना था, जबकि ग़ैर-कृषि क्षेत्र में यह 1,71,587 रुपये था। यह 2011-12 के आँकड़े हैं और इसी साल के आँकड़े उपलब्ध हैं, उसके बाद के नहीं।

इसलिए, कृषि क्षेत्र में कार्यबल घट रहा है। 2004-05 से 2011-12 के बीच तीन करोड़ श्रमिकों ने खेती छोड़ दी। खेती करनेवाले भी 2 करोड़ कम हो गए, यानी उसी अवधि में यह संख्या 16.61 करोड़ से घटकर 14.62 करोड़ रह गई।

ये लोग कहाँ गए? युवा, बूढ़े, पुरुष और महिलाएँ, परिवारों के मुखिया, बेटे और बेटियाँ? उनके पास खेती को छोड़कर कोई हुनर भी नहीं था। इसलिए, वे या तो किसी निर्माण स्थल पर पाए जाएँगे, या फिर शहर में कोई अप्रशिक्षित सस्ते सुरक्षा गार्ड की नौकरी करते हुए।

इस परिदृश्य में किसानों की आत्महत्या के सूचित और असूचित मामले भी जोड़ लीजिए तो आपको हमारे किसानों की बदहाली की सही तस्वीर मिल जाएगी।

मुद्दा यह है कि यह सब तब हुआ जब हमारा खाद्यान्न उत्पादन बढ़ा। जिन लोगों की मेहनत ने हमें खाद्यान्न के मामले में आत्मनिर्भर ही नहीं बल्कि अतिरिक्त खाद्यान्न वाला देश बनाया, वे जीने के लिए संघर्ष कर रहे हैं। उनमें से अधिकांश ने कभी कोई वित्तीय सुरक्षा नहीं जानी। उनमें से अधिकांश रातों में बिछावन पर भूखे पेट सोने जाते हैं। किसान परिवार असहाय और कुपोषित हैं, आगे और बदहाल होने को विवश हैं।

आज तक आई सरकारों और आर्थिक चिन्तकों ने उनकी चिन्ता नहीं की। वे निवेश के प्रवाह, विदेशी पूँजी, पूँजी बाज़ार, सेंसेक्स, ब्याज दर, व्यापारिक उदारीकरण, वित्तीय घाटे, कॉरपोरेट ऋण को राइट-ऑफ़ करने, बिज़नेस राउंडटेबल, आईपीओ, रेटिंग एजेंसी के स्कोर, आईटी, ईज ऑफ़ डूइंग बिज़नेस की रैंकिंग, ई-कॉमर्स, स्मार्ट सिटी इत्यादि में व्यस्त थे। देश के सत्ताधारी सम्भ्रान्तों के पास खेती के लिए बहुत कम समय था। किसानों की आत्महत्या ही वह ख़बर थी, जिस पर मीडिया कुछ ध्यान देती थी।

इसी पृष्ठभूमि में, 2017 में मोदी सरकार की किसानों की आय दोगुनी करने की घोषणा आई। नीति आयोग ने एक दस्तावेज़ जारी किया जिसका नाम था : 'किसानों की आय दोगुनी—तर्क, रणनीति, आयाम और कार्ययोजना'। लेकिन उस दस्तावेज़ में भी बाज़ार, तकनीक और फ़सल विविधीकरण से सम्बन्धित नीतियों और कार्ययोजना के अलावा कुछ नहीं था। कृषि क्षेत्र को डसनेवाले मुख्य मुद्दों पर बात ही नहीं की गई थी। ढाँचागत मसलों से निबटने की कोई योजना नहीं थी, जिसके बिना समस्या हल नहीं हो सकती थी।

नीति-आयोग के दस्तावेज़ की सबसे निराशाजनक और कुछ हद तक हैरान करनेवाली घोषणा यह थी : 'अगर कृषकों की संख्या उसी दर से घटती रही (यानी खेती छोड़ती रही) जो 2004-05 और 2011-12 के दौरान देखी गई, तो 2015-2023 के दौरान यह संख्या 13.4 फ़ीसदी घट जाएगी' और इसके बाद सबसे हैरान करनेवाला वाक्य : 'इसका मतलब है कि उपलब्ध कृषि आमदनी 13.4 प्रतिशत कम किसानों में बँटेगी।'

इस रणनीति का अन्तर्निहित पाठ कुछ इस तरह होगा : किसानों की संख्या को घटने देते हैं, ताकि उनकी आय को दोगुना करने में आसानी हो, तब खेती के टुकड़े पर दावा करनेवालों की संख्या कम होगी। क्या यह हैरतनाक नहीं है?

कृषि क्षेत्र में कई गम्भीर मसले हैं, जिनकी और अनदेखी नहीं की जा सकती है। भारत के लगभग 60 प्रतिशत छोटे और सीमांत किसानों के पास संस्थागत ऋण की सुविधा नहीं है यानी अनुसूचित व्यापारिक बैंकों तक उनकी पहुँच नहीं है। लगभग साढ़े सात करोड़ किसानों के पास औपचारिक ऋण की सुविधा नहीं है। जिनको संस्थागत स्रोतों से ऋण मिल भी जाता है, वे निजी साहूकारों से भी पैसा लेते हैं क्योंकि उन तक पहुँचना आसान है। छोटे और सीमांत किसान पूरी खेती का लगभग 86 प्रतिशत हैं। यह 2015-16 की जनगणना के आँकड़े हैं।

हरित क्रान्ति ने खाद्यान्न उत्पादन को नाटकीय ढंग से बढ़ाया। लेकिन, इसने निवेश की लागत—बीज, खाद, कीटनाशक इत्यादि की लागत भी बढ़ा दी। किसान इन निवेश का बंधक बन गया, क्योंकि उसके पास बहुत कम ऋण उपलब्ध था। नतीजे के तौर पर किसान न्यूनतम समर्थन मूल्य व्यवस्था पर आश्रित हो गया। लेकिन, एमएसपी के बावजूद उसकी आय बहुत कम रही। हमने पहले ही देखा है कि उनकी वार्षिक आय कितनी कम है। इसके साथ ही, खेती के इस मॉडल ने मिट्टी, पर्यावरण, जैव-विविधता और स्थायित्व को भी नुक़सान पहुँचाया है।

इन दरिद्र, निर्बल, छोटे और सीमांत किसानों को यह कहना कि वे फ्यूचर-ट्रेडिंग कर सकते हैं, ई-प्लेटफ़ॉर्म पर अपना उत्पाद देश में किसी को कहीं भी बेच सकते हैं और बेहतर मूल्य पा सकते हैं, उनकी समझ से बाहर की बात है। उनमें से अधिकांश के पास तो ज़मीन पर भी सुरक्षित अधिकार नहीं है।

बिना मूल मुद्दों जैसे, ऋण, मालिकाना हक़ और न्यूनतम आधार मूल्य—को

हल किये बिना किसानों से बाज़ार तक पहुँच के बारे में बात करना हद दर्जे की संवेदनहीनता है। इतने कम संसाधनों और अल्प आजीविका के साथ उन्हें बड़े, आक्रामक कॉरपोरेट भेड़ियों के आगे फेंक देना क्रूरता है।

सरकार अपनी ताक़त से भले ही किसानों के आन्दोलन को दबा ले और किसान क़ानूनों को लागू कर ले, लेकिन सवाल वही है : इससे क्या होगा? किसका फ़ायदा होगा?

आइए, किसानों के एक संगठन की कुछ माँगों को देखते हैं :

(क) सभी कृषि ऋणों का ख़ात्मा।
(ख) कृषि-योग्य परती ज़मीन जो सरकार के पास है, का पुनर्वितरण ताकि किसानों और भूमिहीन मज़दूरों की सहायता हो सके।
(ग) सभी जोतदारों के लिए मालिकाना हक़।
(घ) निजी व्यापारियों को हटाने के लिए मार्केटिंग सहकारिता।
(ङ) सस्ता ऋण, बीज और खाद।

मैं शर्त लगा सकता हूँ कि आप चौंक जाएँगे जब जानेंगे कि ये माँगें किनकी हैं और उन्होंने कब ये माँगें की थीं।

ये माँगें 1936 में अखिल भारतीय किसान सभा (एआईकेएस) के माँगपत्र में शामिल थीं। जी हाँ, 1936 में। एआईकेएस की स्थापना गुंटूर में हुई थी, जो पूर्ववर्ती मद्रास प्रेसिडेंसी के आन्ध्र क्षेत्र में पड़ता था। इसकी स्थापना आचार्य एन.जी. रंगा ने की थी। इसने बॉम्बे प्रेसिडेंसी के गाँवों से होकर 200 मील लम्बे मार्च का आयोजन किया था। यह मार्च फैजपुर में एक खुले सत्र के तौर पर समाप्त हुआ था जिसमें 40 हज़ार किसानों ने हिस्सा लिया था। 200 मील का मार्च! वह भी 1936 में!

आज तक ये माँगें पूरी नहीं हुई हैं।

सरकार को यह मसला हल करना ही होगा, अगर वह हमारे किसानों की ज़िन्दगी में नया सूरज लाना चाहती है, उनकी आय दोगुनी करना चाहती है और भारत को 5 ट्रिलियन डॉलर की अर्थव्यवस्था बनाना चाहती है।

नव-उदारवादी धर्माधिकारी जो हमारी व्यवस्था पर छाए हैं, वे पश्चिमी विश्वविद्यालयों, अन्तरराष्ट्रीय मुद्राकोष और विश्वबैंक के गलियारों से ही संचालित होते हैं। पूर्व के ज्ञान की ओर से उन्होंने अपनी आँखें सिल रखी हैं।

उनको जापान, चीन, दक्षिण कोरिया, ताइवान और वियतनाम के अनुभवों से सीखना चाहिए। इन देशों ने अपनी कृषि-समस्या को भूमि के पुनर्वितरण, पारिवारिक खेतों के निर्माण, सुरक्षित भू-अधिकार, वित्तीय संस्थानों को ऋण देने के लिए प्रोत्साहन इत्यादि के ज़रिये सुलझाया। उनके आर्थिक विकास और निर्माण-क्षेत्र के उद्गम का स्रोत यह था। उनके गाँव छोटे मालिक-जोतेदारों से भरे हैं न कि असुरक्षित जोतदार या बँटाईदार किसानों, क़ब्ज़ा करनेवालों और भूमिहीन मज़दूरों से। उनकी कृषि उपज 50-60 प्रतिशत बढ़ी तो किसानों की आय 100-150 प्रतिशत बढ़ी। जी हाँ, 100-150 प्रतिशत।

हमें ऐसे अनुभवों से सीखना है। लेकिन हमारा आर्थिक चिन्तन बेहद कमज़ोर है। वह आलसी है, धुंध से भरा है, अज्ञानी है और उतना ही अहंकारी भी है। वह वुल्फ लाडेजिन्स्की जैसे अर्थशास्त्रियों से परिचित नहीं है। वे पूर्ववर्ती सोवियत संघ या पूर्वी यूरोप के साम्यवादी नहीं हैं। वह दूसरे विश्वयुद्ध के तुरन्त बाद पूर्वी एशिया में एक अमेरिकी कंसल्टेंट थे। उनके विचारों ने उन कृषि सुधारों को अमली जामा पहनाया, जिनका ज़िक्र मैंने ऊपर किया है। विश्वबैंक ने कृषि सुधारों के उनके अधूरे काम के कुछ दस्तावेज़ प्रकाशित कराए हैं। जब आप उन्हें पढ़ेंगे—जो कि विश्वबैंक के पोर्टल पर हैं—तो पाएँगे कि लाडेजिन्स्की के विचार 1936 के एआईकेएस के माँग-पत्र से बहुत अलग नहीं हैं।

हमारी सरकार मज़बूत है। प्रधानमंत्री के पास कोविड की गड़बड़ी के बावजूद अच्छी-ख़ासी राजनीतिक पूँजी है। लेकिन यह ताक़त और पूँजी किसानों के प्रदर्शन को दबाकर या उसकी बदनामी करने में ख़र्च नहीं होनी चाहिए, न ही इसका इस्तेमाल देश पर ऐसे क़ानून लादने में करना चाहिए जो सिर्फ़ बड़े कॉरपोरेट्स को फ़ायदा पहुँचाएँ या खाद्यान्न के दामों से खेलनेवालों के हित में हों। याद रखें कि हम खाने की बात कर रहे हैं, किसी और चीज़ की नहीं।

जो किसानों के लिए ठीक है, वही देश के लिए ठीक है। समृद्ध किसानों के बिना भारत समृद्ध नहीं हो सकता है। वे पूँजी का निर्माण करते हैं, हमारी मेज़ पर खाना रखते हैं। वे हमें लूटकर एंटीगुआ या लंदन नहीं भाग जाते हैं।

कैबिनेट का पुनर्गठन नीति के पुनर्निर्माण से बहुत कम महत्त्व रखता है। ख़ासकर, बात अगर कृषि क़ानूनों की हो।

पश्चलेख

नवम्बर 2021 में नरेन्द्र मोदी ने कृषि क़ानूनों को वापस ले लिया। यह प्रदर्शनकारी किसानों की जीत थी। लेकिन, बॉलीवुड की शैली की नाटकीयता और आत्मप्रेम से भरे प्रधानमंत्री ने अपने भाषण में दिखाया कि उनका इस क़दम को वापस लेना एक ऐसे अभिभावक का व्यक्तिगत त्याग है, जिसे ग़लत समझा गया है। सच्चाई यह थी कि प्रधानमंत्री ने राजनीतिक चतुराई से केवल चेहरा बचानेवाला एकमात्र उपलब्ध फ़ैसला किया, ख़ासकर जब उत्तर प्रदेश के अहम विधानसभा चुनाव होनेवाले थे।

आगे का खंड कृषि क़ानूनों के रद्द होने के तुरन्त बाद लिखा गया था।

*

किसान, अर्थशास्त्री और प्रजातंत्र

दिसम्बर 2021

मैं देख रहा हूँ कि एक जहरीला अभियान अब वापस ले लिये गए कृषि-क़ानूनों के सन्दर्भ में चल रहा है। सत्ताधारी दल, हमारे अर्थशास्त्रियों का एक प्रभावी समूह, शहरी मध्यवर्ग का एक बड़ा और मुखर हिस्सा और मुख्यधारा का मीडिया छिपे तौर पर लेकिन बहुत प्रभावी तरीक़े से एक नैरेटिव चला रहे हैं। वह नैरेटिव यह है कि कृषि क़ानून ज़रूरी थे, अभी भी हैं। कृषि को बहुत बुरी तरह से सुधारों की ज़रूरत है और ये क़ानून सही दिशा में जा रहे थे। वे किसानों के हित में थे। एक छोटे समूह, कुछ 'स्वार्थी लोगों' ने उनका विरोध किया और बेचारे प्रधानमंत्री को, एक बुद्धिमान और ईमानदार सुधारक को, उन्हें वापस लेना पड़ा क्योंकि एक महत्त्वपूर्ण राज्य में चुनाव होनेवाले थे।

यह विमर्श हमें बताता है कि कैसे कुछ ज़रूरी उपायों को ग़ैर-ज़िम्मेदार प्रजातंत्र की बलिवेदी पर चढ़ाना पड़ता है। देश की महत्त्वपूर्ण सुधार-परियोजना को कुछ संगठित और दृढ़प्रतिज्ञ अल्पसंख्यकों ने पटरी से उतार दिया, उन्होंने पहले सार्वजनिक

मत को भड़काया और फिर किसानों का इस्तेमाल कर देश-विरोधी एजेंडे को आगे बढ़ाया। इस तरह, इस विमर्श में विजयी किसानों को या तो भोले मासूमों के तौर पर दिखाया गया है, जिनका इस्तेमाल स्वार्थी वाम-उदारवादी देशविरोधी ताक़तों ने कर लिया, या फिर गरम दिमाग़ वाले अनभिज्ञ लोगों के तौर पर जो ज़िद्दी हैं, पिछड़े हैं और कृषि क़ानूनों की अच्छाई समझने के क़ाबिल नहीं हैं। सरकार को अच्छी नीयत वाला और भीड़ की राजनीति का शिकार बताया गया। किसानों की एमएसपी की माँग को ऐसी दानवी माँग की तरह दिखाया गया, जो बाज़ारों को बिगाड़ती है और वित्तीय तौर पर किसी भी तरह व्यावहारिक नहीं है।

मैं इस आख्यान को चुनौती देना चाहता हूँ और दिखाना चाहता हूँ कि कृषि क़ानून केवल बाज़ार की गत्यात्मकता को किसानी के क्षेत्र में लाने के उद्देश्य से बने थे और उन्होंने उन मूल मुद्दों की बिलकुल अनदेखी की, जिनसे हमारा कृषि क्षेत्र प्रभावित है। यह इस आख्यान की बड़ी कमी है कि यह कृषि को केवल आर्थिक क्षेत्र, किसान को केवल आर्थिक कर्ता और खाद्यान्न को कुछ भी नहीं बल्कि एक विनिमय की वस्तु मात्र मानता है।

भाजपा के किसान संगठन 'किसान मोर्चा' ने दिसम्बर 2021 में राष्ट्रीय कार्यकारिणी की बैठक गुरुग्राम में बुलाई। इससे एक सन्देश स्पष्ट तौर से बाहर आया। पार्टी किसानों द्वारा दिये गए अपमान से जूझ रही है। ताक़तवर प्रधानमंत्री का तीनों कृषि क़ानूनों को वापस लेना, उनकी नाटकीय माफ़ी और फिर संसद से क़ानून की वापसी, ऐसा कुछ है जिसे पार्टी पचा नहीं पा रही है। इसने आक्रामकता के साथ बलपूर्वक क़ानूनों की अच्छाइयाँ बताईं। इसने प्रदर्शनकारी किसानों और उनके समर्थकों के ऊपर देश-विरोधी, आतंकवादी और खालिस्तानी होने का ठप्पा लगाया। लेकिन, ख़ुद उनके सर्वोच्च नेता द्वारा आत्मसमर्पण की स्थिति में कोई कैसे बहादुरी से भरा अपना गर्वीला चेहरा दिखाता? केन्द्रीय कृषि मंत्री ने उपाय सुझा दिया, जो इस सभा में गए थे। उन्होंने प्रधानमंत्री द्वारा क़दम पीछे खींचने को एक अभूतपूर्व बड़े दिल वाला क़दम बताया—'ऐतिहासिक बड़प्पन'। उन्होंने मोर्चा के नेताओं को बताया कि कृषि-क़ानून तो किसानों के हित में थे, लेकिन उनको वापस लेना पड़ा क्योंकि किसानों का एक छोटा समूह उनके ख़िलाफ़ था। उनके बार-बार 'छोटा समूह' कहने पर ग़ौर कीजिए। प्रधानमंत्री ने भी देश के नाम अपने सन्देश में कहा कि केवल एक छोटे समूह ने क़ानूनों का विरोध किया। कृषि मंत्री

ने एक और घुमावदार बात कही। उन्होंने कहा कि चूँकि हम आज़ादी का अमृत महोत्सव मना रहे हैं, तो प्रधानमंत्री किसी भी तरह का कोई विवाद देश के किसी कोने में नहीं चाहते। इसलिए, भाजपा के अपने किसान मोर्चा को यह काम मिला कि वे देश के किसानों को सहमत करें कि यह प्रधानमंत्री की विशाल-हृदयता और आज़ादी की 75वीं वर्षगाँठ पर उनका त्याग था कि ये क़ानून वापस ले लिये गए। सचमुच बहुत बड़ा काम!

किसान गुलाबी अख़बारों में स्तम्भ नहीं लिखते हैं। उनके नेता बहुत शिष्ट और कई मुँह वाले वक्ता नहीं होते हैं, जैसे हमारे नव-उदारवादी अर्थशास्त्री हैं न ही वे ज़ोर से या ग़ुस्से से बोलते हैं जैसा सत्ताधारी दल के प्रवक्ता टीवी पर प्राइम टाइम में चिल्लाते हैं। वे सुचिक्कण वस्त्रों में भी सज्ज नहीं होते। इसलिए, मुख्यधारा का मीडिया उनके मुद्दों को लेकर उदार नहीं है। किसानों के तर्क उतनी दूर तक न तो सुने गए और न ही पढ़े गए।

मैं उनके तर्क यहाँ रखने की कोशिश करूँगा। मैं अब वापस लिये गए कृषि क़ानूनों के विशेष उपबन्धों में नहीं जाऊँगा और न इसमें कि वे किस तरह हमारे किसानों के हितों के ख़िलाफ़ थे। इस पर काफ़ी कुछ लिखा जा चुका है, जिसमें से अधिकांश आप ऑनलाइन पढ़ सकते हैं। मैं केवल दो बिन्दुओं की बात करूँगा, जिन्हें हमारे अर्थशास्त्री आगे रखते हैं। मैं 20 दिसम्बर, 2021 को *फ़ाइनेंशियल एक्सप्रेस* में प्रकाशित अशोक गुलाटी और श्वेता सैनी के आलेख से बात शुरू करता हूँ। यह उनकी आलोचना मात्र के लिए नहीं, बल्कि इसलिए कि उनके लेखन ने बहुत क़ाबिलियत से प्रदर्शनकारी किसानों के ख़िलाफ़ बनाए जा रहे आख्यान के ज़रूरी तत्त्वों को पकड़ा है और पेश किया है। यह एक प्रतिनिधि लेखन है। पहले, मुझे वह कहने दें जो इस आलेख में नीति-निर्माण की प्रक्रिया के बारे में कहा गया है। ख़ासकर, उस नीति के बारे में जो हमारी अर्थव्यवस्था के लिए इतने महत्त्वपूर्ण और विशाल क्षेत्र को प्रभावित करता है। मुझे इस अनुच्छेद को पढ़ते हुए चिढ़ महसूस हुई। देखिए, अगर आप भी वैसा ही महसूस करते हैं :

'किसी प्रजातांत्रिक व्यवस्था में, नीतियाँ हमेशा वैज्ञानिक आधार पर नहीं तय होती हैं। वे कई बार विभिन्न लाबियों से प्रभावित होती हैं, जिनमें नेता भी शामिल हैं जो चुनाव के समय मुफ़्त बिजली, कृषि ऋण के ख़ात्मे जैसे 'वोट के लिए' आकर्षक योजनाएँ रखते हैं। यह क्षुद्र दृष्टि कई बार अतार्किक नीतिगत फ़ैसलों में

बदल जाती है, जो आगे चलकर अर्थव्यवस्था, पर्यावरण और यहाँ तक कि किसानों को भी नुक़सान पहुँचाती हैं।'

यहाँ एक बहुत ही ग़लत बात कही जाती लगती है, कि प्रजातांत्रिक प्रक्रिया अक्सर मज़बूत नीति के उलट होती है और चुनाव, जो प्रजातांत्रिक प्रक्रिया का एक अनिवार्य हिस्सा हैं, अतार्किक नीतियों के चुनाव में बदल जाता है। क्या उनके शब्दों का इसके अलावा भी कोई मायने है?

तो, हमारे अर्थशास्त्री हमें क्या बताते हैं? वे कहते हैं कि वे मज़बूत नीतियों और वैज्ञानिक विकल्पों के भंडार हैं और उनके फ़ैसले प्रजातंत्र के बुरे प्रभावों से अछूते हैं। उनकी दवा लेनेवाले लाभार्थी जानते भी नहीं हैं कि उनकी दवा उन्हें कितना फ़ायदा करेगी? यह सचमुच नीति-निर्माण का बहुत ही अहंकारी दर्शन है, बिलकुल नव-उदारवादी अर्थशास्त्रियों की तरह जो सामाजिक-आर्थिक मसलों का समाधान तकनीकी-वैज्ञानिक उपायों में मानते हैं। वे ऐसा कहते नहीं हैं लेकिन वे ख़ुश होंगे अगर कोई तानाशाह अपने कार्यालय में उनकी वैज्ञानिक सलाह को ध्यान से सुने। दरअसल, मुझे शक है कि हमारे प्रधानमंत्री ज़रूर ऐसे ही किसी जाल में फँसे होंगे। वरना, गुजरात के मुख्यमंत्री के तौर पर तो वह न्यूतनम समर्थन मूल्य की घनघोर वकालत करते थे। ज़रा देखिए, मुख्यमंत्री के तौर पर एमएसपी के ऊपर वे क्या बोले थे :

उन्होंने कहा : 'मैं किसानों को सरकार के शोषण से मुक्त करना चाहता हूँ। भाइयो और बहनो, हमने अपने चुनावी घोषणापत्र में कहा है कि न्यूनतम समर्थन मूल्य बिलकुल स्पष्ट मानकों के हिसाब से तय होगा। उसमें किसान की लागत जैसे पानी का ख़र्च, श्रम का मूल्य, बिजली की क़ीमत, बीज का मूल्य इत्यादि भी ध्यान में रखा जाएगा। इन लागतों के ऊपर हम 50 प्रतिशत जोड़ेंगे और वही किसानों के लिए न्यूनतम समर्थन मूल्य होगा।'

प्रधानमंत्री मोदी ने देश को यह नहीं बताया कि वह कब, क्यों और कैसे एमएसपी पर बिलकुल उलटा विचार रखने लगे।

किसी भी नेता, राजनीतिक दल या सरकार ने पारित करने के पहले संसद के अन्दर और बाहर कृषि क़ानूनों पर ज़ोरदार बहस को प्रोत्साहित किया होता, अगर उनका अटूट भरोसा प्रजातांत्रिक प्रक्रिया में होता। इसलिए, यह शायद वही शैतानी सोच है कि प्रजातंत्र मज़बूत नीति के लिए बाधक है जो बिना किसी बहस

के—संसद या नागरिक समाज में—इन विधेयकों को पारित करवा लिया गया। या फिर, मैं यह कल्पना करता हूँ कि कैबिनेट में भी इस पर चर्चा नहीं हुई और इसीलिए कृषि क़ानूनों की वजह से प्रदर्शनकारी किसान दिल्ली की सरहद पर आ गए। कृषि क़ानूनों की वापसी भी ज़ाहिर तौर पर बिना कैबिनेट से चर्चा किये ही की गई। इसने फ़ैसले पर बाद में मुहर लगाई। संसद में कोई चर्चा तब भी नहीं हुई।

हमारे अर्थशास्त्री जो कृषि क़ानूनों की वकालत करते हैं, एमएसपी को अवांछनीय क्यों मानते हैं? उनका तर्क यह है। मैं गुलाटी व सैनी को फिर से उद्धृत करता हूँ :

'यह न केवल अर्थतंत्र को बिगाड़ेगा, बल्कि अन्त में किसान-विरोधी भी सिद्ध होगा। कारण बहुत साधारण है : यह उस आधारभूत तर्क को नकारता है कि मूल्य मूलतः माँग और आपूर्ति से संचालित होते हैं।'

वे यहाँ तक कहते हैं कि अगर एमएसपी पर ख़रीद को कठोरतापूर्वक नहीं रोका गया तो, 'किसानों को बेहतर दाम देना केन्द्र सरकार के वित्त को चोट पहुँचाने सरीखा होगा।' हाँ, ये ही उनके शब्द हैं। उनके और उनके साथियों के मुताबिक़ राजकोष को इससे कितना नुक़सान हो सकता है, उस पर विवाद हो सकता है, लेकिन मुद्दा वह नहीं है। मुद्दा कृषि, किसानों और हमारी ग्रामीण अर्थव्यवस्था की मानवीय स्थिति के बारे में इन अर्थशास्त्रियों की समझ और नज़रिये का है।

आइए, मैं आपको हमारी खेती, हमारे किसानों, उनकी आय और उनके दुर्भाग्य के कुछ विवरण देता हूँ।

यह ध्यान रखिएगा कि देश के कुल श्रमिक बल का 54 फ़ीसदी (ग्रामीण भारत का 64 फ़ीसदी) कृषि और उससे जुड़े कामों में लगा है। इसका मतलब है कि जब हम कृषि की बात कर रहे होते हैं, तो हम अपनी आधी कामकाजी जनसंख्या की बात कर रहे होते हैं। हमारे गाँवों के लगभग 58 प्रतिशत परिवार कृषि में संलग्न हैं। इसका मतलब है कि जब हम कृषि की बात करते हैं तो हम ग्रामीण भारत के दस में से छह परिवारों की बात करते हैं। हमारी कृषि में 40 फ़ीसदी से थोड़ा ऊपर श्रमिक महिलाएँ हैं। 30 प्रतिशत कृषक महिलाएँ हैं। इससे आप समझ सकते हैं कि कृषि पर निर्भर लोगों की संख्या कितनी बड़ी है। लोगों की, घरों की, बच्चों

की, बुज़ुर्गों की, उनकी आजीविका, शिक्षा, स्वास्थ्य, देखभाल की संख्या के बारे में सोचिए। सेक्टर को मत देखिए, लोगों को देखिए।

शहरी भारत और शहराती बौद्धिक वर्ग ग्रामीण संकट को समझे, इसकी ज़रूरत है। मैं बस आपको एक छोटा-सा आँकड़ा दूँगा जो साफ़ कर देगा कि कृषि से जुड़े और ग़ैर-कृषि कार्य से जुड़े श्रमिकों की आमदनी कितनी असमान है और यह असमानता साल-दर-साल कितनी बढ़ी है। 1980 में कृषक की औसत आमदनी ग़ैर-कृषि कामगार की आय का 34 फ़ीसदी थी। 1993-94 तक यह 25 फ़ीसदी मात्र रह गई। 2004-05 से 2011-12 तक हालत थोड़ी सुधरी, लेकिन 1984-85 के स्तर से बेहतर तब भी नहीं हुई। असमानता में वृद्धि इसलिए नहीं हुई कि किसानी बुरा प्रदर्शन कर रही थी। यह सब तब हुआ, जब कृषि क्षेत्र बहुत अच्छा काम कर रहा था। 1960 के मध्य में जहाँ हम खाद्यान्न के लिए दूसरों पर निर्भर थे, अब हम आत्मनिर्भर से आगे अतिरिक्त खाद्यान्न के स्वामी हैं। हमारे पास प्रति व्यक्ति वार्षिक खपत से 45 प्रतिशत अधिक खाद्यान्न है। दूसरे शब्दों में किसान ने हमें खाद्यान्न की उपलब्धता में काफ़ी बढ़ोतरी दी है, लेकिन बदले में वह और बदहाल हो गया है। यह तबाही इतनी बड़ी और व्यापक है कि पिछले दो दशकों में लगभग ढाई करोड़ लोगों ने खेती छोड़ दी है। वे अकुशल हैं, इसलिए वे निर्माण क्षेत्र में या शहरी क्षेत्रों में ऐसे ही कम वेतन वाले काम करते हैं।

ये किस तरह के किसान हैं? ज़मीन पर मालिकाने का अखिल भारतीय औसत 1.08 हेक्टेयर है। छोटे और सीमान्त मालिकाने 0 से 2 हेक्टेयर के हैं और ऐसे ही मालिकाने से देश की 86 फ़ीसदी लैंड होल्डिंग बनती है। किसानों का एक बड़ा हिस्सा असुरक्षित जोतदारों का है, जिनके पास बहुत कम या नगण्य अधिकार हैं। वे अभी भी ग़ैर-संस्थागत स्रोतों के ऋण पर निर्भर रहते हैं। एक और महत्त्वपूर्ण बात जो याद रखने की है, वह ये कि कृषि से जुड़े कार्यों जैसे बकरी आदि जानवर पालना, वनोपज और मछलीपालन के लिए केवल 10 प्रतिशत संस्थागत ऋण उपलब्ध है। कोई राजनीतिक दल, कोई गठबन्धन और कोई भी सरकार हमारे कृषि क्षेत्र की इस बदहाली और किसानों की बदहाली की ज़िम्मेदारी से बच नहीं सकती है।

किसानों का अपने उत्पादों पर भी बहुत कम हक़ होता है। उनके पास उत्पादों के भंडारण और सही मूल्य का इन्तज़ार करने का भी विकल्प नहीं होता है। वे

साहूकारों के जाल से या फिर खाद-बीज विक्रेता के चंगुल से नहीं बच सकते जो कृषिकार्य के लिए उन्हें अग्रिम देते हैं। अब, कृषि क़ानून कहते हैं कि सरकार उनको समर्थन मूल्य नहीं देगी। एक किसान जो स्थानीय स्तर पर अपने उत्पाद नहीं बेच पाता, उसे सपना दिखाया जा रहा है कि वह देश में कहीं भी अपने उत्पाद बेच सकता है। जो किसान एक छोटे से बिचौलिये को नहीं झेल पाता, उसे कहा जाता है कि वह एक विशालकाय निगम (कॉरपोरेट) से भिड़ सकता है, ताकि उसे सही मूल्य मिले। उसे यह भी कहा जाता है कि वह चाहे जितना भी ग़रीब और लाचार है, वह कॉरपोरेट दानव को क़ानूनी लड़ाई में हरा सकता है, अगर वह कॉन्ट्रैक्ट का उल्लंघन करता है।

अगर ये नये 'सशक्तीकृत' किसान अभी भी हिचकते हैं, तो हमारे अर्थशास्त्री उन्हें बताते हैं कि वे समझ नहीं पा रहे कि बाज़ार की ताक़तें उनके लिए कितनी अच्छी हैं।

सीएमआईई (सेंटर फ़ॉर मॉनिटरिंग इंडियन इकोनॉमी) की ताज़ातरीन रिपोर्ट बताती है कि हमारे ग्रामीण इलाक़ों में निराशा फैली है। जिन ग्रामीण घरों ने एक साल पहले कहा था कि उनकी आय ऊँची है, उन्होंने कहा कि 14 नवम्बर, 2021 तक वह 14 फ़ीसदी घट गई और 28 नवम्बर तक वाले हफ़्ते में 8.4 फ़ीसदी और घट गई। लेकिन, हमारे तकनीकविद् इससे बिलकुल अनजान हैं।

वे यह समझने से भी इनकार करते हैं कि कृषि उत्पाद बस विनिमय कि जाने वाला उत्पाद नहीं है। वह भोजन है। भूमि सिर्फ़ उत्पादन का एक घटक नहीं है। यह जीवन्त इकाई है, जिससे किसान जैविक रूप में जुड़ा होता है, उसका उससे एक भावनात्मक सम्बन्ध होता है।

भूमि के स्वामित्व, टाइटल, भरोसेमन्द बीज की उपलब्धता, खाद, कीटनाशक, सिंचाई, ऊर्जा, आधारभूत ढाँचा, शोध और विकास, ऋण की उपलब्धता, भंडारण, यातायात और बाक़ी तमाम छोटी-मोटी चीज़ों पर विचार किये और उन्हें सुलझाए बिना, सरकार और उसके प्रिय अर्थशास्त्री मार्केटिंग के मसले सुलझाना चाहते हैं। वे चाहते हैं कि हम यह मान लें कि सुधार की ज़रूरत केवल मार्केटिंग में है, और किसी चीज़ में नहीं। एक तरफ़ किसानों को कहा जा रहा है कि ऋणमाफ़ी अर्थव्यवस्था के लिए ठीक नहीं है और सरकार उन्हें एमएसपी नहीं दे सकती। दूसरी तरफ़, केन्द्रीय बैंकों का आँकड़ा कहता है कि अप्रैल 2013 से मार्च 2021

तक की अवधि में ग़ैर-कृषि क्षेत्र के 10.83 लाख करोड़ के ऋण माफ़ किये गए। यह चीज़ किसानों में सरकार के प्रति विश्वास नहीं जगाती।

अब समय आ गया है कि केन्द्र सरकार और उसके विशेषज्ञ अर्थशास्त्री जिन्होंने कृषि क़ानूनों की वकालत की, वे किसानों को सुनें और उनकी हालत को समझें। देश अच्छी हालत में होगा अगर किसानों को उसका आधा महत्त्व भी मिल जाए, जितना बाज़ार के देवताओं को दिया जाता है। एक क्षुब्ध, अशक्त, क़र्ज़ में डूबा, दयनीय किसान देश को पाँच ट्रिलियन डॉलर की अर्थव्यवस्था तक पहुँचने में मदद नहीं कर सकता है।

लखीमपुर खीरी

मोदी-भाजपा के मन की बात

[यह अक्टूबर 2021 में लिखे गए आलेख का सम्पादित प्रारूप है।]

3 अक्टूबर। लखीमपुर खीरी, उत्तर प्रदेश में 8 लोग मारे गए। इनमें से 4 मोदी सरकार के तीन कृषि क़ानूनों का विरोध कर रहे किसान थे। ये क़ानून देश पर 1 साल पहले थोपे गए थे। किसानों को एक एसयूवी ने कुचल दिया, जो भाजपा नेता अजय मिश्र टेनी के पुत्र की थी। टेनी उस समय श्री मोदी की कैबिनेट में गृह राज्य मंत्री भी थे। उसके बाद हुई हिंसा में एक पत्रकार और तीन भाजपा समर्थक मारे गए। यह महत्त्वपूर्ण है कि हम लखीमपुर खीरी की घटना की बर्बरता को सावधानी से समझें। उसके पहले और बाद की कुछ घटनाओं को याद करें। इस घटना के सन्दर्भ को समझने के लिए सभी बिन्दुओं को मिलाना ज़रूरी है। उस प्रत्यक्ष व अप्रत्यक्ष सन्देश को समझने के लिए भी जो हमारे गणराज्य के लिए इस घटना में निहित है। हमारी प्रजातांत्रिक नीति और हम नागरिकों के लिए इसके परिणाम क्या होंगे, यह जानने के लिए भी। इस आलेख में मैं यही करने की कोशिश करूँगा।

आइए, लखीमपुर खीरी की घटना को एक बार फिर याद करें। किसान कृषि क़ानूनों की वापसी की माँग को लेकर एक विरोध-प्रदर्शन से लौट रहे थे। उन्होंने उत्तर प्रदेश के उप-मुख्यमंत्री केशव प्रसाद मौर्य के क़ाफ़िले को रोककर अपना विरोध जताने का तय किया। काफ़िले की तीन गाड़ियाँ उस विरोध-प्रदर्शन में घुस गईं। दो किसानों की मौत मौक़े पर ही हो गई, दर्जनों गम्भीर रूप से घायल हो गए, जिनमें से दो बाद में अस्पताल में मर गए। मृतकों के शरीर पर टायर के निशान

थे। वे गाड़ियों से कुचले गए थे। क़ाफ़िले में एक एसयूवी भी थी जो केन्द्रीय मंत्री अजय मिश्र टेनी के बेटे की थी। देखनेवालों का दावा है कि वह पहली गाड़ी थी, जो प्रदर्शनकारियों पर चढ़ी और वे मंत्री के बेटे आशीष को खेतों में भागते हुए देखने का भी दावा करते हैं। आशीष मिश्रा उर्फ़ मोनू भी इलाक़े के भाजपा नेता हैं और विधायक का टिकट भी चाहते हैं। प्रदर्शनकारियों के ऊपर गाड़ी चढ़ने के बाद वहाँ हिंसा हुई और उसमें चार लोगों की मौत हुई। उनमें से तीन भाजपा कार्यकर्ता और समर्थक थे और एक पत्रकार। तीन भाजपा समर्थकों में एक आशीष मिश्रा का ड्राइवर बताया जाता है।

9 अक्टूबर की देर रात, उत्तर प्रदेश पुलिस ने आशीष मिश्रा को गिरफ़्तार किया। जब उसके आवास पर पहली बार समन चिपकाया गया वह पुलिस के सामने ख़ुद हाज़िर नहीं हुआ। उसके पिता ने कहा कि उनका बेटा घर पर है, लेकिन स्वस्थ नहीं है। सर्वोच्च न्यायालय ने स्वत: संज्ञान लिया। मुख्य न्यायाधीश की अध्यक्षता वाली खंडपीठ ने उत्तर प्रदेश सरकार की नुमाइंदगी करनेवाले वकील की खिंचाई की। तब आख़िरकार आशीष पुलिस के पास पहुँचा। पुलिस ने दावा किया कि उससे 10 घंटे पूछताछ हुई है। पुलिस के वरिष्ठ अधिकारियों ने बाद में मीडिया को बताया कि आशीष सहयोग नहीं कर रहा है और उसके जवाब भ्रामक हैं। उन्होंने उसे गिरफ़्तार कर लिया। अदालत में पेश किये जाने के बाद उसे 14 दिनों की ज्यूडिशियल कस्टडी में ले लिया गया। अगले सोमवार को उसे आगे पूछताछ के लिए तीन दिन के लिए पुलिस कस्टडी में भेज दिया गया।

कुछ बातें हैं जो अभी तक के इस प्रकरण में भूलनी नहीं चाहिए। उसके बाद हम उन घटनाओं को जोड़ने की कोशिश करेंगे जो उस बर्बर हत्या के पहले घटीं। शुरुआत के लिए बता दें कि आशीष मिश्रा को पुलिस ने अभियुक्त की तरह नहीं, बल्कि गवाह के तौर पर बुलाया। हालाँकि, परिस्थितिजन्य हरेक साक्ष्य उसकी तरफ़ इशारा कर रहा था। दूसरा, पुलिस के समन को आशीष सम्मान नहीं दे रहा था, लेकिन उ.प्र. पुलिस को इसकी चिन्ता नहीं थी। तीसरा, उनकी आशीष को हिरासत में लेने की कोई मंशा नहीं थी। केन्द्रीय मंत्री ने कहा कि उनका बेटा बीमार है और पुलिस के पास नहीं जा सकता और ठीक होने के बाद वे जब कहेंगे वह आ जाएगा। चौथा, सर्वोच्च न्यायालय ने स्वत: संज्ञान लिया। पाँचवाँ, जब सर्वोच्च न्यायालय ने कठोर टिप्पणी की और कहा कि अभियुक्त चाहे कोई भी हो, उसे

पूछताछ के लिए बुलाया जाए, तब उत्तर प्रदेश सरकार के अधिवक्ता ने कहा कि ऐसा ही होगा। छठा, कोर्ट से इस तरह के दबाव के बाद ही आशीष मिश्रा पुलिस के पास पूछताछ के लिए गया। सातवाँ, अगर सर्वोच्च न्यायालय से कोई दबाव नहीं होता तो राज्य और केन्द्र सरकारें पूरे मामले को रफ़ा-दफ़ा कर आशीष की संलग्नता को छोड़ देतीं, कोई जाँच न होती। आठवाँ, विपक्षी नेताओं को लखीमपुर जाने और मृतकों के परिवार से मिलने से रोकने के लिए गिरफ़्तार किया गया। नौवाँ, लगातार दबाव और हल्ले के बाद ही उनको छोड़ा गया। दसवाँ, इलाक़े में इंटरनेट सेवाओं को बन्द कर दिया गया, ताकि इलाक़े से कोई ख़बर बाहर आ-जा न सके और इसे पूरे देश से काट दिया गया। ग्यारहवाँ, केन्द्रीय गृह राज्यमंत्री इलाक़े में मौजूद थे, वह भी पुलिस स्टेशन के बहुत क़रीब जब उनके बेटे से पूछताछ चल रही थी।

दो घटनाएँ महत्त्व की हैं, जिनको याद करना चाहिए। ये लखीमपुर खीरी की घटना के कुछ दिनों पहले हुई थीं। पहली, हत्याओं के एक हफ़्ते पहले कार्यकर्ताओं की एक विधानसभा स्तर की बैठक में मंत्री अजय मिश्र टेनी ने प्रदर्शनकारी किसानों को चेतावनी दी थी कि अगर उन्होंने अपने तौर-तरीक़े ठीक नहीं किये तो वह उन्हें मिनटों में सुधार देंगे। विभिन्न सोशल मीडिया प्लेटफ़ॉर्म्स पर वह वीडियो तुरन्त वायरल हुआ। दूसरा, अजय मिश्र की इस चेतावनी के कुछ दिनों पहले हरियाणा के मुख्यमंत्री एम.एल. खट्टर ने भी पार्टी कार्यकर्ताओं की बैठक में कहा था कि उन्हें किसानों को सबक़ सिखाने के लिए तैयार रहना चाहिए।

हमें यह भी याद रखना चाहिए कि कई भाजपा नेता और पदाधिकारी प्रदर्शनकारी किसानों को लगातार नक्सल, खालिस्तानी और देशद्रोही बता रहे थे। किसानों के ऊपर मोदी सरकार को अस्थिर करने के लिए विदेशी इशारे पर काम करने का भी आरोप लग रहा था। पश्चिमी उत्तर प्रदेश और हरियाणा में, जहाँ किसानों का प्रदर्शन मज़बूत था और जहाँ भाजपा सत्ता में है, पार्टी ने अपना मन बना लिया लगता है कि प्रदर्शन को बलपूर्वक ख़त्म किया जाए। इस तरह के वाक्यांश किसी छोटे पदाधिकारी के मुँह से तो फिर भी अनदेखे किये जा सकते थे, लेकिन केन्द्रीय मंत्री, वह भी गृह मंत्रालय के, और एक राज्य के मुख्यमंत्री के मुँह से निकले शब्दों को हल्के में नहीं ले सकते हैं। उनके कथनों के कुछ दिनों बाद ही प्रदर्शनकारी किसानों की दिनदहाड़े हत्या हो जाती है। मुख्यमंत्री और केन्द्रीय मंत्री जैसे संवैधानिक पदाधिकारी खुलेआम इस तरह के ग़ैर-संवैधानिक तरीक़ों का इस्तेमाल करने की

मंशा छिपाते भी नहीं हैं। उनके दल के कार्यकर्ताओं ने वह धमकी पूरी भी कर दी।

उस बर्बर घटना के बाद, जिसमें उनका बेटा भी संलग्न दिख रहा था, बड़े मिश्रा दिल्ली दौड़े और केन्द्रीय गृहमंत्री से मिले जो देश में क़ानून-व्यवस्था के संरक्षक हैं। हम नहीं जानते कि उस बैठक में क्या हुआ, लेकिन यह लिखे जाने के वक़्त तक कनिष्ठ मंत्री बहुत आराम से गृह मंत्रालय की अपनी कुर्सी पर बैठे हैं। ज़ाहिर तौर पर, भारत के केन्द्रीय गृहमंत्री सोचते हैं कि कोई भी जाँच निष्पक्ष तरीक़े से हो सकती है, भले ही मुख्य अभियुक्त का पिता मंत्रालय में अपनी कुर्सी पर बना रहे। देश को अभी भी जानना है कि केन्द्रीय गृहमंत्री इस घटना के बारे में क्या सोचते हैं, उनको अभी तक समय नहीं मिला है कि वह पीड़ित परिवारों के प्रति संवेदना के दो शब्द भी कह दें। याद रखिए, उनकी अपनी पार्टी के तीन लोग भी मारे गए हैं। उनके परिवारों को भी गृहमंत्री की सहानुभूति नहीं मिली है।

लखीमपुर खीरी की क्रूर हत्याओं के दस दिन बाद भी, हम नहीं जानते कि प्रधानमंत्री इस दहलानेवाली घटना पर दुखी हैं या नहीं? प्रधानमंत्री ने उ.प्र. के ही बाराबंकी में सड़क दुर्घटना में मारे गए लोगों के प्रति संवेदना और पी.एम. रिलीफ़ फ़ंड से वित्तीय मदद की घोषणा ट्वीट करके की है, उन्होंने यह भी कहा कि वह कर्नाटक के बेलगावी में घर गिरने से हुई मौतों पर दुखी हैं और उनकी संवेदना परिवारों के साथ है, लेकिन लखीमपुर खीरी पर एक शब्द नहीं। दुर्घटना के दिन प्रधानमंत्री भी उत्तर प्रदेश में ही थे, घटनास्थल से बस 150 किलोमीटर दूर। यह पहली बार नहीं है कि वह अपनी संवेदना व्यक्त करने में सलेक्टिव हुए हैं। दादरी के मोहम्मद अखलाक की भीड़-हत्या (लिंचिंग), पत्रकार गौरी लंकेश की हत्या, अफ़ग़ानिस्तान में बहादुर भारतीय फ़ोटो-पत्रकार दानिश सिद्दीक़ी की मौत और कई दूसरे मौक़ों पर प्रधानमंत्री ने मौन रहना चुना। यहाँ तक कि कोविड के दौरान हज़ारों भारतीयों की मौतों पर उनके दुख को स्वतंत्रता दिवस पर व्यक्त होने के लिए लाल क़िले से उनके भाषण का इन्तज़ार करना पड़ा।

यह सचमुच निराशाजनक है। यह पूरी तरह बाल नरेन्द्र के सहानुभूति और साहस के मूल्यों के विपरीत हैं, जिसमें वह अपनी जान पर खेलकर मगरमच्छ से लड़ते हैं और लोगों को डूबने से बचाते हैं।

यह सचमुच सात वर्ष पहले के उस समय से बिलकुल विपरीत चीज़ है, जब वे छोटे से छोटे विचलन, अनुचित कार्य की छोटी से छोटी सूचना को भी बर्दाश्त

नहीं करते थे। मुझे उम्मीद है कि आपमें से हरेक को वे कहानियाँ याद होंगी, जो प्रधानमंत्री की सख़्त और ग़लती बर्दाश्त नहीं करनेवाले मुखिया की छवि बनाने के लिए गढ़ी गई थीं। उनको भाजपा की ताक़तवर डिजिटल सेना ने आक्रामकता से चौतरफ़ा प्रचारित किया था। एक कहानी इस तरह है : उनकी सरकार के एक मंत्री किसी व्यापारी के साथ पाँच सितारा होटल के रेस्तराँ में बात कर रहे थे। तभी उनका फ़ोन बजा। दूसरी ओर प्रधानमंत्री थे। उन्होंने मंत्री को कहा कि उस व्यक्ति के साथ मिलना-जुलना ठीक नहीं है और उनको तुरन्त वहाँ से हट जाना चाहिए। मंत्री चले गए। दूसरी कहानी ने हमें बताया कि एक मंत्री विदेश जाने के लिए फ़्लाइट लेने जा रहे थे। वह जींस में थे। उनका फ़ोन बजा। प्रधानमंत्री थे। उन्होंने मंत्री को कहा कि भारत के प्रतिनिधि के तौर पर उनको जींस में नहीं जाना चाहिए। मंत्री ने कार घुमाई, घर गए, कपड़े बदले और फिर फ़्लाइट ली। एक और कहानी : एक महिला मंत्री का फ़ोन सुबह 9.30 पर बजा। प्रधानमंत्री थे। उन्होंने उनसे पूछा कि वह घर पर क्या कर रही हैं? उन्होंने जवाब दिया कि वह अपने क्षेत्र के लोगों से मिल रही हैं। उन्होंने कहा कि वह उनसे कार्यालय में मिल सकती हैं, उनको कार्यालय हमेशा समय से पहुँचना चाहिए। चौथी कहानी और मज़ेदार है। एक मंत्री और उनके बेटे को प्रधानमंत्री कार्यालय बुलाया गया। प्रधानमंत्री ने बेलाग-लपेट मुँह पर उन्हें बोल दिया कि वे वह पैसा लौटा दें जो उन्होंने किसी से कोई काम करने के बदले लिया है। इससे पहले कि वे आश्चर्य से उबर पाते, प्रधानमंत्री कमरे से जा चुके थे।

लखीमपुर खीरी के मंत्री और उनके बेटे को किसानों के उजड़े परिवारों को मृत किसानों की ज़िन्दगी लौटाने को नहीं कहा जा सकता है, लेकिन कम से कम प्रधानमंत्री बेटे को न्यायालय जाने और मंत्री को सार्वजनिक कार्यालय में उचित व्यवहार करने को कह सकते हैं। क्या उनको सर्वोच्च न्यायालय के हस्तक्षेप या सार्वजनिक शोर और ग़ुस्से की ज़रूरत थी उन उच्च मूल्यों को याद दिलाने के लिए, जिसके लिए वह याद रखे जाना चाहते हैं। ऐसी बातों का आम हो जाना हमारे गणराज्य के लिए अशुभ है। हमारे प्रजातंत्र के लिए, जिसके बारे में हम अन्तरराष्ट्रीय मंचों पर बहुत गर्व से बताते हैं, और हमारे ऊपर भरोसा करने वाले लोगों के लिए पीड़ादायी और शर्मनाक, जो अपने नेताओं को बहुत बड़ा और शक-शुबहे से परे मानते हैं, जब वे जानते हैं कि यह सब सच नहीं था, यह केवल एक विशाल पीआर क़वायद भर थी। प्रचार-भर था।

महामारी की डायरी, 2021

[यह 2021 में लिखे गए आलेखों की श्रृंखला है जो लगभग सात महीनों के दौरान लिखे गए, जब कोविड-19 महामारी की दूसरी और तीसरी लहर ने पूरे देश को अपनी गिरफ़्त में ले रखा था।]

भारत मैत्री के लिए गुहार लगा रहा है—सरकार से मैत्री के लिए

***अप्रैल* 2021**

इस आलेख में मैं उस विशालकाय मानवीय त्रासदी को नकारने वाले नैरेटिव का परीक्षण करूँगा जो हमारी आँखों के सामने है, बेहद दुखद और न नकारी जा सकनेवाली एक ज़मीनी सच्चाई है और फिर हमारे नागरिक समाज के उन प्रभावी समूहों की भी बात करूँगा जो वर्तमान सत्ता से एक अवांछनीय समझौता कर चुके हैं।

मैं एक प्रतिष्ठित अन्तरराष्ट्रीय मीडिया संगठन पर चल रहे एक वीडियो को देख रहा था। उसमें एक श्मशान का दृश्य था। सैकड़ों चिताएँ जल रही थीं और पीछे से उस भीषण दृश्य का पूरा वर्णन वह व्यक्ति कर रहा था, जो वहाँ का प्रबन्धक मालूम पड़ रहा था। एक महिला जिसने अपना छोटा भाई खोया था, उसके रोने की आवाज़, लोग अपने मृतकों की चिता में अग्नि प्रज्वलित करने से पहले प्रदक्षिणा कर रहे थे और ये सब देखकर जैसे मेंरे हृदय में कुछ टूट गया। मैंने ये वीडियो कुछ दोस्तों को भेजा।

कुछ समय के बाद, एक मित्र ने प्रतिक्रिया दी। उसने कहा, ये वीडियो जिस मीडिया संस्थान ने डाला है, वह मोदी-विरोधी है। उसने कहा कि ये संस्थान केवल ऐसी ही चीज़ें चुन-चुन कर डाल रहे हैं ताकि प्रधानमंत्री और देश की छवि ख़राब

हो। मैं चकित रह गया। मैं उसे दो दशकों से अधिक से जानता हूँ। वह भद्र है, शिक्षित है, सोचने वाला आदमी है। वह पढ़ता है, संगीत और कविता पसन्द करता है और कभी-कभार लिखता भी है। उसने वर्तमान त्रासदी का मोदी के पक्ष और विपक्ष में एक प्रातिनिधिक आख्यान देखा। मैंने अपना ग़ुस्सा दबाया। मैंने सोचा कि मुझे उसके दिमाग़ को थोड़ा और समझना चाहिए। मैंने बातचीत जारी रखी। मैंने पूछा कि क्या हमें त्रासदी को अनदेखा कर देना चाहिए। उसने कहा—हाँ। वहाँ कोई हिचक, कोई द्वैध उसकी आवाज़ में नहीं था। वह स्पष्ट था। अडिग। उदासीन।

मैंने राष्ट्रीय स्वयंसेवक संघ के नवनियुक्त चीफ़ का एक ब्लॉग पोस्ट पढ़ा। उन्होंने लोगों को चेतावनी दी कि भारत-विरोधी ताक़तें कोविड के हालात का फ़ायदा उठाकर भारत को बदनाम करने की कोशिश करेंगी। अपने स्तर पर उन्होंने भी इसे पक्ष और विपक्ष के मसले के तौर पर देखा, प्राथमिक तौर पर एक मानवीय मुद्दा नहीं समझा, एक त्रासदी नहीं माना, एक ऐसा मसला नहीं माना जहाँ भारतीय मर रहे हैं—मुख्यतः ऑक्सीजन, अस्पताल के बेड, दवा, वेंटिलेटर, प्लाज्मा, एम्बुलेंस की कमी से। उनके लिए यह मसला भारत की छवि को दुनिया में ख़राब करने का था। यह उनके लिए लाखों भारतीयों की मौत का मुद्दा नहीं था।

कई लोगों ने मेरे वीडियो ब्लॉग पर प्रतिक्रियाएँ दीं, जिसमें मैं महामारी के दौरान हमारे लोगों की त्रासदी और दुख के प्रति वर्तमान सत्ता के क्रूर और न भूले जा सकने वाली अनदेखी का ज़िक्र कर रहा हूँ। उन्होंने मेरे कहने से सहमति जताई है। उन्होंने मेरे दुख, पीड़ा, बेचैनी को साझा किया है। उनके पास किसी को निशाना बनाने लायक़ मसाला नहीं है। वे किसी के पक्ष या विपक्ष में नहीं हैं। वे बस मेरी तरह हैं।

लेकिन, कई लोग हैं जो दूसरी तान छेड़ते हैं। सस्ते और छिछले, घटिया और व्यक्तिगत प्रहारों को छोड़कर मैं उन टिप्पणियों का सारांश आपके लिए आगे दे रहा हूँ।

एक ने कहा, 'परकाला, सरकार की आलोचना करने के बजाय लोगों की मदद करने के लिए कुछ सकारात्मक करो।' दूसरे ने पूछा, 'तुमने क्या किया है? तुम एक एसी कमरे में बैठकर बस नकारात्मकता फैला रहे हो।' उसने सलाह दी कि यह समय पूरी तरह सरकार के साथ खड़े होने का है, उस पर सवाल उठाने या उसकी आलोचना करने का नहीं।

मेरे एक दूसरे पोस्ट पर एक मज़ेदार प्रतिक्रिया थी, जिसमें द *हिन्दू* में लिखे मेरे आलेख का सन्दर्भ था। पोस्ट में मैंने कहा था कि कोविड की दूसरी लहर

अप्रत्याशित नहीं थी। इसका भीषण प्रभाव हमारी समझ के परे नहीं होना चाहिए था। मैं यह कहने की कोशिश कर रहा था कि हम अपनी तैयारी ठीक से कर सकते थे। हालाँकि, एक कॉरपोरेट-ज्ञानी ने मुझे ज्ञान दिया, "'मैंने तो कहा था' को कॉरपोरेट की दुनिया में ठीक नहीं माना जाता है। हमें बताइए कि अभी क्या किया जा सकता है और आप क्या कर सकते हैं?" मैं इतना बड़ा तो हो ही गया हूँ कि जान सकूँ कि उच्च पदाधिकारियों का ये जो नपा-तुला उच्च नैतिक आदर्श है वह दरअसल कम्पनी की किसी गड़बड़ी को आलोचना से बचाने के लिए हरेक कॉरपोरेट कर्मचारी को सिखाया जाता है। यह उनका कहने का तरीक़ा है कि अब गंदगी को आप सँभालो। यानी, उन्होंने रायता फैला दिया है, अब आप उसको समेटिए।

इन सभी टिप्पणियों में एक बात साझा है, 'हमें बताओ, *आपने* क्या किया है?' या फिर, हमें बताइए कि क्या किया जा सकता है और *आप* क्या करेंगे? उनके ख़याल से पहले मुझे कुछ करना चाहिए या अपने किये का पावर-पॉइंट प्रजेंटेशन देना चाहिए, तभी मैं सरकार की आलोचना करने का अधिकारी हूँ, तभी मैं एक त्रासदी को त्रासदी कह सकता हूँ। दूसरे शब्दों में, मुझे उनको अपने प्रमाणपत्र दिखाने होंगे।

मैं यह भी देखना चाह रहा था कि क्या हमारे आध्यात्मिक गुरुओं ने वर्तमान त्रासदी पर कुछ ठीक-ठाक बातें कही हैं या नहीं। गुरुओं को क्या खाना चाहिए, कैसे सोना चाहिए, ध्यान, शान्ति और स्थिरता पाने के उपायों और आत्म की प्राप्ति पर घंटों बोलते हैं, जो गुरु लाखों की संख्या में शिष्य रखते हैं, जिन्होंने आध्यात्मिकता को इंस्टाग्राम पर ठेलने की चीज़ बना दिया है, ट्रेंडी और झकास बना दिया है। मैंने यह भी देखना चाहा कि क्या वो नैतिक धर्मयोद्धा जिन्होंने हमारे देश को भ्रष्टाचार से मुक्त करने की क़समें खाई थीं, उनके पास इस त्रासदी पर कहने के लिए कुछ है या नहीं जो हमें निगले जा रही है। हम जो देख रहे हैं, वह क्यों देख रहे हैं, और हम वहाँ क्यों पहुँच गए हैं, जहाँ आज पहुँचे हैं, क्या इस पर कोई विचार उनके पास है? इसके लिए कौन ज़िम्मेदार है जो हम झेल रहे हैं? और क्या वे इसके ज़िम्मेदार लोगों पर निशाना साधने को तैयार हैं?

मैंने नैतिकता और आध्यात्मिकता के इन झंडाबरदारों से कुछ नहीं सुना।

हम अपने अरब-खरबपति व्यापारी वर्ग से भी कुछ उम्मीद नहीं रखते। वो तो हमें पता ही है।

अब मैं प्रधानमंत्री के मन की बात के 75वें एपिसोड पर आऊँगा, जो मार्च

2021 के अन्त में प्रसारित हुआ। उन्होंने दो डॉक्टरों से बात की—एक हिन्दू, एक मुस्लिम। उन्होंने दो नर्सों से भी बात की। एक उत्तर भारतीय और दूसरी दक्षिण भारतीय, एक एम्बुलेंस ड्राइवर और कोविड-19 से उबर चुकी एक महिला से भी बात की। अतिथियों की काफ़ी सोच-समझकर बनाई गई सूची!

उन्होंने स्थिति की गम्भीरता के बारे में अपनी समझ से ज़रा भी विश्वासघात नहीं किया। उनका 'मन की बात' भी अलग नहीं था। उन्होंने किसी ऐसे परिवार से बात नहीं की, जिसने अपने किसी प्यारे को खोया है, न ही हरावल दस्ते (फ्रंटलाइन वर्कर्स) के उन लोगों से जिन्होंने कोविड-19 के मरीज़ों की सेवा करते हुए जान दे दी। उनकी बात ने हमें इसका आभास नहीं दिया कि हज़ारों लोग हमारे शहरों, गाँवों और क़स्बों में मर रहे हैं। उस कार्यक्रम ने हमें यह आभास नहीं दिया कि वे ऑक्सीजन या वेंटिलेटर की कमी से मर रहे हैं, कि वे अस्पताल में बेड का, प्लाज्मा का इन्तज़ार करते हुए मर रहे हैं, कि वे एम्बुलेंस के लिए अनाप-शनाप पैसे दे रहे हैं और कई को फिर भी नहीं मिल रही है।

प्रधानमंत्री ने इस तरह बात की जैसे सब कुछ बहुत ठीक चल रहा है। उनके कार्यक्रम के लिए चुने गए डॉक्टरों ने कहा कि चिन्ता की कोई बात नहीं है। एक डॉक्टर ने बताया कि वायरस का म्यूटेशन बस वैसा ही है, जैसा हमारा कपड़े बदलना। महामारी में ऐसा चिन्ताजनक कुछ नहीं। नर्सों और उबर चुके मरीज़ों ने भी यही कहा। प्रधानमंत्री ने अपनी मासिक बात यहीं ख़त्म कर दी। मैंने एक पल के लिए सोचा कि क्या बस मैं ही अवास्तविक दुनिया में रहता हूँ?

त्रासदी ने प्रधानमंत्री को विचलित नहीं किया है। वह प्रांजल थे, ऊर्जावान थे, ख़ुद को व्यक्त करने के लिए उनको शब्द नहीं खोजने पड़े। मुझे याद है कि राज्यसभा में कुछ समय पहले एक विपक्षी नेता के रिटायर होते वक़्त उनका गला रुँध गया था। उन्हें अपने आँसू रोकने के लिए संघर्ष करना पड़ा। वह उनको विदाई देने के लिए शब्द नहीं खोज पा रहे थे, लेकिन जो त्रासदी हम और आप चारों तरफ़ देख रहे हैं, उससे प्रधानमंत्री विचलित नहीं हुए।

ऐसा लगता है कि जिस त्रासदी ने हमें चौतरफ़ा घेर रखा है, उसके बारे में सोचना, लिखना, बोलना भी अपराध है। सरकार ने काफ़ी तेज़ी से ट्विटर को उन पोस्ट्स को डिलीट करने का आदेश दिया जो कोविड के हालात को सँभालने में सरकार की विफलता की आलोचना करते थे। ट्विटर ने वैसा ही किया भी। मैंने

यह भी देखा कि हमारे सबसे बड़े प्रान्त उत्तर प्रदेश में जो लोग स्थिति को सँभालने के मामले में सरकार के आलोचक थे, उनको आईपीसी की विभिन्न धाराओं में आरोपित किया गया।

इन हालात से क्या समझा जाए? हम कहाँ पहुँच गए हैं?

कोविड की त्रासदी के बारे में, जिसे आराम से टाला जा सकता था, बोलना, लिखना या बात करना भी मोदी के पक्ष या विपक्ष के तौर पर देखा जा रहा है, सरकार के पक्ष-विपक्ष की तरह देखा जा रहा है। मौतों और विपदा के बारे में बात नहीं करना, दिखाना कि सब कुछ ठीक है और अधिकारी विफल नहीं हुए हैं और हमें भविष्य के लिए कोई सबक़ नहीं सीखना है—यही भारत के पक्ष में है, यही सरकार के पक्ष में है, यही मोदी के पक्ष में है। हमें हमेशा सकारात्मक रहना चाहिए, रचनात्मक रहना चाहिए। हमें झूठ बोलना चाहिए। तभी हम देशभक्त हैं।

यही वह नैरेटिव है, जिसकी अनदेखी नहीं की जा सकती है। इसने हमारे देश को जकड़ लिया है। यह मेरे दोस्त की सोच है, जिसे मैं शिक्षित, प्रोफ़ेशनल, शहरी मानता हूँ और जो जीवन की कठोर विसंगतियों से अपरिचित नहीं है। इसमें वे भी शामिल हैं जो विभिन्न सोशल मीडिया प्लेटफ़ॉर्म्स पर चल रहे विमर्शों में हिस्सा लेते हैं। वहाँ अपनी मौजूदगी के चलते ही वे स्वयंभू इन्फ्लूएंसर हैं।

संघ, जो दुनिया का घोषित तौर पर सबसे बड़ा स्वयंसेवी संगठन है, उसके मुख्य कार्यकारी अधिकारी, वे भी इस त्रासदी को देखते हैं। उनके शब्द लाखों स्वयंसेवकों और उनके ताक़तवर संगठन से सहानुभूति रखनेवालों के लिए वज़न रखते हैं। ऐसा वज़न, जिसे साधारण व्यक्ति के लिए समझना मुश्किल है, और जिसके गम्भीर राजनीतिक निहितार्थ भी हैं।

मैं नैतिक और आध्यात्मिक गुरुओं के नैरेटिव का अनुमान नहीं कर सकता। लेकिन उनका मौन मुझे उनके इस आख्यान के साथ होने के ही संकेत देता है। हमारे व्यापारिक नेतृत्व की चुप्पी भी आख्यान को मज़बूती ही देती है।

तब क्या यह आश्चर्य की बात है कि प्रधानमंत्री बिलकुल स्पष्ट बात को नकारते हैं? अगर वह सोचते हैं कि स्थिति से निबटने को लेकर सरकार की आलोचना दरअसल बुरी नीयत से की जाती है, प्राथमिक तौर पर उनको नीचा दिखाने और एक श्रेष्ठ भारत बनाने की उनकी महान योजना को नीचे लाने के लिए तो हम उन्हें ग़लत कैसे कह सकते हैं!

इस बीच, इस नैरेटिव से बेख़बर, वायरस फैल ही रहा है। अप्रैल 2021 के आख़िरी सोमवार को एक अकेले दिन 3,19, 329 मामले दर्ज किये गए। 2,762 मौतें हुईं। मौतों की कुल संख्या 1,97,880....संक्रमित मामले 1,76,25,749...। दुनिया में हम ब्राजील के बाद दूसरे नम्बर पर हैं, जहाँ इतनी मौतें हो रही हैं।

महामारी की दूसरी लहर ने अर्थव्यवस्था पर भी असर दिखाया है। अन्तरराष्ट्रीय मुद्रा कोष ने देश की सम्भावित विकास दर जो 11.5 प्रतिशत से बढ़ाकर 12.5 प्रतिशत आँकी थी, अब बेमानी है। देश का मुख्य बैंक अब 10.4 फ़ीसदी की बात कर रहा है। भारतीय स्टेट बैंक पिछले पाँच महीनों में सबसे कम व्यापारिक गतिविधि की घोषणा कर रहा है। लॉकडाउन और प्रतिबन्धों के चलते जीडीपी में 1.8 लाख करोड़ रुपये की क्षति हुई है। सीएमआईई के मुताबिक़ बेरोज़गारी एक महीने में 6.52 से बढ़कर 7.8 फ़ीसदी हो गई है, शहरी बेरोज़गारी अब 9.2 फ़ीसदी है।

महाराष्ट्र से आ रहे आँकड़े विचलित करनेवाले हैं। उद्योग का केन्द्र यह राज्य अब तक 82 हज़ार करोड़ रुपये गँवा चुका है। प्रवासी मज़दूरों ने फिर से अपने घरों की तरफ़ यात्रा शुरू कर दी है। रेलवे के आँकड़े बताते हैं कि पिछले दो हफ़्तों में 15 लाख लोगों ने मुम्बई छोड़ी है। दूसरे राज्यों के आँकड़े आने बाक़ी हैं। कर्नाटक ने लॉकडाउन की घोषणा की है। दूसरे राज्य भी करेंगे। आर्थिक परिदृश्य पर अभी और तबाही की आशंका है।

टीकाकरण की रफ़्तार कम हो गई है। हमने 25 अप्रैल, 2021 को सात बजे सुबह ख़त्म हो रहे 24 घंटों में केवल 9 लाख 95 हज़ार 288 डोज ही लगाए। यह एक महीने में न्यूनतम है। यह उससे पहले के 24 घंटों में लगाए गए टीकों से 15.4 लाख डोज कम है। हम टीकाकरण की रफ़्तार में अप्रैल के दूसरे हिस्से में कमी देख रहे हैं। वैक्सीन लगाने की सबसे तेज़ रफ़्तार भी उस वेग को नहीं पकड़ सकती, जिस वेग से वायरस फैल रहा है। ये हमें विशेषज्ञ कह रहे हैं। टीकाकरण की यह गिरती रफ़्तार ख़तरनाक है।

देश में वायरस के फैलाव पर हुआ अध्ययन बताता है कि हम अभी भी इसके फैलाव के शिखर पर नहीं हैं। यूनिवर्सिटी ऑफ़ मिशिगन के एपिडेमियोलॉजी विभाग का अध्ययन बताता है कि अगले महीने के मध्य तक संक्रमण की कुल संख्या 8 से 10 लाख रोज़ाना हो जाएगी और रोज़ाना मौतों का आँकड़ा 4500 तक पहुँच जाएगा। हमारे आईआईटी के विशेषज्ञ बताते हैं कि सक्रिय संक्रमितों के लिए शीर्ष

समय 14 से 18 मई के बीच का होगा—और नये संक्रमणों के लिए 4 मई से 8 मई। उनके मुताबिक़ शीर्ष पर पहुँचने का मतलब है 38 से 48 लाख सक्रिय संक्रमण और रोज़ाना 3.4 से 4.4 लाख नये संक्रमण।

यूनिवर्सिटी ऑफ़ वाशिंगटन के इंस्टीट्यूट ऑफ़ हेल्थ मेट्रिक्स एंड इवैल्यूएशन (आईएचएमई) की मानें तो रोज़ाना 50 लाख मामले आ सकते हैं, ये सूचित और असूचित दोनों हो सकते हैं और रोज़ाना मौतें 10 मई तक 5,500 तक पहुँच सकती हैं। महामारी से अगस्त तक कुल 6 लाख 65 हज़ार जानें जा सकती हैं। हमें इन बदतरीन हालात को असम्भव नहीं मानना चाहिए।

सरकार लड़खड़ा रही है। ऑक्सीजन की घोर कमी है। ऐसा नहीं है कि यह उपलब्ध नहीं है, लेकिन इसे अस्पतालों तक पहुँचाने की यातायात व्यवस्था ही ख़त्म है। दुनिया की फ़ॉर्मेसी अपने ही लोगों को टीका लगाने के लिए संघर्ष कर रही है। केन्द्र ने राज्यों को उनके हाल पर छोड़ दिया है। उनको कहा गया है कि वैक्सीन का इन्तज़ाम करने को वे स्वतंत्र हैं, लेकिन उसका दाम केन्द्र सरकार के मुक़ाबले ज़्यादा और भेदभावपूर्ण है। रिपोर्टें बता रही हैं कि सेंट्रल पूल से राज्यों को टीके बाँटने में भी पक्षपात हो रहा है। विपक्ष द्वारा शासित राज्यों से भेदभाव किया जा रहा है। मैं आशा करता हूँ कि ये रिपोर्टें ग़लत हों।

त्रासद सच्चाई और इस पर सरकार की पकड़ में काफ़ी अन्तर है। दरअसल, यह सरकार की अक्षमता नहीं है कि वह सच्चाई को पकड़ नहीं पा रही। वह दरअसल सच्चाई को नकार रही है, यही हमारी वास्तविक त्रासदी है। हमारे नागरिक समाज का एक अहम हिस्सा इस आपराधिक नकार में उसका बराबर का हिस्सेदार है।

मेरी समझ से उनमें से कुछ सचमुच यह मानते हैं कि हमारे सर्वोच्च नेता ग़लत नहीं कर सकते हैं। वे एक जादू के असर में हैं। मुझे उनसे समस्या नहीं है, सहानुभूति है, इस बात के बावजूद कि वे देश का बहुत नुक़सान कर रहे हैं।

लेकिन, मुझे उनसे गम्भीर समस्या ज़रूर है, जो इस बड़े नुक़सान को देख पा रहे हैं, जो इसे पूरी तरह समझते हैं, फिर भी वे नकार के नैरेटिव को परोस रहे हैं, उसे बढ़ावा दे रहे हैं। कुछ और हैं जो चुप हैं, लेकिन दोषी वे भी हैं।

मैंने एक अंग्रेज़ी चैनल के कर्मचारियों और पूर्व कर्मचारियों द्वारा अप्रैल, 2021 में अपने सम्पादकों को लिखा एक खुला पत्र देखा। इसमें उन्होंने लिखा कि प्रधानमंत्री से उनके लापरवाह रवैये और कुशासन के बारे में सवाल पूछने

के बजाय, सम्पादक उनकी छवि बचाने और उन्हें बदनामी से बचाने में लगे हैं। क्या वह पत्र सम्पादकों को जगा नहीं सकता है, और दूसरे मीडिया हाउसेज के सम्पादकों और प्रबन्धकों को भी?

यहाँ इस अँधेरे का मोल क्या है? ये लोग आख़िर चाहते क्या हैं? क्या कुछ उपहार? ताक़त? पुरस्कार? क्या इस शैतानी समझौते से निकलना इतना मुश्किल है, वह भी तब जब चारों ओर ऐसी त्रासदी फैली हुई है?

भारत मैत्री के लिए रो रहा है, दोस्ती और साथ के लिए रो रहा है, अपनी ही सरकार से वह साथ माँग रहा है। जिस नेता को उसने अपना रक्षक माना, उसी से माँग रहा है। वह ऑक्सीजन मैत्री के लिए, वैक्सीन मैत्री, प्लाज्मा मैत्री, आईसीयू बेड मैत्री, एम्बुलेंस मैत्री के लिए रो रहा है। यह अपने खो चुके बेटे-बेटियों के सम्मानजनक अन्तिम संस्कार की मैत्री माँग रहा है।

मैत्री के लिए रोना ही भारत के मन की बात है। प्रधानमंत्री के मन की बात के 75 एपिसोड सुनने के बाद अब भारत चाहता है कि वे इसके मन की बात सुनें। पहला अंक, जो दर्द में लिथड़ा हुआ है।

*

कोविड-19, प्रशासन और मदर्स डे

मई 2021

मैं अम्मा—अपनी माँ—के बारे में बात करना चाहता हूँ और प्रवासी मज़दूरों की दशा पर भी, जिनको रोज़ मैं अपनी गली में देखता हूँ। और समझने की कोशिश करता हूँ कि इस गम्भीर और त्रासद समय में उनके लिए प्रशासन क्या मायने रखता है?

मैं अपनी माँ के साथ रहता हूँ। मदर्स डे हालाँकि मेरे कैलेंडर में किसी विशेष दिन की तरह नहीं आता है। सोशल मीडिया की फीड ही मुझे इस बारे में बताती है। इस बार के अलर्ट ने मुझे उसके बारे में सोचने को मजबूर किया। कोविड-19 का असर उन पर हो सकता था। मेरे भय, मेरी बेचैनी और उनके प्रति इस अनिश्चित और असहाय समय में मेरे डर का भी।

अम्मा मध्य अप्रैल में 91वें वर्ष में प्रवेश कर गईं। अपनी अवस्था के हिसाब से ख़ासी स्वस्थ हैं। न मधुमेह, न उच्च रक्तचाप। सुनने में इधर कुछ समस्या होने लगी है और कुछ बातें भूल जाती हैं। हालिया घटनाएँ उनके दिमाग़ में बहुत अच्छे ढंग से देर तक नहीं रहतीं। लेकिन, पुराने समय की उनको ख़ूब याद है। चलना-फिरना भी ठीक ही है। उनका हास्यबोध भी वैसा ही है।

वह बहुत चकित हैं कि पिछले एक साल से हमारे यहाँ कोई आता-जाता क्यों नहीं है? जब कोई आता भी है, तो उनके दरवाज़े के बाहर खड़ा रहता है, मुँह और नाक ढके हुए आता है, वहीं से बात करता है और चला जाता है। वह समझ नहीं पाती हैं कि घरेलू सहायक घर में मास्क क्यों पहने रहते हैं। वह थोड़ा-बहुत जानती हैं कि कोई बीमारी पूरे देश में फैल रही है। उनकी चिन्ता जहाँ इन घटनाओं का अर्थ निकालने से जुड़ा है, मेरी बेचैनी गम्भीर है और थोड़ी गहरी है।

अगर वह जाँच करवातीं तो वह जाँचे गए लोगों की संख्या में एक की बढ़ोतरी कर देतीं। अगर वह संक्रमित होतीं तो देश के कुल संक्रमितों में एक और संख्या बढ़ जाती। जो लोग मेटा डाटा के सन्दर्भ में ही सोच पाते हैं, उनके लिए वह एक दिन पहले (11 मई, 2021) देश में जाँचे गए 14.74 लाख लोगों में से एक अंक होतीं। अगर वह पॉजिटिव होतीं तो उनका रोज़ाना एक्टिव इन्फेक्शन के 3,05,284 मामलों में एक अंक होता, जो अब तक मई महीने की औसत संख्या है। वह देश के 2,29,67,832 कुल मामलों में एक संख्या होतीं। उनका डाटाकरण हो गया होता।

हम उनका ख़ूब ख़याल रखते हैं, लेकिन अगर वह इस सब कुछ के बावजूद संक्रमित हो जातीं? क्या उनको अस्पताल में जगह मिलती? बेड के साथ ऑक्सीजन मिलता? ज़रूरत पड़ने पर वेंटिलेटर मिल जाता? इसकी कितनी सम्भावना है कि हमें उनके लिए पूरी तरह से लैस एक एम्बुलेंस और पैरामेडिक स्टाफ़ मिल जाएँगे? मैंने वीडियो फुटेज में देखा है कि लोग डॉक्टरों और अस्पताल प्रशासन के पैरों पर गिर रहे हैं, ताकि उनके रिश्तेदारों को प्रवेश मिल जाए। क्या मुझे भी वह करना पड़ेगा? क्या मैं वह कर सकूँगा? क्या वह मुझे वैसा करता देख सकेंगी? क्या अस्पताल प्रशासन सहानुभूति दिखाएगा? क्या मैं उसे अस्पताल में बेड दिलाने के बाद आकाशचुंबी फीस और ख़र्च वहन कर सकूँगा? मैं क्या करूँगा अगर अस्पताल ने मुझे कहा कि उनका ऑक्सीजन का स्टॉक ख़त्म हो रहा है, बस एक घंटे का बचा है! मैं कहाँ भागूँगा, किससे भीख माँगूँगा?

आप कह सकते हैं, 'आप बहुत लोगों को जानते हैं, आपके सम्बन्ध अच्छे हैं।' पर क्या मुझे लाइन तोड़कर आगे बढ़ जाना चाहिए? क्या मैं यह सोचकर पतित नहीं बनूँगा कि मेरी माँ किसी और की माँ या पिता, भाई या बहन, पत्नी, पति या दोस्त से अधिक महत्त्वपूर्ण हैं? क्या अम्मा इस तरह से इलाज पाकर ख़ुश होंगी, किसी दूसरे का अधिकार छीनकर प्रसन्न होंगी, मैं इस नैतिक ऊहापोह को कैसे सुलझाऊँगा? क्या मैं उन अनेक लोगों की आँखों में आँखें डालकर उनके सामने से अपनी माँ को आईसीयू या ऑक्सीजन सिलिंडर वाले बिस्तर, वेंटिलेटर के पास ले जा सकूँगा? मैं ऐसा नहीं कर सकता। मैं इधर-उधर अपनी पहचान नहीं दिखा सकता। लेकिन, अगर मैंने उसकी जान बचाने के लिए यह नहीं किया तो क्या मैं ताज़िन्दगी फिर चैन से रह सकूँगा? क्या यह पूरी ज़िन्दगी मेरा पीछा नहीं करेगा, अगर कुछ अनहोनी उनके साथ हो गई?

अम्मा की ज़िन्दगी उतार-चढ़ाव से भरी रही है। मेरे पिता से उनकी शादी हमारे इलाक़े की एक असाधारण घटना थी। वह सितम्बर 1947 था, स्वाधीनता का सूरज निकला ही था। अन्तर्जातीय विवाह तब लगभग अनसुने थे। उस पर एक सेकुलर विवाह, बिना वैदिक रीति-रिवाजों के, कोई जानता ही नहीं था। हज़ारों लोग तो केवल उत्सुकतावश आए थे। बस देखने कि दो अलग और शायद असमान जातियों के लोग सेकुलर विवाह कैसे करते हैं? दूल्हा और दुल्हन ने बस औपचारिक तौर पर एक-दूसरे को माला पहनाई और उसके बाद नेताओं और समाज सुधारकों ने प्रेरक भाषण दिये।

एक साल के भीतर मेरे पिता और माँ को भूमिगत होना पड़ा। वे नेहरू सरकार के ख़िलाफ़ सशस्त्र विद्रोह में शामिल थे। इसके पीछे भारतीय कम्युनिस्ट पार्टी की कलकत्ता कांग्रेस में पारित रणदिवे थीसिस थी। मेरे पिता के ख़िलाफ़ देखते ही गोली मारने के आदेश थे। जेल उनके लिए नई बात नहीं थी। वह भारत छोड़ो आन्दोलन के दौरान 'डिफ़ेंस ऑफ़ इंडिया रूल्स' के तहत गिरफ़्तार किये जा चुके थे, लेकिन उनकी युवा पत्नी को इस सबकी कोई जानकारी नहीं थी। वे आदिवासियों के बीच शिक्षकों की तरह रहते थे। हमेशा छोटे से नोटिस पर घर छोड़ने को तैयार। जैसे ही पुलिस के खोजी दस्तों की ख़बर मिले, उसी वक़्त निकलने को सजग।

अम्मा लम्बे समय तक सार्वजनिक जीवन में रहीं। उन्होंने आन्ध्र प्रदेश में कुछ समय तक विधायक के तौर पर भी काम किया। उनका दिमाग़ और शरीर लड़ाई के घावों से भरे हैं। अनिश्चितता, हार, जीत, असफलता, उपलब्धि, धोखे, वफ़ादारी सब

कुछ उन्होंने देखा और उससे मज़बूत हुई हैं। स्वाभिमान उनमें कूट-कूट कर भरा है।

हमारे पुरखों की ज़मीन और लोगों से उनका गहरा नाता है, उन्होंने मुझे बहुत पहले कहा था कि मरने के बाद वह वापस अपने घर जाना चाहती हैं और वहीं उनका अन्तिम संस्कार हो। उसी श्मशान में, जहाँ मैंने अपने अपेक्षाकृत युवा पिता की चिता को अग्नि दी थी।

ईश्वर न करे, लेकिन अगर अम्मा को वर्तमान संकट के दौरान कुछ हो गया तो क्या मैं उनकी यह अन्तिम इच्छा पूरी कर सकूँगा, उनके गृहनगर ले जाने की बात तो छोड़िए, क्या मैं उन्हें यहीं पर एक सभ्य, सम्मानजनक और भद्र विदाई दे पाऊँगा?

मदर्स-डे पर यह सवाल मुझे परेशान करता रहा : क्या मैं इस प्रशासन पर भरोसा कर सकता हूँ, यह राज्य जैसा आज दिख रहा है, क्या मैं अपनी माँ के स्वास्थ्य और जीवन के लिए इस पर भरोसा कर सकता हूँ? मैं इस पर बाद में बात करूँगा, फ़िलहाल मैं आपको उस बातचीत के बारे में बताता हूँ जो अभी कुछ दिनों पहले मैंने की थी।

हमारे घर से थोड़ी दूर जाकर एक नया घर बन रहा है। काम तेज़ी से हो रहा है। मज़दूरों में लगभग 20 युवा हिन्दीभाषी मज़दूर हैं जो 20-25 साल के होंगे। कुछ दिनों पहले मैंने देखा कि वो निर्माण की जगह पर ही सोने लगे हैं। एक बार टहलने के दौरान, मैंने उनसे बाचतीत की और पूछा कि वे वहाँ क्यों सो रहे हैं? उन्होंने कहा कि वह अपनी रिहाइश छोड़ चुके हैं क्योंकि वहाँ कई लोग संक्रमित हो गए हैं। 8 लोग मर गए, क्योंकि उनको ठीक से इलाज नहीं मिला। वह जगह अब उनके लिए सुरक्षित नहीं थी।

कुछ दिनों के बाद 20 की जगह मैंने उनमें से चार को ही देखा। मैंने बाक़ी के बारे में पूछा। उन्होंने कहा कि उनके अधिकांश दोस्त अपने गृहराज्य जा चुके हैं, कि कहीं फिर से लॉकडाउन न हो जाए। उन्होंने मुझे बताया कि वे भी कुछ दिनों में जाने की सोच रहे हैं। उन्होंने कहा कि पिछली बार वे सैकड़ों किलोमीटर पैदल चलकर छत्तीसगढ़ पहुँचे थे। उनके पास कोई काम नहीं था, उनकी छोटी सी बचत ख़त्म हो गई थी, किराये या खाने के लिए उनके पास पैसे नहीं थे। उनके पास जाने का कोई साधन नहीं था।

इस बार वे कोई जोखिम नहीं उठाना चाहते थे। कुछ यातायात अभी भी उपलब्ध था, सो वे घर पहुँच जाना चाहते थे। उन्होंने कहा कि अगर कोई बिल्ली गरम तवे

पर एक बार बैठ जाए, तो दोबारा नहीं बैठेगी। बल्कि, वह ठंडे तवे पर भी नहीं बैठेगी। उनकी आवाज़ में कोई ग़ुस्सा नहीं था। केवल असहायता थी। ऊब थी। ऐसा लगा कि जैसे उन्होंने ख़ुद को समझा लिया है कि किसी से कोई उम्मीद नहीं रखनी है। उनके जैसे युवा किसी व्यवस्था या सरकार पर भरोसा करने को तैयार नहीं थे। अगर एक चीज उनके दिमाग़ में स्पष्ट है तो वह ये है : अपने जीवन और रोज़गार को लेकर वे इस प्रशासन पर भरोसा करने को तैयार नहीं थे।

भारतीय राज्य मज़बूत है। एक देर शाम की घोषणा से वह हमारे देश की मुद्रा में से 85 फ़ीसदी को बन्द कर सकता है। यह लोगों के पैसे निकालने की राशनिंग कर सकता है, उनको महीनों बैंक के आगे पंक्तिबद्ध करवा सकता है, परिवारों से बैंक अधिकारियों की चिरौरी करवा सकता है ताकि वे अपने ही पैसे अपनी ही ज़रूरत के लिए निकाल सकें। अपने बच्चों की शादियाँ कर सकें। राज्य कुछ घंटों में ऐसा क़ानून पारित कर सकता है जो विभिन्न राज्यों की सरकारों को गिरा दे, वह पूरे विपक्ष को बन्द कर सकता है और उससे कोई सवाल नहीं पूछा जा सकता है। यह मज़बूत राज्य विशालकाय लागत से विशालकाय मूर्तियाँ बना सकता है, उस धन का इस्तेमाल कर सकता है, जिसका प्रयोग शायद लोगों के कल्याण में होना चाहिए। वह हमारी राजधानी में एक महान विस्टा बनवा सकता है। नये भारत के आने की घोषणा के लिए अकल्पनीय लागत पर बना एक नया विस्टा!

लेकिन यह ग़रीबों के हृदय में आत्मविश्वास नहीं भर पाता। कमज़ोर, निर्बल और दुर्बलों को आश्वस्त नहीं कर पाता। इसकी ताक़त टीकाकरण के गिरते आँकड़े को रोकने में काम नहीं आती, जैसे 9 मई को पूरे देश में केवल 18.44 लाख टीके लगे। यह अप्रैल माह में रिकॉर्ड किये गए रोज़ाना के 35.74 लाख से बहुत कम है।

हममें से कुछ आँकड़ों को देखते हैं, मेटा डाटा जाँचते हैं और बिना भावुक हुए, विभिन्न देशों की तुलना करते हैं और यह निष्कर्ष निकालते हैं कि भारत दूसरे देशों की तुलना में कितना बेहतर है। प्रति दस लाख मृत्यु दर हमारे यहाँ कम है। हमारे यहाँ संक्रमण कम है, वे बताते हैं। वे बहस करते हैं कि लोगों के इलाज के लिए, स्वास्थ्य, आधारभूत सुरक्षा के लिए राज्य या केन्द्र में से कौन ज़िम्मेदार है। कुछ तो पीड़ित को ही ग़ैर ज़िम्मेदार बताते हैं कि लोग अपनी लापरवाही से संक्रमित हुए। सरकार इस बारे में क्या कर सकती है? लेकिन, वे यह नहीं देखते हैं कि वे 'ग़ैर-ज़िम्मेदार' लोग अपनी मर्ज़ी से ख़ुद को संक्रमित नहीं कर लेते। वे सीलन भरी,

छोटी जगहों पर रहने को विवश हैं, जहाँ संक्रमण होगा ही, जहाँ सोशल डिस्टेंस सम्भव ही नहीं है। ये उनकी ग़ैर-ज़िम्मेदारी नहीं है। उनके पास कोई विकल्प नहीं है।

इन बहसों और आँकड़ों की बाजीगरी से बेख़बर वास्तविक लोगों ने ख़ुद को भाग्य के भरोसे छोड़ दिया है। उनकी नौकरी, उनका खाना, उनकी आय, उनका स्वास्थ्य और उनकी ज़िन्दगी, उनके अपनों की ज़िन्दगी सब कुछ ख़तरे में है। यही वास्तविकता उनके लिए मायने रखती है न कि निर्जीव आँकड़े। न ही दुनिया के दूसरे देशों से तुलना, जिनका उन्होंने नाम भी नहीं सुना है। उनका अपना जीवन उनके लिए संख्या मात्र नहीं है। वे डाटा नहीं हैं, वे टूटे हुए, पीड़ित, दुखी लोग हैं, जिनको त्याग दिया गया है।

उनकी रुचि नहीं है कि कौन ज़िम्मेदार है—राज्य, केन्द्र, नगर निगम या पंचायत? वे इस पर कोई ध्यान नहीं देते कि सरकार में से कौन इस घातक महामारी से जीतने का श्रेय लेगा, यह सब उनके लिए अप्रासंगिक है। वे अब इससे भी उदासीन हैं कि इलाज में कमी, संसाधनों की कमी के लिए कौन ज़िम्मेदार है? उनकी आँखों की मायूसी और निराशा हमारे शासकों की इस्पाती आँखों की ठंडी उदासीनता से मेल खाती है।

मदर्स-डे पर यह सवाल मेरे ज़ेहन में चलता रहा। क्या मैं अम्मा की देखभाल और जीवन के लिए अपने प्रशासन, अपनी सरकार पर भरोसा करूँगा? नहीं। मुझे विश्वास नहीं है कि यह प्रशासन और इसकी व्यवस्था अम्मा जैसे लोगों को दिमाग़ में रखता है और छत्तीसगढ़ के उन आप्रवासी बच्चों को तो बिलकुल भी नहीं, जिनसे मेरी बात हुई।

मैं जहाँ अपने जवाब में हिचक रहा था, लड़के बेबाक थे। मेरी सुविधा-सम्पन्नता शायद मेरी हिचक के पीछे थी। मेरे दिमाग़ में शायद यह आशा थी कि मैं अम्मा के लिए किसी तरह व्यवस्था को मोड़ लूँगा। ग़ुस्सा और खीज मुझमें उम्मीद के साथ बसते हैं।

लेकिन, युवकों की कठोर ज़िन्दगी ने उनके दिमाग़ के जाले साफ़ कर दिये हैं, उन्हें बेबाक बना दिया है। वे ग़ुस्सा नहीं थे। वे अपने भाग्य के भरोसे थे। उन्हें सरकार से कोई उम्मीद नहीं थी। वे झूठे देवताओं से अपनी आस छोड़ बैठे थे।

*

टीके की गड़बड़, नैतिक लकवा और एक 'अहंकारशाही' सरकार

मई 2021

अब सबके सामने साफ़ है। हम वैक्सीन को लेकर गड़बड़ कर चुके हैं। टीकाकरण घोंघे की रफ़्तार से हो रहा है। रोज़ाना टीकाकरण की दर लगातार गिर रही है। देश में टीके का भंडार अपर्याप्त है और लगातार कम हो रहा है। आने वाले हफ़्तों और महीनों में उसकी आपूर्ति अनिश्चित है। हमारे संघ के कई राज्य वैक्सीन डोज के लिए तड़प रहे हैं। वे वैश्विक टेंडर निकाल रहे हैं, विदेशी वैक्सीन निर्माता उनसे व्यापार करने से मना कर रहे हैं।

लेकिन, ये चीज़ें उन्हें दिखाई नहीं देंगी जो अभी भी नकार में ही हैं। उनके लिए भी, जो अब भी भक्ति की जकड़ में हैं। उनके लिए भी जो अभी तक व्यक्तिपूजा के जादू में हैं, जो अहंकारशाही की चपेट में हैं, और सकारात्मकता के उन बुद्धिहीन, संवेदनहीन पैरोकारों को भी यह समझ में नहीं आएगी, जो काली सच्चाई को दरी के नीचे खिसका देना चाहते हैं और दिखावा करते हैं कि सब कुछ ठीक है।

इससे पहले कि हम विवरणों की बात करें, मुझे कुछ तथ्य रखने दें। हम दुनिया की पाँचवीं सबसे बड़ी अर्थव्यवस्था हैं। हम मध्य-आय वर्ग के देशों में सबसे तेज़ी से बढ़ती अर्थव्यवस्था थे, जब तक हम नोटबन्दी के तर्कहीन कर्म के बाद मन्दी की राह पर नहीं चल पड़े। हमारी घोषित महत्त्वाकांक्षा पाँच ट्रिलियन डॉलर की अर्थव्यवस्था बनने की है। इसका मतलब हमें जर्मनी की अर्थव्यवस्था को पीछे छोड़ना है और जापान की वर्तमान अर्थव्यवस्था के बराबर होना है। हमारी सुपरपावर बनने की महत्त्वाकांक्षा छिपी हुई नहीं है और हम 'विश्वगुरु' का तमग़ा भी लेना चाहते हैं। हमारे पास भूतकाल का काफ़ी अनुभव है और कई दशकों तक हमने व्यापक टीकाकरण अभियान शान्तिपूर्वक चलाए हैं। इसलिए कोविड महामारी से निबटने के लिए ज़रूरी सामूहिक टीकाकरण हमारे लिए इतनी बड़ी चुनौती नहीं होनी चाहिए।

अब ज़रा देखें कि हम कहाँ हैं?

1,84,830 लोग रोज़ाना एक्टिव कोविड-19 संक्रमण की चपेट में रिपोर्ट किये जा रहे हैं और कुल संक्रमित लोगों की संख्या 2,69,36,641 है 24 मई, 2021, यानी सोमवार को ही 3,224 लोगों की मौत हुई। अब तक 3,06, 977 लोगों की

मृत्यु हो चुकी है। ये आधिकारिक आँकड़े हैं। हम जानते हैं कि अनेक मामलों में रिपोर्ट ही नहीं हुई होगी।

मेरे लिए इन संख्याओं का मतलब वास्तविक लोग हैं। मेरे लिए इन आँकड़ों का मतलब इनके परिवार, इनके आश्रित, पति-पत्नी, दोस्त, सहकर्मी, बच्चे सभी हैं। ये केवल संख्याएँ नहीं हैं।

सोमवार की सुबह 7 बजे से पिछले 24 घंटे देखें तो केवल 9 लाख 43 हज़ार टीके लगाए जा सके। वह उससे पहले के 24 घंटों में लगाए गए टीकों से 6 लाख 61 हज़ार डोज कम है। वैक्सीनेशन में गिरावट बेरोक-टोक जारी है। हरेक जगह टीके के भंडार को लेकर अनिश्चितता है। क्या हमारे टीके ख़त्म हो जाएँगे? क्या टीके ख़त्म हो गए हैं?

जब मैं इस असीम अफ़रातफ़री को देखता हूँ, मौत की दुर्गंध अपने पास महसूस करता हूँ और टीकों की गड़बड़ी को निराशा से देखता हूँ, मैं चाहता हूँ कि उससे जवाब माँगूँ जो इस त्रासदी के लिए ज़िम्मेदार है। भले ही वे ईश्वर हों, भले ही वे मेरे अपने ईश्वर हों। मुझे कोई हिचक नहीं है। दरअसल, अगर वो मेरे ईश्वर हैं, नक्षत्रीय या भौतिक जो भी, तो मैं उनसे ज़रूर पूछना चाहता हूँ। उनको जवाब देना होगा। आपने मेरे देश के साथ ऐसा क्यों किया? आपने हमें बेसहारा छोड़ क्यों दिया, आपने हमें असफल क्यों किया?

ज़रा टीकों की इस पूरी गड़बड़ी को समझें।

पहला तो याद कीजिए कि टीकाकरण शुरू कैसे हुआ? यह अग्रिम मोर्चे पर तैनात स्वास्थ्यकर्मियों और कर्मचारियों के लिए 16 जनवरी, 2021 को खुला। फिर, 1 मार्च को 60 वर्ष और ऊपर के लोगों और 45 से 59 वर्ष की उम्र के उन लोगों के लिए शुरू हुआ जिनको कोई और बीमारी थी। फिर, 1 अप्रैल से यह 45 और ऊपर के लोगों के लिए शुरू हुआ और अब 1 मई से यह 18 वर्ष के ऊपर के हरेक व्यक्ति के लिए खोल दिया गया।

अब टीकाकरण की प्रगति देखी जाए। कोविन डैशबोर्ड हमें बताता है कि देश-भर में 41,951 टीकाकरण केन्द्र कार्यरत हैं। उनमें से 39,964 सरकारी केन्द्र हैं और 1,995 निजी केन्द्र हैं। अब तक हम कुल मिलाकर लगभग 19 करोड़ टीके दे पाए हैं। हमारी जनसंख्या के केवल 11 फ़ीसदी को वैक्सीन की एक डोज मिली है और केवल 3 फ़ीसदी को दोनों मिली हैं और वे पूरी तरह सुरक्षित हैं।

अब ज़रा इस पर विचार करें कि टीकाकरण की गति मन्द क्यों पड़ी और उसकी दर अब घट क्यों रही है? इसका पहला कारण तो यह है कि हमारे पास पर्याप्त वैक्सीन नहीं है। हमारे देश में इसके दो उत्पादक हैं। सीरम इंस्टीट्यूट ऑफ़ इंडिया जो कोविशील्ड बना रही है और भारत बायोटेक जो कोवैक्सीन बना रही है। उनकी उत्पादन क्षमता क्रमशः 7 करोड़ डोज और 5.8 करोड़ डोज प्रति माह है। सीरम इंस्टीट्यूट आस्ट्रा जेनेका के लिए अनुबन्ध के आधार पर उत्पादन करता है और इसकी पूरी क्षमता भारत को उपलब्ध नहीं है। सरकार ने अभी तक सीरम इंस्टीट्यूट को 26 करोड़ और भारत बायोटेक को 5 करोड़ डोज का आदेश दिया है। सीरम इंस्टीट्यूट 15 करोड़ डोज भेज भी चुका है।

समझना मुश्किल है कि केन्द्र सरकार ने इतनी छोटी मात्रा में टीके का आदेश क्यों दिया, जबकि वह जानती थी कि ज़रूरत तो बहुत बड़ी है। फिर, जब इस साल की शुरुआत में फाइजर भारत आना चाहती थी, तो हमने उसे क्यों नहीं आने दिया?

हमारी ज़रूरत कम से कम 180 करोड़ डोज की है, कुछ हज़ार इधर-उधर, अगर हमें अपनी जनसंख्या के 80 फ़ीसदी को टीका लगाना है और दो बार लगाना है। गर्भवती महिलाएँ और 18 से नीचे के बच्चे इसमें नहीं आते हैं। हमने जो आदेश दिया है और जो हमें अगले कुछ महीनों में उपलब्ध हो सकता है, वह अपर्याप्त है। अगर हम केवल इन निर्माताओं पर निर्भर रहे, तो हम इस साल टीकाकरण का लक्ष्य पूरा नहीं कर पाएँगे।

जैसा कि आईसीएमआर (इंडियन काउंसिल ऑफ़ मेडिकल रिसर्च) के पोर्टल पर ख़बर है, चार और निर्माता वैक्सीन बनाने की प्रक्रिया में हैं, लेकिन उनके प्रयासों के नतीजे अभी पता नहीं हैं।

दूसरे देशों के वैक्सीन उत्पादक भी हैं। जैसे, रूस का स्पुतनिक वैक्सीन। डॉक्टर रेड्डी ने डेढ़ लाख डोज उससे मँगवाए हैं और वे अपना आयात बढ़ा भी सकते हैं और शायद बाद में इस वैक्सीन का भारत में उत्पादन भी कर सकते हैं।

चीन की वैक्सीन का शायद भारत में उतना स्वागत न हो। उसके कई कारण हैं, इसलिए उसे इस सूची से बाहर रखते हैं।

इसके बाद हमारे पास पश्चिमी उत्पादक हैं। आस्ट्रा जेनेका का उत्पादन भारत में सीरम इंस्टीट्यूट कर ही रहा है। यानी, अब हमारे पास फाइजर, मॉडर्ना और जॉनसन एंड जॉनसन बच गए हैं। कई देश इन कम्पनियों को अग्रिम धन दे चुके हैं

या फिर वैक्सीन के विकास के लिए उनके प्रयासों में 'एट-रिस्क' निवेश कर चुके हैं। इसीलिए, उनके हाथ फ़िलहाल भरे हुए हैं। अगर वे अपना उत्पादन बढ़ाना भी चाहें, तो यह इतने कम समय में नहीं किया जा सकता है। वैक्सीन के निर्माण में जो आवश्यक तत्त्व लगते हैं, उसमें एक लम्बी और जटिल वितरण-शृंखला शामिल है, जिसमें कम से कम 19 देश संलग्न हैं। इसलिए, इन कम्पनियों से हमें कुछ मिलना तो मुश्किल ही लग रहा है।

16 जनवरी को जब हमने अपना वैक्सीनेशन कार्यक्रम शुरू किया, सरकार ने अग्रिम भुगतान करके आपूर्ति को सुनिश्चित करने की नहीं सोची। 1 मार्च को जब हमने 60 वर्ष या उससे ऊपर के लोगों के लिए टीकाकरण शुरू किया, सरकार ने तब भी अग्रिम भुगतान करके आदेश नहीं दिया। जब 1 अप्रैल को 45 वर्ष और उससे ऊपर के लोगों के लिए टीकाकरण शुरू हुआ, तब भी वह पर्याप्त आपूर्ति सुनिश्चित करने के लिए ज़रूरी आकलन करने में विफल रह गई। जब 19 अप्रैल को, यानी जब 18 वर्ष से ऊपर के सभी नागरिकों को वैक्सीन लगाने का कार्यक्रम शुरू होने में 15 दिन से भी कम समय बचा था, तब सरकार ने भारतीय उत्पादकों को धन दिया।

यह वैक्सीन-गड़बड़ी का आपूर्ति वाला पक्ष है।

अब, ज़रा इस गड़बड़ी की माँग वाले पक्ष पर आएँ।

टीकाकरण केन्द्र सरकार का कोविन पोर्टल और एप, के रास्ते होता है। आप उन पर लॉग करते हैं, ख़ुद को रजिस्टर करते हैं। वे आपको एक स्लॉट देते हैं और आपके दिये हुए समय के पहले एक अलर्ट भी भेजते हैं। जब टीकाकरण हो जाता है, तो एक प्रमाणपत्र भी निर्गत करते हैं। उस प्रमाणपत्र पर हमारे प्रधानमंत्री की तस्वीर होती है, जैसे यह कोई व्यक्तिगत उपहार हो, कोई कृपा हो।

शुरुआत में एप कई बार क्रैश कर गया। इसने ग़लत लोगों को एसएमएस अलर्ट भेज दिया। नामों का घालमेल हुआ। जो लोग टीका लगवा चुके हैं, उनको भी दूसरे के नाम के सन्देश आते रहे। जिन लोगों को सन्देश मिलना था, वे अपना स्लॉट इस घालमेल में मिस कर गए। भारत जैसे सॉफ्टवेयर महारथी के लिए यह सब अजीब है।

एप और पोर्टल आधारित रजिस्ट्रेशन की वजह से वे लोग बाहर हो गए, जिनके पास स्मार्टफ़ोन और इंटरनेट कनेक्शन नहीं है। इससे वे किसी तीसरी पार्टी पर

निर्भर हो गए। ग़रीब, सीमान्त, अनपढ़ लोगों ने, ख़ासकर ग्रामीण इलाक़ों में, इस बात को लेकर ख़ासी परेशानी झेली। उनको टीके तक पहुँचने में काफ़ी दिक़्क़त हुई। तकनीक कुशल शहरी लोगों ने इसका फ़ायदा उठाया। शहरी स्लॉट चूँकि भर चुके थे, तो उन्होंने लगभग ख़ाली पड़े ग्रामीण केन्द्रों में बुकिंग शुरू कर दी। अचानक ही, महानगरों के आसपास के छोटे गाँवों में टीका केन्द्रों पर शहरी भीड़ क़तारबद्ध नज़र आई।

तो, इस तरह वैक्सीन तक पहुँचने में भी, एक डिजिटल डिवाइड है, ग्रामीण-शहरी खाई है और अमीर-ग़रीब के बीच का अन्तर है।

टीकाकरण कार्यक्रम शुरू होने के चार महीने बाद भी, एप और पोर्टल पर केवल 23.5 करोड़ लोगों ने रजिस्ट्रेशन करवाया है।

कुछ लोग वैक्सीन लेने में हिचक के बारे में भी बात करते हैं। तकनीकप्रिय रईसों ने ग़रीबों, ग्रामीण और डिजिटली अशिक्षित लोगों के प्रति जो संवेदनहीन व्यवहार किया उसने भी उन लोगों को वैक्सीन से हिचकने पर मजबूर किया है। साथ ही, कोविड के ऊपर समय से पहले जीत की घोषणा और ख़ुशियों ने भी कम भूमिका नहीं निभाई है। कई लोगों ने सोचा कि उन लोगों को वैक्सीन लेने की ज़रूरत ही नहीं है, क्योंकि हमने वायरस को देश से बाहर भगा ही दिया है।

इसके साथ ही, कई नीम-हकीम दवाओं की मंत्रियों तक ने बड़ाई की, उन्हें प्रभावी बताया। इससे भी लोग लापरवाह हुए।

इस पूरी गड़बड़ी का एक और आयाम है—केन्द्र सरकार का नैतिक लकवा और पूरे देश को टीका लगाने की ज़िम्मेदारी से पल्ला झाड़ना। राज्यों को उनके हाल पर छोड़ देना और उस काम में उनकी मदद नहीं करना।

इस पर थोड़ा विस्तार से बात करते हैं।

देश में बनने वाली तमाम वैक्सीन का 50 फ़ीसदी हिस्सा केन्द्र सरकार प्रति डोज 150 रुपये के हिसाब से ले लेगी। बाक़ी वैक्सीन को निर्माता राज्य सरकारों और निजी अस्पतालों को बेचने को स्वतंत्र हैं। केन्द्र को कोविशील्ड और कोवैक्सीन दोनों ही 150 रुपये प्रति डोज के हिसाब से मिलेंगी, तो राज्यों को कोविशील्ड के लिए 300 रुपये प्रति डोज और कोवैक्सीन के लिए 400 रुपये प्रति डोज देना होगा। निजी अस्पतालों को कोविशील्ड के लिए 600 रुपये प्रति डोज और कोवैक्सीन के लिए 1200 रुपये प्रति डोज देना होगा। ये मूल्य कम्पनियों ने अपनी तरफ़ से ही

तय किये हैं। उन्होंने शुरू में इससे भी अधिक मूल्य की घोषणा की थी, लेकिन हंगामा होने पर उनको कम किया। मूल्यों का यह ढाँचा ऐसा है कि कम्पनियाँ अपनी दवा वहीं बेचेंगी जहाँ से उनको अधिक मुनाफ़ा मिले, यानी निजी अस्पतालों और कॉरपोरेट को।

इस तरह केन्द्र सरकार ने वैक्सीन को विक्रेता-बाज़ार का एक उत्पाद बन जाने दिया। वह सार्वजनिक कल्याण की वस्तु नहीं रही।

मैं अब भी यह नहीं समझ पा रहा हूँ कि यह नैतिक रूप से कैसे उचित है कि केन्द्र सरकार तो कम दाम दे और राज्य सरकारों को उसी सामान का अधिक मूल्य देना पड़े। और अगर आप किसी निजी अस्पताल में जाएँ तो वहाँ वही चीज़ चार से आठ गुणा महँगी पड़ेगी।

हमारे अलावा हरेक दूसरे देश ने अपने सभी नागरिकों के लिए मुफ़्त में वैक्सीन की व्यवस्था की है।

कहानी यहीं ख़त्म नहीं होती। केन्द्र सरकार ही राज्यों द्वारा भुगतान और प्रबन्धन करने के बाद भी टीके का स्लॉट केन्द्र सरकार ही। प्रमाणपत्र भी केन्द्र सरकार जारी करेगी, जबकि डोज का मूल्य और प्रबन्धन राज्य सरकारें करेंगी और वह भी केन्द्र सरकार की तुलना में अधिक मूल्य पर!

कहानी यहाँ भी ख़त्म नहीं होती। अभी तक इसका कोई स्पष्ट फ़ॉर्मूला नहीं है कि कौन-सा राज्य उत्पादकों से कितने डोज पाएगा। यह एक और दुखद गड़बड़ी है—एक राज्य दूसरे राज्य से प्रतियोगिता कर रहा है। अन्धाधुंध, बेमतलब की प्रतियोगिता।

आइए, एक बार सारी बातों को साथ रखकर देखें। केन्द्र डोज के लिए कम धन का भुगतान करेगा। राज्य अधिक देंगे। वैक्सीन के स्लॉट केन्द्र तय करेगा। डोज देने की प्रक्रिया का प्रबन्धन राज्य करेंगे। राज्यों को ही भुगतान करना है। प्रमाणपत्र केन्द्र जारी करेगा, जिस पर प्रधानमंत्री की तस्वीर होगी। भारतीय उत्पादकों से राज्यों द्वारा ख़रीद की मात्रा के बारे में कोई स्पष्ट दिशानिर्देश नहीं हैं। केन्द्र केवल स्वास्थ्य-कर्मियों और अग्रिम मोर्चे के कर्मचारियों के अलावा 45 वर्ष और ऊपर के नागरिकों का ख़याल रखेगा। राज्य सरकारें 18 वर्ष और अधिक की उम्र के लोगों के लिए ज़िम्मेदार हैं।

राज्य वैक्सीन के लिए तड़प रहे हैं। वहाँ कोई आपूर्ति नहीं है। उनके वैश्विक

टेंडर किसी काम नहीं आ रहे हैं। मॉडर्ना ने पंजाब को मना कर दिया है। रिपोर्ट है कि फाइजर और मॉडर्ना ने कहा है कि वे दिल्ली सरकार को वैक्सीन नहीं बेचना चाहते। अगर वे दिल्ली और पंजाब को मना कर रहे हैं, तो शायद ही किसी और राज्य सरकार को भाव दें। ये कम्पनियाँ केवल केन्द्र सरकार के साथ बात करना चाहती हैं। लेकिन, केन्द्र ने अपना पल्ला झाड़ लिया है। यह चीज़ मामले को और उलझाती है।

केन्द्र और राज्य सरकारों के लिए अलग मूल्य रखना हमारी केन्द्र सरकार की नैतिक बीमारी का एक उदाहरण है। केन्द्र द्वारा हरेक नागरिक को टीका लगाने की ज़िम्मेदारी से हाथ झाड़ लेना नैतिक लकवे का सबसे बड़ा उदाहरण है। अगर केन्द्र पहले से ही सीमित आपूर्ति को कठोरता से नियंत्रित करता है और राज्यों को अपने नागरिकों के लिए टीका ख़रीदने के लिए छोड़ देता है, अगर केन्द्र नागरिकों को कोविन एप के ज़रिये स्लॉट बाँटता है, फिर प्रधानमंत्री की तस्वीर के साथ प्रमाणपत्र देता है, तो यह अनियंत्रित अहंकारशाही (ईगोक्रैसी) का उदाहरण है।

राज्य पहले से ही वित्तीय संकट में हैं। लगभग सभी राज्यों ने अपने नागरिकों को मुफ़्त में टीका देने का वादा किया है। क्या प्रति डोज ज़्यादा पैसा देने पर बाध्य करके उनको अपने मानवीय रवैये के लिए दंडित किया जाना चाहिए? क्या यह न्यायसंगत है? क्या यह नैतिक रूप से प्रशंसनीय है?

जब दुनिया में हरेक राष्ट्र की सरकार कम्पनियों को वैक्सीन बनाने के लिए निवेश के साथ ज़रूरी सहयोग दे रही थी, जोख़िम उठा रही थी, अग्रिम भुगतान कर रही थी, हमारी सरकार सोयी हुई थी और जब जागी भी तो केवल महामारी पर 'विजय' का उत्सव मनाने के लिए! इसके बाद उसने कुम्भ और चुनावी आयोजन करने को बढ़ावा दिया, जो सुपर-स्प्रेडर हो सकते हैं। 19 अप्रैल के बाद ही केन्द्र सरकार ने भारतीय उत्पादकों को जोखिम वाले निवेश (रिस्क-फ़ंडिंग) मुहैया कराए। जबकि अधिकांश यूरोपीय और दो उत्तरी अमेरिकी सरकारें पिछले साल के मध्य में ही वैक्सीन निर्माताओं को अग्रिम भुगतान कर रही थीं, जब उनके ट्रायल सफल भी नहीं हुए थे।

क्या दुनिया की पाँचवीं सबसे बड़ी अर्थव्यवस्था इस तरह से टीकाकरण करती है? क्या यह 'विश्वगुरु' बनने की इच्छा रखने वाले देश की दूरदृष्टि है? क्या यह हमें कठघरे में नहीं खड़ा करती है—कि हम वैक्सीन प्रबन्धन में दशकों के अपने अनुभव की अनदेखी करते हैं? क्या यह सही तरीक़ा है जिससे सुपरपावर बनने

की महत्त्वाकांक्षा वाला देश चलता है? एक सरकार जो पाँच ट्रिलियन डॉलर की अर्थव्यवस्था बनना चाहती है, हृदयहीन तरीक़े से अपने लोगों को बेसहारा छोड़ देती है। क्या यह देश सरकार के नैतिक लकवे को झेल सकता है, क्या वह इस बेरोक-टोक अहंकारशाही के अन्दर फल-फूल सकता है? यह सब हमें अन्दर तक झकझोरता क्यों नहीं है?

*

हमें ज़रूरत है एक स्वतंत्र सार्वजनिक जाँच की

***जून* 2021**

मैं शुरुआत एक ख़बर के उद्धरण से करूँगा।

ख़बर में कहा गया है कि प्रधानमंत्री ने घोषणा की है कि 'सरकार द्वारा कोरोना वायरस महामारी के प्रबन्धन की एक स्वतंत्र सार्वजनिक जाँच शुरू होगी।' उन्होंने कहा, 'ऐसी त्रासदी के बीच यह सरकार का दायित्व है कि वह अपने कामों की पूरी कठोरता और खुलेपन से जाँच करे और भविष्य के लिए हर सम्भव सीख ले।' उन्होंने यह भी कहा कि 'यह जाँच पिछले साल की घटनाओं को देखने... और उन मुख्य मुद्दों की पहचान पर केन्द्रित होनी चाहिए जो भविष्य में एक अन्तर पैदा कर सकें।' उन्होंने आगे कहा कि यह जाँच 'हरेक काग़ज़ात और दस्तावेज़ का परीक्षण करने, सभी मुख्य साझीदारों से बात करने और हमारी प्रतिक्रिया के आधार पर विश्लेषण करने और सीखने के लिए स्वतंत्र होगी।' उन्होंने कहा कि उन्हें अपेक्षा है कि यह जाँच सरकार के कामों को सूक्ष्मदर्शी के नीचे लेकर आएगी। उन्होंने यह भी कहा कि अगर उनको कहा गया तो वह जाँच के लिए शपथपूर्वक सबूत देने को भी तैयार हैं।

इससे पहले कि आप अचरज में पड़ जाएँ, मैं आपको बता दूँ कि यह हमारे प्रधानमंत्री की घोषणा नहीं है। यह हमसे छोटे प्रजातंत्र इंग्लैंड के प्रधानमंत्री बोरिस जॉनसन का वक्तव्य है।

इस आलेख में मैं यह तर्क देना चाहता हूँ कि हमारे देश में कोविड-19 की

त्रासदी से निबटने में केन्द्र और राज्य सरकारों की भूमिका क्या रही और नागरिकों का व्यवहार कैसा रहा, इसके लिए तत्काल एक सार्वजनिक और स्वतंत्र जाँच की आवश्यकता है, जिससे मुँह नहीं मोड़ा जा सकता है।

ब्रिटेन अकेला देश नहीं है जो कोविड संकट में अपनी सरकार की भूमिका का मूल्यांकन करना चाहता है। स्वीडन ने विशेषज्ञों के एक आयोग की घोषणा की है, जिसकी अगुआई सुप्रीम प्रशासकीय कोर्ट के भूतपूर्व अध्यक्ष करेंगे जो देश में वायरस-नियंत्रण के विवादित 'उदार' रवैये की जाँच करेंगे और 2022 की शुरुआत तक अपनी अन्तिम रिपोर्ट देंगे। उसके पहले दो अन्तरिम रिपोर्टें भी वह सौंपेंगे। स्वीडन के प्रधानमंत्री ने इस सार्वजनिक जाँच के आदेश तब दिये, जब देश में 5000 मौतें कोरोना की वजह से हो गईं। हाँ, आपने सही पढ़ा। 5000 मौतें।

नॉर्वे ने एक स्वतंत्र आयोग की स्थापना की है ताकि कोविड से निबटने की पूरी प्रक्रिया की पर्याप्तता की जाँच हो सके। इटली में, उत्तरी बेरगामो प्रान्त के अभियोजकों ने जून 2020 में प्रधानमंत्री कॉन्टे से तीन घंटे तक पूछताछ की। वे जाँच कर रहे थे कि कहीं अधिकारियों की लापरवाही ने तो देश में संसार की अब तक ज्ञात सबसे भयावह महामारी का फैलाव नहीं किया? जी हाँ, आपने फिर से सही पढ़ा : उन्होंने अपने प्रधानमंत्री से तीन घंटे तक पूछताछ की। उन्होंने स्वास्थ्य और आन्तरिक मंत्री से भी महामारी से निबटने के तरीक़ों पर पूछताछ की।

फ्रांस की एक विशेष अदालत ने भी सरकार के कोरोना-वायरस से निबटने के तरीक़ों पर जाँच के आदेश दिये हैं। फ्रांस की पुलिस ने स्वास्थ्य मंत्री ओलिवियर वेरन, पूर्व प्रधानमंत्री एडुअर्ड फिलिप और दूसरे अधिकारियों के घरों की मई 2020 में तलाशी ली जो इसी जाँच का हिस्सा थी। वेरन उन कई वर्तमान या पूर्व मंत्रियों में हैं, जो महामारी से निबटने को लेकर जाँच की जद में हैं। आरोप थे कि वे प्रतिक्रिया देने में बहुत सुस्त रहे। वर्तमान प्रधानमंत्री ज्यां कास्टेक्स भी जाँच के घेरे में हैं और उनके पूर्ववर्ती भी, साथ ही स्वास्थ्य मंत्रालय में वेरन के पूर्ववर्ती भी जाँच के दायरे में हैं।

ब्राजील में इसी साल अप्रैल में सुप्रीम कोर्ट ने सीनेट को आदेश दिया कि वह सरकार के कोरोना-वायरस से निबटने की जाँच करे। 'द पार्लियामेंट ऑफ़ विक्टोरिया' (ऑस्ट्रेलिया का राज्य) ने भी जाँच की है और अपनी रिपोर्ट इस साल फ़रवरी में जमा कर दी है। यूरोपियन यूनियन की प्रतिक्रिया की भी स्वतंत्र जाँच हो

रही है, जब इसी महाद्वीप की एक एजेंसी ने यह पाया कि यहाँ पर भ्रम, लापरवाही और समन्वय की कमी से महामारी फैली। 18 मई, 2021 को यूरोपीय ओम्बुड्समैन की यह रिपोर्ट प्रकाशित हुई।

विश्व स्वास्थ्य संगठन (डब्ल्यूएचओ) की प्रशासकीय इकाई वर्ल्ड हेल्थ असेंबली ने पिछले साल इसके पक्ष में मत दिया कि 'कोविड-19 से निबटने में डब्ल्यूएचओ के समन्वय में चले अन्तरराष्ट्रीय स्वास्थ्य-कार्यक्रम से मिले अनुभवों और सीखे गए पाठों की समीक्षा' एक स्वतंत्र आयोग करे। भारत ने इस प्रस्ताव का समर्थन किया। मई 2021 में इसकी रिपोर्ट दाख़िल की गई।

भारत में जून 2021 के दूसरे सप्ताह तक कुल संक्रमण 2,81,69, 970 था। मौतें 3,31,871 हो गई थीं। विशेषज्ञ बताते हैं कि मई के पहले सप्ताह में संक्रमण सबसे अधिक था, लेकिन मौतें अभी भी उस अनुपात में कम नहीं हो रही हैं।

जून 2021 के अन्त तक, कुल रोज़ाना संक्रमण 1,22,964 था और रोज़ाना हो रही मौतें 2,743 थीं।

यूनिवर्सिटी ऑफ़ मिशिगन के महामारी-विशेषज्ञ प्रोफ़ेसर भ्रमर मुखर्जी और ज़मीनी स्तर पर काम करनेवाले मीडिया के लोग हमें बता रहे हैं कि मौत की ख़बरों को या तो दबाया जा रहा है या उनका पता नहीं चल रहा है। 9 में से 7 मौतें या तो पता नहीं चल रहीं या उनकी रिपोर्ट नहीं हो रही। दूसरे शब्दों में 9 में से केवल दो मौतों की रिपोर्ट की जा रही है। *न्यूयॉर्क टाइम्स* के कोविड ट्रैकर की मानें तो 16 लाख मौतों का अनुमान है और बदतरीन परिदृश्य में यह 42 लाख मौतों तक पहुँच सकता है, न कि मात्र 3.3 लाख, जैसा कि हमें सरकारी आँकड़े बताते हैं। क्या यह किसी विशेषज्ञ बनाम सरकार के शब्दों का मामला है? क्या देश को सच नहीं जानना चाहिए? क्या हमें एक स्वतंत्र सार्वजनिक जाँच की मदद से देश में गई जानों की असल संख्या नहीं पता करनी चाहिए?

सरकार ने संसद को बताया कि उसके पास डॉक्टरों, अग्रिम मोर्चे पर काम कर रहे स्वास्थ्यकर्मियों और प्रवासी मज़दूरों की मौतों का आँकड़ा नहीं है। भरोसेमन्द सरकारी आँकड़ों के अभाव में हर तरह के अनुमान लगाए जा रहे हैं। क्या हमें इन सभी का अन्त नहीं करना चाहिए, क्या एक स्वतंत्र जाँच नहीं होनी चाहिए जो हमें बताए कि कितना नुक़सान हुआ है, क्या इस चीज़ को अनुमान पर छोड़ देना चाहिए?

कई लोगों का मानना है कि दिल्ली में तबलीगी जमात का इकट्ठा होना, कुम्भ

मेला और 2020 और 2021 की चुनावी रैलियाँ सुपरस्प्रेडर घटनाएँ थीं। ऐसे कई आयोजन हुए, ख़ासकर धार्मिक आयोजन जिनमें मीडिया और लोगों ने एकाध को ही वायरस के फैलने के लिए ज़िम्मेदार बताया। यह उनके विचारों, पूर्वग्रहों और सीमित जानकारी के आधार पर तय हुआ। क्या हमें यह नहीं जानना चाहिए कि वास्तविक तौर पर कौन-सा आयोजन ज़िम्मेदार था और किस हद तक, ताकि हम भविष्य में ऐसी घटनाओं के दोहराव से बच सकें?

स्वास्थ्य राज्यमंत्री ने संसद में कुछ समय पहले आईसीयू, अस्पतालों के बिस्तरों और ऑक्सीजन की सुविधा वाले बिस्तरों के आँकड़े दिये, जो लॉकडाउन के दौरान जोड़े गए ताकि ज़रूरतें पूरी की जा सकें। कुछ लोग आरोप लगाते हैं कि ये तैयारियाँ अपर्याप्त थीं और परिणामस्वरूप महामारी की दूसरी लहर में बड़े पैमाने पर मौतें हुईं। कुछ लोग मानते हैं कि पिछले 70 वर्षों से सार्वजनिक स्वास्थ्य की अनदेखी होती रही है और यह सरकार एक साल में पर्याप्त तैयारी नहीं कर सकती थी। फिर से आरोप-प्रत्यारोप! क्या हमें एक स्वतंत्र सार्वजनिक जाँच से इन कयासों पर विराम नहीं लगाकर भविष्य की राह नहीं तलाशनी चाहिए?

कुछ यह भी मानते हैं कि कुछ लोगों के अनाप-शनाप बयानों ने वैक्सीन के प्रति लोगों में हिचक पैदा की और सरकारी प्रयासों को पलीता लगाया। क्या यह सही है, क्या वे सचमुच सरकारी प्रयासों में इस स्तर पर रोक लगाने में कामयाब हुए? केवल एक स्वतंत्र-सार्वजनिक जाँच ही इस पर प्रकाश डाल सकती है। वरना, हम आरोप-प्रत्यारोप में उलझे रह जाएँगे और कुछ भी सीख नहीं पाएँगे। जाँच को सामान्य नागरिक, राजनीतिक दलों, मीडिया, सेलिब्रिटी और स्वयंसेवी संगठनों की भूमिका तक अपना दायरा बढ़ाना चाहिए।

सरकार के मंत्री कहते हैं कि वैक्सीनेशन ड्राइव, टीकाकरण अभियान में कोई समस्या नहीं है। लेकिन, उसकी दर सचमुच बहुत कम, अपर्याप्त और ग़ैर-बराबर है। विशेषज्ञ बताते हैं कि जिस दर से टीकाकरण चल रहा है, हम शायद इस साल (2021) के अन्त तक भी इसे पूरा न कर पाएँ। सरकार इस दावे को परे कर देती है। नीति आयोग के एक अधिकारी हमें बताते हैं कि सरकार ने वैक्सीन के लिए सारे उपाय किये हैं। उन्हीं सदस्य ने यह भी कहा कि सरकार शुरुआत से ही वैक्सीन निर्माताओं के साथ बातचीत कर रही थी। क्या हमें इस सक्रियता के विवरण और नतीजे नहीं जानने चाहिए?

केन्द्र में सत्ताधारी गठबन्धन के समर्थक तर्क देते हैं कि मेडिकल संसाधनों की कमी के लिए राज्य ज़िम्मेदार हैं और इसीलिए कोविड त्रासदी को लेकर किये गए अपर्याप्त उपायों के लिए भी राज्य ही दोषी हैं। लेकिन, एक दूसरा पक्ष भी है जो कहता है कि चूँकि यह महामारी है तो मुख्य ज़िम्मेदारी केन्द्र सरकार की है। क्या हमें इसके बारे में साफ़-साफ़ नहीं जानना चाहिए, हरेक राज्य की सरकार और केन्द्र की प्रतिक्रिया की बिलकुल साफ़ और स्पष्ट जाँच इस संकट के सन्दर्भ में नहीं होनी चाहिए, क्या यह एक संघीय गणराज्य के नाते हमारे लिए ठीक नहीं होगा?

कुछ लोग तर्क देते हैं कि वैक्सीन के दामों में अन्तर—केन्द्र का राज्यों के मुक़ाबले कम मूल्य देना—भी अन्यायपूर्ण है जिसका समर्थन नहीं किया जा सकता। यहाँ तक कि सुप्रीम कोर्ट ने भी यह मसला उठाया है। केन्द्र शायद इसे ठीक समझता है। इसके समर्थक कहते हैं कि वह ग़लत क्यों करेगा? लेकिन, लगता तो ऐसा ही है। क्या एक स्वतंत्र-सार्वजनिक जाँच नहीं होनी चाहिए ताकि हमें सच का पता चले?

डिजिटल एक्टिविस्ट महसूस करते हैं कि कोविन एप ने ग़रीबों, हाशिए के वंचितों-शोषितों और ग्रामीण लोगों को वैक्सीन स्लॉट तक पहुँचने से बाधित किया। केन्द्र के तकनीकविद् इससे सहमत नहीं हैं। क्या एक स्वतंत्र-सार्वजनिक जाँच इस मसले पर नहीं होनी चाहिए जो हमें इस एप और पोर्टल के प्रभावी होने के बारे में सही जानकारी दे?

मेडिकल ऑक्सीजन और दूसरी सुविधाओं की उपलब्धता के बारे में भी तीखा विवाद है। हज़ारों लोग ऑक्सीजन, वेंटिलेटर, आईसीयू बेड और यहाँ तक कि अस्पतालों में जगह न मिलने के कारण मर गए। वे हॉस्पिटल के बाहर अपनी बारी का इन्तज़ार करते रहे। लेकिन, सरकार ने अदालतों, यहाँ तक कि सर्वोच्च अदालत को भी, बताया कि ऑक्सीजन और दूसरी सुविधाओं की कमी नहीं थी, फिर भी कुछ राज्य कोर्ट गए ताकि केन्द्र से अधिक आवंटन करवा सकें। एक स्वतंत्र-सार्वजनिक जाँच ही केन्द्र और राज्यों के दावों की सही जाँच करके नीतिगत प्रारूप तय कर सकती है, ताकि भविष्य में हम ऐसे मसलों पर भी त्रासद घालमेल में न फँस जाएँ।

इस तरह की सुगबुगाहट भी थी कि हमें शुरुआत में ही चेत जाना चाहिए था और 'नमस्ते ट्रंप' जैसे आयोजनों से बचना चाहिए था, जहाँ हमारे प्रधानमंत्री ने अमेरिकी राष्ट्रपति के लिए भारी हुजूम इकट्ठा किया था। क्या ऐसे आयोजन लापरवाही, चाहे जान-बूझकर या भोलेपन में की गई हो, के दायरे में आते हैं? हमें

एक स्वतंत्र-सार्वजनिक जाँच की ज़रूरत है, न कि शोरगुल से भरे टीवी डिबेट्स की, ताकि यह मामला सुलझ सके।

हमने सुना है कि सरकार ने कई सारे टास्क फोर्स बनाए हैं। हमने वे रिपोर्टें भी देखीं कि उनमें से कुछ को भंग कर दिया गया। हम नहीं जानते कि उन्होंने क्या काम किया, सरकार को उन्होंने क्या सलाह और क्या सहयोग दिया और वह किसी काम का था या नहीं? उनकी बैठकों के 'मिनट्स' रखे गए होंगे। उनकी कार्यवाही और नीति-निर्माताओं के साथ उनकी बातचीत की भी एक स्वतंत्र-सार्वजनिक जाँच हो तो हमें भविष्य में इस तरह की महामारियों से निबटने के बहुतेरे रास्ते मिलेंगे।

महामारी के दौरान अर्थव्यवस्था को बचाने के सरकार के प्रयासों की भी आलोचना हुई। उसकी वित्तीय और आर्थिक प्रतिक्रिया की पर्याप्तता और उपयुक्तता की एक वस्तुनिष्ठ जाँच होनी चाहिए ताकि भविष्य के लिए इसके बेहतरीन बिन्दुओं को अपनाया और अप्रभावी बिन्दुओं को सुधारा जा सके। क्या हमें एक स्वतंत्र सार्वजनिक जाँच के आकलन से फ़ायदा नहीं उठाना चाहिए?

जाँच की घोषणा करते हुए ब्रिटिश प्रधानमंत्री ने कहा कि पहले ही उनकी सरकार की प्रतिक्रिया की जाँच 50 से अधिक संसदीय समितियाँ कर रही हैं। इसके साथ ही नेशनल ऑडिट ऑफ़िस ने लगभग 17 रिपोर्टें प्रकाशित की हैं। यह *हमारी* संसद पर भी सवाल उठाता है। क्या हमारी संसद में भी ऐसी समितियाँ हैं जो अभी हालात को सँभालने के कार्यपालिका के तरीक़ों की जाँच कर रही हैं? मैं ऐसी किसी रिपोर्ट को नहीं जानता। या फिर मैं उनके महत्त्वपूर्ण काम को मीडिया में नहीं देख पाया? अगर समितियाँ नहीं बनी हैं, अगर वे काम नहीं कर रही हैं तो हमें जानना चाहिए कि नहीं, कि ऐसा क्यों है? एक स्वतंत्र-सार्वजनिक जाँच इस मामले में भी हमारी मदद करेगी।

मैं यहाँ इस जाँच के फ़ायदों की लम्बी सूची नहीं देना चाहता। उससे पूरी किताब भर जाएगी। मैं केवल एक और फ़ायदा बताऊँगा।

हमारी केन्द्र और राज्य सरकारों ने जिस तरह महामारी से निबटने के प्रयास किये, उसकी वस्तुनिष्ठ समीक्षा पूरी दुनिया के लिए फ़ायदेमन्द होगी। दूसरे देश हमारे श्रेष्ठ कार्यों की नक़ल कर सकते हैं और उन भूलों को छोड़ सकते हैं, जो हमने स्पष्टतया कीं। यह हमारे विश्वगुरु बनने की इच्छा के अनुरूप होगा। हमारा अनुभव दुनिया को सीख दे सकता है।

कुछ सरकारों, जैसे नॉर्वे, स्वीडन या विक्टोरिया (ऑस्ट्रेलिया) ने ख़ुद से जाँच बिठाई है। उनकी नदियों में कोविड के दौरान मृतकों की लाशें नहीं बहीं। ब्रिटेन ने जाँच बिठाई जब आम नागरिकों ने एक याचिका वहाँ की संसद में दाख़िल की। वहाँ भी थेम्स में कोई लाश नहीं मिली थी। फ्रांस, इटली और ब्राजील में एक मज़बूत और स्वतंत्र न्यायालय ने जाँच बिठाने में निर्णायक भूमिका निभाई। सीन, टिबर और अमेजन में भी कोई लाश नहीं बहाई गई।

यूरोपियन यूनियन ने अपनी ही एक एजेंसी के निरीक्षण पर कार्रवाई की। विश्व स्वास्थ्य संगठन ने अपने सदस्य देश के वोट पर जाँच बिठाई।

भारत में जिस स्तर पर त्रासदी हुई, भारत को इस काम के लिए धकेलने की ज़रूरत नहीं पड़नी चाहिए। दुनिया की सबसे बड़ी लोकशाही, एक मज़बूत 'ताक़तवर' सरकार होने के चलते ही हमें इतना आत्म-विश्वस्त होना चाहिए कि हम अपने व्यवहार, प्रक्रिया, प्रयास और नीतियों को कठोर परीक्षा से गुज़ारें। मैं निश्चिन्त हूँ कि केन्द्र सरकार के पास एक खुला दिमाग़ है और उसे देश के लोगों की चिन्ता है। उससे कहीं अधिक, जितना उसके आलोचक कहते हैं। क्या हम केन्द्र सरकार द्वारा ऐसी घोषणा की उम्मीद कर सकते हैं कि वह एक स्वतंत्र और सार्वजनिक जाँच करवाएगी?

अगर सरकार को जाँच से हिचक है और उसे इसके लिए कहे जाने की ज़रूरत है, तो नागरिक समाज और न्यायालय को भी इसमें नहीं हिचकना चाहिए।

> *[पश्चलेख, मार्च 2023 : सरकार ने हमें चकित नहीं किया। मैं निश्चिन्त हूँ कि ऐसा नहीं होगा। कोई स्वतंत्र-सार्वजनिक जाँच नहीं होगी। कोई जाँच होगी ही नहीं।]*

*

भारत के कोविड-कालीन बच्चे

जुलाई 2021

मैं दो बच्चों को जानता हूँ। भास्कर और किशोर। भास्कर 12 साल का और किशोर

10 साल का है। उन्होंने अभी-अभी छठी और चौथी पास की है। अब वे सातवीं और पाँचवीं में जाएँगे। मैं उनको अच्छे से जानता हूँ क्योंकि उनके माता-पिता हमारे घर में काम करते हैं। उनके पिता अनपढ़ हैं, उनकी माता भी। चारों ही कोविड-19 से संक्रमित हुए और फिर स्वस्थ भी। दुनिया के 90 फ़ीसदी बच्चों की तरह भास्कर और किशोर भी स्कूल नहीं जा सकते। वे हमारे देश के उन 33 करोड़ बच्चों में हैं, जिन्होंने महामारी की शुरुआत से ही अपनी पढ़ाई में गम्भीर बाधा झेली है।

उनकी स्कूलिंग और फिर उसकी कमी ने मुझे पूरे देश में बच्चों की शिक्षा के बड़े परिदृश्य पर सोचने को मजबूर किया। मैं चाहता हूँ कि जो मैंने पाया, उसे आपसे साझा करूँ और बच्चों की शिक्षा पर कोविड के प्रत्यक्ष-अप्रत्यक्ष प्रभाव के बारे में जो मैंने महसूस किया उसे लिखूँ।

बहुचर्चित रिमोट लर्निंग—ऑनलाइन क्लास, डिजिटल एजूकेशन जो भी कहें—भास्कर और किशोर के मामले में बहुत दूर की कौड़ी है। हालाँकि वे तथाकथित 'पब्लिक स्कूल' के छात्र हैं। निजी विद्यालयों को भारत में इसी भ्रामक नाम से जाना जाता है। भास्कर और किशोर को बस एक घंटे रोज़ाना पढ़ाया जाता है और कभी भी सप्ताह के हर दिन नहीं। एक अकेला शिक्षक ही दोनों भाइयों को सारे विषय पढ़ाता है। अधिकांशतः। पहले ऐसा नहीं था। कभी-कभार एक और शिक्षक प्रकट होते हैं। बाक़ी शिक्षक शायद लम्बी छुट्टी पर हैं। इसमें कोई आश्चर्य नहीं कि अधिकांश छोटे निजी विद्यालयों ने लॉकडाउन के दौरान अपने शिक्षकों को हटा दिया। सामान्य हालात में भी, इनमें से अधिकांश शिक्षक कम पैसे पर रखे जाते हैं और अप्रशिक्षित होते हैं।

शिक्षक और छात्र दोनों ही सीखने-सिखाने की इस रिमोट प्रक्रिया में असहज हैं। बच्चे मुझे बताते हैं कि उपस्थिति बहुत कम रहती है। इन बच्चों को इंटरनेट की समस्या नहीं है क्योंकि वे हमारे पास ही रहते हैं। लेकिन, उनके अधिकांश दोस्तों को नेट की समस्या है। उनके माता-पिता भी ज़्यादा मदद नहीं कर पाते।

यूनिसेफ की रिपोर्ट के अनुसार देश में 33 करोड़ बच्चे हैं जो लॉकडाउन की वजह से स्कूल नहीं जा पा रहे। उनमें से केवल 3.5 करोड़ बच्चे ही ऑनलाइन या रेडियो कार्यक्रम के ज़रिये पढ़ाई कर पाते हैं। 'सेव द चिल्ड्रेन' का सर्वेक्षण बताता है कि सर्वेक्षण वाले परिवारों में कुल मिलाकर 62 प्रतिशत बच्चों ने अपनी पढ़ाई छोड़ दी है। यह प्रतिशत ग्रामीण इलाक़े में 67 और शहरी इलाक़ों में 55 है। यूनेस्को के

मुताबिक़, उनमें से एक बड़ा हिस्सा शायद अब कभी स्कूल न आए। महामारी के पहले भी क़रीब साढ़े तीन करोड़ बच्चे थे, जिनको स्कूल में होना चाहिए था, पर वे नहीं थे। ये आँकड़े राष्ट्रीय प्रतिदर्श सर्वेक्षण (एनएसएस) के 75वें घरेलू सर्वेक्षण के हैं, जो 2017-18 में हुआ था। नेशनल स्टैटिस्टिकल ऑर्गेनाइजेशन (एनएसओ) की 2019 की रिपोर्ट बताती है कि 6 से 17 वर्ष के बीच के बच्चों में 31 प्रतिशत कभी स्कूल नहीं गए। पश्चिम बंगाल की एक रिपोर्ट बताती है कि लॉकडाउन के दौरान बाल श्रम में 105 फ़ीसदी की बढ़ोतरी हुई। दूसरे राज्य भी बहुत पीछे नहीं होंगे।

महामारी के पहले भी, भारत दुनिया के उन देशों में था, जहाँ सबसे अधिक संख्या में कुपोषित बच्चे थे। वैश्विक पोषण रिपोर्ट, 2020 के मुताबिक़ भारतीय बच्चों में 5 साल की उम्र तक स्टंटिंग (वृद्धि रुकना) की समस्या 38 फ़ीसदी बच्चों में थी। यह विकासशील देशों के औसत 25 फ़ीसदी से बहुत ज़्यादा है। 5 साल के बच्चों में वेस्टिंग (अल्पपोषण) भी 21 फ़ीसदी है, जबकि विकासशील देशों का औसत 9 फ़ीसदी का है। महामारी ने ज़ाहिर तौर पर हमारे बच्चों के पोषण के हालात भी ख़राब ही किये हैं।

इंटरनेशनल फूड पॉलिसी रिसर्च इंस्टीट्यूट का अध्ययन बताता है कि भारत के सभी राज्यों और केन्द्रशासित प्रदेशों में केवल 16 ने ज़रूरी क़दम उठाए हैं, ताकि कोविड के बाद के बदले हालात में भी मध्याह्न भोजन को जारी रखा जा सके। 'सेव द चिल्ड्रेन' की रिपोर्ट है कि 10 में से 4 घरों में मध्याह्न भोजन या उसके बदले कुछ भी नहीं मिला है। भारत सरकार के मध्याह्न भोजन का पोर्टल हमें बताता है कि पहले लॉकडाउन के समय लगभग 11.5 करोड़ बच्चे पूरे देश में उस योजना के तहत पंजीकृत थे। इस बात की पूरी सम्भावना है कि आनेवाले दिनों में कुपोषित बच्चों और युवाओं की संख्या बढ़े, क्योंकि उन बच्चों में से और भी कई इस आँकड़े का हिस्सा बनेंगे।

लॉकडाउन ने विद्यालयों को डिजिटल मोड में जाने को विवश किया। मैंने आपको संक्षेप में भास्कर और किशोर के अनुभव के बारे में बताया। उनके ऑनलाइन क्लासेज बहुत ही कम हैं, लेकिन कम से कम उनको इंटरनेट की समस्या नहीं है। मैंने उनकी मदद एक स्मार्टफ़ोन से भी की है। उन्हें बिजली की समस्या भी नहीं है। लेकिन यह स्थिति हमारे देश के करोड़ों साधनविहीन बच्चों के साथ नहीं है।

शिक्षा पर एनएसएस की 2017-18 की रिपोर्ट कहती है कि केवल 24 फ़ीसदी

भारतीय घरों में इंटरनेट कनेक्शन है। हो सकता है कि हालात थोड़े सुधरे हों, लेकिन 2018 से 2021 के बीच कोई क्रान्तिकारी परिवर्तन तो नहीं ही हुआ होगा। ग्रामीण घरों में केवल 15 फ़ीसदी के पास इंटरनेट की सेवा है और शहरों में यह आँकड़ा 42 प्रतिशत का है। देश में कम्प्यूटर के साथ इंटरनेट कनेक्शन वाले घर बेहद कम हैं। उनका आँकड़ा बस 8 प्रतिशत का है।

भारत में डिजिटल डिवाइड केवल ग्रामीण और शहरी भारत के बीच नहीं है। इंटरनेट तक पहुँच का प्रतिशत लिंग, क्षेत्र और आर्थिक वर्ग के हिसाब से भी बदलता है। लैंगिक आधार पर यह भेदभाव चौंकाने वाला है। मात्र 33 फ़ीसदी महिलाओं की इंटरनेट तक पहुँच है, जबकि पुरुषों में यह प्रतिशत 67 है। ग्रामीण इलाक़ों में यह भेद और अधिक है। यहाँ केवल 28 फ़ीसदी महिलाएँ इंटरनेट का इस्तेमाल करती हैं। हमें लड़कों और लड़कियों का अलग आँकड़ा नहीं मिला है, लेकिन मैं चकित नहीं होऊँगा अगर वह भी इसी से मिलता-जुलता हो।

बिहार में कम्प्यूटर तक पहुँच केवल 4.6 प्रतिशत है। केरल में यह 24 फ़ीसदी और दिल्ली में 35 प्रतिशत है। इंटरनेट तक पहुँच में भी असमानता है। यह दिल्ली, केरल, पंजाब, हिमाचल प्रदेश, हरियाणा और उत्तराखंड जैसे राज्यों में 40 प्रतिशत है, तो ओडिशा, आन्ध्र प्रदेश, बिहार, मध्य प्रदेश, पश्चिम बंगाल, झारखंड और छत्तीसगढ़ में केवल 20 प्रतिशत या उससे भी कम है।

डिजिटल डिवाइड का एक और कारण आर्थिक हालात हैं। निर्धनतम 20 प्रतिशत घरों में केवल 2.7 प्रतिशत के पास कम्प्यूटर और 9 प्रतिशत के पास इंटरनेट की सुविधा है। शीर्ष के 20 प्रतिशत घरों में, लगभग 28 प्रतिशत के पास कम्प्यूटर और 50 प्रतिशत से कुछ ऊपर के पास इंटरनेट की सुविधा है। स्मार्टफ़ोन की उपलब्धता में उछाल ज़रूर आया है : 'असर' (एनुअल स्टेटस ऑफ़ एजूकेशन रिपोर्ट) 2020 की रिपोर्ट कहती है कि लॉकडाउन की शुरुआत के बाद 11 फ़ीसदी घरों ने नये फ़ोन ख़रीदे जिनमें 80 फ़ीसदी स्मार्टफ़ोन थे। जिन घरों में स्मार्टफ़ोन नहीं थे, उनमें से 13 फ़ीसदी के पास ही किसी और के फ़ोन के ज़रिये इंटरनेट तक पहुँच हासिल थी। लेकिन, डेस्कटॉप की बड़ी स्क्रीन या कम से कम टैबलेट के बिना ज़रा कल्पना कीजिए कि बच्चों को ऑनलाइन क्लास में कितनी दिक़्क़त होती होगी!

अगर कम्प्यूटर और इंटरनेट की सुविधा है भी, तो बिजली की उपलब्धता एक चुनौती बनी रहती है। हालाँकि, अब देश का लगभग हरेक गाँव बिजली से जुड़ा

है—जैसाकि प्रधानमंत्री मोदी हमें याद दिलाने से नहीं चूकते—लेकिन कई इलाक़ों में बिजली की सप्लाई अभी भी एक समस्या है। ग्रामीण इलाक़ों में 47 प्रतिशत घरों में ही 12 घंटे बिजली रहती है।

अगर इंटरनेट उपलब्ध भी है तो कई जगहों, ख़ासकर ग्रामीण इलाक़ों में, कनेक्टिविटी बहुत ख़राब होती है। लगभग 50 फ़ीसदी लोग ख़राब कनेक्टिविटी या कमज़ोर सिग्नल की शिकायत करते हैं। यह चीज़ डिजिटल अनुभव को खिझाऊ बना देती है और बच्चों के लिए सीखने का अनुभव हतोत्साहित करनेवाला हो जाता है। इसके साथ घरों का शोरगुल वाला वातावरण और जोड़ दीजिए। हरेक बच्चे के नसीब में शान्त और बिना बाधा वाली जगह नहीं होती, जहाँ वह ऑनलाइन पाठ पर ध्यान दे सके। देश के लगभग 37 फ़ीसदी घरों में केवल एक कमरा है और लॉकडाउन के दौरान घर का हरेक सदस्य घर पर ही था। यह पढ़ने के लिए आदर्श वातावरण तो नहीं ही था।

भास्कर और किशोर मुझे बताते हैं कि इससे पहले उन्हें ऑनलाइन पढ़ाई का कोई अनुभव नहीं था। यह देश-भर के बच्चों के लिए सच है। न केवल बच्चे, बल्कि शिक्षक भी इसके लिए तैयार नहीं थे, प्रशिक्षित नहीं थे और इसीलिए ऑनलाइन क्लास लेने की कुशलता भी उनमें नहीं थी। सरकारी शिक्षकों में केवल 17 प्रतिशत और निजी स्कूलों के सिर्फ 43 फ़ीसदी शिक्षकों को ही ऑनलाइन शिक्षा का प्रशिक्षण देने की बात सामने आई है। इससे उनकी शिक्षण की योग्यता और परिणामस्वरूप बच्चों के सीखने का स्तर भी प्रभावित होता है।

द *इकोनॉमिस्ट* की रिपोर्ट के मुताबिक़ अमेरिका, ब्रिटेन, बेल्जियम और नीदरलैंड्स जैसे देशों में भी डिजिटल क्लास निराशाजनक रहे हैं। मार्च 2021 तक, इंग्लैंड में प्राथमिक स्कूल के बच्चे तीन महीने से पिछड़ गए। बेल्जियम में भी यही देखने को मिला। जिन डच बच्चों की 8 हफ़्तों की ऑनलाइन क्लासेज के बाद जाँच की गई, पता चला कि उन्होंने उन कक्षाओं में कुछ भी नहीं सीखा था। अगर यह विकसित देशों का हाल है, जहाँ डिजिटल एक्सपोज़र और नेट की उपलब्धता लगभग सार्वभौमिक है, हमारे बच्चों का हाल सोचकर ही डर लगता है।

महामारी के पहले भी हमारे बच्चों का सीखने का स्तर बहुत सन्तोषजनक नहीं था। 'असर' की रिपोर्ट बताती है कि 2018 में कक्षा 3 के लगभग 73 फ़ीसदी बच्चे कक्षा 2 की पाठ्यपुस्तक नहीं पढ़ पाते थे और कक्षा 8 के सिर्फ़ 73 प्रतिशत बच्चे

कक्षा 2 की पुस्तक पढ़ पाते थे। अंकगणित की हालत भी इतनी ही निराशाजनक है। 2018 में तीसरी कक्षा के लगभग 72 फ़ीसदी बच्चे घटाव नहीं कर पाते थे। कक्षा 5 के 73 प्रतिशत बच्चे भाग नहीं दे पाते थे। कक्षा 8 के लगभग 66 फ़ीसदी बच्चे तीन अंकों की संख्या का एक अंक से भाग नहीं दे सकते थे।

अगर महामारी के पहले सीखने का ये स्तर था, तो हम कल्पना कर सकते हैं कि स्कूल से बाहर रहकर ऑनलाइन डिजिटल क्लास में बच्चों ने क्या और कितना सीखा होगा।

पढ़ाई की इन सब दिक़्क़तों के अलावा, बच्चों के मानसिक स्वास्थ्य की समस्या अलग है। उनको घरों में क़ैद रखा गया है, उनका सामाजिक मेल-मिलाप सीमित हो गया है, इससे उनका भावनात्मक विकास प्रभावित हो रहा है। *इंडियन पीडियैट्रिक्स* नामक जर्नल ने बताया है कि हालात बेचैनी, तेज़ घबराहट, सन्देह, अवसाद और सनक की हद को छूते व्यवहार के हैं। यह आनेवाले समय में पीटीएसडी यानी पोस्ट ट्रॉमैटिक स्ट्रेस डिसऑर्डर तक भी पहुँच सकते हैं।

थिंक टैंक 'हेल्थ पार्लियामेंट' के अध्ययन के मुताबिक़, 29 प्रतिशत विद्यार्थियों ने अनियमित नींद की शिकायत की और 26 प्रतिशत ने कहा कि उन्हें रूटीन काम करने में मज़ा नहीं आ रहा है। 20 फ़ीसदी ने कहा कि उन्हें अब पढ़ने का मन नहीं करता और 15 फ़ीसदी ने ध्यान केन्द्रित न होने की शिकायत की है। दूसरे 15 प्रतिशत ने तनाव और 14 फ़ीसदी ने मूड स्विंग की बात की है।

विद्यार्थियों में वज़न बढ़ने और अतिरिक्त दबाव की बात भी बढ़े हुए स्क्रीन-टाइम की वजह से सामने आई है। कई हेल्पलाइन चलानेवाले कहते हैं कि घरेलू हिंसा और बच्चों के साथ दुर्व्यवहार के मामले बढ़े हैं। वंचित बच्चों को अपने माता-पिता के आर्थिक तनाव को भी झेलना होता है।

2020 की 'असर' रिपोर्ट बताती है कि निजी स्कूलों से सरकारी स्कूलों की तरफ़ कम ही सही, लेकिन झुकाव बढ़ा है। यह शायद उस वित्तीय दिक़्क़त की वजह से है, जिसका अनुभव परिवार कर रहे हैं। रिपोर्ट की दूसरी बात बहुत चिन्ताजनक है। छात्रों के नामांकन नहीं कराने में बड़ा उछाल आया है। 5 से 8 वर्ष के बच्चों में नामांकन नहीं करवानेवाले बच्चों की संख्या में 2018 की तुलना में 6.8 प्रतिशत का उछाल आया है। इसको जाँचना होगा कि यह स्कूलों के बन्द होने से हुआ है या कोई और वजह है। यह अगर हमारे मध्यवर्ग के आर्थिक संकट की वजह से

हुआ है, जिससे वो ग़रीबी में जा रहे हैं, तो यह चिन्ता की बात है। वे बच्चे अब जल्द स्कूल नहीं लौटेंगे।

मुझे माफ़ कीजिएगा, अगर मैंने बहुत सारे आँकड़े आपको दे दिये, लेकिन मुझे लगता है कि बच्चों की हालत से हमें सीधे निबटना चाहिए। हमें उससे आँखें नहीं मूँदनी चाहिए, उनके बारे में हमें सोचने की ज़रूरत है। हमें उनकी शिक्षा और मानसिक स्वास्थ्य पर ध्यान देना चाहिए। वे ख़ुद अपनी देखभाल नहीं कर सकते हैं। अगर हम ज़मीनी हालात का एक साफ़-सुथरा विश्लेषण करेंगे और विभिन्न मुद्दों से परिचित रहेंगे, तभी हम उनको सुधारने के बारे में सोच भी सकते हैं।

यह एक असाधारण और चिन्ताजनक स्थिति है। सरकारें, चाहे केन्द्र की हों या राज्यों की, उन्हें एक साथ बैठकर इन चुनौतियों से निबटने के उपाय सोचने होंगे। वरना, एक पूरी पीढ़ी ही अपनी सम्भावनाओं को जानने के अवसरों से वंचित रह जाएगी। वंचित बच्चों की एक पूरी पीढ़ी हमेशा के लिए शिक्षा से महरूम होकर बाल-श्रम में फँस जाएगी। लड़कियाँ और भी ज़्यादा जोखिम में हैं। उनको घरेलू कामों और उससे भी बदतर बाल-विवाह में धकेला जा सकता है।

कुपोषित, अल्पपोषित, अविकसित, कम शिक्षित, अकुशल, डिजिटली वंचित, मानसिक तौर पर पीड़ित, तनावग्रस्त और बिना मुस्कराहट वाले बच्चे हमारे देश को सुपरपावर नहीं बना सकते, एक विकसित देश भी नहीं बना सकते। विश्वगुरु बनने का सपना देखनेवाले देश को पहले अपने बच्चों को ठीक से पढ़ाना चाहिए, भोजन देना चाहिए, उनको सुरक्षित व ख़ुशहाल रखना चाहिए।

*

कोविड का फैलाव, राष्ट्र का सुन्न पड़ना और ज़िम्मेदारी

जुलाई 2021

हम शायद दुनिया में कोविड संक्रमण का सबसे बड़ा फैलाव देख रहे हैं। मृतकों की संख्या बढ़ती जा रही है। यह एक संकट है। एक अभूतपूर्व स्वास्थ्य-आपातकाल ने हमें चारों ओर से जकड़ा हुआ है।

किसी प्रिय की मौत दर्दनाक होती है। वह वास्तविक होती है, यथार्थ होती है। अनजान लोगों की मौत के उलट, जो हमें एक आँकड़ा लग सकती है, एक संख्या मात्र लग सकती है। मैं इसे 1981 में ही समझ गया था। तब तक मौत के मेरे लिए कुछ मायने नहीं थे। वह बस एक ख़बर थी। एक सूचना मात्र। मैं इस दर्द से तब दो-चार हुआ, जब मेरे पिता का निधन हुआ। मैं तब काफ़ी युवा था। मैंने तब जाना कि मृत्यु कितनी ख़ली, परिवार के लिए कितनी कठिनाइयाँ छोड़कर जाती है।

मेरे दोस्त मर गए, कई तो पिछले एक साल में ही। वे कोविड से हार गए, मैं जानता हूँ कि उनके परिवारों के लिए इसके क्या मायने हैं, उनकी पत्नी, पति, बच्चों, अभिभावकों, रिश्तेदारों, दोस्तों और सहकर्मियों के लिए इसका क्या मतलब है? एक प्यारा दोस्त मर गया, पीछे उसकी असहाय विधवा और दो बच्चियाँ रह गईं, जिनकी शादी की उम्र हो गई है। वे उसका अन्तिम संस्कार तक नहीं देख सके। आख़िरी बार उन्होंने अपने पिता और पति को तब देखा था, जब वह अस्पताल में भर्ती हुआ था। कई दिनों बाद, उनको कफ़न में लिपटी एक लाश दिखाकर कहा गया कि यही उनका पिता है। उनकी सारी बचत अस्पताल के ख़र्चों में निकल गई। अब एक साल होने को है, और वह परिवार अब भी उस आघात से निकलने में लगा है।

दूसरे दोस्त ने कोविड संक्रमित अपने 81 वर्षीय पिता को एक निजी अस्पताल में भर्ती कराया। उन्होंने उससे रोज़ाना एक लाख रुपये की फ़ीस वसूल की। उसे हर दूसरे दिन ये रकम नकद जमा करनी पड़ती थी। वह भी अग्रिम ताकि अगले दो दिनों तक इलाज चल सके। कुछ घंटों की देरी अगर भुगतान में होती तो अस्पताल इलाज बन्द करने की धमकी देता था। मेरे दोस्त को यह नहीं बताया गया था कि उसके पिता का क्या इलाज किया जा रहा है? 15 दिनों के बाद उसके पिता की मौत हो गई, परिवार को 20 लाख रुपये का बिल देना पड़ा।

कइयों के रोज़गार बन्द हो गए, आजीविका ख़त्म हो गई, परिवारों को मानसिक आघात लगे। उनमें अधिकांश अभी तक अपने वित्तीय नुक़सान से नहीं उबर पाए हैं। कई को रोज़गार वापस नहीं मिला। उनकी मदद के लिए कोई स्टिम्युलस पैकेज नहीं आया। यह कोविड की पहली लहर का प्रभाव था।

दूसरी लहर, जो हम अभी देख रहे हैं, और अधिक ख़तरनाक लगती है। अप्रैल के तीसरे सप्ताह में संक्रमण में भारी वृद्धि दिखाई दी। एक अकेले दिन 2,59,000 मामले दर्ज किये गए जो तब तक का अधिकतम था। मृतकों की संख्या एक दिन में

1,761 थी, एक दिन में अधिकतम। देश में अब तक कुल 1,53,14,714 संक्रमण के मामले हो चुके हैं और वायरस के आने के बाद से अब तक कुल 1,80,550 मौतें हो चुकी हैं। हम सभी जानते हैं कि यह भी वास्तविक संख्या से कम है। कई मामले तो रिपोर्ट ही नहीं हुए, मौतों का भी पता नहीं चला। अस्पतालों का प्रशासन देखनेवाले चिकित्सक निजी बातचीत में बताते हैं कि हालात इससे बहुत अधिक गम्भीर हैं। जाँच का सिलसिला भी टूट गया है। अस्पताल और लैब अब सैंपल लेने से मना कर रहे हैं क्योंकि वे एक दिन में इतनी जाँच करने की हालत में नहीं हैं। उनकी क्षमता उतनी नहीं है। व्यवस्था चरमरा गई है। इस सप्ताह के रविवार को केवल 13.56 लाख टेस्ट किये जा सके, जबकि उसके पहले दिन इससे 2.1 लाख अधिक हुए थे।

अस्पतालों के बाहर कोविड मरीज़ों को लिये हुए इन्तज़ार करते एम्बुलेंस, श्मशान में दर्जनों जलती हुई चिताएँ, अस्पताल के बेड की जगह स्ट्रेचर पर लेटे मरीज़ों और जार-जार रोते उनके रिश्तेदारों के फ़ोटो और वीडियो हमारी सोशल मीडिया टाइमलाइन पर भरे पड़े हैं। लेकिन हमारे राजनीतिक और धार्मिक नेता इस दुख से बेख़बर हैं।

राजनेताओं के लिए चुनाव महत्त्वपूर्ण हैं। धार्मिक नेताओं के लिए अपनी धार्मिक पहचान आवश्यक है। सार्वजनिक स्वास्थ्य, लोगों की जानें उनके लिए कम मायने रखते हैं। हमारे टेलीविज़न स्क्रीन पर दिखता है कि राजनेता चुनावी रैली के लिए हज़ारों लोगों को इकट्ठा कर रहे हैं। प्रधानमंत्री, केन्द्रीय मंत्री, मुख्यमंत्री, विपक्षी नेता सभी इसमें शामिल हैं। और, लाखों तीर्थयात्री कुम्भ मेले में सघन भीड़ के तौर पर शाही स्नान के लिए जुटते हैं। जब नुक़सान हो जाता है, तब धार्मिक नेता कहते हैं कि बाक़ी का मेला प्रतीकात्मक होगा। कांग्रेस नेता राहुल गांधी बंगाल चुनाव के लिए अपनी रैलियाँ स्थगित करते हैं, लेकिन उनके मुख्य प्रतिद्वंद्वी तृणमूल कांग्रेस और भाजपा कोविड सुरक्षा प्रोटोकॉल की धज्जियाँ उड़ाते हुए अपना प्रचार जारी रखते हैं।

ऐसे भी विशेषज्ञ, विश्लेषक और राजनेता हैं जो चुनावी रैली और कुम्भ के जुटान को भी जायज़ ठहरा रहे हैं। उनको सुनते हुए मुझे कभी ग़ुस्सा आता है, कभी निराशा होती है। अब उनको सुनने पर घिन आती है। वे कहते हैं कि हम दूसरे देशों की तुलना में बहुत बेहतर हालत में हैं कि प्रति मिलियन अगर देखें तो

हमारी संक्रमण और मृत्यु की दर अन्य देशों के मुक़ाबले कम है। वे हृदयहीन, तथ्यहीन, संवेदनहीन तुलनाओं में व्यस्त हैं। वे चुनिन्दा तुलनाएँ करते हैं। लेकिन, दूसरे देशों की तुलना में बेहतर होना उन परिवारों के लिए कोई मायने नहीं रखता, जिन्होंने अपने प्यारों को खोया है और जो अभी भी ख़तरे में हैं।

अगर हम केवल आँकड़ों और संख्याओं को देखते हैं और उनके पीछे छिपे चेहरों को भूल जाते हैं, परिवारों को भूल जाते हैं तो हम इस संकट का पूरा मतलब नहीं समझ सकते। दुख और सघन होती पीड़ा इन ठंडे आँकड़ों, आधिकारिक डैशबोर्ड और सरकारी स्प्रेडशीट के पीछे है।

लेकिन, सत्ताधारियों के भक्त जो अन्तर्देशीय तुलनाएँ कर रहे हैं, वे भी ग़लत हैं। आइए, ज़रा देखें कि हम अपने पड़ोसियों की तुलना में ही कैसा प्रदर्शन कर रहे हैं। हम रोज़ाना नये संक्रमणों, प्रति दस लाख व्यक्ति मृत्यु के मामलों, रोज़ाना होनेवाली मौतों और जनवरी 2020 से अप्रैल 2021 के अन्त तक कुल निश्चित मामलों और मौतों को अगर देखें तो हम भूटान, नेपाल, पाकिस्तान, बांग्लादेश और श्रीलंका से भी पीछे हैं, जो हमसे संसाधनों के मामले में उन्नीस ही हैं।

हमारे सामने एक बहुत बड़ा काम है। ये बहुत कठिन समय है। महामारी से लड़ने के लिए, हमें कम से कम अपनी 70 फ़ीसदी जनसंख्या को टीका लगाना होगा। गर्भवती महिलाओं और बच्चों को छोड़ दें तो इसका मतलब लगभग 70 करोड़ लोग होते हैं। इसके लिए हमें टीके के कम से कम 140 करोड़ डोज चाहिए। आपको याद है : अगर महामारी देश में हरेक जगह से ख़त्म नहीं हुई, तो यह कहीं ख़त्म नहीं होगी। क्या हम तैयार हैं? यह स्पष्ट है कि हम तैयार नहीं हैं। दुनिया का औसत जहाँ 100 में 11.61 डोज का है, हम लोग केवल 9 अनुपात 100 तक पहुँचे हैं।

सरकार का तैयारियों के बारे में कोई सवाल सुनने का मन नहीं दिखता। पूर्व प्रधानमंत्री डॉ. मनमोहन सिंह के ज़िम्मेदार और रचनात्मक सुझावों पर केन्द्रीय स्वास्थ्य मंत्री की असभ्य और आश्चर्यजनक प्रतिक्रिया से हमें पता चलता है कि सरकार को इस सन्दर्भ में न ज्ञान है, न अनुभव, न कौशल। वह शुतुरमुर्ग़ी रवैया अपनाकर इधर-उधर की बात करने और राजनीतिक हिसाब-किताब में व्यस्त है, वायरस को काबू करने के गम्भीर काम को वह भूल चुकी है।

ड्राइविंग सीट पर सोती हुई सरकार ने लॉकडाउन के समय को गँवा दिया। वह भूल गई कि लॉकडाउन कोई समाधान नहीं था, बल्कि एक साधन था कि वायरस

के प्रसार को रोका जा सके, जब तक कि वैक्सीन न आ जाए और स्वास्थ्य का आधारभूत ढाँचा मज़बूत न हो जाए। दूसरे शब्दों में यह समाधान नहीं था, बल्कि समाधान की तैयारी का ज़िम्मेदार रास्ता था। एक तरह से कुछ समय पाने का तरीक़ा। अस्पतालों के ढाँचे को सुधारने और राष्ट्रीय संकल्प को दृढ़ करने की जगह, सरकार ने राष्ट्रीय ऊर्जा को प्रतीकात्मक और ग़ैर-रचनात्मक कामों जैसे दीपक जलाने, थाली और ताली बजाने में ख़र्च कर दिया। जो आर्थिक पैकेज सरकार ने रखा था, उससे पता चलता है कि सरकार कमज़ोर तबक़े को असली मदद देने की बजाय सुर्ख़ियाँ बटोरने में अधिक रुचि रखती है। इसने एक झूठे स्टिम्युलस से असहाय देश को ठगने की कोशिश की। माँग के पक्ष को छोड़ दीजिए, यह तो आपूर्ति पक्ष को भी पूरा करने में सक्षम नहीं है, यह साफ़ हो गया। पूरे देश में दिखे प्रवासी मज़दूरों के मार्चों—वे मज़दूर जिन्हें शहरों में भारतीय राज्य और समाज ने असहाय छोड़ दिया था और जो अब अपने घरों को जाने के लिए बेचैन थे—ने सरकार की हृदयहीनता को बेनकाब कर दिया।

इसके साथ ही, इलाज की सुविधाएँ भी नगण्य थीं। हमने अप्रैल 2020 से अब तक केवल 19,641 वेंटिलेटर, 8,648 आईसीयू बेड और 94,880 ऑक्सीजन वाले बेड ही जोड़े हैं। यह सुधार भी सब जगह एक जैसा नहीं है। महाराष्ट्र और तमिलनाडु जैसे राज्यों ने दूसरों की तुलना में अधिक सुधार किया है। लगभग नौ राज्यों में तो आईसीयू बेड और वेंटिलेटर की संख्या में कमी आई है। ऐसा ख़ुद केन्द्रीय स्वास्थ्य राज्य मंत्री ने संसद में पूछे एक सवाल के जवाब में कहा। कोई अचरज नहीं कि हमने अस्पतालों के बाहर एम्बुलेंसों की लम्बी क़तारें और स्ट्रेचर को बेड की जगह इस्तेमाल होते देखा। सरकार द्वारा विशेषज्ञों से बातचीत करने, सलाह लेने की कोई ख़बर नहीं आई है। पूरे देश में बिखरे अनुभव और विशेषज्ञता का लाभ लेने का कोई प्रयास नहीं किया गया।

प्रधानमंत्री की लोकप्रियता, राजनीतिक पूँजी और संवाद का कौशल उनको उनकी सरकार की हृदयहीनता, अकुशलता और अक्षमता के प्रभाव से बचा ले जाता है। वह ज़िम्मेदारी से बच जाने में सक्षम हैं। सरकार और सत्ताधारी दल अब ग़ुस्से का प्रबन्धन करने में सिद्धहस्त हैं। वे जानते हैं कि दर्द के बाद की शुरुआती तेज़ चीख़ जल्द ही हताशा में बदल जाएगी, देश दुख के प्रति सुन्न हो जाएगा। सरकार ने यह पहले भी देखा है—नोटबन्दी के दुष्परिणामों को वह इसी सुन्न होने की वजह

से झेल गई। इसलिए, वह आश्वस्त है कि प्रवासी मज़दूरों के ऊपर तबाही लाने वाले लॉकडाउन और उसके क्रूर प्रभाव से भी बचकर निकल जाएगी। वह जानती है कि सार्वजनिक स्वास्थ्य सेवाओं के दरक जाने और अरक्षणीय-असमर्थनीय वैक्सीन त्रासदी का भी इस पर प्रभाव नहीं पड़ेगा। उसे बस यह कहने की ज़रूरत है कि कोई संकट है ही नहीं, कोई समस्या है ही नहीं। वह देश को आत्म-प्रशंसा के राग में डुबो देगी। सब कुछ ठीक है और चमकदार है।

लेकिन लोकप्रियता और राजनीतिक पूँजी इत्यादि की आदत बिना किसी सूचना के ख़त्म होने की भी होती है। आज या कल, एक वक़्त आएगा जब नाटकीयता और वाग्मिता तमाशा लगने लगेंगी। हम सुन्न भी हमेशा के लिए नहीं हों तो। मानवीयता और सहानुभूति से भरा प्रशासन, पारदर्शिता, जवाबदेही, समानुभूति ही अन्त तक चलते हैं। यही उपलब्धियाँ और गुण किसी नेता को देश के इतिहास में सुरक्षित और सम्मानजनक स्थान दिला सकते हैं।

प्रधानमंत्री को कम से कम अब अपनी पसन्द का प्रयोग करना चाहिए।

*

एक अरब सूइयाँ : आइए, जश्न मनाएँ

***अक्टूबर* 2021**

21 अक्टूबर, 2021 को भारत ने कोविड-19 के टीके का एक अरबवाँ डोज लगाया। प्रधानमंत्री दिल्ली के एक अस्पताल में मौजूद थे, जब उनके लोकसभा क्षेत्र वाराणसी के एक व्यक्ति को 1 अरबवें डोज की सूई दी गई। उन्होंने एक प्रमुख अंग्रेज़ी अख़बार के लिए अपनी सरकार की इस उपलब्धि पर आलेख भी लिखा। देश को सम्बोधित भी किया। उन्होंने इसे राष्ट्रीय रेडियो पर प्रसारित अपने 'मन की बात' कार्यक्रम में भी शामिल किया, जिसका प्रसारण रविवार 24 अक्टूबर, 2021 को हुआ।

केन्द्र सरकार ने इस घटना को उत्सव की तरह मनाए जाने के लिए पहले से ही कई कार्यक्रम तय किये हुए थे और नियत तिथि पर सभी कुछ भव्य तरीक़े से

हुआ। एक गाना लिखा गया जिसे एक प्रख्यात गायक ने आवाज़ दी। 100 इमारतों को राष्ट्रीय झंडे के रंगों से प्रकाशित किया गया। कई देशों के राष्ट्राध्यक्षों और अन्तरराष्ट्रीय संगठनों ने भारत को बधाई देते हुए ट्वीट किया। भाजपा के राष्ट्रीय अध्यक्ष ने भी एक अंग्रेज़ी अख़बार के लिए आलेख लिखा। दूसरे अख़बार ने बिल गेट्स के लिखे आलेख को जगह दी। एक भाजपाई मुख्यमंत्री ने भी एक आर्थिक अख़बार के लिए आलेख लिखा। नीति आयोग के एक अधिकारी, जो टीकाकरण के प्रभारी थे, ने भी एक आलेख लिखा। भाजपा के मुख्यमंत्रियों और नेताओं के बधाई-सन्देश देश के हरेक कोने में हर भाषा में अख़बारों में छापे गए। सत्ताधारी दल और उसकी डिजिटल सेना और समर्थकों ने सोशल मीडिया टाइमलाइन को इस उपलब्धि का गुणगान करते हुए भर दिया। पूरे देश में छोटे नेताओं ने गाँवों और मुहल्लों में हज़ारों जगह समारोह आयोजित किये। चार दिनों और चार रातों तक—21 से 24 तारीख़ तक—हमारा प्रिंट और विज़ुअल मीडिया और सोशल मीडिया भी इस ऐतिहासिक घटना की ख़बरों, विचारों और विज्ञापनों से पटे पड़े थे।

इस आलेख में मैं आपसे वह साझा करना चाहता हूँ जो मैंने इन उत्सवों में निहित सन्देशों से पाया। जो कहा गया वह भी और उससे भी अधिक जिसे छिपाने की कोशिश की गई। मैं इस पूरे मामले पर इस नज़रिए से भी बात करना चाहता हूँ कि वर्तमान सरकार भारत के नागरिकों को यानी हमें क्या समझती है और उसकी प्राथमिकताएँ और उद्‌देश्य क्या हैं?

एक अरब बड़ी संख्या है। किसी टीके का 1 अरबवाँ डोज और उसका प्रबन्धन ज़ाहिर तौर पर एक मील का पत्थर है। परन्तु, यह बस मील का पत्थर है। न उससे अधिक, न कम। क्या हम यक़ीन करना चाहते हैं कि यह भारत जैसे देश के लिए एक बहुत बड़ा लक्ष्य है और इस तरह देश को छोटा दिखाना चाहते हैं? क्या यह एक देश के तौर पर हमारे लिए सचमुच इतना बड़ा लक्ष्य है? जिस देश के पास कम से कम चार दशकों का विभिन्न टीकाकरण कार्यक्रमों का मज़बूत अनुभव और रिकॉर्ड है, उसके लिए भी? एक देश जो टीका निर्माण का वैश्विक केन्द्र है? क्या यह सत्ता के लिए ज़रूरी है कि वह इस लक्ष्य को बहुत मुश्किल दिखाए और फिर बताए कि उसने यह कर दिखाया है और उसके बाद इस मसले पर इतना शोर मचाए, एक वाहियात पीआर कवायद में पैसा और समय ज़ाया करे? क्या हम एक देश के तौर पर ऐसा प्रमाणपत्र चाहते हैं कि हम अब छोटे नहीं रहे, कमज़ोर नहीं

रहे? क्या अभी भी हमें दुनिया के पहलवान देशों की स्वीकृति और पीठ पर उनका हाथ चाहिए? यह स्कूली बच्चों वाली मानसिकता अचानक से हममें कहाँ से आई? आज से 10 या 20 साल पहले तो हममें यह नहीं थी।

आइए, ज़रा देखें कि हमारे प्रधानमंत्री ने हमारी उपलब्धि को अख़बार के अपने हस्ताक्षर वाले आलेख में कैसे दिखाया है, तब शायद आप मेरी बात समझें। वह उत्पादन-केन्द्र से लेकर टीकाकरण-केन्द्र तक वैक्सीन की यात्रा दिखाते हैं, हरेक बात को विवरण सहित समझाते हुए। वह इस पूरी यात्रा में लगे समय को भी बताते हैं, ताकि इस पूरे ऑपरेशन की जटिलता और चुनौती को समझा सकें। वह कहते हैं, '...मान लीजिए कि हरेक टीका लगने में केवल दो मिनट एक स्वास्थ्यकर्मी के लगते हैं। इस दर पर भी यह उपलब्धि पाने में 41 लाख मानव-दिवस (एक दिन में एक पुरुष या महिला द्वारा हो सकने वाला काम) या 11 हज़ार मानव-वर्षों का प्रयास लगता।'

क्या यह वितरण की बिलकुल सामान्य प्रक्रिया, एक सामान्य स्थिति नहीं है, जिसके लिए हमें बहुत गौरवान्वित होने की ज़रूरत नहीं है? प्रधानमंत्री और सत्ताधारी दल के प्रमुख ऐसा नहीं सोचते हैं। दोनों नेता इसे ज़रूरी नहीं मानते कि देश के पहले के अनुभवों का भी उल्लेख इस उपलब्धि के मौक़े पर कर दें। इस बिन्दु पर, हमें यह ज़रूर देखना चाहिए कि बिल गेट्स ने अपने आलेख में क्या लिखा है, जो उसी दिन और उसी अख़बार में छपा है, जिसमें प्रधानमंत्री का आलेख भी है। गेट्स ने लिखा, 'भारत, जिसने ऐसे कई सार्वजनिक टीकाकरण कार्यक्रम चलाए हैं, उसने अपने दीर्घकालीन अनुभव, ज्ञान और आधारभूत ढाँचे का फ़ायदा उठाया...'

गेट्स ने आगे लिखा, 'भारत का सार्वभौमिक टीकाकरण कार्यक्रम दुनिया के सबसे व्यापक सार्वजनिक स्वास्थ्य कार्यक्रमों में से एक है। यह 2 करोड़ 70 लाख नवजातों को आवश्यक प्राथमिक टीके का डोज देता है और 1 से 5 वर्ष के बीच के 10 करोड़ बच्चों को हरेक साल बूस्टर डोज देता है। भारत के पास लगभग 27 हज़ार कोल्ड चेन सुविधाएँ हैं। ये विशाल संख्या हर साल लगातार निवेश से एक मज़बूत स्वास्थ्य व्यवस्था बनाती है और देश के सुदूरतम इलाक़ों में स्वास्थ्य सेवाएँ पहुँचाती हैं। महामारी के दौरान यह आधारभूत ढाँचा बहुत महत्त्वपूर्ण साबित हुआ।'

भारत के टीके की ताक़त के बारे में गेट्स ने लिखा, 'महामारी के पहले, भारतीय टीकों ने मेनिन्जाइटिस, निमोनिया और डायरिया से करोड़ों की जान बचाई है।'

इस पर ध्यान दें : हमारे प्रधानमंत्री और सत्ताधारी दल के मुखिया उस तथ्य को संज्ञान में भी नहीं लेना चाहते, जिसे गेट्स भारत की दशकों से सबसे दर्शनीय और ध्यान देने लायक़ ताक़त बताते हैं। यह दिखाकर कि 1 अरब डोज की उपलब्धि इतनी ऐतिहासिक और पूर्णतया वर्तमान सत्ता की देन है, क्या प्रधानमंत्री और उनका दल हमारे महान देश को—हमारे वैज्ञानिकों, डॉक्टर, नर्सों, वैक्सीन निर्माताओं, प्रशासकों, सार्वजनिक स्वास्थ्य के रखवालों और स्वयंसेवकों को छोटा नहीं दिखा रहे, जिन्होंने दशकों की मेहनत से देश को दुनिया में टीकाकरण और रोग-प्रतिरक्षा में वैश्विक नेता बनाया?

प्रधानमंत्री ने अपने आलेख और प्रसारणों में चुटकी-भर में निपटाई जा सकनेवाली बाधाओं और कल्पित चुनौतियों का उल्लेख किया, फिर विस्तार से बताया कि इन हिमालयीय बाधाओं को उनकी ताक़तवर सरकार ने कैसे पार किया? उदाहरण के तौर पर इसे देखें—उन्होंने बताया कि टीकाकरण के दौरान कोई वीआईपी कल्चर नहीं था। मैं नहीं समझ पाया कि इससे उनका क्या मतलब है? मैं ख़ुद कई वीआईपी और ऐसे लोगों को जानता हूँ जो ख़ुद को विशिष्ट मानते हैं, जिन्होंने बिना किसी पंक्ति में लगे टीका ले लिया। वे सीधा किसी केन्द्र पर पहुँचे और कुछ मिनटों में टीका लेकर निकल गए। यह मुफ़्त टीकाकरण केन्द्रों की बात है। कई ऐसे धनिकों को भी मैं जानता हूँ, जिन्होंने अपना टीका निजी केन्द्रों पर लिया है। यह प्रधानमंत्री के उस दावे की भी पोल खोलता है कि 100 करोड़ टीके मुफ़्त में लगे। यह ग़लत है। कम से कम 25 प्रतिशत, अगर अधिक नहीं, टीके देश में पैसे देकर लगे हैं।

मैं एक और हवाई दावे का उदाहरण दूँगा जो इस बात का भी उदाहरण है कि प्रधानमंत्री किस तरह शब्दजाल में फँसाते हैं।

पहले, शब्दजाल। उन्होंने कहा, 'हममें से कुछ हैं, जो केवल विदेशी ब्रांड को तरजीह देते हैं, भले ही रोज़ाना की ज़रूरते हों।' यहाँ वह 'हममें से कुछ' का उपयोग करते हैं। अगले वाक्य में वह 'भारत के लोगों' की बात करते हैं। यहाँ वह कहते हैं, 'लेकिन, जब बात कोविड-19 के टीके जैसी महत्त्वपूर्ण हो, तो भारत के लोग सर्वसम्मति से मेड इन इंडिया वैक्सीन पर भरोसा करते हैं।' इसलिए, हमारे प्रधानमंत्री यह कहते हैं कि सभी 'भारत के लोगों' ने हमारे पूरे आधुनिक इतिहास के दौरान विदेशी ब्रांड पर भरोसा किया और केवल अब, 2021 में, उन्होंने सर्वसम्मति से किसी 'मेड इन इंडिया' उत्पाद पर भरोसा किया। या फिर प्रधानमंत्री

अपने पिछले वाक्य के 'कुछ लोगों' को अपने अगले वाक्य के 'भारत के लोगों' से अलग रख रहे हैं?

अब, एक हवाई दावा। भारत में सबसे अधिक ली गई वैक्सीन—कोविशील्ड—एक विदेशी ब्रांड है, यह भारत में केवल बनती है। जो वैक्सीन यहाँ विकसित हुई और इसलिए वास्तविक तौर पर 'मेड इन इंडिया' है, वह कोवैक्सीन है, जो दरअसल कम लोगों ने ली है। कोविशील्ड को 'मेड इन इंडिया' बताकर प्रधानमंत्री नक़ली उपलब्धि का जश्न मना रहे हैं।

साथ ही, यह याद कर लेना भी ज़रूरी है कि भारत के लोग पोलियो से लेकर चेचक तक, दशकों से 'मेड इन इंडिया' वैक्सीन पर भरोसा करते रहे हैं। यह पहली बार नहीं हुआ है।

प्रधानमंत्री ने कोविन पोर्टल को ऐसे पेश किया है, जैसे इसमें कोई तकनीकी ख़ामी या कमी हो ही नहीं। मुझे उन समस्याओं को दुहराने की ज़रूरत नहीं जो ग्रामीण इलाक़ों और स्मार्टफ़ोन या इंटरनेट से वंचित लोगों के सामने आई थीं। सर्वोच्च न्यायालय की खंडपीठ ने इस पर तीखी टिप्पणी की थी। तभी, अनिवार्य ऑनलाइन पंजीकरण में छूट दी गई थी।

आइए, प्रधानमंत्री के आलेख का एक और अनुच्छेद देखते हैं। उन्होंने लिखा, '2020 की शुरुआत में, जब कोविड-19 पूरी दुनिया में तबाही मचा रहा था, हमें यह स्पष्ट हो गया था कि इस महामारी से निबटने के लिए हमें वैक्सीन की मदद लेनी होगी। हमने पहले से तैयारी शुरू कर दी। हमने विशेषज्ञ-समूह बनाए और अप्रैल 2020 से ही कार्ययोजना बनानी शुरू कर दी।'

चलिए, मान लेते हैं कि प्रधानमंत्री 2020 की शुरुआत से ही जानते थे कि इस महामारी से—हालाँकि, इसे तब तक उन्होंने या उनकी सरकार ने आपातकाल तक नहीं माना था—और आख़िरकार वैक्सीन की मदद से ही लड़ा जाएगा। इस बीच, वह शायद बत्ती बन्द कर, दीपक जलाकर, थाली पीटकर, ताली बजाकर बस देख रहे थे कि शायद यह भी काम कर जाए। शायद, इसी रणनीति ने उनकी कैबिनेट के कुछ सदस्यों और पार्टी पदाधिकारियों को भी प्रेरणा दी कि एक से बढ़कर एक मौलिक इलाज निकालें—किसी ख़ास ब्रांड के पापड़ को खाकर, योग गुरु की फैक्टरी की कोई दवा, शरीर पर गोबर का लेप करके, गोमूत्र पीकर, मंत्र पढ़कर और कई विभिन्न काम करके कोरोना को भगाएँ।

इसी अनुच्छेद में प्रधानमंत्री यह भी कहते हैं कि 'हमने जल्दी तैयारी शुरू कर ली।' मैं निश्चित तौर पर जानता हूँ कि हम सभी को वह गड़बड़ी और अफ़रा-तफ़री याद होगी, जब दूसरी लहर ने हम पर कसकर प्रहार किया था। कारण था, कि हम तैयार नहीं थे। कोविड से लड़ने के लिए, जान बचाने के लिए, जो कुछ भी देश में ज़रूरी था, वह सब कुछ बेहद कम था।

सरकार ने दो मुख्य वैक्सीन निर्माताओं को कोई अग्रिम भुगतान नहीं किया था। अप्रैल 2021 तक इसने बस 31 करोड़ डोज—26 करोड़ सीरम इंस्टीट्यूट ऑफ़ इंडिया और 5 करोड़ भारत बायोटेक से—का आदेश दिया था, जबकि ज़रूरत कम से कम 140 करोड़ डोज की थी। कई देशों ने फाइजर, मॉडर्ना और जॉनसन एंड जॉनसन जैसे वैक्सीन निर्माताओं के साथ मिलकर 'जोखिम वाला निवेश' किया था, हमने अपनी कम्पनियों को अग्रिम भुगतान तक बहुत देर से किया। गेट्स फ़ाउंडेशन ने वह किया, जो भारत सरकार को करना चाहिए था। उसने एसआईआई यानी सीरम इंस्टीट्यूट को 15 करोड़ डॉलर जोखिम भरे निवेश (एट रिस्क इनवेस्टमेंट) के लिए दिये, जिससे तैयार होने वाले 10 करोड़ डोज भारत सहित दूसरे कम और मध्य-आय वाले देशों को दिये जाएँगे। हालाँकि, जब हालात हाथ से बाहर जाने लगे तो मोदी सरकार ने एसआईआई को उसके अन्तरराष्ट्रीय समझौते और वायदे पूरे करने से रोककर पहले अपना उत्पादन भारत में इस्तेमाल के लिए देने पर बाध्य किया। यह उनकी पहले से तैयारी है।

हमें कोविड-19 टास्क-फोर्स के एक सदस्य का 2020 के मई में दिया इस्तीफा भी याद करना चाहिए। उन्होंने सरकार के 'तथ्य आधारित नीति-निर्माण के प्रति ज़िद्दी प्रतिरोध' को इसकी वजह बताया। यह हमें प्रधानमंत्री के 'विशेषज्ञ-समूह' और इसकी 'कार्ययोजना' के बारे में बताता है।

जून 2020 में जब सर्वोच्च न्यायालय ने सरकार की खिंचाई करते हुए उसे 'घर दुरुस्त करने की सलाह दी' तो सरकार ने वैक्सीन-निर्माण और मूल्य-निर्धारण पर अपनी नीति ठीक की। तब तक, केन्द्र सरकार की नीति अनुचित थी जो राज्यों को अपना ख़ुद देख लेने को कहती थी और वैक्सीन के लिए केन्द्र से अधिक पैसे देने को भी! इस नीति से वैक्सीन-निर्माता राज्य सरकारों को वैक्सीन देने के बजाय निजी अस्पतालों को बेचने के लिए प्रोत्साहित होते थे (मैंने इस नीति की व्याख्या अपने पीछे के आलेख 'वैक्सीन की गड़बड़ी, नैतिक लकवा और एक अहंकारशाही सरकार'

में की है)। आलोचना के बाद भी सरकार ने अपनी अलग-अलग मूल्यों और अपनी सीमित जवाबदेही का बचाव किया और तभी मानी जब सुप्रीम कोर्ट का दबाव पड़ा।

प्रधानमंत्री और उनकी सरकार चाहती है कि हम देश के लिए शर्मनाक उस दुखद अध्याय को याद नहीं करें, जो वैक्सीन की गड़बड़ी से हुआ था।

प्रधानमंत्री और उनकी सरकार हमें नहीं बताना चाहते कि 35 हज़ार करोड़ रुपये जो टीकाकरण के लिए आवंटित हुए थे, उनका इस्तेमाल कैसे हुआ? अवश्य ही उसमें अक्षमता और अफ़रा-तफ़री की तमाम कहानियाँ मौजूद होंगी।

सरकार नवनिर्मित पीएम केयर्स फ़ंड के विवरण भी साझा नहीं करना चाहती है। यह मार्च 2020 के अन्त में बना था। वेबसाइट पर लिखा है, 'पीएम केयर्स फ़ंड का लक्ष्य कोविड-19 के ख़िलाफ़ जंग को मज़बूती से लड़ना है। यह कोरोना वायरस को हराने के नये रास्तों और शोध को प्रोत्साहित करने और गुणवत्तापरक इलाज उपलब्ध कराने का काम करेगा।' यह कोष भारत के प्रधानमंत्री के नाम पर है, जो चेयरमैन भी हैं और यह भारत के राष्ट्रीय प्रतीक का इस्तेमाल करता है, लेकिन यह एक निजी फ़ंड है, पर इसका अंकेक्षण (ऑडिट) भी निजी तौर पर होता है। इसीलिए, यह अपनी फ़ंडिंग का स्रोत बताने को मजबूर नहीं है। आरटीआई (राइट टू नो) क़ानून इस पर लागू नहीं होता। व्यक्तियों और कॉरपोरेट ने इसमें दान दिया है, सार्वजनिक क्षेत्र के उपक्रमों और विदेशी स्रोतों से भी फ़ंड आया है, लेकिन हम नहीं जानते कि वास्तव में कितना धन आया है, यह कैसे ख़र्च किया गया है और किस उद्देश्य में ख़र्च हुआ है? अगर यह देश के लिए बनाया गया फ़ंड है, कोविड महामारी जैसे आपातकाल से निबटने के लिए बना है, तो इसे छिपाने की क्या ज़रूरत है?

21 अक्टूबर के '1 अरबवाँ डोज' वाले उत्सव के पहले 17 सितम्बर को भी वैक्सीन से जुड़ा एक कार्यक्रम हुआ था। तब प्रधानमंत्री को जन्मदिन के उपहार के तौर पर एक ही दिन देश में दो करोड़ टीके लगाए गए थे। अपनी चापलूसी भरे शोर में, सरकारी नुमाइंदे हमें यह देखने या ग़ौर करने से मना कर रहे थे कि उसके पहले और बाद के दिनों में बहुत कम टीके लगाए गए थे।

बहुत कुछ है, जो सरकार चाहती है कि हम न देखें। भाजपा के राष्ट्रीय अध्यक्ष ने एक अख़बार के स्तम्भ में लिखा कि जहाँ पूरी दुनिया ने सात अरब डोज लगाए, भारत ने अकेले ही एक अरब टीकों का प्रबन्धन किया। शायद चीन को छोड़कर

किसी और देश को 1 अरब या अधिक डोज की ज़रूरत भी नहीं है। उदाहरण के लिए अमेरिका को लीजिए। अगर वह अपनी पूरी जनसंख्या को ज़रूरी दो डोज और एक तीसरा बूस्टर डोज भी देगा, तो भी उसे 1 अरब डोज की ज़रूरत नहीं पड़ेगी। चीन को छोड़कर दुनिया के हर देश के लिए यही सच है।

अब ज़रा चीन को देखें, जो जनसंख्या में हमारे देश के बराबर है। चीन ने जून 2021 में ही अपने यहाँ 1 अरब डोज पूरे कर लिये थे। हमसे चार महीने पहले। अगस्त तक इसने दो अरब डोज पूरे कर लिये थे, पहले अरब का मील-पत्थर पार करने के महज़ दो महीनों बाद। हमारा सत्ताधारी दल हमें ग़लत उदाहरणों और देशों की तरफ़ देखने को कहता है, उसके बाद अच्छा महसूस करने और उत्सव मनाने को कहता है। सत्ताधारी दल के अध्यक्ष उन लोगों की तरफ़ हिकारत से देखते हैं जो जनसंख्या का प्रतिशत उनके सामने रखते हैं। वे कहते हैं कि बस कुल संख्या को ही देखा जाना चाहिए। हमें प्रतिशत के बारे में बात नहीं करनी चाहिए, नहीं तो हम ज़ाहिर तौर पर देख लेंगे कि अभी कितना सफ़र बाक़ी है।

लेकिन प्रधानमंत्री, सत्ताधारी दल के अध्यक्ष और दूसरे सरकारी और पार्टी पदाधिकारी चीन और उसकी कुल संख्या का उल्लेख नहीं करते। चीन हमसे कुल संख्या और प्रतिशत दोनों में बहुत आगे है। जॉन हॉपकिन्स यूनिवर्सिटी का डैशबोर्ड हमें बताता है कि अक्टूबर 2021 तक चीन ने 104 करोड़ लोगों यानी अपनी जनसंख्या के 75 फ़ीसदी को टीका लगा दिया था, और हमने केवल 28 करोड़ यानी जनसंख्या के 21 प्रतिशत को ही वैक्सीनेट किया था। महत्त्वपूर्ण मसला यह है कि चीन ने यह किया और चुप रहा, बिना गीत और नृत्य के, बिना डींग हाँके!

प्रधानमंत्री और उनकी सरकार चाहती है कि हम उत्सव मनाएँ। हरेक छोटी बात का। लेकिन, यही काफ़ी नहीं है। वह चाहते हैं कि हम अपनी सामूहिक स्मृति से भूतकाल को भी मिटा दें। वे चाहते हैं कि हम मानें कि जो कुछ भी हो रहा है, वह बस अभी हो रहा है और इससे पहले कुछ भी अच्छा हुआ ही नहीं। वह इस सरकार की लापरवाही, संवेदनहीनता, अपर्याप्त तैयारी, लड़खड़ाहट और गड़बड़ी पर निशानदेही करनेवालों को मज़ाक़ का पात्र बना देना चाहते हैं। वे हमें हाल की घटनाएँ भी याद नहीं करने देना चाहते—जो मार्च, अप्रैल, मई और जून 2021 में हुईं। वे नहीं चाहते कि हम याद करें कि महामारी की दूसरी लहर के उन ख़ौफ़नाक महीनों में हममें से हर किसी ने या तो परिवार के किसी सदस्य या रिश्तेदार या दोस्त

या पड़ोसी, या सहकर्मी या परिचित को खोया है। वे नहीं चाहते कि हम याद करें कि ये सभी लोग अस्पताल में बेड, वेंटिलेटर, ऑक्सीजन और समय पर मेडिकल सहायता न मिलने की वजह से मरे। वे चाहते हैं कि हम गंगा में तैरती सैकड़ों लाशों को भूल जाएँ। वे चाहते हैं कि हमारी सामूहिक स्मृति से वे लाशें ग़ायब हो जाएँ जो अस्पताल के बाहर फुटपाथ पर पड़ी थीं, वे लम्बी क़तारें हम भूल जाएँ जो श्मशानों और क़ब्रिस्तानों में लगी थीं।

इसके बजाय, वे एक छोटे मील के पत्थर को एक अतुल्य उपलब्धि के तौर पर बदलकर चाहते हैं कि हम उसका उत्सव मनाएँ।

वे नहीं चाहते कि हम शोक मनाएँ, ग़ुस्सा हों, उनको ज़िम्मेदार ठहराएँ, प्रशासनिक ज़िम्मेदारी माँगें। क्यों त्रासदी को याद करें और देशविरोधी बनें? उत्सव मनाएँ। सकारात्मक रहें। आगे बढ़ना सीखें।

किस तरह की सरकार एक आम बात को, रोज़ाना की बात को पहाड़ सरीखी उपलब्धि बताती है? वह, जिसके पास वास्तविक उपलब्धियाँ बहुत कम हैं। कौन-सी सरकार चाहती है कि हम अतीत को भूल जाएँ? जिसके पास आत्मविश्वास नहीं है, जो अपने ही रिकॉर्ड को लेकर निश्चित नहीं है। कौन-सी सरकार झूठ बोलती है? जिसके पास अनेक परेशान करनेवाले सत्य हैं, जो छिपाने लायक़ हों। और, कौन-सी सरकार ये सारे तरीक़े आजमाती है? वह, जो अपने नागरिकों के बारे में छोटा सोचती है, जो मानती है कि वह उन्हें कभी भी भ्रमित कर सकती है और वे जान भी नहीं पाएँगे।

नीना पॉब्लेजोवा ने यही स्टालिन के बारे में कहा था, 'वह बालकनी में खड़ा होता है और झूठ बोलता है। हरेक व्यक्ति ताली बजाता है, पर हरेक आदमी जानता है कि वह झूठ बोल रहा है और वह जानता है कि हम जान रहे हैं। फिर भी, वह लगातार झूठ बोलता है और ख़ुश है कि हर कोई ताली बजा रहा है।'

हम भी अपने राष्ट्रीय जीवन में उस बिन्दु से बहुत दूर नहीं हैं, जब यह हमारी सच्चाई होगी। मैं लेकिन सकारात्मक रहना चाहता हूँ, इसलिए मुझे उम्मीद है कि एक देश के तौर पर हम जल्द ही अपनी दिशा बदल लेंगे।

उपसंहार

***मार्च* 2023**

जब सरकारें यह घोषित करती हैं कि लोगों के पास 'इतना अच्छा कभी नहीं था'—कि वे, दरअसल स्वर्णकाल में जी रहे हैं जहाँ दूध और शहद की नदियाँ बह रही हैं तो हमें उनके इरादों पर शंका करनी चाहिए। हम इस बात से बिलकुल निश्चिन्त हो सकते हैं कि वे सार्वजनिक राय को घुमा रहे हैं, कि वे देश को शोर और प्रदर्शन से भ्रमित कर रहे हैं ताकि लोगों का ध्यान कु-शासन पर न जाए। एक बार दुनिया में एक सरकार थी, जिसने अपने देश को 'धरती का स्वर्ग' घोषित कर दिया था। भारत की वर्तमान सरकार अभी वहाँ तक नहीं पहुँची है। लेकिन, इसके शुभ्रतम मल्टीमीडिया पब्लिसिटी कार्यक्रम, इसके अनथक प्रोपेगैंडा को देखते हुए लगता है कि यह उस स्तर की आत्मरति तक जल्द ही पहुँच सकती है, जो हास्यास्पद होती, यदि उसके परिणाम इतने दुखद न होते।

सरकार, ख़ास तौर पर प्रधानमंत्री और सत्ताधारी दल के अनुयायी हमें लगातार यह बताते हैं कि हमारे 'अच्छे दिन' आ गए हैं और अब हम 'अमृतकाल' में हैं। इस संग्रह के आलेखों से पाठकों को कुछ तो समझ में आया होगा कि ये दावे कितने झूठे और खोखले हैं।

जब वाजपेयी-नीत राजग (एनडीए) सरकार 2004 के चुनाव में उतरी थी, तो उसने 'अतुल्य भारत' या 'इंडिया शाइनिंग' का नारा दिया था। उसे बुरी हार का सामना करना पड़ा, क्योंकि ज़मीन पर हालात उसके उलट थे। लेकिन, मोदी सरकार, जिसके नारे उससे कहीं अधिक उबाऊ और सच्चाई से कोसों दूर हैं, उसी हश्र का सामना शायद न करे। लगातार कई राज्यों के विधानसभा चुनावों में

अप्रत्याशित और शानदार जीत और जहाँ हार हुई, वहाँ भी मज़बूत प्रदर्शन से पता चलता है कि सत्ताधारी दल कितना मज़बूत है। हमारी आँखों, कानों और दिमाग़ को इन संकेतों को समझने, देखने, सुनने और व्याख्यायित करने के लिए प्रशिक्षित करना महत्त्वपूर्ण है। इस पर मैं कुछ देर में लौटूँगा।

हमने हाल ही में स्वाधीनता का 75वाँ साल मनाया और अब हम उपनिवेशवाद के चंगुल से छूटने का शताब्दी-वर्ष मनाने की ओर बढ़ रहे हैं। 15 अगस्त, 2022 को लाल क़िले से अपने भाषण में प्रधानमंत्री मोदी ने हमें 'पंच-प्रण' यानी पाँच शपथें दीं। उन्होंने कहा कि ये मंत्र हमारे देश को पुनर्जीवित करेंगे। और ये कौन-सी शपथ थी, जो वे हमें लेने को कह रहे थे? उनका वास्तविक मुद्दों से कोई लेना-देना नहीं था। वे अबूझ घोषणाएँ थीं, विराट और खोखली। प्रधानमंत्री ने कहा—'अमृतकाल के पंच-प्रण—विकसित भारत का लक्ष्य, औपनिवेशिक मानसिकता के किसी भी चिह्न को मिटाना, अपनी जड़ों को लेकर गर्व का भाव, एकता और नागरिकों में कर्तव्य का भाव।' ग़रीबी मिटाने, पूर्वग्रह और असमानता हटाने, या भूख और घृणा से लड़ने के बारे में कुछ भी नहीं, और नागरिकों के अधिकारों के बारे में भी कुछ नहीं, बस उनके 'कर्तव्य' की ही बात की गई।

हमारे राष्ट्रीय जीवन को लेकर ये 'प्रण' अगले 25 वर्षों के लिए हमारे प्रधानमंत्री और सत्ताधारी दल के बड़े एजेंडे के बारे में पूरी कहानी नहीं बताते हैं। ये बस हमारे गणराज्य को पेश आ रहीं वास्तविक चुनौतियों से ध्यान भटकाने के लिए हैं—बढ़ती असमानता, साम्प्रदायिक घृणा, बेरोज़गारी का अस्वीकार्य स्तर, सार्वजनिक स्वास्थ्य सेवा की बदहाली, टूटी-फूटी अर्थव्यवस्था और पक्षपाती पूँजीवाद का वह व्यापक और विशाल स्वरूप जो पहले नहीं देखा गया। ये हैं चुनौतियाँ।

पंच-प्रण, अमृतकाल, आत्मनिर्भर भारत, डिजिटल इंडिया, विश्वगुरु—इन सबके बारे में मचाया जानेवाला अनथक शोर भी एक प्रयास है कि हमारे सामान्य जीवन के हरेक शान्त मौक़े को एक ऐसे विचित्र सर्कस में बदल दिया जाए कि वह तुच्छ हो जाए, अपना सारा अर्थ ही खो दे। यह अब मोदी सरकार की आदत हो गई है। देश भी ऐसे सर्कस के साथ जीने का आदी हो गया है—नियमित अन्तराल पर बार-बार होने के कारण वे चीज़ें अब सामान्य हो गई हैं। अब इन पवित्र मौक़ों को प्रदर्शनकारी बनाए जाने पर किसी तरह का ग़ुस्सा भी नहीं आता। वास्तविक त्रासदी लेकिन देश के दूसरे राजनीतिक समूहों और नागरिक समाज संगठनों की अयोग्यता

है जो इस ढोंग की पोल नहीं खोल पा रहे हैं। ऐसे आयोजनों की पवित्रता बरकरार रखने के लिए बेहद दुर्बल प्रयास भी करने में उनकी विफलता दुखद है। हमारी राष्ट्रीय बहस को तुच्छ बनाने में उनका भी दोष कम नहीं है। मज़बूत विचारधारात्मक चुनौती के इस दौर में जब लामबन्दी की ज़रूरत है, वे कुछ दिखावटी शोशेबाज़ी और चतुर ट्वीट्स तक ही सीमित रह जाते हैं।

एक नागरिक समाज के तौर पर, अपने देश की 75वीं स्वाधीनता वर्षगाँठ पर हमें कुछ गम्भीर आत्मचिन्तन की, अपनी प्रजातांत्रिक प्रक्रिया, अपने संस्थानों और शासन के ढाँचे पर गम्भीर सोच-विचार की ज़रूरत है। मैं यहाँ बस अत्यधिक महत्त्व के दो-चार मसलों पर बात करूँगा।

हमारे प्रातिनिधिक संस्थानों ख़ासकर विधायिका की क्या स्थिति है? अपने प्रतिनिधियों के चुनाव की हमारी प्रक्रिया कितनी स्वस्थ है? अब ये साफ़ है कि उनमें भारी पैमाने पर गड़बड़ है, लेकिन हम शायद ही इस मुद्दे पर कभी गम्भीर बहस करते हैं। हरेक व्यक्ति जानता है कि उम्मीदवार और राजनीतिक दल कितना अधिक पैसा चुनाव में ख़र्च करते हैं। हर आदमी यह भी जानता है कि जो भी जानकारी उम्मीदवार और राजनीतिक दल अपने हलफ़नामे में देते हैं, वह मोटे तौर पर ग़लत होती है। यहीं से सड़ाँध शुरू होती है—फ़ायदे के लिए गठबन्धन, विधायकों का दल-बदल, हॉर्स ट्रेडिंग, भ्रष्ट प्रक्रियाएँ इत्यादि तो इसके बाद होनी ही हैं। ऐसे में किसी अरबपति पार्टी द्वारा हमारी विधायिका का अपहरण—दरअसल, हमारी प्रजातांत्रिक प्रक्रिया का—तो अनिवार्य ही है, जो नकदी से लैस हो।

लेकिन, हमारी चुनावी और संसदीय व्यवस्था में इससे भी बड़ी एक समस्या है।

हमारी विधायिका के चुनाव की प्रक्रिया और व्यवस्था ने हमारी नीति में प्रजातांत्रिक प्रतिनिधित्व को बदरंग कर दिया है। नतीजे के तौर पर, हमारे गणराज्य के इतिहास में कभी भी सही मायनों में लोकप्रिय जनादेश या निर्णायक बहुमत किसी भी सरकार को नहीं मिला है। हमारी व्यवस्था 'अन्धों में काना' और 'विजेता ही सर्वोत्तम' के सिद्धान्त पर आधारित है। जीत बहुमत के वोट से नहीं, बल्कि 'नज़दीकी प्रतिद्वंद्वी से कम से कम एक वोट अधिक' के आधार पर तय होती है। अब हरेक मुक़ाबला बहुकोणीय होता है, तो अधिकांश बार जीता हुआ प्रत्याशी भी बस लोकप्रिय मतों का एक छोटा हिस्सा ही पाता है। राज्य और देश के स्तर पर जीता हुआ दल ज़ाहिर तौर पर लोकप्रिय मतों के छोटे हिस्से से ही आता है।

जब विधायिका में लोकप्रिय इच्छा की बात आती है तो हमारी व्यवस्था में एक और विकृति के लिए जगह दिखती है। ज़रा इस परिदृश्य पर विचार कीजिए। सभी 543 लोकसभा सीटों पर बहुकोणीय मुक़ाबले होते हैं। विजेता कुल मतों की अल्प संख्या ही पाता है और अपने नज़दीकी प्रतिद्वंद्वी से बस एक वोट अधिक पाने पर जीत भी सकता है। यहाँ एक सम्भावना है कि एक दल जिसने अपने सबसे नज़दीकी विरोधी दल से केवल 543 वोट अधिक पाए, वह विधायिका की सभी सीटें जीत सकता है। सभी 543 सीट। यह एक प्रत्याशित परिदृश्य भले न हो, लेकिन सम्भव ज़रूर है। नतीजे के तौर पर अधिकांश नागरिकों का सदन में कोई प्रतिनिधित्व नहीं होगा। लोकसभा स्तर पर इस चीज़ को कल्पित करना थोड़ा मुश्किल होगा, लेकिन हम इसकी सम्भावना अपने ज़मीनी स्तर के प्रजातांत्रिक प्रतिनिधि निकायों में आसानी से खोज सकते हैं। हमारे प्रजातांत्रिक संस्थानों में इस 'अन्धों में काना राजा' वाली स्थिति की वजह से नागरिकों के एक बड़े समूह के विचार और माँगें जगह ही नहीं पातीं।

एक और तत्त्व है जो हमारे प्रजातांत्रिक जीवन में विकृति को प्रवेश देता है और जिस पर गम्भीर चर्चा होनी चाहिए : वह क्षेत्रीय निर्वाचन-क्षेत्र का है। यह मौलिक प्रजातांत्रिक सिद्धान्तों के भटकाव को राह देता है। ज़रा इसकी कल्पना कीजिए : एक दल के पास मान लीजिए 100 लोगों का समर्थन है, लेकिन वे किसी राज्य के 100 निर्वाचन क्षेत्रों में बिखरे हुए हैं। वह प्रत्याशी फिर हमारी विधायिका में नहीं चुना जाएगा और पार्टी को एक भी सीट नहीं मिलेगी। दूसरी तरफ़ एक पार्टी के केवल 50 समर्थक हैं, लेकिन वे पाँच या छह निर्वाचन-क्षेत्रों में ही संकेन्द्रित हैं। वह दल ये पाँचों या छहों सीटें जीत लेगा। नतीजा यह होगा कि एक दल जिसके पास राज्य में 100 समर्थक हैं, विधायिका में उसका कोई प्रतिनिधि नहीं होगा जबकि दूसरा दल इसके आधे समर्थक पाकर भी 5 या 6 सीटें जीत जाएगा। यह विकृति हमारे जैसे स्तरीकृत समाज में और भी तीखी और विषैली हो जाती है, जहाँ जाति, धर्म, भाषायी समूह अलग-अलग भौगोलिक इकाइयों में संकेन्द्रित हैं।

'अन्धों में काना राजा' और 'विजेता ही सब कुछ लेनेवाला' के साथ क्षेत्रीय निर्वाचन की व्यवस्था ने हमारी प्रजातांत्रिक ज़िन्दगी में काफ़ी विकृतियाँ पैदा की हैं। नतीजे के तौर पर, लोकप्रिय वोटों के सन्दर्भ में अल्पमत पाने वाली सरकार भी विधायिका में सीटों के मामले में असम्भव बहुमत पा सकती है। हमारे देश के

प्रजातांत्रिक जीवन में लोकप्रिय मतों के प्रतिशत का अब कोई मायने नहीं रहा है। केवल जीती हुई सीटों की संख्या मायने रखती है।

इसीलिए, चालाक राजनीतिक खिलाड़ी व्यवस्था के साथ खेल कर सकते हैं और करते भी हैं। प्रजातांत्रिक प्रक्रिया बस राजनीतिक दलों के विशाल संसाधनों और विभाजनकारी अपीलों से होनेवाले चुनाव-प्रबन्धन तक ही सीमित हो जाती है। हरेक राजनीतिक दल कभी न कभी इन विकृतियों का फ़ायदा उठा चुका है। इसीलिए, राजनीतिक दल और उनका नेतृत्व जो इस व्यवस्था से फ़ायदा उठा रहा है या उठा चुका है, अब इन ढाँचों को ढाहना नहीं चाहता है।

दूसरा महत्त्वपूर्ण मसला जिसे हमें देखने की ज़रूरत है, वह हमारे राजनीतिक दलों की प्रकृति है। जिन्हें लोकप्रिय इच्छा की प्रजातांत्रिक तरीक़े से अभिव्यक्ति का वाहक होना चाहिए, वे ख़ुद ही भयंकर अलोकतांत्रिक हैं। कोई इसका अपवाद नहीं है। भारत में अधिकांश राज्य या तो परिवार-चालित राजनीतिक दलों से शासित हैं या राजनीतिक तौर पर महत्त्वाकांक्षी और संसाधनों से लैस व्यक्ति की जेब में पड़ी राजनीतिक इकाइयों से शासित हो रहे हैं, जो काफ़ी धन इकट्ठा कर सकते हैं या जाति आधारित विभाजनकारी अपील उन राज्यों में कर सकते हैं। कुछ बेबाक और खुले तौर पर ऐसा कर रहे हैं, कुछ हैं जो एक न्यूनतम प्रजातांत्रिक परदा दिखावे के लिए टाँगते हैं और कुछ लोगों को नाम के पद बाँट देते हैं, जबकि दल में वास्तविक सत्ता एक छोटे लेकिन गहरे तक धँसे गुट के पास होती है। हमारी स्थिति विरोधाभासी है, जहाँ पूर्णतः ग़ैर-प्रजातांत्रिक निकायों या समूहों का विकृत प्रजातांत्रिक व्यवस्था पर क़ब्ज़ा है और वे लोकप्रिय इच्छा के रखवाले होने का दम भरते हैं।

इन विकृतियों और इस ऊबड़-खाबड़पन का हमारे गणराज्य के प्रजातांत्रिक जीवन में होना ही वह मूल कारण है, जो आज घृणा फैलानेवाली राजनीति के बदसूरत अनुपात में सामने है। लोकप्रिय वोटों के केवल 37 प्रतिशत के साथ, वर्तमान सत्ताधारी दल संसद में शानदार बहुमत ला सका और यह पूरे देश के प्रतिनिधित्व का दावा करता है, जबकि एक भी मुस्लिम सांसद इस दल का नहीं है—एक भी प्रतिनिधि उस समुदाय से नहीं जो भारत की जनसंख्या का 15 फ़ीसदी है। यह स्थिति कई राज्यों में ऐसी ही है, जहाँ भाजपा सत्ता में है। उत्तर प्रदेश में, जहाँ 20 फ़ीसदी जनसंख्या मुसलमान है, भाजपा ने 2017 और 2022 के चुनाव में एक भी मुस्लिम प्रत्याशी नहीं उतारा और काफ़ी आराम से जीत गए।

हम आख़िर 'लोकतंत्र की जननी' होने का दावा कैसे कर सकते हैं, जब देश की विविधता हमारी संसद और कई राज्यों की विधानसभाओं में परिलक्षित नहीं होती है?

इस संकट को सुलझाने के लिए हमें अपने प्रजातांत्रिक मूल्यों, प्रतिनिधित्व की हमारी व्यवस्था, हमारे प्रतिनिधि क़ानून-निर्माता निकायों की पवित्रता पर फिर से काम करना होगा और विधायिका, न्यायपालिका और कार्यपालिका के बीच काम के बँटवारे का सख़्ती से अनुपालन करना होगा। यह सब कुछ नये सिरे से करना होगा।

अब इस आलेख की शुरुआत में उठाए गए मुद्दे पर वापस चलते हैं—मोदी-शाह युगल का हश्र वैसा होने की सम्भावना क्यों नहीं है, जैसा वाजपेयी-नीत राजग गठबन्धन का 2004 में हुआ था, और ये प्रशासन में अपने ढीले प्रदर्शन, अर्थव्यवस्था के कुप्रबन्धन, महामारी से निबटने में शून्य प्रभावकारी होने, हमारी सीमाओं में चीनी घुसपैठ को रोकने में असमर्थता और हमजोली पूँजीवादियों के साथ समस्याप्रद रिश्तों से क्यों चिन्तित नहीं हैं? और क्यों, हरेक मोर्चे पर साफ़ नाकामी के बावजूद ये चुनाव-दर-चुनाव जीत रहे हैं? अपने वादों पर बिलकुल खरा न उतरने के बाद भी इनकी राजनीतिक ताक़त छीज नहीं रही है, न ही इनका नेतृत्व हतोत्साहित या शर्मिंदा होता है।

मुझे लगता है ऐसा इसलिए है कि वर्तमान सत्ताधारी गठबन्धन की राजनीतिक ताक़त किसी भी दिये गए मानक और उसके अनुकूल प्रदर्शन से नहीं मिलती है। इसकी राजनीतिक ताक़त इसके भावाकुल, विभाजनकारी एजेंडा से निकलती है जो बहुसंख्यक समुदाय के आन्तरिक और बाह्य पूर्वग्रहों से चलता है। इसकी कमियों को नज़रअन्दाज़ किया जाता है, क्योंकि यह उस विषैले घृणात्मक एजेंडे पर पूरा उतरता है। मुझे इस सन्दर्भ में कुछ उदाहरण पेश करने दें।

मैं गुजरात में 2012 के विधानसभा चुनाव के पहले 3000 किलोमीटर से अधिक घूमा ताकि जनता की नब्ज़ पकड़ सकूँ। मेरे निरीक्षण को चुनाव नतीजों से पहले छापा गया। मेरी यात्रा के दौरान बहुतेरे मतदाताओं ने सरकार के प्रचारतंत्र की पंक्तियाँ, जैसे 'विकास' या 'गुजरात मॉडल' वग़ैरह की बात की और अपनी पसन्द नरेन्द्र मोदी नीत भाजपा को बताया। तब मोदी गुजरात के मुख्यमंत्री थे। जब उनसे बढ़ती बेरोज़गारी, घटिया ढाँचे और गाँवों की बदहाली पर सवाल पूछे गए, तो जवाब देनेवालों ने यह माना कि कोई बड़ा विकास नहीं हुआ है। इसके बावजूद वो सत्ताधारी सरकार के ही पक्ष में थे। उनके पास इसका कोई तार्किक कारण नहीं

था। मैंने पूछना जारी रखा और जब उस मिथकीय 'गुजरात मॉडल' की परतें छिल गईं, तो मूल कारण बाहर आया : 'इसने उन लोगों को सबक़ सिखा दिया', उन्होंने कहा। हम आज अधिकांश भारत—उत्तरी और मध्य भारत में, असम और कर्नाटक के कुछ हिस्सों में क्या देखते हैं, वही गुजरात मॉडल की ही छाया तो दिखती है। न तो विकास की बात होती है, जो वैसे भी नहीं हुआ, बल्कि 'उन लोगों को सबक़ सिखा दिया' ही असली मुद्दा है।

हमारी राजनीति इस संकट से उबर सकती है और एक बार फिर जीवन्त हो सकती है, गणराज्य के मूलभूत मूल्य बहुलतावाद, समावेशी और उदार प्रजातंत्र की वापसी हो सकती है, अगर विपक्षी दल और नागरिक समाज के वे तत्त्व जिन्होंने ख़ुद को सत्ताधारी दल के साथ नहीं मिलाया है, स्पष्ट सोच और दृढ़ धारणा के साथ ज़मीनी स्तर पर कड़ी मेहनत करें। यह सिर्फ़ चुनाव जीतने और हारने का मामला नहीं है। यह हमारे लोगों के एक बड़े समूह से बहुसंख्यकवाद का ज़हर उतारने के लगातार प्रयास का काम है। हाथों में हाथ डालकर हमें अपनी डाँवाडोल प्रजातांत्रिक प्रक्रिया में भी बदलाव लाना चाहिए। यह हारी हुई बाज़ी की तरह दिख सकता है, लेकिन हमें बहस शुरू करनी चाहिए और उसे लगातार चलाना चाहिए। मेरे लिए, यही एकमात्र रास्ता है जिससे यह सुनिश्चित होगा कि ऐसी विषैली प्रवृत्तियों को उर्वर राजनीतिक ज़मीन न मिले और वे हमारे गणराज्य में अंकुरित-पल्लवित न हों।